Die Entdeckung der Gesellschaft

Christof Dipper

Die Entdeckung der Gesellschaft

Drei Perspektiven (1770–1850)

Impressum

Bibliografische Informationen der Deutschen Nationalbibliothek
Die Deutsche Nationalbibliothek verzeichnet diese Publikation in der Deutschen Nationalbibliografie; detaillierte bibliografische Daten sind im Internet über
http://dnb.d-nb.de abrufbar.

ISBN: 978-3-86408-311-2

Korrektorat: Tobias Keil

Coverabb.: GDKE RLP, Landesmuseum Mainz, Foto: U. Rudischer

Grafisches Gesamtkonzept, Titelgestaltung, Satz und Layout:
Stefan Berndt – www.fototypo.de

Inhalt

Einleitung 9

I.

Die Entdeckung der Gesellschaft.
Zur Wissensgeschichte eines modernen Begriffs

1. Einleitung 15
2. Die Metaphysik der ‚Gesellschaft' in der deutschen Spätaufklärung 19
3. Der Tatsachenblick im westlichen Europa 22
4. Französische Ursprünge der Soziologie 29
5. Erste Abschiede vom metaphysischen Gesellschaftsbild in Deutschland 36
6. Zwischenbilanz 38
7. Drei Wege aus der alteuropäischen Gesellschaftsidee 44
   a. *Jahrhundertanfang: Entdeckung ohne gesellschaftliche Relevanz* *44*
   b. *Jahrhundertmitte: Soziale Frage und soziologischer Gesellschaftsbegriff* 55
   c. *Nach der Revolution: Der lange Weg vom Wissen zur Wissenschaft* *82*
8. Rück- und Ausblick 96

II.
Die Gesellschaft zwischen 1770 und 1848 in zeitgenössischer Sicht

	Vorbemerkung	99
1.	Probleme der Beschreibung	102
2.	Der Zeitraum und seine Binnengliederung	113
3.	Forschungsstand	118
4.	Bevölkerungswissen	129
5.	Die Ausgangslage 1770 bis 1780/90	154
6.	Nach der Revolution (1810-1825)	188
7.	Die Hungry Forties (1835-1847)	228
8.	Rückblicke und Ausblick auf 1848	283
9.	Die Beobachtungen der Zeitgenossen im Vergleich	294

III.

Übergangsgesellschaft. Die ländliche Sozialordnung in Mitteleuropa um 1800

1. Einleitung 301
2. Bevölkerungsbewegung 306
   Tabelle 1: Bevölkerungsentwicklung Mitteleuropas 1700 – 1820 *310*
3. Antworten aus dem Bereich der Landwirtschaft 324
4. Antworten aus dem Bereich Gewerbe und Nebenerwerb 338
5. Die neue Gesellschaftsstruktur in Zahlen 344
   Tabelle 2: Erwerbstätigkeit nach Wirtschaftssektoren um 1800 *348*
6. Reaktionen der Betroffenen 350
7. Antworten der Obrigkeiten 353
8. Weiterführende Überlegungen 356

Graphiken 364
Namensregister 365
Sachregister 369
Geografisches Register 371

Reinhart Koselleck zum 24. April 2023

Einleitung

In dieser kurzen Einleitung sollen lediglich Buchtitel und Vorgehensweise erklärt werden. Inhaltliche Hinführungen stehen jeweils am Beginn der drei Kapitel.

Warum, so fragt sich wohl mancher Leser, ist im Titel von ‚Sattelzeit' die Rede? Verweist dieser Begriff nicht auf einen geistesgeschichtlichen und ganz besonders auf einen begriffsgeschichtlich hochrelevanten Vorgang, den man am besten mit Selbstreflexivität umschreiben kann? Nun, Koselleck, der Schöpfer dieses Begriffs, zögerte zwar auf Befragen im Jahre 1996, „ob sich die Sattelzeit aus ihrer Selbstreflexivität in einen objektiven Kriterienkatalog überführen läßt", sprach aber im selben Atemzug davon, dass es sich ganz generell um eine „Schwellenzeit" handle, die das Jahrhundert von 1750 bis 1850 kennzeichne und für Deutschland „ziemlich objektivierbar[e]" Sachverhalte aufweise, worunter auch „die Auflösung der Ständegesellschaft" falle.[1] Die ‚Schwelle' beschränkt sich also für den Erfinder des Begriffs ‚Sattelzeit' nicht auf begriffsgeschichtliche Umbrüche. Es ist folglich legitim, von einer sozialgeschichtlichen Sattelzeit zu sprechen, erst recht dann, wenn der Blick nicht nur von oben bzw. außen auf diesen Vorgang gerichtet wird, sondern wenn dabei in erster Linie die Zeitgenossen zu Wort kommen.

Damit ist schon angedeutet: Dieses Buch möchte nicht in erster Linie argumentieren, sondern den Zeit-

1 Im 1996 geführten Interview des Verfassers unter dem Titel: Begriffsgeschichte, Sozialgeschichte, begriffene Geschichte, in: Neue Politische Literatur 43 (1998), S. 187-205, hier S. 195.

genossen zuhören, und zwar umfassend und systematisch. Ein solches Buch fehlt bislang, wenn ich recht sehe, im deutschen Sprachraum, und das aus mehreren Gründen. Als erster sei ein ‚technischer' genannt. Bis vor kurzem war es außerordentlich mühsam, in hinreichender Zahl Bücher durchzuarbeiten, die in der fraglichen Zeit erschienen (und später nicht wieder aufgelegt worden) sind. Kaum eine Bibliothek besitzt sie alle, und nur eine oder allenfalls zwei in Deutschland die Mehrzahl davon. Seit aber vor einigen Jahren eine Reihe deutscher Bibliotheken groß angelegte Digitalisierungsprogramme aufgelegt haben – gerade rechtzeitig vor dem Lockdown während der Corona-Pandemie –, ist es sehr einfach geworden, Bücher, Zeitschriften und selbst manche Zeitungen auf den heimischen Bildschirm zu holen. Dieses Buch profitierte enorm von diesen Programmen, denn es beruht zum allergrößten Teil auf der Auswertung digitalisierten Materials.

Ein zweiter, ganz anders gearteter Grund hat mit dem Aufstieg der Sozialgeschichte und ihrem Selbstverständnis zu tun, eine kritische Deutung der deutschen Geschichte im 19. und in der ersten Hälfte des 20. Jahrhunderts zu liefern. Das frühe 19. Jahrhundert und erst recht die Spätaufklärung bieten für diesen Zweck wenig Reiz und fristen darum bis heute eher ein Schattendasein. Vor allem die Aufklärung wird von der Geschichtswissenschaft nach wie vor stark vernachlässigt – kein Vergleich zu ihrer Rolle in der Literaturgeschichte – und selbst die zu einer eigenen Disziplin aufgestiegene Frühe Neuzeit befasst sich zumeist mit anderem. Soweit sie sozialgeschichtlich interessiert ist, geht es ihr vorwiegend um ländliche Unruhen in dem, was (durch Übernahme marxistischen Vokabulars) heutigentags als „Spätfeudalismus" bezeichnet wird.

Damit verbunden ist ein weiterer Grund, nämlich die Sorge, des Rückfalls in den Historismus bezichtigt zu werden, wenn man das Hauptgewicht auf die Aussagen aus der Zeit legt. Zwar ist seit dem *linguistic turn* der Historismusverdacht – Historismus verstanden als Verstehensorientiertheit, Theoriefeindlichkeit, blutleere Ideengeschichte, Gegenwartsverweigerung – nicht mehr so rasch zur Hand, aber Koselleck sah sich noch mit der von ihm entwickelten Begriffsgeschichte von den Anhängern der sich als kritisch verstehenden Sozialgeschichte lange dem Vorwurf ausgesetzt, er betreibe nichts anderes als „Schrumpfformen des Historismus",[2] während er selbst von einem „reflektierten Historismus" sprach.[3] Dieses Buch praktiziert eine modern verstandene Ideengeschichte, die Erkenntnisse als gesellschaftliche Gestaltungskraft versteht. In den ersten beiden Kapiteln geht es vor allem um Wahrnehmungsweisen, Selbstdeutungen und Sinnstiftungsmuster bzw. um deren Wandel im Laufe der Jahrzehnte. Die Aussagen unserer Autoren werden deshalb nicht in ein Theoriegerüst eingeordnet, sondern sollen sozusagen ‚für sich selbst' sprechen, natürlich nur im Rahmen dessen, was ihnen hier vom Verfasser zugestanden wird. Im Kern geht es um Wissensgeschichte und Sinnstiftungsmuster.

2 Helmut Berding, Begriffsgeschichte und Sozialgeschichte, in: Historische Zeitschrift, 223 (1976), S. 98–110, hier S. 107.

3 Interview (Anm. 1), S. 188.

Das ist im dritten Kapitel ganz anders. Hier dominiert der moderne Forscherblick, d.h. die Perspektive von außen und oben und die Auseinandersetzung mit den Angeboten von Historikern und Ökonomen zur Zusammensetzung bzw. Veränderung der Bevölkerung um 1800. Die Ständegesellschaft begann sich damals am oberen wie am unteren Ende aufzulösen; das meiste davon spielte sich an der Basis der sozialen Pyramide ab, auf ihr liegt daher der Schwerpunkt. Allerdings beschränkt sich dieses Kapitel nicht auf statistische Erhebungen, sondern lässt auch hier die Zeitgenossen zu Wort kommen, ihre Reaktionen und Hoffnungen, sowie die Antworten der Obrigkeiten. Die Vermutung drängt sich auf, dass die Ungleichheit nie größer war als in der Zeit um 1800, jedenfalls wenn wir Pikettys Berechnungen Glauben schenken. Etwas davon verspürten fraglos viele Zeitgenossen.

Eine Zusammenfassung fehlt ebenso wie der Versuch einer Bilanz. Schließlich lassen sich drei unterschiedliche Perspektiven nicht auf eine Formel bringen. Deshalb hat jedes Kapitel am Ende abschließende Überlegungen, teilweise auch vergleichende Einschätzungen.

Diese Einleitung soll nicht enden ohne ein Wort des Dankes an den allzufrüh verstorbenen Freund und Kollegen Diethelm Klippel. Er, der große Kenner der Aufklärung, hat noch wenige Wochen vor seinem Tod am 5. Februar 2022 das erste Kapitel kritisch gesichtet und mit Anmerkungen und Anregungen versehen; ich bin ihnen gerne gefolgt. Die Verantwortung für dieses wie für die beiden anderen Kapitel liegt natürlich beim Verfasser. Dr.

Alexander Schug vom Berliner Vergangenheitsverlag danke ich sehr für seine prompte Zusage, mein Manuskript zu drucken; die Herstellung des Buches war in jeder Hinsicht rekordverdächtig. Auch dafür großen Dank.

I.

Die Entdeckung der Gesellschaft. Zur Wissensgeschichte eines modernen Begriffs

1. Einleitung

„There is no such thing as society", stellte Margaret Thatcher 1987 kategorisch fest, und schob nach: "There are individual men and women and there are families".[1] Dieser Satz wurde legendär, denn er bestritt eine bis dahin nicht ernsthaft hinterfragte Gewissheit der Moderne, dass nämlich alle Menschen in Gruppen leben, die unterschiedliche Merkmale aufweisen und sich dadurch abgrenzen bzw., aus anderer Perspektive, Zusammenhalt finden – Gesellschaften eben. Wäre Thatcher zweihundert Jahre früher geboren, hätte sie mit ihrer Behauptung dagegen kaum Aufsehen erregt. Anders als heute sprach damals niemand von ‚Gesellschaft' als sozialer Grundtatsache, die jeden erfasst. „Das blose bey einander seyn" mache „noch keine Gesellschafft", versicherte 1735 das maßgebliche Lexikon deutscher Sprache. Dazu gehöre nämlich „eine

1 Wörtlich heißt es im Interview Margret Thatchers mit Douglas Keay von „Women's Own" am 23.9.1987 zunächst: "Who is society? There is no such thing. There are individual men and women and there are families". Einige Zeilen später fällt dann aber tatsächlich der alsbald weltweit zitierte Satz: „There is no such thing as society". Https://www.margaretthatcher.org/document/106689 (Zugriff 26.7.2020). Zum Hintergrund Detlev Mares, Margaret Thatcher. Die Dramatisierung des Politischen, Gleichen, Zürich 2014, S. 30ff.

würkliche Vereinbarung der Kräfte vieler zu Erlangung eines gemeinschaftlichen Zweckes".[2]

Dieser Beitrag erschließt nicht die ganzen zweihundertfünfzig Jahre von 1730 bis 1980. Er fragt nur, seit wann man im Deutschen von ‚Gesellschaft' im modernen Sinne spricht und bricht dann ab. Es geht ihm, kurz gesagt, um den Wandel von ‚Gesellschaft' als einem aus ‚societas' eingedeutschten Zentralbegriff der abendländischen Naturrechtslehre, der alles Vertrag war, zur Entdeckung sozialer Formationen, die eben nicht vertraglich zu fassen waren, und damit zur Entdeckung von ‚Gesellschaft' überhaupt. Soziale und politische Umbrüche, die als Krisen wahrgenommen wurden, dienten dabei, wo nicht als Auslöser, so als mächtige Katalysatoren, und es verwundert darum nicht, dass Frankeich immer wieder eine Schlüsselrolle spielte. Es handelt sich also um eine Wissens- und Wissenschaftsgeschichte zwischen 1750 und 1880, die, kein Wunder, sämtliche Koselleck'schen Kriterien der sattelzeitlichen Veränderungen der Semantik erfüllt.[3]

Laut *Zedler* kam es also auf den Zweck an und so fielen unter das Rubrum ‚Gesellschaft' so unterschiedliche Din-

---

2 Art. „Gesellschafft" in: Johann Heinrich Zedler, Großes vollständiges Universal Lexicon Aller Wissenschaften und Künste, Bd 10, Leipzig 1735, Sp. 1260f., hier Sp. 1260.

3 Es sind dies Demokratisierung, Politisierung, Verzeitlichung und Ideologisierbarkeit. Reinhart Koselleck, Einleitung, in: Otto Brunner, Werner Conze, Reinhart Koselleck (Hg.), Geschichtliche Grundbegriffe. Historisches Lexikon zur politisch-sozialen Sprache in Deutschland, Bd. 1, Stuttgart 1972, S. XIII-XXVII, hier S. XVI-XVIII. Der Beitrag versteht sich nebenbei auch als Ergänzung bzw. (stillschweigende) Korrektur der beiden einschlägigen Lexikoneinträge von Manfred Riedel in Band 2 dieses Lexikons: Gesellschaft, bürgerliche, und Gesellschaft / Gemeinschaft.

ge wie Familie, Gemeinde, Zunft und Handelskompanien, ja teilweise sogar Kirche. Der umfassendste solcher Zusammenschlüsse war natürlich der Staat, der in aristotelischer Tradition als ‚societas civilis' bzw. auf Deutsch als ‚bürgerliche Gesellschaft' bezeichnet zu werden pflegte, die folglich ihrerseits, wie es im preußischen *Allgemeinen Landrecht* von 1794 hieß, „aus mehrern kleinern, durch Natur oder Gesetz oder durch beide zugleich verbundenen Gesellschaften und Ständen" bestehe.[4]

Man sprach also im Deutschen durchaus auch früher von ‚Gesellschaft', und zwar ausgesprochen häufig, aber gemeint war dabei meist der Staat, für den es vor 1800 keinen eigenen theoriefähigen Begriff gab[5] – schon weil, anders als im Westen Europas weder das Reich noch die

4 ALR I/1, § 2. Das ALR übernahm hier eine schon ältere Naturrechtsformel, gab sich aber moderner als diese, indem es diesen Paragraphen im Abschnitt des Personen- und nicht des Staatsrechts unterbrachte.

5 So Reinhart Koselleck in seiner Vorbemerkung zum Artikel Staat und Souveränität, in: Geschichtliche Grundbegriffe (Anm. 3), Bd. 6, Stuttgart 1990, S. 1-154, hier S. 1f. Ein gutes Beispiel liefert der „Vater der Statistik", der Göttinger Professor Achenwall. Er begann seine Vorlesung mit der Definition von „bürgerlicher Gesellschaft oder Republick", die „eine Gesellschaft vieler Familien [ist], welche zu Beförderung ihrer gemeinsamen Wohlfahrt vermittelst einer Regierung miteinander vereiniget sind. Insbesondere nennt man solche ein Reich, wenn eine einzelne Person regiert". Und fährt dann fort: „Diese Begriffe helfen uns, das Wort Staat deutlich zu erkennen. Man stellet sich darunter verschiedenes vor: bald eine jede bürgerliche Gesellschaft, bald eine freye bürgerliche Gesellschaft, das ist, die ausser ihrem eigenen Oberhaupte weiter keinem menschlichen Befehle unterthänig ist, bald eine Republick, wo viele zugleich das Regiment führen, und bisweilen auch das Regierungswesen, wenn es so viel als Staatsverfassung bedeutet. Aber in dem Worte Staatswissenschaft hat es eine ganz andre Bedeutung. Diese macht sich nicht bloß mit Menschen, sondern auch mit ihrem Eigenthum zu schaffen. Wir werden also wohl den Staat als den Inbegriff alles diesen ansehen müssen, was in einer bürgerlichen Gesellschaft und deren Lande würckliches angetroffen wird". Gottfried Achenwall, Abriß der neuesten Staatswissenschaft der vornehmsten Europäischen Reiche und Republicken zum Gebrauche in seinen Academischen Vorlesungen, Göttingen 1749, § 2f.

Reichsstände Staaten im modernen Sinne waren, aber für die dominante Naturrechtslehre genauso wie das französische Königreich eine ‚societas civilis' oder eben ‚bürgerliche Gesellschaft' darstellten. Staat und Gesellschaft waren hier nicht geschieden, denn in den Ständen bildete sich nicht nur die gesamte soziale Ordnung ab, sondern sie nahmen zugleich an der Herrschaft teil – jedenfalls der Idee nach, während in Wirklichkeit mindestens die mächtigsten Landesherren sich von dieser Mitherrschaft mehr oder weniger befreit hatten und die Regierten in eine einheitliche Untertanengesellschaft zu verwandeln bemüht waren. Das war die Logik des Absolutismus, zu dem Jean Bodin bereits 1576 den Grund gelegt hatte – damals, um den religiösen Bürgerkrieg zu beenden.[6]

Bei dieser traditionalen Ordnung blieb es bekanntlich nicht. Die Geschichtswissenschaft spricht seit rund hundert Jahren vom Fundamentalprozess der Trennung von Staat und Gesellschaft, der, was Deutschland betrifft, auf der sachlichen Ebene seit der Französischen Revolution[7] bzw. den preußischen Reformen[8] zu beobachten sei,

6 Jean Bodin, Les Six Livres de la République, Paris 1576. Mit diesem enigmatischen Titel soll keineswegs suggeriert werden, Bodin habe hier den perfekten absoluten Staat entworfen, noch gar, dass die französische Monarchie irgendwann dem Idealbild eines absolutistischen Staates entsprochen habe.

7 Genannt sei nur, weil vielleicht am wirkmächtigsten, Werner Conze, Nation und Gesellschaft. Zwei Grundbegriffe der revolutionären Epoche [1964], jetzt in: Ders., Gesellschaft – Staat – Nation. Gesammelte Aufsätze, hg. v. Ulrich Engelhardt, Reinhart Koselleck u. Wolfgang Schieder, Stuttgart 1992, S. 341-354.

8 Durch die Hardenberg'schen Reformen wurde in Preußen die Trennung von Staat und Gesellschaft „zur Rechtswirklichkeit". Reinhart Koselleck, Preußen zwischen Reform und Revolution. Allgemeines Landrecht, Verwaltung und soziale Bewegung von 1791 bis 1848, Stuttgart 1967, S. 388.

während der semantische auf Hegel zulaufe.[9] Obwohl sehr verbreitet, hält letzteres ernsthafter Überprüfung nicht stand. Nicht nur war Hegel nicht der erste, der zwischen Staat und Gesellschaft getrennt hat, er verstand auch unter ‚Gesellschaft' etwas anderes, weniger modernes als manche seiner Zeitgenossen.

Im Folgenden geht es kaum um die unstrittige Sachgeschichte der Trennung, sondern um die den modernen Gesellschaftsbegriff schließlich hervorbringenden Diskurse.[10] Das geht erstens nicht ohne einen Blick auf das westliche Ausland und zweitens empfiehlt sich auch Aufmerksamkeit für den sogenannten ‚Tatsachenblick', d.h. der Schulung des Auges für soziale Sachverhalte. Und weil diese beiden Erzählstränge nicht geradlinig auf den modernen Gesellschaftsbegriff zulaufen – denn er wurde in Deutschland mindestens zweimal ‚erfunden'–, müssen wirtschafts-, sozial- und wissenschaftsgeschichtliche Details ebenfalls ihren Platz in der Erzählung finden. Mit letzteren sei gleich begonnen.

2. Die Metaphysik der ‚Gesellschaft' in der deutschen Spätaufklärung

Anders als in den west- und südeuropäischen Ländern waren im Heiligen Römischen Reich die Universitäten in der Aufklärung lebendig und darum geistig führend

9 Diese wohl zuerst von Marx in seiner Kritik der Hegelschen Rechtsphilosophie getroffene Aussage gilt seither als kanonisch.

10 Veraltet und daher hier nicht weiter berücksichtigt ist Erich Angermann, Das Auseinandertreten von ‚Staat' und ‚Gesellschaft' im Denken des 18. Jahrhunderts, in: Zeitschrift für Politik 10 (1963), S. 89-101.

geblieben. Das heißt freilich auch, dass der dort gelehrte Stoff staatsbezogen blieb, denn die Absolventen strebten den Fürstendienst oder andere obrigkeitliche Tätigkeiten (d.h. bei Kirchen, Städten oder Ständen) an. Das hatte jedoch seinen Preis. Erstens spielte in den Rechtsfakultäten damals die Naturrechtslehre, die Hauptträgerin der Gesellschaftstheorie, die einem realitätsgerechten Blick auf die Gesellschaft wenig förderlich war, eine bedeutende Rolle. Nämliches gilt, zweitens, für die Kameralistik, die den von den englischen Klassikern vertretenen Gedanken der Harmonie von Eigen- und Gemeinnutz ablehnte und Adam Smith sehr selektiv las, wodurch sie den Einzug der Politischen Ökonomie in die deutsche Universitätslehre verzögerte.[11] Und drittens sah sich die ab 1750 aufblühende „Universitätsstatistik" lange Zeit „weniger der Zahl als dem Wort verpflichtet".[12] Sie fand sich deswegen um 1800 einer Diskussion um ihre Wissenschaftlichkeit ausgesetzt. Siegerin war die schon seit Leibniz als hilfreiches Inst-

11 Dass es der Kameralistik um etwas ganz anders ging als den englischen Klassikern, weshalb nicht eine allmähliche Rezeption, sondern nur eine „kopernikanische Wende" in Frage kam , betont Keith Tribe, Governing Economy. The Reformation of the German Economic Discourse 1750-1850, Cambridge 1988, S. 209. Dem stimmt Julius Gerbracht zu: Studierte Kameralisten im deutschen Südwesten. Wissen und Verwalten im späten Ancien Régime, Stuttgart 2021, S. 76.

12 Jan-Philipp Horstmann, Halbamtliche Wissenschaft. Internationale Statistikkongresse und preußische Professorenbürokraten, Paderborn 2020, S. 26. Auch wenn dieser Aspekt nur eine Hinführung zu Horstmanns eigentlichem Thema sind, muss seine zu kurz greifende Darstellung des um 1800 tobenden Methodenstreits kritisiert werden. Er war keineswegs schon 1811 beendet, wie die ihm unbekannt gebliebenen scharfen Kritiken des damals in Göttingen lehrenden Philosophieprofessors Lueder belegen. Lueder spottete über die „Zahlenknechte", mit deren Hilfe „die preußische Regierung wußte, was Gott nur allein wissen kann", zum Beispiel wieviel Scheffel Korn am Ende jedes Jahres vorhanden waren. August Ferdinand Lueder, Kritische Geschichte der Statistik, Göttingen 1817, S. 299.

rument der Regierenden empfohlene „Tabellenstatistik", während die aus England kommende, hierzulande etwa von Süßmilch[13] praktizierte „politische Arithmetik" – nur sie hatte einen genauen Blick für die gesellschaftlichen Verhältnisse – noch ziemlich lange auf Anerkennung warten musste. Die Universitätsphilosophie schließlich widersetzte sich im Interesse der moralischen und ästhetischen Urteilskraft am längsten dem der Empirie verpflichteten Newtonianismus[14] und hielt an der hergebrachten Metaphysik fest.[15] So existierten in den beiden einschlägigen Fakultäten – denn Staatswirtschaftliche Fakultäten gab es nur in Tübingen (ab 1817) und München (ab 1826) –

13 Johann Peter Süßmilchs Göttliche Ordnung in den Veränderungen des menschlichen Geschlechts aus der Geburt, dem Tode und der Fortpflanzung desselben, Berlin [1]1742, [3]1765. Bemerkenswert ist die Verbindung neuer Sichtweisen mit traditionellen Erklärungen und religiösem Rahmen, was zu weit auseinanderliegenden Urteilen in der Literatur geführt hat. In seinen Gedancken von den epidemischen Kranckheiten und dem größern Sterben des 1757ten Jahres (Berlin 1758) mit ihrem eindrucksvollen Tatsachenblick für die Manufakturarbeiter als neuer Klasse der Armut steht Süßmilch am Übergang von der älteren Bevölkerungslehre, die in Seuchen und Hungersnöten ‚Geißeln der Menschheit' erblickte, zur jüngeren, die in sozialen Vorgängen Ursachen des Übermaßes von Krankheit und Tod erkennt. Süßmilchs statistische Argumentationsweise für den kameralistischen Diskurs überschätzt möglicherweise Justus Nipperdey, Die Erfindung der Bevölkerungspolitik. Staat, politische Theorie und Population in der Frühen Neuzeit, Göttingen 2012, S. 420f.

14 Zum Newtonianismus s. u., S. 28.

15 Philosoph blieb in Deutschland Berufsbezeichnung, während in Frankreich und, diesem Beispiel folgend, in Italien daraus der kämpferische Aufklärer wurde. Der Krünitz nennt als Hauptbedeutung „jemand der die Philosophie versteht und lehrt". Johann Georg Krünitz's Oekonomisch-Technlogische Encyklopädie oder allgemeines System der Staats-, Stadt-, Haus- und Landwirthschaft, Bd. 112, Berlin 1809, S. 533. Ähnlich Adelungs Grammatisch-kritisches Wörterbuch, 2. Auflage, Bd. 3, Leipzig 1798, S. 766. Bei Voltaire dagegen ist der Philosoph „amateur de la sagesse, c'est-à-dire de la vérité", seine Gegner sind die „fanatiques". Dictionnaire philosophique portatif. Nouvelle édition revue, corrigée et augmentée de divers articles par l'auteur, Londres [Amsterdam] 1765, S. 302 bzw. 307.

ernstliche Hindernisse auf dem Weg zu einer empirisch gehaltvollen Gesellschaftslehre.

Im späten 18. Jahrhundert herrschte darum im deutschen Kulturraum ein beziehungsloses Nebeneinander von Ordnungsmustern und Wirklichkeit, von Statik und Dynamik. Die alteuropäische Politiklehre der ‚societas civilis' stand unvermittelt neben der andern Regeln gehorchenden absolutistischen Staatsräson, die alteuropäische Ökonomik des ‚Ganzen Hauses' neben einer sich auf Bedürfnisse umgestaltenden Marktwirtschaft und die Lehre von der ständischen Gesellschaft neben einer sich am Fuße der gesellschaftlichen Pyramide etablierenden Klassengesellschaft, die von den meisten Zeitgenossen übersehen wurde.[16]

3. Der Tatsachenblick im westlichen Europa

Im westlichen Europa war der Tatsachenblick stärker ausgeprägt. Das hatte mindestens drei Ursachen, die zugleich den Statusverlust der traditionsorientierten Universitäten dort erklären helfen. Zum einen hatten alle Staaten Besitzungen in Übersee und der Kontakt mit den dortigen ‚Naturvölkern' machte jeden Gedanken an daselbst vor-

16 Ich folge hier weitgehend Eckart Pankoke, Fortschritt und Komplexität. Die Anfänge moderner Sozialwissenschaft in Deutschland, in: Reinhart Koselleck (Hg.), Studien zum Beginn der modernen Welt, Stuttgart 1977, S. 352-374, hier S. 357, ergänzt durch die Ausführungen in Kap. 3. Meinen Berechnungen zufolge hatte um 1800 mehr als jede vierte Arbeitskraft ihren Ort nicht mehr in der ständischen Gesellschaft.

findliche ‚bürgerliche Gesellschaften' gegenstandslos.[17] Aber auch für das mit Hochachtung begegnete China verbot sich die europäische Formel, gäben doch seine Gesetze und Kulte zu erkennen, „que la Chine n'est qu'une grande famille".[18] Das mit Abstand wichtigste Werk zum Außenverhältnis Europas, Abbé Raynals mehrbändige und in jeder Neuauflage erweiterte und aktualisierte *Geschichte der beyden Indien*, sprach jedenfalls mit größter Selbstverständlichkeit von „société" sowohl im Sinne von Staat wie auch von sozialer Gesamtheit, und das Bemerkenswerte ist nun, dass die deutschen Übersetzer sich darauf einließen

17 Die afrikanischen Stammesgesellschaften bezeichnete Raynal als „petites nations" oder „peuples", was sich problemlos ins Deutsche übertragen ließ. In dem nicht von ihm verantworteten Atlas sind allerdings in Afrika unzählige „royaumes", also „Königreiche" verzeichnet, weil nur selten eine der in Europa üblichen ethnischen Kollektiveinheiten wie „France" oder „Allemagne" zur Verfügung stand; „Haute Guinée" und „Basse Guinée" sind Ausnahmen. S. die Karte: L'Afrique, dressé par M. Bonne, Ingénieur hydrographe de la Marine, in: Atlas de toutes les parties connues du globe terrestre dressé pour l'Histoire philosophique et politique des établissements et du Commerce des Européens dans les deux Indes, o. O. 1780, Karte Nr. 5.

18 [Abbé Raynal] Histoire philosophique et politique des établissements et du commerce des Européens dans les deux Indes, Bd. 1, Genève 1780, S. 96. Raynal war bei weitem nicht der einzige Autor, aber nur für Diderot sind Teile seiner Mitarbeit nachweisbar. Die Wirkung dieses zuerst 1770 erschienenen und oft übersetzten Werks kann kaum überschätzt werden.

und „Gesellschaft" benutzten,[19] obwohl das damals weder in Lehrbüchern noch in Schriften des aufgeklärten *mainstream* üblich war.

Ein weiterer Grund für die in Westeuropa anders verlaufende Entwicklung hing eng damit zusammen. Hier gab es nicht nur den weitgespannten, seegestützten Handel, an dem gleichsam die ‚Naturgesetze' des Wirtschaftsaustauschs einschließlich der ihm vorgelagerten Erzeugung gewerblicher Güter studiert werden konnten. Sondern hier erlaubte auch die Agrarverfassung, den Boden zum kapitalistischen Wirtschafts- bzw. zum Spekulationsobjekt zu machen. Für die schottische Moralphilosophie und die französischen Physiokraten stand darum nicht mehr eine Wirtschaftsordnung zur Debatte, in der dem Staat eine die Harmonie verbürgende und entsprechend umfassende Zuständigkeit aufgegeben war, sondern diese Harmonie verdankte sich dem von Fachleuten eingerichteten „ordre naturel" bzw. dem freien Spiel der Kräfte, der ungehinderten Suche nach Eigennutz, der sprichwört-

19 Philosophische und Politische Geschichte der Besitzungen und des Handels der Europäer in beiden Indien, übersetzt von Jakob Mauvillon, 7 Bde. in 8 Tlen., Hannover 1774-78. Wilhelm Thomas Raynals philosophische und politische Geschichte der Besitzungen und Handlung der Europäer in beyden Indien. Nach der neuesten Ausgabe übersetzt und mit Anmerkungen versehen, 10 Bde., Kempten, 1783-88. Dagegen fielen die im Original „société" verwendenden Passagen den enormen Kürzungen in der einbändigen Übersetzung durch Franz Karsten, Rostock 1780, zum Opfer. Es war wohl der Einfluss der englisch-französischen Wirtschaftstheorie, der manche deutschen Autoren seit den 1770er-Jahren von „Gesellschaft" sprechen ließ, „weil die moralphilosophisch-ökonomischen Theoreme des 18. Jahrhunderts nicht mehr den *status civilis* der *societas civilis* [...], sondern den ‚zivilisierten' Zustand der ‚Gesellschaft' zum Gegenstand" hatten. Manfred Riedel, Art. Gesellschaft, bürgerliche, in: Geschichtliche Grundbegriffe (Anm. 3), Bd. 2, Stuttgart 1975, S. 719-800, hier S. 750.

lichen ‚invisible hand'.[20] Es interessierte also vorwiegend ‚die Gesellschaft' und das war manchen deutschen Übersetzern offensichtlich fremd. Wenn etwa Adam Smith von Wirtschaftsfaktoren wie „the annual produce of the land and labour of the society" sprach, übersetzte der Popularphilosoph Garve noch 1799 das mit „der Arbeit jeder bürgerlichen Gesellschaft", während Wichmann zwanzig Jahre früher das korrekt als „Gesellschaft" wiedergegeben hatte.[21] Aber derselbe Wichmann tat sich an anderer Stelle schwer. Wo nämlich der französische Physiokrat Le Trosne die ganze Naturrechtslehre mit ihrer komplexen Kasuistik, d.h. ihrem hergebrachten logisch-deduktiven Beweisverfahren, als eine „supposition absolument gratuite" verwarf und rundheraus feststellte: „Enfin la société est fondée sur le fait", traf Wichmann klar daneben mit seiner Formulierung: „Kurz, das gesellschaftliche Leben

20 Frühe deutsche, nicht auf Rezeption ausländischer Werke beruhende Beispiele liefert Winfried Schulze, Vom Gemeinnutz zum Eigennutz. Über den Normenwandel in der ständischen Gesellschaft der Frühen Neuzeit, in: Historische Zeitschrift 243 (1986), S. 591-626. Für diesen Paradigmenwechsel macht Schulze wirtschaftliche Wachstumsphasen verantwortlich.

21 Adam Smith, An Inquiry into the Nature and Causes of the Wealth of Nations, Bd. 1, Dublin 1776, S. 5. Ders., Untersuchung über die Natur und die Ursachen des Nationalreichthums. Aus dem Englischen der 4. Ausgabe neu übersetzt von Christian Garve u. August Dörrien, Bd. 1, Leipzig, Breslau [2]1799, S. 6. Ders., Untersuchung der Natur und Ursachen Nationalreichthümern. Aus dem Englischen [von Johann Friedrich Schiller und Christian August Wichmann], Bd. 1, Leipzig 1776, S. 5. Die im Vergleich zur Übersetzung von Schiller und Wichmann der traditionellen Lehre stärker verhaftete Begrifflichkeit Garves und Dörriens ist auch an zahlreichen anderen Textstellen nachweisbar.

gründet sich auf die That".[22] Eine Freud'sche Fehlleistung, möchte man fast sagen, denn aus dem Folgesatz wird klar, dass es nicht um eine Tat, sondern um eine Tatsache geht: „L'homme est non seulement destiné à la société, mais il est né dans son sein".[23]

Der dritte Grund, weshalb ‚die Gesellschaft' in Westeuropa früher in den Blick geriet als im deutschen Kulturraum, hängt mit dem zusammen, was man mit Wolfgang Bonß als „Einübung des Tatsachenblicks" bezeichnen kann. Ganz beiläufig beschrieb Adam Ferguson in seiner vielgelesenen *History of Civil Society* seine Einstellung gegenüber wissenschaftlichen Problemen: „We are more concerned in its reality and its consequences, than we

22 Guillaume François Le Trosne, De l'ordre social, Paris 1777, S. 14, Fußnote. Des Herrn Le Trosne Lehrbegriff der Staats-Ordnung oder Entwickelung des vom D. Franz Quesnay erfundenen Physiokratischen Regierungs- und Staat-Wirthschafts-Systems, aus dem Französischen übersetzt von Christian August Wichmann, Leipzig 1780, S. 15, Fußnote. Der umständliche deutsche Titel zielte wohl auf ein Universitätslehrbuch und offenbart die ganze Fremdheit gegenüber dem Gedanken einer staatsunabhängigen Gesellschaft. Le Trosne unterschied nämlich zwischen „ordre social" und „ordre civil", also zwischen gesellschaftlicher und staatlicher Ordnung.

23 A.a.O. Die Übersetzung lautet: „Der Mensch ist nicht allein zum gesellschaftlichen Stande bestimmt, sondern auch im Schooße desselben gebohren"; ebd., S. 16, Fußnote. Diese Feststellung geht auf Montesquieu zurück (De l'esprit des lois, I/1), aber der Satz begegnet im 18. Jahrhundert so häufig, dass man von einem gegen Hobbes und Rousseau gerichteten Gemeinplatz sprechen muss.

are in its origins or manor of formation".[24] Empirie ist bekanntlich ein „gesellschaftlich produziertes kognitives Muster"[25] und insofern natürlich zeitbedingt. Seine bis heute gängige Lesart wurde Bonß zufolge vor allem von den englischen Vertretern der Politischen Arithmetik geprägt mit der Folge, dass allmählich philosophisches Wissen aus dem Empirieverständnis ausgeschlossen und nur noch „die soziale Wirklichkeit in den Kategorien von Maß und Zahl" anerkannt wurde.[26] Tatsächlich hatte schon 1676 William Petty, nach Marx der Vater der englischen Nationalökonomie, versichert, dass er sich für seine *Political Arithmetic* nicht auf „superlative Words and intellectual Arguments" habe verlassen wollen, sondern ausschließlich auf „Terms of Number, Weight, or Measure [...] and to consider only such Causes, as have visible Foundations in Nature", um nicht von Dingen abhängig zu sein, „that depend upon the mutable Minds, Opinions, Appetites, and Passions of Particular Men".[27] Dass Zahlen

24 Adam Ferguson, An Essay on the History of Civil Society, Edinburgh, London 1767, S. 38. Die deutsche Übersetzung macht aus „reality" nicht 'Wirklichkeit', sondern das metaphysikträchtige „Daseyn". Versuch über die Geschichte der bürgerlichen Gesellschaft, Leipzig 1768, S. 37. Das hat auch damit zu tun, dass anders als im deutschen Sprachraum in England der Begriff „matter of fact" viel früher eingebürgert war und nach Deutschland in Gestalt von „Tatsache" erst 1756 gelangt ist, damals und noch länger beschränkt auf theologische und philosophische Diskurse. Vgl. dazu Reinhart Staats, Der theologiegeschichtliche Hintergrund des Begriffs *Tatsache*, in: Zeitschrift für Theologie und Kirche 70 (1973), S. 316-345, sowie Paul Ziche, Das junge „Wörtlein Thatsache" im philosophischen Diskurs um 1800, in: Cheryce von Xylander / Alfred Nordmann (Hg.), Vollendete Tatsachen. Vom endgültig Vorläufigen und vorläufig Endgültigen in der Wissenschaft, Bielefeld 2022, S. 23-49.

25 Wolfgang Bonß, Die Einübung des Tatsachenblicks. Zur Struktur und Veränderung empirischer Sozialforschung, Frankfurt 1982, S. 54.

26 Ebd., S. 77.

27 William Petty, Political Arithmetick, London 1690, unpag. Vorwort.

wichtiger seien als Metaphysik, hatten zwar bereits Francis Bacon und Thomas Hobbes betont, aber Pettys erst posthum, nämlich 1690 erschienenes Plädoyer erlangte wohl auch deshalb große Wirkung, weil kurz zuvor, 1687, Newtons Gravitationsgesetz erschienen war. Dieses revolutionierte nicht nur das physikalische Weltbild, sondern machte alsbald die Physik für lange Zeit zur leitenden Wissenschaft überhaupt, wertete damit zahlenbasiertes Argumentieren jenseits der Mathematik auf und führte im folgenden Jahrhundert zu Versuchen, die gesamte Wirklichkeit als universell geltenden Regeln unterworfen zu betrachten, d.h. zahlenbasiert zu verstehen.[28]

Um Missverständnissen vorzubeugen, darf der Hinweis nicht fehlen, dass die Politische Arithmetik ausschließlich demographische Tabellen lieferte. Auch solche statistischen Kategorien hatten natürlich „wirklichkeitsschaffende" Dimensionen, indem sie sich dazu eigneten, die hergebrachte ständische Welt zu unterlaufen und gewissermaßen hinter deren Rücken ab den 1780er Jahren in den Augen aufgeklärter Beamter die Vorstellung einer einheitlichen Untertanengesellschaft aufkommen zu las-

28 Ein gutes Beispiel dafür ist das weitverbreitete Newtonsche Kompendium durch den englischen Mathematiker, Popularphilosophen und Instrumentenmacher Benjamin Martin von 1747 (sowie drei weiteren Auflagen), dessen deutsche Übersetzung Philosophia Britannica oder neuer und faßlicher Lehrbegriff der Newtonschen Weltweisheit, Astronomie und Geographie in 12 Vorlesungen, übersetzt, verbessert und mit Zusätzen und neuen Theorien vermehrt von Christian Heinrich Wilke, 3 Teile, Leipzig [1]1772, [2]1778, lautete. Ein berühmter Leser dieser Übersetzung war Hegel. Mehr dazu bei Wolfgang Neuser, Newtonianismus am Ende des 18. Jahrhunderts in Deutschland am Beispiel Benjamin Martin, in: Hegel-Studien 24 (1989), S. 195-203.

sen.[29] Aber diese Statistiken waren dennoch weit davon entfernt, die „soziale Wirklichkeit" im heutigen Sinne, von der Bonß sprach, abzubilden. Von der Politischen Arithmetik führte jedenfalls in Deutschland kein Weg zur Gesellschaftswissenschaft, denn von einer eher beiläufigen Bemerkung Schlözers abgesehen,[30] gab keiner ihrer Vertreter zu erkennen, dass es jenseits von Familie und Staat soziale Formationen gab, die der Untersuchung wert wären. Noch blieb der Gesellschaftsbegriff auf Beständigkeit angelegt, seine Dynamisierung ließ auf sich warten.

4. Französische Ursprünge der Soziologie

Auch wenn die soziale Reichweite der hier nur angedeuteten Weltbilder nicht überschätzt werden darf, entwickelte die französische, von politisch-administrativer Verantwortung freie Aufklärung radikale gesellschaftliche Vorstellungen, die fünfzig Jahre später von Tocqueville geradezu als Ursache der Revolution gebrandmarkt werden sollten: „Au-dessus de la société réelle, dont la constitution était encore réelle, confuse et irrégulière [...] il se bâtissait ainsi peu à peu une société imaginaire, dans laquelle tout paraissait simple et coordonné, uniforme, équitable

29 Diesen Zusammenhang beschreibt sehr gekonnt Lars Behrisch, Die Berechnung der Glückseligkeit. Statistik und Politik in Deutschland und Frankreich im späten Ancien Régime, Ostfildern 2016. Das Zitat S. 498.

30 Schlözer unterschied „das MenschenGeschlecht" in „3 auf einander folgende HauptArten von Gesellschaft [...]: die häusliche, die bürgerliche, und die StaatsGesellschaft". [August Ludwig von Schlözer], Theorie der Statistik. nebst Ideen über das Studium der Politik überhaupt, 1. Heft. Einleitung, Göttingen 1804, S. 27. Diese Aussage war so singulär, dass sie fünfzig Jahre später Robert von Mohl anerkennend zitierte.

et conforme à la raison".[31] In der Tat demonstrierte die Revolution die Änderbarkeit der Gesellschaft, aber das war nicht die Folge aufgeklärter Sprachpolitik, sondern der Menschen- und Bürgerrechte und der von ihnen ausgelösten Ereigniskatarakte. Es verwundert daher nicht, dass spätestens ab 1789 die Frage einer Umgestaltung von ‚Gesellschaft' und Staat auch auf wissenschaftlicher Grundlage und eben nicht nur im Gefolge scheinbar selbstläufiger Prozesse oder revolutionärer Gewaltakte auf der Tagesordnung stand.

31 Alexis de Tocqueville, L'Ancien régime et la révolution [1856], in: Ders., Œuvres complètes, t. 2/1, Paris 1952, S. 199; zit. Riedel, Art. Gesellschaft, Gemeinschaft, in: Geschichtliche Grundbegriffe (Anm. 3), Bd. 2, Stuttgart 1975, S. 801-862, hier S. 840. Diese Beschuldigung der Aufklärung, schon durch ihre Sprache und Begrifflichkeit die Revolution herbeigeführt zu haben, stimmt mit der Grundthese Kosellecks fast nahtlos überein. Trotzdem nannte dieser Tocqueville in *Kritik und Krise* nicht ein einziges Mal, obwohl er ihn im Literaturverzeichnis anführt. Auch später interessierte sich Koselleck vornehmlich für Tocquevilles prognostische Aussagen, seine semantisch begründete Aufklärungskritik scheint ihm entgangen zu sein.

Auf Einzelheiten muss hier verzichtet werden. Es sei darum lediglich auf Autoren wie Sieyes,[32] Condorcet,[33] Lacretelle[34] oder Destutt de Tracy[35] verwiesen, die sich

32 Emmanuel Joseph Sieyès, Politische Schriften, vollständig gesammelt von dem deutschen Übersetzer nebst zwei Vorreden über Sieyès' Lebensgeschichte, seine politische Rolle, seinen Charakter, seine Schriften, Bd. 1, o.O. [Leipzig] 1796. Der anonym gebliebene Übersetzer, Konrad Engelbert Oelsner, bemerkte am Ende seiner langen Einführung, Sieyes habe viele Neologismen benutzt, die die Übersetzung erschwerten, weil es dazu im deutschen politischen System keine Entsprechung gebe, und stellte ein Verzeichnis zentraler, von ihm hiermit vorgeschlagener Begriffe zusammen; „société" ist allerdings ebensowenig darunter wie „art social" oder „mécanique sociale", alles zentrale Begriffe der Mitglieder der *Société de 1789*. A.a.O., S. CXVI-CXX. Zu den Neologismen Sieyes' im Wortfeld ‚société' ausführlich Sonia Branca-Rosoff / Jacques Guilhaumou, De société à socialisme: l'invention néologique et son contexte discursif, in: Dictionnaire des usages socio-politiques (1770-1815), H. 7, Paris 2003, S. 143-179. In den späten 1780ern brachte Sieyes Überlegungen über die „société politique" zu Papier und vermied dabei bewusst den Begriff der „société civile", wie er sie bei Ferguson in der französischen Übersetzung 1783 lesen konnte, weil jener mit zu viel historischem Ballast befrachtet sei. Er prägte auch „socialisme" und bezeichnete damit die von den Bürgern praktizierte politische Gestaltungskraft. Den projektierten „Traité du socialisme" hat er jedoch nie geschrieben. Zu ‚Sozialismus' vor 1800 Wolfgang Schieder, Art. Sozialismus, in: Geschichtliche Grundbegriffe (Anm. 3), Bd. 5, Stuttgart 1984, S. 923-996, hier S. 924-934.

33 In seiner 1793/94 verfassten Esquisse d'un tableau historique des progrès de l'esprit humain, o.O [Paris], 1795, verlangte der Mathematiker, dass künftig die „sciences morales et politiques" sich mit den „sciences mathématiques et physiques" zusammentun sollten, damit aus der Verbindung beider „une précision presque mathématique" in der Politik hervorgehen könne, die das Regieren frei von Willkür- oder Zufallsentscheidungen mache. Condorcet. a.a.O., S. 345, 341. Die deutsche Übersetzung erschien bereits 1796, hatte aber keine nachweisbare Wirkung, denn gerade „die unterrichtetere Klasse des Publikums", an die sich laut dem Übersetzer Posselt das Buch richtete – das von Goethe gekaufte Exemplar steht im Katalog der HAAB Weimar –, war in Deutschland eben auch beamtet und daher utopischen Projekten gegenüber abgeneigt: Entwurf eines historischen Gemähldes der Fortschritte des menschlichen Geistes. Nachlaß von Condorcet. Ins Teutsche übersezt von D. Ernst Ludwig Posselt, Tübingen 1796.

34 Pierre-Louis de Lacretelle, De l'établissement des connoissances humaines et de l'instruction publique dans la constitution française, Paris 1791. Dieser Text wurde seinerzeit ebensowenig übersetzt wie der in der folgenden Anmerkung genannte.

35 [Antoine Louis Claude Destutt de Tracy] Élemens d'idéologie, 4 Bde. Paris 1801.

ab 1788/89 in verschiedenen Vereinen organisierten,[36] um der „Wissenschaft der Gesellschaft", von der nun in Frankreich alle sprachen, eine Plattform zu bieten, und die Einrichtung entsprechender Lehranstalten verlangten.

Der hier durchgängig beanspruchte Wissenschaftscharakter verdient eine etwas ausholende Erklärung, weil er von den im deutschen Kulturraum damals gültigen Vorstellungen abwich. Für Frankreich waren in diesem Zusammenhang zwei Dinge von Bedeutung. Erstens hatte die 1666 von Colbert gegründete *Académie des Sciences* „in bis heute spürbarer Weise den Begriff ‚science' für einen Katalog der Wissenschaften festgelegt, und zwar die Naturwissenschaften".[37] Mathematik galt als wichtigster Ausweis von Wissenschaftlichkeit, so dass die Wahrheitsfrage lange Zeit unerörtert bleiben konnte. Zweitens bekam in der französischen Aufklärung der öffentliche Nutzen besonderes Gewicht, wodurch die hergebrachte Grenze zwischen „science" und „art" beseitigt wurde, wie man an Titel und Inhalt der ab 1751 erscheinenden *Encyclopédie* sehen kann.[38] Es überrascht darum nicht, wenn Spätaufklärer wie Sieyes und Condorcet das Wesen ihrer gesellschaftspolitischen Reformvorschläge 1780/90 mit Begriffen wie „art social", „mécanique sociale" oder gar

36 Am wichtigsten war die *Société de 1789* mit eigener Zeitschrift, dem „Journal de la Société de 1789". Es erschien allerdings nur 1790 (ND Paris 1982).

37 Lutz Geldsetzer, „Science" im französischen Sprach- und Denkraum, in: Alwin Diemer (Hg.), Der Wissenschaftsbegriff. Historische und systematische Untersuchungen, Meisenheim/Glan 1970, S. 76-89, hier S. 82.

38 Encyclopédie ou Dictionnaire raisonné des sciences, des arts et des métiers, par une société de gens de lettres, mis et publié par M. Diderot et quant à la mathématique par M. D'Alembert, 17 Bde., Paris 1751-1765, sowie 10 Tafelbände 1762-1772.

„mathématique sociale" versahen und als Techniken einer dringend notwendigen „science sociale" bezeichneten, die wie die Naturwissenschaften durch rigide Tatsachenbeobachtung auf einer sicheren Grundlage stehen müsse.[39] Die aristotelische ‚Politik', im zeitgenössischen Verständnis eine Klugheitslehre, war hier verabschiedet, denn als Zweck der Gesellschaft galt nicht mehr das gute Leben, sondern die Bedürfnisbefriedigung, weshalb politische Ökonomie und soziale ‚Mechanik' eine zentrale Rolle spielten.

Verwirklicht werden konnte dieses Programm erst nach der Revolution. Zur institutionalisierten Wissenschaft erhob es die 1795 gegründete *Société des Idéologues*[40] mit Hilfe der im selben Jahr ins Leben gerufenen *Académie des sciences morales et politiques.*[41] Die „science sociale" hatte damit tatsächlich denselben Rang erreicht wie die Naturwissenschaften, sie war nach Lacretelle gar „la science par excellence",[42] die sämtliche sozialen Disziplinen im weitesten Sinne vereinte.

39 Zahlreiche Belege bei U. Dierse, der mit Recht „den Ursprung der Sozialwissenschaft in die Französische Revolution zurückverlegt". Ulrich Dierse, Die Anfänge der „science sociale" bei den französischen Ideologen und in ihrem Umkreis, in: Gudrun Gerßmann / Hubertus Kohle (Hg.), Frankreich um 1800. Gesellschaft, Kultur, Mentalitäten, Stuttgart 1990, S. 104-121.

40 Zu ihren Mitgliedern zählten u.a. Sieyes, Say, Roederer und Destutt de Tracy; der im Vorjahr gestorbene Condorcet war ihr wichtigster Stichwortgeber.

41 Deren 2. Klasse verfügte über 6 Sektionen: Analyse des sensations et des idées, Morale, Science sociale et législation, Économie politique, Histoire und Géographie. Es dominierten die Mitglieder der *Société des Idéologues*. Die Mitglieder werden bis heute großzügig alimentiert.

42 Lacretelle, De l'établissement (Anm. 34) S. 54.

Nicht zufällig also wuchsen in diesem Klima die Gründerfiguren der Soziologie heran. Saint-Simon hielt 1813die systematische Entwicklung einer Methode zu Deutung und Steuerung der eben erst im Entstehen begriffenen modernen Gesellschaft für seine wichtigste Aufgabe, um die von ihm als „science politique" bezeichnete neue Wissenschaft weiter abzusichern.[43] Deren Entwicklungsgesetz verkündeten dann nach seinem Tod im Jahre 1825 seine Schüler, wo es gleich in der ersten Vorlesung über die „sciences" mit Bedauern hieß, dass die Theorie seit langem zugunsten der Praxis vernachlässigt werde, was vor allem auf die 1803 erfolgte Abschaffung der *Académie des sciences morales et politiques* zurückgehe. „Prononçons, [...] que c'est dans l'absence d'une unité de vue sociale qu'il faut rechercher la cause du mal, et dans la découverte de cette unité qu'on trouvera le remède".[44] Für Auguste Comte war dann aber das Theorieproblem gelöst. Seine „science sociale" sei nicht-metaphysisch, d.h. „positiv", und stehe damit im Gegensatz zu den verachteten „sciences conjecturales".[45] Nach der 1832 erfolgten

43 Mémoire sur la science de l'homme, Paris 1813. Im Vorwort schrieb er, die von ihm untersuchten vier Autoren – Vicq-d'Azyr, Cabanis, Bichat und Condorcet – „avaient fait faire un pas bien important à la science [...] en basant leurs raisonnements sur des faits observés et discutés, au lieu de suivre la marche adoptée par les sciences conjecturales, où on rapporte tous les faits à un 'raisonnement'". Claude-Henri de Saint-Simon, Œuvres choisies, précédées d'un essai sur sa doctrine, Bd. 2, Brüssel 1859, S. 8.

44 Doctrine de Saint Simon. Exposition. Première année 1828-1829, Ière Séance, Paris 1831, S. 75-104, hier S. 87. Die deutsche Ausgabe, Die Lehre Saint Simons, hg. v. Gottfried Salomon-Delatour, Neuwied 1962, S. 42, bringt eine ungenaue Übersetzung dieser Passage. Deshalb wurde auf deren Wiedergabe verzichtet.

45 Saint Simons Dreistadiengesetz der Entwicklung der Wissenschaft reicht von den „sciences conjecturales" über die „science mi-conjecturales et mi-positives" zu den „sciences positives".

Wiedereinrichtung der *Académie des sciences morales et politiques* lieferte er dann auch eine griffige disziplinäre Bezeichnung: „sociologie".[46] Sie habe nicht nur eine analytische Rolle, sondern auch eine lenkende, nämlich im Sinne von Annäherung an die naturgegebene Entwicklung zum Fortschritt. So prägte der von Saint-Simon und Comte repräsentierte Positivismus, unterstützt von Adolphe Quetelet, der mit rein mathematisch-statistischen Methoden die Gesellschaft steuern zu können versprach,[47] für Jahrzehnte das Gesicht der französischen Wissenschaft, der den vernunftgestützten Verfassungsexperimenten von 1789ff. und dem spätestens von Napoleon geschaffenen dirigistischen Wissenschaftsklima besser entsprach als die Bildungsmodelle ihrer Nachbarn.

46 Auguste Comte, Sociologie (= Cours de philosophie positive, t. IV: La philosophie sociale et les conclusions générales), Paris 1839. Deutsche Ausgabe: Soziologie, Bd. 1: Der dogmatische Teil der Sozialphilosophie, Jena 1907. 1825 hatte er zwar den „caractère théologique ou métaphysique, sous l'influence duquel se sont formées nos langues", beklagt, war aber noch vor der Schaffung von Neologismen zurückgeschreckt, „car c'est, je crois, une des plus grandes difficultés du monde que celle de créer une expression neuve qui soit véritablement bonne et qui remplisse toutes les conditions voulues". Lettre à M. P. Vallet, 25 décembre 1825, in: Lettres d'Auguste Comte à M. Valet, 1815-1844, Paris 1870, S. 152-163, hier S. 158.

47 Adolphe Quetelet, Sur l'homme et le développement de ses facultés, ou essai de physique sociale, 2 Bde., Paris 1835. Deutsche Übersetzung: Über den Menschen und die Entwicklung seiner Fähigkeiten, oder Versuch einer Physik der Gesellschaft, Stuttgart 1838. Das Buch ist, für die damalige Zeit ungewöhnlich, voller Statistiken, aber entgegen dem Titel geht es Quetelet primär nicht um die Gesellschaft, sondern um die Individuen, aus deren Daten er den „mittleren Menschen" errechnen will. Bei ihm trifft Porters Aussage besonders zu: „the concept of society was itself in part a statistical construct". Theodore M. Porter, Trust in Numbers. The Pursuit of Objectivity in Science and Public Life, Princeton [2]1996, S. 37.

5. Erste Abschiede vom metaphysischen Gesellschaftsbild in Deutschland

Deshalb, und weil damals weder in England bzw. Schottland noch im Heiligen Römischen Reich eine vergleichbare politische und gesellschaftliche Krise herrschte, blieb der Einfluss der französischen Soziologie und der von ihr geschaffenen Wissenschaftssprache im Ausland zunächst beschränkt. Immerhin findet sich nun hier und da ein Vokabular, das an die französische Moderne anschließt, jedoch verharrten bei genauerem Zusehen die Autoren im Hergebrachten. So begegnet uns etwa 1797 das Wort „Gesellschaftspolitik", aber sein Urheber, der Kant-Schüler und angehende Philosophieprofessor Wilhelm Traugott Krug, deklinierte sie in der traditionellen logisch-deduktiven Manier durch, d.h. er spaltete sie auf in die „allgemeine", die für das Zusammenleben „Rathschläge der Klugheit" erteile, und die „besondre", die ihrerseits in das Regelwerk des ‚Ganzen Hauses' und in die „Staatspolitik" zerfalle.[48] Diese Kasuistik lässt nicht erkennen, dass Teile der Gesellschaft sich damals von der ständischen Ordnung – absichtlich oder gezwungenermaßen – emanzipierten und neuartige Verhältnisse schufen. Auch die 1793 gedruckte Polemik Fichtes gegen den absoluten Staat sieht nur auf den ersten Blick modern aus. Er betonte mit Nachdruck den „Unterschied zwischen Gesellschaft und Staat", der leider allgemein

48 Wilhelm Traugott Krug, Versuch einer systematischen Enzyklopädie der Wissenschaften, 2. Theil, Jena 1797, § 173ff.

verkannt werde. Das habe „eine Verwirrung der Begriffe" zur Folge. „Das Wort ‚Gesellschaft' nemlich ist die Quelle des leidigen Missverständnisses", da es nur gewöhnliche Vertragsverhältnisse oder den Sozialvertrag meine. Es „schleicht sich dadurch über wichtige Erörterungen weg: wie es mit Menschen beschaffen sey, die um, neben, zwischen einander leben, ohne in irgend einem Vertrage, geschweige denn im Bürgervertrage zu stehen". Das war nur scheinbar die Gesellschaft im modernen Sinne, denn Fichte polemisierte gegen den Staat und benützte dafür das ungewöhnliche Argument, dass „der Naturzustand des Menschen [nicht] durch den bürgerlichen Vertrag aufgehoben" werde.[49] Bei seiner Gesellschaft handelte es sich also um ein gedankliches Konstrukt, die empirische Gesellschaft interessierte Fichte hier nicht im Geringsten; sein gesamter Text ist eine einzige Polemik gegen Empirie, Erfahrung, Geschichte.

Das Beispiel Fichtes zeigt trotzdem, dass die jüngere, die Freiheitsrechte der Bürger betonende Naturrechtslehre vielleicht einen in Deutschland eher gangbaren Weg zu einer Theorie der Gesellschaft hätte bilden können, wenn sie diesem Thema mehr Aufmerksamkeit gewidmet hätte. Das beste Beispiel dafür ist Samuel Simon Witte, Rechtsprofessor an der kurzlebigen Universität Bützow und später in Rostock, der 1782 in einer Preisschrift zum

49 Johann Gottlieb Fichte, Beitrag zur Berichtigung der Urtheile des Publikums über die französische Revolution. Erster Theil: Zur Beurtheilung ihrer Rechtmäßigkeit, 1. Heft [1793], jetzt in: Ders., Gesamtausgabe der Bayerischen Akademie der Wissenschaften, Bd. 1: Werke 1791-1794, hg. v. Reinhard Lauth und Hans Jacob, Stuttgart-Bad Cannstatt 1964, S. 193-296, hier S. 284, 275f., 277.

damals vieldiskutierten Thema Luxus eine den Staat dominierende Eigentümer- und Marktgesellschaft entwarf. „Der wesentliche Zweck dieser Gesellschaft besteht in der Befriedigung der individuellen Bedürfnisse durch die freye wechselseitige Vertauschung der Kraftproducte oder den bürgerlichen Verkehr“.[50] Witte, der wohl als erster in Deutschland zwischen Staat und Gesellschaft unterschied bzw. trennte,[51] ging es freilich weniger um diese als um die Wirtschaft, für die er ein zukunftsweisendes, nachfrageorientiertes Modell entwarf. Doch geriet sein Buch nach kurzer Diskussion in völlige Vergessenheit, weil sein Titel keinerlei Hinweis auf die hier entfaltete These einer modernen Gesellschaft enthält und wohl auch, weil sein Verfasser sich alsbald mehr für die Ursprünge von Pyramiden und Keilschrift interessierte.

6. Zwischenbilanz

An dieser Stelle scheint eine kurze Zwischenbilanz angebracht. Die hier vorgestellten drei sprachlich-kulturellen Großräume wiesen erhebliche Unterschiede auf. Den Westeuropäern gemeinsam waren die Kontakte mit der

50 Samuel Simon Witte, Ueber die Schicklichkeit der Aufwandsgesetze. Eine Beantwortung der darüber durch die Aufmunterungs-Gesellschaft zu Basel im Jahre 1780 aufgegebenen Preisfrage, Leipzig 1782, S. 75.

51 So die These von Diethelm Klippel, Politische Freiheit und Freiheitsrechte im deutschen Naturrecht des 18. Jahrhunderts, Paderborn 1976, S. 139, 141. Ausführlich zu Witte ders., Luxus und bürgerliche Gesellschaft. Samuel Simon Wittes Schrift „Über die Schicklichkeit der Aufwandsgesetze“ (1782), in: Dieter Schwab u.a. (Hg.), Staat, Kirche, Wissenschaft in einer pluralistischen Gesellschaft. Festschrift. zum 65. Geburtstag von Paul Mikat, Berlin 1989, S. 327-344. Klippel hält „Anregungen durch die englisch-schottische Moralphilosophie“ und damit durch Adam Smith für wahrscheinlich; ebd., S. 341.

außereuropäischen Welt, der entwickelte Kapitalismus in Gewerbe und Landwirtschaft und die Randstellung der Universitäten. Während aber in England und Schottland Moralphilosophen und Grundbesitzer einen neuen Blick auf die gesellschaftlichen Tatsachen entwickelten, um Krone und Unterhaus von Eingriffen in die Wirtschaft abzuhalten, arbeiteten sich die französischen Spätaufklärer – im täglichen Leben vorzugsweise Literaten und Mitglieder diverser Akademien, aber nicht im Staatsdienst – am reformunfähigen Absolutismus ab und begründeten nach dem Ende des Ancien Régime eine naturwissenschaftlich geprägte Wissenschaft der Gesellschaft, die eine Wiederholung revolutionärer Krisen ausschließen sollte.

Im Deutschen Reich herrschte dagegen ein von der Aufklärung unterstützter Reformabsolutismus über eine noch weitgehend traditionell ausgerichtete Wirtschafts- und Gesellschaftsordnung von erheblicher Stabilität. Die öffentliche Meinung prägten Autoren, die ihrer Ausbildung nach meist Juristen und Theologen waren, von Beruf jedoch Beamte, Professoren, Hauslehrer oder freie Schriftsteller.[52] Ihr Thema war der Staat, in damaliger Sprache die „bürgerliche Gesellschaft“, in der zugleich die Stände enthalten waren. Die ständische Gesellschaft galt schon *per definitionem* als stabil, denn man hielt sie allgemein als gottgewollt bzw. in der Sprache der späten Aufklärung

52 Allein von den frühen 1770ern bis zu den späten 1780ern verdoppelte sich die Zahl der Schriftsteller nach Schätzung von Johann Goldfriedrich, Geschichte des deutschen Buchhandels, Bd. 3, Leipzig 1909, S. 249, auf 6000. Entsprechend prekär war ihre Lage. Noch immer weithin unübertroffen dazu Hans Gerth, Bürgerliche Intelligenz um 1800. Zur Soziologie des deutschen Frühliberalismus, Göttingen 1976.

als ‚natürlich‘,[53] und außerdem wachte über sie das Recht, das jedem Stand seinen Platz in ihr zuwies und garantierte. An empirischen Untersuchungen bestand deshalb so gut wie kein Bedarf, so dass Beiträge zur ‚wirklichen‘ Gesellschaft wie erratische Blöcke in der literarischen Landschaft herumliegen und auf ihre Finder warten. Die „zweckrationale Wahrnehmung der sozialen Welt“[54] geschah dagegen in Gestalt von Tabellen und bediente kaum den akademischen Diskurs, sondern eher die zahlreichen Zweige der ‚Policey‘.

Den wichtigsten Anstoß zur Dynamisierung des Gesellschaftsbildes lieferte natürlich die Französische Revolution, denn mit dem politischen Totalumsturz verband sich bekanntlich auch ein „Bruch des gesellschaftlichen Bewusstseins“. Seine realhistorische Bedeutung pflegt jedoch seit jeher überschätzt zu werden. Und so scheint selbst in Frankreich „société“ nicht sogleich dynamisiert worden zu sein, oder anders gesagt: Was sich gesellschaftlich dynamisierte, wurde vorzugsweise unter Termini wie „égalité“, „droits de l’homme“, „liberté“ und dergleichen abgehandelt[55] – alles Sujets, die viel umstandsloser den

---

53 Selbst in der radikalen Phase der Revolution galt die – neue – hierarchische Ordnung ausdrücklich als gottgewollt und nicht ‚nur‘ als natürlich, wie Mathias Sonnleithner anhand von Festen und Prozessionsordnungen bzw. -berichten nachweist. Mathias Sonnleithner „Auf Erden kein anderes Reich als deines anerkennen“. Soziale Hierarchie als göttliche Ordnung in der „egalitären“ Gesellschaft des revolutionären Frankreichs, in: Zeitschrift für historische Forschung 48 (2021), S. 695-726.

54 Bonß, Einübung (Anm. 25), S. 79.

55 So lese ich die Ergebnisse von Rolf Reichardt, Revolutionäre Mentalitäten und Netze politischer Grundbegriffe in Frankreich 1789-1795, in: Ders. / Reinhart Koselleck (Hg.), Die Französische Revolution als Bruch des gesellschaftlichen Bewußtseins, München 1988, S. 185-215, bes. S. 188ff.

Blick auf die neue Wirklichkeit freigaben als der traditionsbelastete Gesellschaftsbegriff.

Obwohl es an Augenzeugenschaft deutscher Gebildeter mit der Französischen Revolution wahrlich nicht mangelte, sucht man zeitgenössische Aussagen zur gesellschaftlichen Umgestaltung vergeblich. Erstens fehlte dafür das trainierte Auge, der ‚Tatsachenblick', und zweitens verstellte die Fülle außergewöhnlicher politischer und militärischer Ereignisse die Sicht auf das Soziale. Und wo diese dann doch zur Sprache kam,[56] handelte es sich sogar beim wichtigsten deutschen Augenzeugen nicht um die Beschreibung der Wirklichkeit, sondern um eine Privatutopie.[57] Obwohl aus heutiger Sicht kaum vorstellbar, spricht deshalb alles dafür, dass die Dynamisierung der Gesellschaft im Nachbarland zunächst nicht zur Kenntnis genommen wurde.

56 „Ich liebe die Freiheit, weil ich das Vergnügen liebe. Niemand wird dem andern mehr von Geburts wegen auf den Nacken treten, keiner mehr gezwungen kriechen. [...] Der Ackerbau, die Industrie, die Künste werden von ihren Fesseln losgelassen, jede Arbeit ihrem natürlichen Eigenthümer zugehören. Wohlstand wird sich über die ganze Masse meiner Mitbürger verbreiten. Ich werde wenig und selten hungrige und nackende sehen. Das Volk wird sich besser kleiden und besser essen. Es werden keine Mißheurathen mehr möglich seyn. [...] Der Reichthum des Weiland-Herzogs wird in gleichen Strömen über die Erben fließen. Sie werden Fabriken anlegen, die Kultur verbessern, und durch Erwerb gemeinnütziger Verdienste die Achtung ihrer Mitbürger zu erwerben suchen. Kein Vorurtheil sezt sich mehr der oder jener ehrbaren Beschäftigung entgegen; jeder nicht unehrbare Schritt wird erlaubt seyn. [...] Bei gleicher Vertheilung der Glücksgüter wird es weniger freche Begierden und weniger verworfene Sklaven geben." [Konrad Engelbert Oelsner], I, in: Luzifer oder Gereinigter Beiträge zur Französischen Revolution erster Theil, 1797, S. 3f. Im Nachdruck dieser Zeitschrift durch den ostdeutschen Reclam-Verlag 1987 ist dieser Aufsatz mit einem Titel versehen: Erwartungen, die die Freiheit hoffen läßt.

57 Klaus Deinet, Konrad Engelbert Oelsner und die Französische Revolution, München 1981, S. 23.

Wenn die Dinge im deutschen Sprachraum dennoch in Bewegung kamen, hat das demnach wohl einen anderen Grund. In aller Kürze kann man sagen, dass das allmähliche Verschwinden von ‚Gesellschaft' im Sinne eines zweckbestimmten Zusammenschlusses von Menschen als Folge der Anfänge des modernen Staates und seines Versprechens gedeutet werden kann, nun selber anstelle der ‚Gesellschaften' für diese Ziele zu sorgen. Krünitz zählte in seiner *Oekonomischen Encyklopädie* 1779 vier „Gesellschaften" auf, denen jeder Mensch angehöre und die „bey allen Völkern" anzutreffen seien, weshalb man sie auch „natürliche Gesellschaften" nenne: Erstens „die eheliche oder die zwischen Mann und Weib, von Gott selbst gestiftet", zweitens „die häusliche oder zwischen Aeltern und Kindern", ferner die „dritte Art der Gesellschaft [...], welche zwischen Herren und Knechten oder zwischen einem Haus-Vater und einer Haus-Mutter und ihrem Gesinde besteht", also das sogenannte ‚Ganze Haus', und schließlich „die bürgerliche Gesellschaft",[58] die keineswegs mit dem Staat im modernen Sinne gleichzusetzen ist. Alle diese „Gesellschaften" erfuhren seit dem späten 18. Jahrhundert durch obrigkeitliche Eingriffe anfangs im Rah-

58 Krünitz (Anm. 15), Bd. 17, Berlin 1779, S. 526f. Diese Einteilung findet sich bereits bei Pufendorf, wahrscheinlich schon vorher, auch der *Zedler* referiert sie. Es handelt sich also um eine im 18. Jahrhundert so verbreitete wie akzeptierte Kategorisierung der Gesellschaft.

men der Policey-Gesetzgebung,[59] später dann in Gestalt mehr oder minder umfangreicher Spezialgesetze[60] Schritt für Schritt bzw. im linksrheinischen Deutschland 1804 mit der Einführung des *Code Civil* schlagartig das, was Soziologen heute als Funktionsentlastung beschreiben, damals jedoch vielfach als Entmächtigung wahrgenommen wurde. So wurde Platz für die Umdeutung von ‚Gesellschaft' zur sozialen Gesamtheit und näherhin zu ihrer besonderen Beschaffenheit, d.h. zur berufsständischen oder zur Klassengesellschaft. Diese Umdeutung geschah in Deutschland, von Ausnahmen abgesehen, ziemlich langsam, jedenfalls langsamer als im benachbarten Frankreich, wo seit der berühmten Nacht des 4. August 1789 die ständisch vielfach abgestufte Gesellschaft mindestens auf dem Papier beseitigt war,[61] während sich die Engländer, wie der Hannoveraner Beamte Ernst Brandes schrieb, schon länger keine Standesschranken mehr gefallen lassen

59 Als willkürlich herausgegriffenes Beispiel aus der trotz Repertorien nicht zu überblickenden Fülle der Policey-Ordnungen seien herausgegriffen die im Bistum Speyer am 14. Februar 1767 erlassene Verordnung, die den Eltern erfolglos studierender Kinder auferlegt, sie von der Universität zu nehmen und „einem andern, ihnen convenableren Nahrungsstande" zuzuführen, oder das am 26. Januar 1775 vom Fürstentum Ansbach erlassene Verbot der Ehe „bei dem sehr ungleichen Alter der Eheleute", obgleich diese vielfach der Altersvorsorge diente. Beide Texte sind abgedruckt bei Gustav Klemens Schmelzeisen (Hg.), Polizei- und Landesverordnungen, 2. Halbband, Weimar 1969, S. 361 bzw. 377.

60 Genannt seien die nach damaliger Vorstellung tief ins Eigentumsrecht der ‚natürlichen Gesellschaften' eingreifenden preußische Edikte zur Bauernbefreiung vom 9. Oktober 1807 und vom 14. September 1811 und zur Herstellung der Gewerbefreiheit vom 28. Oktober 1810 bzw. 7. September 1811. Ein Teil von ihnen ist abgedruckt in Ernst Rudolf Huber (Hg.), Dokumente zur deutschen Verfassungsgeschichte, Bd. 1, Stuttgart ³1978, S. 41ff. bzw. S. 47.

61 Natürlich zugunsten anderer Hierarchien. Vgl. dazu Anm. 53.

mussten.[62] Und weil dieser Prozess nur in dem Maße vorankam, wie der Staat mit der wachsenden gesellschaftlichen Dynamik konfrontiert wurde, lag es nahe, dass es die sich gleichzeitig etablierenden Staatswissenschaften waren, die sich mit der Deutung dieses Vorgangs befassten und folglich den modernen Gesellschaftsbegriff entwarfen. Sie spielen daher weiter unten eine maßgebliche, den heutigen Beobachter wohl überraschende Rolle.

7. Drei Wege aus der alteuropäischen Gesellschaftsidee

a. Jahrhundertanfang: Entdeckung ohne gesellschaftliche Relevanz

In Deutschland gibt es herkömmlicherweise je nach Perspektive zwei Anfänge moderner Gesellschaftstheorie: in den 1840ern im Zeichen der vom Pauperismus und den Anfängen der Arbeiterbewegung verursachten Krise und endgültig dann um 1900 als Universitätsdisziplin im Zeichen der von Hochkapitalismus, Demokratisierungsprozessen und der Krise des Historismus verursachten neuartigen Ungewissheiten, auf die die hergebrachten Wissenschaften und der in ihnen groß gewordene Gelehrtentyp keine Antwort mehr wussten. Aber es gibt noch einen dritten Anfang, und zwar den allerersten, be-

62 Die sozioprofessionellen „Schranken" stünden in England „allen offen. Der unbedeutendste kleinste Bürger kann, den Thron ausgenommen, alles ersteigen. Hier sind keine Familien, denen nach Kastenweise gewisse Vorrechte ankleben. Die Stände haben zwar [...] genau bestimmte Rechte, aber die Aussicht, in diese Stände aufgenommen zu werden, steht jedem offen". [Ernst Brandes] Ueber den politischen Geist Englands II, in: Berlinische Monatsschrift 7 (1786), S. 217-241, hier S. 224f.

schränkt auf den Berliner freien Schriftsteller Friedrich Buchholz, dem seit 1805 die von ihm entworfene „Wissenschaft der Gesellschaft“[63] gleichsam wie Pallas Athene dem Zeus aus der Stirn entsprungen zu sein scheint. Er hatte in Deutschland weder Vorläufer noch Nachfolger und ist, obwohl zu Lebzeiten ein sehr erfolgreicher Schriftsteller, weithin vergessen. „Auch ein Anfang der Soziologie“, überschrieb darum Hans Gerth seine biographische Skizze.[64]

Bei Buchholz stand am Beginn die Krise als Zeitdiagnose. Das war 1810 nicht originell, umso origineller aber sein Rezept zu ihrer Überwindung: „Der größte Theil der europäischen Welt befindet sich in einer Krisis, deren Dauer sich mit keiner Bestimmtheit angeben läßt. Ist von dem Charakter derselben die Rede, so läßt sich dieser vielleicht nicht besser bezeichnen, als so, daß man sagt: er bestehe in dem Gefühl der Unvollkommenheit des gesellschaftlichen Gesetzes, so wie dieses bisher gewaltet hat. Es käme also zur Beendigung jener Krisis vorzüglich auf eine Verbesserung des gesellschaftlichen Gesetzes an.

63 „Verkennt man das Jahrhundert nicht ganz, so muß man eingestehen, daß eine Wissenschaft im Anzuge ist, von welcher sich frühere Jahrhunderte wenig träumen ließen; nämlich die Wissenschaft der Gesellschaft in ihren nothwendigen und zufälligen Beziehungen“. Friedrich Buchholz, Ueber die drei Stände im 19ten Jahrhundert, in: Journal für Deutschland historisch-politischen Inhalts, hg. v. dems., 1 (1815), S. 79-98, hier S. 87. In diesem Aufsatz geht es nur am Rande um Soziologisches, in der Hauptsache diskutiert Buchholz im Hinblick auf den eben beschlossenen Artikel 13 der Bundesakte die angemessene Zusammensetzung der Landstände. Der inzwischen erreichte gesellschaftliche Zustand verlange, dass die Zweiten Kammern aus den Vertretern des immobilen und mobilen Kapitals sowie der Gelehrten als interesseloser Vermittlungsinstanz bestehen.

64 Hans Gerth, Friedrich Buchholz. Auch ein Anfang der Soziologie, in: Zeitschrift für die gesamte Staatswissenschaft 110 (1954), S. 665-692.

Und dies wäre demnach das Problem, das gegenwärtig gelöset werden müßte."[65] Soziologie als Orientierungswissen der noch weithin unbekannten Gesellschaft und damit zugleich Stabilisatorin der Staaten – alles Aussagen, lange bevor er die französischen Soziologen rezipierte.

Dass das keine einfache Angelegenheit sein konnte, lag für Buchholz auf der Hand. Schließlich ging es bei ihm nicht mehr, wie seit Aristoteles' Zeiten, um Sollen, sondern um Sein. Buchholz bezeichnete sich daher als „Naturforscher in Beziehung auf gesellschaftliche Erscheinungen"[66] – wohl eine Reverenz an den damals zu großer Berühmtheit gelangenden Alexander von Humboldt – und kritisierte das „Unvermögen, gesellschaftliche Erscheinungen richtig aufzufassen und darzustellen". Für die Französische Revolution habe man „erst die Ökonomisten, dann die Enzyklopädisten oder Philosophen zu Urhebern derselben gemacht" und schließlich die „Freimaurer [...] als die Urenkel der Tempelritter. [...] Es braucht kaum bemerkt zu werden, wie lächerlich und läppisch alle diese Hypothesen sind".[67]

Für den Soziologen Buchholz verhielten sich die Dinge vergleichsweise einfach. Gedeihliche Verhältnisse im Staat gebe es nur, wenn Politik, Recht und Verfassung den sich ändernden gesellschaftlichen Verhältnissen Rechnung

65 Friedrich Buchholz, Hermes oder über die Natur der Gesellschaft, mit Blicken in die Zukunft, Tübingen 1810, S. 202.

66 „Eben deswegen soll der Geschichtsschreiber sich auf die genaueste Darstellung dieser [gesellschaftlichen] Erscheinungen beschränken". Ders., Geschichte Napoleon Bonaparte's in drei Bänden, Bd. 1, Berlin 1827, S. Vf.

67 Ebd., S. 402, Fußnote.

tragen, und das war nicht nur im Frankreich des Ancien Régime nicht der Fall, wie er ausführlich im ersten Band seiner *Geschichte Napoleons* darlegte, sondern auch die Jakobiner erlagen trotz ihres Vernunftkultes noch dem „Metaphysizismus“[68] und scheiterten deshalb. Die „gesellschaftlichen Elemente“ könnten auf Dauer nicht mit einem Machtspruch ruhiggestellt werden, sonst komme es zum „nothwendigen Kampf“. „Die Regierung ist in solch einem Falle kraftlos – nicht etwa, weil sie so oder so zusammengesetzt ist –, sondern weil es an den Bedingungen einer freien und sittlichen Einwirkung für sie gebricht“.[69] Das war, völlig unvermittelt, d.h. gleichsam aus heiterem Himmel, die unerhörte Feststellung, dass der auf Dauer angelegte ‚alteuropäische‘ Gesellschaftsbegriff ausgedient habe, weil alles in Bewegung sei.

Was diese Erkenntnis jedoch erschwerte, ist Buchholz‘ höchst bemerkenswerte Einsicht eines Zusammenhangs zwischen wachsender gesellschaftlicher Komplexität und abnehmender Chance, diese zu erkennen. „Es gehört zu den Eigenthümlichkeiten der menschlichen Gesellschaft, daß sie das Bewußtsein ihrer selbst in eben dem Grade verliert, in welchem die Zahl der gesellschaftlichen Verrichtungen zunimmt.“ Die Arbeitsteilung hat also nicht

68 Ebd., S. 487. „Es gehörte zu dem Wahnsinn dieser Zeiten, daß man sich einbildete, die gesellschaftlichen Erscheinungen durch Mittel beherrschen zu können, die nicht in ihnen selbst lagen. Der metaphysische Geist war noch so vorherrschend, daß, weil man nicht wußte, wie man geworden war, was man war, man den Wahn nährte, plötzlich etwas Anderes werden zu können“. Dieses bei Gerth, S. 685, wiedergegebene Zitat über die „französische revolutionäre Advokatenintelligenz“ konnte ich im gesamten Napoleon-Buch nicht verifizieren. Seine Quellenangabe ist offenkundig falsch.

69 Ebd., S. 19.

nur Vorzüge, denn sie führe auch dazu, dass die Menschen „das gesellschaftliche Getriebe nicht [mehr] übersehen können". Aus diesem Dilemma entkomme man nur durch einen „Unterricht, wodurch alle Mitglieder der Gesellschaft über den Zusammenhang belehrt werden, in welchem sie untereinander stehen; ein Unterricht, der bisher nie gegeben worden ist". Den machte er sich zur Aufgabe, und so kam es, dass sich Buchholz kaum für die konkrete Zusammensetzung der Gesellschaft und ihre einzelnen Teile interessierte, sondern als Antwort auf die Umbrüche seiner Zeit eine in erster Linie politische Soziologie entwarf. „Was ich die Wissenschaft der Gesellschaft nennen möchte, schrieb er 1810, würde sehr viel dazu beitragen, den Staaten eine Sicherheit und Festigkeit zu geben, die sie bisher nicht erhalten konnten, weil das, was ihrer Entstehung und Fortbildung zum Grunde lag, so wenig erkannt wurde".[70] Sie sei darum „die notwendigste aller Wissenschaften",[71] schrieb er noch eineinhalb Jahrzehnte später und war damit noch immer ein Solitär.

Buchholz' Auffassung der Gesellschaft als Ganzes kann man nur als modern bezeichnen, denn diese war frei von allen traditionell-moralischen Zügen: Sie sei eine von der Natur grundsätzlich ermöglichte, aber von Menschen konkret zu gestaltende Einrichtung, die folglich auch von den Menschen zugrunde gerichtet werden könne. Entsprechend scharf urteilte er 1809 über die preußische Be-

70 Ders. Hermes (Anm. 65), S. 16, 17 u. 18 (Hervorhebung im Original). Inhaltlich etwas konkreter wurde Buchholz wenige Jahre später: „Seit etwa dreißig Jahren ist eine neue Wissenschaft entstanden, die in ihrer allgemeinsten Bezeichnung nur als die Wissenschaft der Gesellschaft benannt werden kann. Der Zweck [...] ist kein anderer, als das gesellschaftliche Leben, wo möglich, in gleicher Gesundheit und Kraft zu erhalten. Sie hat es darauf anlegen müssen, die Gesetze für die Erscheinungen in der sittlichen Welt zu verzeichnen, weil dies das einzige Mittel war, sich der Erscheinungen selbst zu bemächtigen. Wieviel ihr gelungen ist – wenige ahnen, noch wenigere wissen es. Gleichwohl ist nichts ausgemachter, als daß sie von einem Tage zum andern immer mehr in das gesellschaftliche Leben eingreift. Ganz unbekannt mit ihr zu seyn, ist Keinem erlaubt, der heutigentags in der Beamtenwelt etwas bedeuten will. Es fehlt noch viel daran, daß auch die Staatswissenschaften neben den Kreisen positiver Disciplinen als gleichberechtigt und gleichgeachtet erschienen, denn auch den Wissenschaften klebt ein Geburtsadel an, der sich auf sein Alter stützt und nicht selten die Realität dem Scheine derselben aufopfert". Ders., Ueber die Staatswissenschaften im Lichte unserer Zeit, dargestellt von Karl Heinrich Ludwig Pölitz, in: Neue Monatsschrift für Deutschland, historisch-politischen Inhalts 11 (1823), S. 364-400, hier S. 366. Hervorhebungen im Original. Das Zitat entstammt Buchholz' Hinführung zu Pölitz und gibt dessen Theorie nur ungenau wieder, denn bei Pölitz gibt es trotz seiner Neigung zu empirischen Studien keine Wissenschaft der Gesellschaft.

71 Ders., Giebt es in staatswirthschaftlichen Angelegenheiten einen wesentlichen Unterschied zwischen Theorie und Erfahrung?, in: Ebd., 16 (1825), S. 436-450, hier S. 447.

amtenschaft.[72] Die „Abhängigkeit der Vergesellschafteten von einander [ist] die erste Grundlage der Gesellschaft".[73] Alles hängt also von der menschlichen Einsicht in diesen Grundtatbestand ab, um deren Aufklärung sich Buchholz' Werk großenteils dreht. Die wichtigsten Maßregeln für das gesamtgesellschaftliche Wohlergehen sind wirtschaftspolitischer Art, da „Gesellschaft, Arbeit und Geld" so eng zusammengehören, dass ihre „Verwandtschaft" geradezu „in die Augen springt".[74] Mit seiner politischen Arithmetik zielt er auf den Nachweis, "daß, wenn eine Gesellschaft bestehen und sich kräftig entwickeln will, sie vor allen Dingen dahin zu trachten hat, daß in Beziehung auf sie der Sachwerth des Geldes in einem richtigen Verhältnisse zu dem Geldwerthe der Sachen stehe".[75] Das ganze

72 Sein Buch begann er mit der provokanten Feststellung: „Die Staatstwirthschaft" sei „in den neueren Zeiten [...] Geldwirthschaft" geworden, sie leide aber daran, dass „die Bewirthschaftung des öffentlichen Einkommens Personen anvertrauet wurde", die es vermieden hätten, „über die Natur des Geldes, oder vielmehr über die Natur der Gesellschaft nachzudenken". Idee einer arithmetischen Staatskunst mit Anwendung auf das Königreich Preußen in seiner gegenwärtigen Lage, Berlin 1809, S. 4. Friedrich den Großen nahm er ausdrücklich von seiner Kritik aus, die preußischen Staatsfinanzen seien erst von seinen Nachfolgern zugrunde gerichtet worden. Mit solchen Aussagen machte er Hardenberg auf sich aufmerksam, der ihn 1810 mit der publizistischen Verteidigung seiner Reformpolitik betraute. Näheres dazu bei Iwan-Michelangelo D'Aprile, Die Erfindung der Zeitgeschichte. Geschichtsschreibung und Journalismus zwischen Aufklärung und Vormärz, Berlin 2013, Kap. 3.2.

73 Buchholz, Idee (Anm. 72), S. 20. Gerth sieht in dieser Aussage ein „echt soziologisches Bedingtheitsbewußtsein". Gerth, Buchholz (Anm. 64), S. 671. Dieses ‚Bedingtheitsbewusstsein' scheint mir Garber zu verkennen, der in seinem ansonsten vorzüglichen Aufsatz Buchholz' politische Soziologie auf die Tendenz einer gesetzmäßigen Entwicklung hinauslaufen sieht. Jörn Garber, Die Entstehung der Soziologie im Konzept des „socialen" Positivismus (Friedrich Buchholz), in: Roland Borgards u.a. (Hg.), Kalender kleiner Innovationen. 50 Anfänge der Moderne zwischen 1755 und 1856. Für Günter Oesterle, Würzburg 2006, S. 175-184, hier S. 283.

74 Buchholz, Idee (Anm. 72), S. IX.

75 Ebd., S. 298f.

Buch läuft darauf hinaus, dass letztlich von einem allen Interessen gerecht werdenden Preis-Leistungs-Verhältnis das Wohl der ganzen Gesellschaft abhängt.[76] Es sind also wirtschaftliche Notwendigkeiten, die die Menschen zusammenzwingen, und diese sorgen zugleich für ein prinzipiell unbegrenztes Wachstum![77] Damit hätte sich auch die populäre Malthus'sche Theorie erledigt, die seit 1807 in deutscher Sprache zu lesen war – wenn denn Buchholz mehr rezipiert worden wäre.

Die Gesellschaft galt ihm als historisch bedingt, denn einen „vorgesellschaftlichen Zustand des Menschen hat es nie gegeben".[78] Neuerdings sei sie arbeitsteilig angelegt, und weil Geld das geeignetste „Ausgleichungsmittel" zur Organisation der Arbeitsteilung ist, sei an die Stelle der Tausch- die Marktgesellschaft getreten, in der seit den „drei letzten Jahrhunderten" die „zahlreiche Classe der Kaufleute, Manufakturisten, Gelehrten, Künstler und Handwerker [...] eine so ausgezeichnete Rolle spielt".[79]

76 Am Rande sei bemerkt, dass Buchholz dieses angemessene Preis-Leistungs-Verhältnis wegen der monarchischen Interventionsmöglichkeiten nicht von einem weltoffenen, sondern wie Fichte (den er aber nicht zitiert) ein paar Jahre zuvor von einem ‚geschlossenen Handelsstaat' gewährleistet sieht und insofern sowohl Physiokraten wie Adam Smith widerspricht. Die preußische Exportabhängigkeit von Großbritannien sei ein „Irrthum", er verlangt ein „strenges Verbot der Kornausfuhr auf unbestimmte Zeit". Ebd., S. 223, 225.

77 „Ueberhaupt lässt sich [...] festsetzen, daß da, wo Naturgesetze der Entstehung eines zusammengesetzten Gesellschaftszustandes nicht entgegenwirken, es eben so wenig ein Maximum für die Zahl gesellschaftlicher Verrichtungen als für die Bevölkerung gebe. [...] Statt etwas von einer Ueberbevölkerung zu befürchten, sollte man lieber untersuchen, wie es anzufangen sey, um die Gesellschaft im Wachsthum zu erhalten". Ebd., S. 37f.

78 Buchholz, Hermes (Anm. 65), S. 7. Damit hat sich für Buchholz auch das seit gut zweihundert Jahren zentrale Thema ‚Gesellschaftsvertrag' stillschweigend erledigt. Das nächste Zitat ebd., S. 18.

79 Ders., Ueber die drei Stände (Anm. 63), S. 92.

Zusammen mit den Bauern bilden diese Berufsgruppen „die arbeitende Klasse",[80] wie Buchholz an anderer Stelle auf sehr bemerkenswerte Weise und Jahrzehnte früher als Friedrich Engels formulierte, um den Gegensatz zwischen normalen Bürgern und Privilegierten auf den Begriff zu bringen.

Über Buchholz' bemerkenswerte Leistungen wäre noch manches zu sagen: über seine zahllosen speziellen Soziologien, seine Wissenssoziologie, Ideologiekritik, sozialgeschichtliche Deutung der Französischen Revolution, seine Vertrautheit mit der englischen politischen Arithmetik,[81] seine Übersetzungstätigkeiten – er übersetzte Auszüge von Saint-Simon und das erste Werk Auguste Comtes[82] –, seine Beschäftigung mit

80 Ders., Geschichte Bonaparte's (Anm. 66), S. 8. Das war offensichtlich kein Zufallsbegriff, denn er hatte ihn bereits lange Zeit vorher benützt, wo er von der „arbeitenden Klasse der Bewohner Großbritanniens" sprach. Buchholz, Der neue Leviathan, Tübingen 1805, S. 301.

81 Beleg dafür ist sein in Anm. 72 genanntes Buch, in dem er sich vor allem mit Arthur Young kritisch auseinandersetzte. Hier argumentierte er anders als später naturwissenschaftlich-mathematisch. Auf englische Einflüsse geht auch seine Darstellung eines neuen Gravitazionsgesetzes für die moralische Welt, Berlin 1802, zurück, während in seinem anonym erschienenen Buch: Der neue Leviathan (vgl. vorige Anm.) der Einfluss der „Idéologues" deutlich ist. In diesem entwarf er „Grundlagen einer socialen Technik (oder Mechanik)". Vorrede, S. VI.

82 Comtes Plan des travaux scientifiques nécessaires pour réorganiser la société von 1822 übersetzte er unter dem Titel: Plan einer nicht-metaphysischen Staatswissenschaft, in: Neue Monatsschrift für Deutschland historisch-politischen Inhalts 14 (1824), S. 314-351, 439-476, 15 (1825), S. 52-85. Daraufhin trat er durch Vermittlung Dritter in einen Briefwechsel mit Comte ein. Insoweit irrt Riedel mit seiner Aussage, dass „die neue Disziplin der ‚science sociale' [...] in Deutschland nur zögernd rezipiert" wird. Manfred Riedel, Art. Gesellschaft / Gemeinschaft (Anm. 3), S. 841. Riedel kennt Buchholz nicht.

Robert Owen, doch ist hier nicht der Ort dazu.[83] Seine, freilich folgenlose, Bedeutung besteht darin, dass die Soziologie bei ihm „nicht nur gelegentlich auftauchende Reflexion“ war,[84] sondern Zug um Zug perfektionierte Grundierung seiner Schriften. Sein wichtigstes Credo war die gesellschaftliche Bedingtheit von Kunst, Religion, Recht, wirtschaftlicher Entwicklung und politischer Verfassung.[85]

Buchholz klagte 1815 darüber, dass die „Facultäts-Wissenschaften unglücklicherweise [...] den Bedürfnissen der Gesellschaft wenig entsprechen“, glaubte aber doch behaupten zu können, „daß es in der gegenwärtigen Zeit nicht an Köpfen fehlt, deren ganzes Streben dahin gerichtet ist, die Wissenschaft dem Gesellschaftszustande, wie er wirklich ist, näher zu bringen und anzupassen“.[86] Wen er damit gemeint hat, bleibt sein Geheimnis. ‚Man‘ sprach in Deutschland noch lange nicht von Gesellschaft, wie er sie verstand. Das gilt selbst für Hegel, dem Robert

83 Zu ihm ausführlich, wenngleich uninspiriert: Rütger Schäfer, Friedrich Buchholz, ein vergessener Vorläufer der Soziologie, 2 Bde., Göppingen 1972, sowie an unvermuteter Stelle Annette Meyer, Machiavellilektüre um 1800. Zur marginalisierten Rezeption der Popularphilosophie, in: Cornel Zwierlein / dies. (Hg.), Machiavellismus in Deutschland. Chiffre von Kontingenz, Herrschaft und Empirismus in der Neuzeit, München 2010, S. 191-213.

84 Gerth, Friedrich Buchholz (Anm. 58), S. 684. Auch der zweite Halbsatz verdankt sich Gerth.

85 Die Spannung zwischen „politischem System [und] dem vorherrschenden Zivilisationsgrade der Gesellschaft“ sei die größte Gefahr für den Bestand der Staaten, wiederholte er seine zentrale Erkenntnis nach der Julirevolution. Neue Monatsschrift für Deutschland historisch-politischen Inhalts 36 (1831), S. 450; zit. Schäfer (Anm. 83), Bd. 1, S. 268. Beispiele für Buchholz‘ Aussagen zu den speziellen Soziologien sind ebd., Kap. 3.7, zusammengestellt.

86 Buchholz, Ueber die drei Stände (Anm. 58), S. 96.

von Mohl 1851 zu Recht vorwarf, er habe sich für sie nicht wirklich interessiert.[87]

Hegel hatte kein Krisenempfinden und war auch nicht vom Ehrgeiz erfüllt, die real existierende Gesellschaft zu beschreiben. Ihm ging es um eine Soziallehre, die im Einklang mit seiner Geschichtsphilosophie stand, und er löste sich auch nicht von der hergebrachten Terminologie. So sprach er von Ständen – es seien drei, aber nun nicht mehr politische, sondern soziale[88] – und hielt auch am Begriff der ‚bürgerlichen Gesellschaft' fest, die er allerdings – das war angesichts seiner Bekanntheit ein ungeheuer folgenreicher Kunstgriff – strikt von Familie und Staat trennte. Das „System der Bedürfnisse" kenne nur „Menschen", die bei der „Vervielfältigung" der Güter „keine Grenzen" erführen, weshalb es „zu einem Unterschiede der Stände" (d.h. zur Spaltung in Reiche und Arme) mit entsprechenden Konflikten komme, die den Staat nötig machten. Die

87 „Die Hegel'sche ‚bürgerliche Gesellschaft' ist kein wirkliches Leben, kein ausser dem Staate stehender Organismus; sondern es ist nur ein Theil eines logischen Processes, welcher angestellt wird, um mittelst des in dieser Schule einmal angenommenen Verfahrens durch Satz und Gegensatz zu einer Ausgleichung zu kommen". Robert von Mohl, Die Geschichte und Literatur der Staatswissenschaften, Bd. 1, Erlangen 1855, S. 82.

88 Die drei Stände sind der „substantielle", der „formelle" und der „allgemeine" Stand, also der Ackerbau treibende, der „das Naturprodukt" und der „die allgemeinen Interessen zu seinem Geschäfte machende" Stand. Diese Grundannahme verträgt sich schlecht mit der Aussage, dass „die bürgerliche Gesellschaft der Kampfplatz des individuellen Privatinteresses aller gegen alle" sei und darum „im Konflikt [...] gegen die gemeinschaftlichen besonderen Angelegenheiten", d.h. mit dem Staat stehe, denn der ‚allgemeine Stand' werde vom Staat alimentiert und zu ihm gehören insbesondere die Beamten. – Marx nannte Hegels Vorstellung „merkwürdig". Georg Wilhelm Friedrich Hegel, Grundlinien der Philosophie des Rechts [1821], hg. u. eingeleitet von Helmut Reinhard, Frankfurt/M. 1972, §§ 202ff., 289. Karl Marx, Zur Kritik der Hegelschen Rechtsphilosophie [1843], in: MEGA^2, Bd. I/2, Berlin (DDR) 1982, S. 3-138, hier S. 47.

‚bürgerliche Gesellschaft' bestehe je nach Perspektive aus ‚bourgeois' oder ‚citoyens' und hebe so den Widerspruch zwischen Familie und Staat auf.[89]

b. Jahrhundertmitte: Soziale Frage und soziologischer Gesellschaftsbegriff

Mit seiner Vorstellung einer prinzipiell möglichen Überwindung der Konflikte durch Optimierung der Gesellschaft steht Hegel in einer alten sozialphilosophischen Tradition, die in Gestalt des Marxismus bis heute andauert. Die Pauperismuskrise der 1840er Jahre, in der nach Meinung einer rasch wachsenden Zahl von Zeitgenossen der bislang bloß hungrige ‚Pöbel' sich dank engagierter ‚Sozialisten' in ein seiner Lage bewusst gewordenes ‚Proletariat' verwandelte,[90] hat dann – allerdings mit der wichtigen Ausnahme des Liberalismus, der auf die neue Lage mit

89 Hegel, Grundlinien, §§ 190, 195, 201, 243.

90 Nach wie vor unübertroffen in dieser Hinsicht ist der bereits 1954 erschienene Artikel Werner Conzes, Vom „Pöbel" zum „Proletariat". Sozialgeschichtliche Voraussetzungen für den Sozialismus in Deutschland, jetzt in: Ders., Gesellschaft (Anm. 7), S. 220-246.

„Ratlosigkeit“ reagiert hat,[91] – die hergebrachte Sicht auf die Gesellschaft erfolgreich herausgefordert. Seit langem gilt daher: Das deutliche Bewusstsein, dass die sich in der Industrialisierung herausbildende Klassengesellschaft eine völlig neue Tatsache in der Geschichte der Menschheit war, bildete, wo nicht den Entstehungszusammenhang, so doch vielerorts den Durchbruch der Soziologie. Und weil diese Klassengesellschaft eine eigengesetzliche Logik aufwies und sich dadurch, anders als die ständische Ordnung, vom Staat emanzipierte bzw. ihn herausforderte, war (wie schon bei Buchholz) das Verhältnis von gesellschaftlicher Bewegung und staatlicher Verfasstheit „das eigentliche Grundthema der klassischen Systeme der europäischen Soziologie“.[92]

So kam es zum wissens- und damit begriffsgeschichtlichen Durchbruch, in dem auch die Frage, was eine

91 So das Urteil von Gangolf Hübinger, Georg Gottfried Gervinus. Historisches Urteil und politische Kritik, Göttingen 1984, S. 150. Beispielhaft ist das äußerst einflussreiche Staatslexikon, in dem die beiden Herausgeber höchstselbst gleich zwei Artikel zu ‚Gesellschaft‘ verfasst haben. Rotteck und erst recht Welcker hingen noch der Vorstellung einer unentzweiten, vernünftigen Ordnung an und unterschieden nur formal zwischen ‚Staat‘ und ‚Gesellschaft‘. Keine Gesellschaft ohne Vertrag, so lautet die Formel. Das „allgemeine Wesen der Gesellschaften“ werde deshalb abgehandelt in den Artikeln „Association“, „Bund“, „Corporation“, „Gemeinde“, „politische Gemeinschaft“ und „Staat“, hieß es bei Carl Theodor Welcker, Art. Gesellschaft, Gesellschaftscontract, in: Staats-Lexikon oder Encyklopädie der Staatswissenschaften, hg. v. dems. u. Carl v. Rotteck, 1. Aufl., Bd. 6, Altona 1838, S. 666. Aber auch hier ist von Empirie keine Rede. Rottecks Artikel lautet Gesellschaft, Gesellschaftsrecht, ebd., S. 703-726. Für die 1830er mag das noch angehen, dass aber beide Artikel unverändert in der 2. Auflage 1847 gedruckt wurden, lässt die große Schwäche liberaler Gesellschaftsdiagnose vollends deutlich werden.

92 Hans Freyer, Soziologie als Wirklichkeitswissenschaft, Leipzig, Berlin 1930, S. 8f.

‚Tatsache' ist, wieder auf die Tagesordnung kam.[93] In Anlehnung an Newtons Physik wurde sie nun selber zur Quelle der Erkenntnis, gab es sie doch scheinbar unabhängig vom menschlichen Verstand in der Wirklichkeit, und der Wissenschaftler musste sie ‚bloß' auffinden. „Nur in der Wirklichkeit ist die Wahrheit", schrieb 1843 der nach Zürich geflohene Publizist Wilhelm Schulz, und fügte hinzu: „Schon hat das tausendfach bewegte Leben selbst in den Thatsachen und Zuständen unserer Zeit eine Staatslehre geschaffen, die den Bedürfnissen der Zeit gemäß ist".[94] Hier kündigte sich der Positivismus an, dem sich die französische Sozialwissenschaft schon seit den Zeiten Condorcets und Saint-Simons verschrieben hatte und der inzwischen in Deutschland bekannt war. Trotzdem blieb offen, was genau eine soziale ‚Tatsache' war, ob schon das Ergebnis genauer Beobachtung darunter gerechnet werden durfte oder nur Maß und Zahl. Während letzteres von Ökonomen bevorzugt wurde – die Statistik „verwandelt [...] unsere menschlichen Beobachtungen erst

93 Zur Erinnerung: 1812 hatte der Statistiker Lueder sich rigoros gegen die Bevorzugung von Tatsachen gegenüber metaphysischer Spekulation ausgesprochen: „Thatsachen und nichts als Thatsachen wurden bald allgemein, selbst von den besten Köpfen verlangt. Man gewöhnte sich, einzig an die Evidenz der Sinne sich zu halten: man glaubte, alles zu thun, sammelte man Beobachtungen und häufte man Erfahrungen auf Erfahrungen. Man gewöhnte sich endlich so sehr an das Begucken und Betasten, an das Messen und Zählen, daß man nichts mehr für wirklich hielt, als was auf jene Weise sich behandeln lässt". August Ferdinand Lueder, Kritik der Statistik und Politik nebst einer Begründung der politischen Philosophie, Göttingen 1812, S. 53.

94 Wilhelm Schulz, Die Bewegung der Production. Eine geschichtlich-statistische Abhandlung zur Grundlegung einer neuen Wissenschaft des Staats und der Gesellschaft, Zürich, Winterthur 1843, S. 7.

in wirkliche Thatsachen", so 1866 Bruno Hildebrand[95] –, verließen sich Staats- und Kulturwissenschaftler vorzugsweise auf ihre Beobachtungskunst. „Der einzig richtige Weg" zum Studium der Gesellschaft sei „die Beobachtung dieser Wirklichkeit des menschlichen Zusammenlebens", versicherte Mohl 1851.[96] Das blieb nicht ohne Kritik, auch wenn der berüchtigte Methodenstreit noch in weiter Ferne war. Immerhin konstruierte Wilhelm Heinrich Riehl 1864 eine Hierarchie der Glaubwürdigkeit sozialer Behauptungen, wenn er seinen Vortrag vor der Bayerischen Akademie der Wissenschaften mit der Feststellung beendete: „Zuerst kamen die neuen Tatsachen, dann der neue Begriff; dieser aber überholte die Tatsachen, eben weil er ein Idealbegriff ist". Im 18. Jahrhundert hätten „vorzugsweise Philosophen und Historiker bei uns das Aufkeimen der Gesellschaftslehre" betrieben, deshalb tue jetzt die „logische Schärfe" der Nationalökonomen der Sache gut, denn sie stellt „bestechende Schwindeleien sozialer

95 Bruno Hildebrand, Die wissenschaftliche Aufgabe der Statistik. Eine akademische Rede, geh. 5.8.1865, zum Antritt des Prorectorats, in: Jahrbücher für Nationalökonomie und Statistik 6 (1866), S. 1-11, hier S. 4. Das Hildebrand-Zitat bei Bonß, Einübung (Anm. 25), S. 82, ist unkorrekt. Schon etliche Jahre zuvor hatte Karl Knies in seiner Auseinandersetzung mit den Staatswissenschaftlern einzig die politische Arithmetik als Statistik anerkannt, weil nur hier „nichts mit der Wortphrase geschildert und beschrieben, sondern Alles mit der Zahlangabe gemessen und errechnet, ein exactes Facit gewonnen werden" könne. So werde sie „zu einer Physiologie der Gesellschaft". Karl Knies, Die Statistik als selbstständige Wissenschaft. Zur Lösung des Wirrsals in der Theorie und Praxis dieser Wissenschaft. Zugleich ein Beitrag zu einer kritischen Geschichte der Statistik seit Achenwall, Kassel 1850, S. 173f. Das Buch richtete sich laut Vorwort speziell gegen Johannes Fallati, der 1846 in zwei Aufsätzen Enqueten und Statistiken gleichermaßen als geeignete Methoden empirischer Erhebungen empfohlen hatte. Zu Fallati s.u., S. 86.

96 Robert von Mohl, Gesellschaftswissenschaften und Staatswissenschaften, in: Zeitschrift für die gesammte Staatswissenschaft 7 (1851), S. 3-71, hier S. 28.

Schwarmgeister“ bloß.[97] Für sich selbst nahm er jedoch in Anspruch, ohne Rückgriff auf seine „wissenschaftliche Erkenntniß von der Idee der Gesellschaft“ seine „auf Wanderungen“ und „mit liebevoller Hingabe an Art und Sitte“ erlangten Einsichten zu einer „Wissenschaft vom Volke“ zusammenfassen zu können mit dem Ziel „einer conservativen Social-Politik“.[98]

Es müssen hier nicht alle Namen genannt werden, da es nicht auf Vollständigkeit ankommt, sondern auf epistemischen bzw. semantischen Wandel. Marx, das wurde schon angedeutet, trug dazu eher nichts bei. Zwar eröffnete er der Geschichtswissenschaft eine neue Perspektive, indem er 1848 die Weltgeschichte als Abfolge unterschiedlicher Gesellschaftsformationen – von der Ur- über die Sklavenhalter- und die Feudal- zur bürgerlichen Gesellschaft – interpretierte,[99] aber als ausgesprochen fatal sollte sich Marx‘ Festhalten am Begriff der ‚bürgerlichen Gesellschaft‘ erweisen. Denn weil er dem Staat keine eigene Sphäre zubilligte,[100] kam die ‚bürgerliche Gesell-

97 Wilhelm Heinrich Riehl, Über den Begriff der bürgerlichen Gesellschaft [1864], in: Ders., Die bürgerliche Gesellschaft, hg. v. Peter Steinbach, Frankfurt/M. 1976, S. 270-285, hier S. 285, 275.

98 Ders., Die bürgerliche Gesellschaft (= Die Naturgeschichte des Volkes als Grundlage einer deutschen Social-Politik, Bd. 3), Stuttgart [6]1866, S. VII, 38, 30.

99 „Die Geschichte aller bisherigen Gesellschaft ist die Geschichte von Klassenkämpfen“. Karl Marx / Friedrich Engels, Manifest der Kommunistischen Partei. MEW, Bd. 4, Berlin (DDR) 1972, S. 459-493, hier S. 462. Dass die Gesellschaft bisher drei Stadien durchlaufen habe, hatte als erster Turgot formuliert und später Saint-Simon.

100 „Die moderne Staatsgewalt ist nur ein Ausschuss, der die gemeinschaftlichen Geschäfte der ganzen Bourgeoisklasse verwaltet“. Ebd., S. 464. So ähnlich schon Weitling: „Eine vollkommene Gesellschaft hat keine Regierung, sondern eine Verwaltung; keine Gesetze, sondern Pflichten; keine Strafen, sondern Heilmittel“. Wilhelm Weitling, Garantien der Harmonie und Freiheit, Vivis 1842, S. 23.

schaft' „repolitisiert"[101] gleichsam zur Hintertür wieder in den Sozialdiskurs und unterlief Hegels Trennung. Schließlich war auch seine Vorstellung von der Zweiklassengesellschaft eine derart zugespitzte Beschreibung der Wirklichkeit,[102] dass sie kaum das subjektive Empfinden der Zeitgenossen traf. Seine Anhänger mussten deshalb entsprechend geschult werden. Raymond Aron bilanzierte treffend, dass Marx „bis zu seinem Lebensende ein Philosoph geblieben ist".[103]

Lorenz Stein ist zwar bis zum Lebensende Jurist geblieben, aber als er als junger Mann 1841 mit einem Stipendium für eineinhalb Jahre nach Paris ging, um das französische Recht zu studieren, wurde er für rund zehn Jahre zum Soziologen und lieferte bahnbrechende Einsichten, die nicht nur Marx beeinflussten. Denn er machte dort unvermittelt Bekanntschaft mit einer gärenden Gesellschaft und darauf reagierenden Theorien und Bewegungen, was ihn enorm faszinierte. Und da Stein überzeugt war, dass diese Entwicklung schon bald Deutschland erreichen werde, machte er sich daran, seine

101 Olaf Briese, „Gesellschaft" contra Staat. Über einen frühsozialistischen und frühanarchistischen Schlüsselbegriff, in: Archiv für Begriffsgeschichte 60/61 (2018/19), S. 273-299, hier S. 285. Briese möchte mit seinem Beitrag Riedels Aussagen in den beiden großen Lexika *Geschichtliche Grundbegriffe* und *Historisches Wörterbuch der Philosophie* korrigieren, soweit sie den semantischen Umbruch Hegel zuschreiben.

102 Zum begrenzten Stellenwert der marxistischen Gesellschaftskonzeption innerhalb der Tradition der europäischen Gesellschaftstheorien noch immer informativ Niklas Luhmann, Gesellschaft, in: Sowjetsystem und Demokratische Gesellschaft, hg. v. Claus Dieter Kernig, Bd. 2, Freiburg 1968, Sp. 959-971.

103 Raymond Aron, Hauptströmungen des soziologischen Denkens, Bd. 1, Köln 1971, S. 156. Aron bezieht sich hier vor allem auf Marx' Behauptung, dass der „Klassenkampf", also der soziale Konflikt, eines Tages verschwinden werde. Auch der für Marx zentrale Begriff der „Entfremdung" sei kein originär soziologischer oder gar ökonomischer.

Landsleute 1842 mit dem *Socialismus und Communismus des heutigen Frankreichs* bekannt zu machen und nach einer Antwort auf die Herausforderung zu suchen. Dafür müsse man eine „Wissenschaft der Gesellschaft" entwerfen, denn „es ist die Gesellschaft, in deren Begriff die Lösung jener Aufgabe liegt".[104] Steins Deutung der zeitgenössischen Gesellschaft ist ausgesprochen innovativ und lässt einen genauen Blick auf die ‚Tatsachen' erkennen – viel genauer als jemals zuvor in deutscher Sprache –, und ist daher ein längeres Zitat wert. Ausgangspunkt ist seine Feststellung, dass das Maschinenwesen die sozialen Verhältnisse grundlegend verändert habe. Anders als in Landwirtschaft und Handwerk werde hier „die Arbeit [...] zur Waare, und der Preis dieser Waare wird bestimmt durch [...] die Masse des Angebots und der Nachfrage". Die Bevölkerungszunahme verschaffe dem „Capital [...] daher die Möglichkeit, [...] diesen Preis so weit herabzudrücken, als dies überhaupt geschehen kann. [...] Das Capital, und durch dasselbe die Capitalisten haben es mithin in ihren Händen, durch die Bestimmung des Arbeitslohnes das ganze Leben dieser Fabrikarbeiter zu beherrschen. Und auf diese Weise schließt sich an die Entstehung der Maschinenarbeit ein Unterschied zwischen Capital und Arbeit". „Diese Thatsache macht aus den Arbeitern und den Capitalisten zwei Stände", die sich unversöhnt gegenüber stünden. „Und damit ist Dasjenige entstanden, was die Grundlage der gesellschaftlichen Bewegungen unserer

104 Lorenz Stein, Der Socialismus und Communismus des heutigen Frankreichs. Ein Beitrag zur Zeitgeschichte, Leipzig 1842, Vorrede, S. V.

Zeit bildet – noch nicht das Proletariat, aber allerdings der Körper des Proletariats, dem nunmehr eine andere, nahe liegende Entwicklung den Geist eingehaucht hat, der dasselbe heute beseelt."[105]

Die moderne ‚Gesellschaft' ist also etwas anderes als ‚Volk', nämlich der Organismus sozialer Interessenbeziehungen, wie sie sich aus der wirtschaftlichen Verteilung der Güter und der gesellschaftlichen Teilung der Arbeit ergeben mit der Folge, dass die enorm angewachsene materielle Ungleichheit im Maschinenzeitalter „die höhern Classen" in die Lage versetze, „die Staatsgewalt zu einem Mittel für ihre eigenen gesellschaftlichen Zwecke" zu machen.[106] Materielles und politisches Ungleichgewicht hatten derart zugenommen, dass es von den ‚Ideen von 1789' nicht mehr befriedet werden konnte; es wurde deshalb von Autoren wie Proudhon, der 1840 die Aufsehen erregende Parole „Eigentum ist Diebstahl" ausgegeben hatte,[107] moralisiert und politisiert.

In Steins Augen lieferte Proudhon kein brauchbares politisches Rezept. Für andere Autoren galt das ebenso. Auch die Paulskirche, von der Stein als Beobachter nochmals nach Paris entsandt wurde und wo er den Juni-Aufstand miterlebte, vermochte neben der Verfassungsfrage nicht auch noch die soziale zu beantworten. Daher forder-

105 Ders., Die socialen Bewegungen der Gegenwart, in: Die Gegenwart. Eine encyklopädische Darstellung der neuesten Zeitgeschichte für alle Stände, Bd. 1, Leipzig 1848, S. 79-93, hier S. 85f.

106 Ebd., S. 82f.

107 Pierre Joseph Proudhon, Qu'est-ce que la propriété ? Ou Recherches sur les principes du droit et du gouvernement, Paris 1840. Deutsche Übersetzung: Was ist das Eigenthum oder Untersuchungen über den Ursprung und die Grundlagen des Rechts und der Herrschaft, Bern 1844.

te Stein 1850 als Lehre aus den jüngsten Ereignissen das „Königtum der socialen Reform“, d.h. eine unparteiische Instanz oberhalb der widerstreitenden Klassen,[108] wobei er der Verwaltung maßgebliche Bedeutung zusprach.[109] Das war eine sehr deutsche Lösung.[110] Allerdings wäre es in Steins Augen eine irrige Vorstellung von der „Wissenschaft der Gesellschaft“ gewesen, wenn sie sich lediglich mit dem Proletariat befasste. „Es ist durchaus falsch, jene einzelnen Gestaltungen der Gesellschaft als den eigentlichen Inhalt derselben zu betrachten und eben deßhalb falsch, die wahre Natur jener Zustände bloß aus denjenigen Elementen erkennen zu wollen, die in ihnen vorzugsweise thätig sind. Der Begriff der Gesellschaft ergibt vielmehr, daß die Gesellschaft selbst ein wesentliches und machtvolles Element der ganzen Weltgeschichte ist, und daß mithin die Wissenschaft der Gesellschaft erst die Erkenntniß eines jeden Gesammtzustandes von dem Ursprung der Gemeinschaft bis zur fernsten Zukunft erfüllt. Und erst dadurch verdient sie den Namen und die Ehre

108 „Alles Königthum wird fortan ein leerer Schatten, oder eine Despotie werden, oder untergehen in der Republik, wenn es nicht den hohen sittlichen Muth hat, ein Königthum der socialen Reform zu werden“. Ders., Die Geschichte der socialen Bewegung in Frankreich von 1789 bis auf unsere Tage, Bd. 3, Leipzig 1850, S. 41.

109 Stein gilt als Schöpfer der modernen Verwaltungswissenschaft. Verwiesen sei an dieser Stelle nur auf seine Verwaltungslehre, 8 Bde. Stuttgart 1865–1884.

110 Zu der Eigentümlichkeit der deutschen Gesellschaftstheorie, „den Staat als Vehikel der gesellschaftlichen Weiterentwicklung“ einzusetzen, finden sich erhellende Ausführungen bei Freyer, Soziologie (Anm. 92), Kap. III.8: Staat und Gesellschaft.

einer Wissenschaft".[111] Diese Einsicht zwinge zu einer neuen Ordnung der Disziplinen, indem diese Wissenschaft sich mit der Volkswirtschaftslehre und Rechts- sowie allgemeiner Geschichte vereine und so jene ‚gesammte Staatswissenschaft' bilde, wie sie Robert von Mohl bereits 1844 mit seiner Zeitschriftengründung gleichen Namens vorgeprägt hatte.[112]

Steins Plädoyer offenbart eine Eigenheit des deutschen Kulturraums, nämlich den Umstand, dass hierzulande die ‚Wissenschaft der Gesellschaft' erst ab den späten 1840er Jahren Anerkennung fand, während dieser Schritt, wie erinnerlich, in Frankreich noch vor der Jahrhundertwende vollzogen worden war. Das hängt mit der anhaltenden Bedeutung der Universitäten hierzulande zusammen, die gewissermaßen ohne Einmischung von außen bestimmen konnten, was Wissenschaft kennzeichnet. Zwar war der Praxisbezug auch in Deutschland noch in der Aufklärung stark, doch schadete ihm die Aussage Kants, derzufolge „eine jede Lehre" nur dann als Wissenschaft gelten könne, „wenn sie ein System, d.i. ein nach Principien geordnetes Ganze der Erkenntniß" sei.[113] Zu dieser bis ins 20. Jahrhundert gültigen Forderung nach Systematizität trat die nach Objektivität mit der Folge, dass ab 1790

111 Ders., Die Gesellschaftslehre, 1. Abtheilung: Der Begriff der Gesellschaft und die Lehre von den Gesellschaftsklassen (= System der Staatswissenschaft, Bd. 2), Stuttgart, Augsburg 1856, S. 269. Hervorhebungen im Original.

112 Die Staatswissenschaft sei „die Wissenschaft der Gegenwart", hieß es pathetisch in ihrer ersten Nummer. Vorwort, in: Zeitschrift für die gesammte Staatswissenschaft 1 (1844), S. 3-6, hier S. 6.

113 Immanuel Kant, Metaphysische Anfangsgründe der Naturwissenschaft, Vorrede [1786]. Kants Werke. Akademie-Textausgabe, Bd. 4, Berlin 1902 (ND 1968), S. 467.

die Gleichsetzung von ‚Wissen‘ und ‚Wissenschaft‘ „im Hochdeutschen zu veralten“ begann und „am häufigsten“ nun der Wahrheitsanspruch geltend gemacht wurde,[114] so dass auch ‚Kunst‘ und ‚Wissenschaft‘ auseinandertraten. Objektivität verlangte eine Methode, und zwar eine disziplinspezifische, so dass die hergebrachte logisch-deduktive Darlegung allenfalls noch in der ihren Wissenschaftscharakter allmählich verlierenden Naturrechtslehre praktiziert wurde. Schon vor Schleiermachers berühmt gewordener Formel hatte darum die Wissenschaft sich von ihrer Zweckbindung zu lösen begonnen. Das ließ sich zwar im Falle der naturwissenschaftlichen nicht und bei den juristischen[115] und theologischen Disziplinen nur in Grenzen halten, kennzeichnete aber bei den in der Philosophischen Fakultät angesiedelten und im Zuge ihrer Wendung zur Erforschung der Vergangenheit Wissenschaftscharakter annehmenden Disziplinen umso stärker das Selbstverständnis. Empirisch zu ermittelnde Sachverhalte hatten es darum zunehmend schwer. Als sehr wirksam erwies sich Hegels dezidierte Absage an die „Erfahrungswissenschaften“, während er die Philosophie zur „begreifenden Erkenntnis des absoluten Geistes“ sublimierte, der sich sein „Reich [...] in seinem eigenen Elemente erbaut“.[116]

114 Johann Christoph Adelung, Grammatisch-kritisches Wörterbuch der Hochdeutschen Mundart, Bd. 4, Leipzig ²1801, Sp. 1582.

115 Näheres zum Prozess der Verwissenschaftlichung der Jurisprudenz knapp, aber luzide bei Joachim Rückert, Art. Rechtswissenschaft, in: Heinrich Oberreuther (Hg.), Staatslexikon. 8. völlig neu bearb Aufl., Freiburg/Br. 2020, Sp. 1257-1271, hier Sp. 1261-1263.

116 In seinen 1808-1816 gehaltenen Nürnberger Gymnasialvorlesungen Philosophische Enzyklopädie für die Oberklasse, § 208. Zit. H[elmut] Hühn, Wissenschaft, Abschn. II/1-4: Übergänge, in: Historisches Wörterbuch der Philosophie, Bd. 12, Basel, Stuttgart 2004, Sp. 915-920, hier Sp. 916.

Unter diesen Bedingungen nimmt es nicht wunder, dass die nach französischen Beispiel vereinzelt erhobene Forderung nach einer empirisch basierten „Wissenschaft der Gesellschaft" zunächst von außerhalb der Universitäten kam, also von Nichtwissenschaftlern. Manche von ihnen wie Buchholz, Comte und Mill hatten keine abgeschlossene akademische Bildung. Der Rittergutsbesitzer Moritz von Lavergne-Peguilhen, der 1838, also noch vor Comte,[117] das Wort „Gesellschaftswissenschaft" in einen Buchtitel aufnahm, war sogar Autodidakt.[118] Über ein Echo im akademischen Bereich ist nichts bekannt. Das war natürlich auch eine Antwort.

Es war darum, wie oben bereits festgestellt, erst die in den 1840er Jahren ihren Gipfel erreichende Massenarmut mit ihren nicht länger zu übersehenden Miseren, die zur ‚misère de la philosophie'[119] führten und einzelnen Vertretern der Wissenschaft den Blick für die sozialen ‚Tatsachen' öffnete. Stein prognostizierte seinen Landsleuten, dass auch bei ihnen Verhältnisse wie in Frankreich zu erwarten seien, falls nicht eine neu zu schaffende Disziplin sich der bisher von der Wissenschaft

117 S. Anm. 46.

118 Moritz von Lavergne-Peguilhen, Grundzüge der Gesellschaftswissenschaft, 1. Theil: Die Bewegungs- und Productionsgesetze, Königsberg 1838. Das Buch ist eine merkwürdige Mischung aus exakter Beobachtung – für die Gesellschaft sieht er „die Bedürfnisse als die eigentlichen Wurzeln" – und religiöser Inspiration: Es werde „der dem Menschen innewohnende göttliche Keim in der Gesellschaft und durch dieselbe aus seinem Schlummer erwecket". Ebd., S. 16, 15. Mehr zu ihm bei Angela Stender, Durch Gesellschaftswissenschaft zum idealen Staat. Moritz von Lavergne-Peguilhen (1801-1870), Berlin 2005.

119 Das gleichnamige Buch von Marx aus dem Jahre 1847 reagierte bekanntlich auf Proudhons *Philosophie de la misère* von 1846 und nicht auf die deutsche akademische Empirieabstinenz.

vernachlässigten Themen Eigentum, Unterricht des Volkes, Industrie und Handel, „bürgerliche Ehre“, Stände und Klassen annehme. Die „Wissenschaft des Staats“ wisse darauf ebensowenig eine Antwort wie Rechtsphilosophie und Volkswirtschaftslehre, es müsse eine „Wissenschaft der Gesellschaft“ geschaffen werden, die „dieses wirkliche Ganze“, wie er die Gesellschaft nannte, „zu einem Ganzen in der Anschauung erhebt“.[120]

Ein großes – und noch lange währendes – Problem war, dass eine wissenschaftliche Terminologie sozialer Sachverhalte und Befunde nur in Ansätzen existierte.[121] Das wird besonders gut sichtbar bei den zehn Jahre nach Steins Erstlingswerk von Robert von Mohl unternommenen Anstrengungen, die „Gesellschafts-Wissenschaft“ aus Teilen des Privat- und Staatsrechts, der Volkswirtschaftslehre und Politik zusammenzusetzen und von Geschichte und Statistik gesellschaftsspezifische Beiträge zu verlangen.[122] Damit sollte den Ansprüchen der Universitätsdisziplinen an Objektivität, Systematizität – Mohl entwarf alsbald (und las jahrzehntelang) eine *Encyklopädie der Staatswissenschaften*, die seine Gesellschaftswissenschaft enthielt – und Methode Genüge geleistet und so das Neue anerkannt werden. Eine vollkommen eigenständige Dis-

120 Stein, Socialismus (Anm. 104), S. V.

121 Selbst „der in solchen Untersuchungen meistens gebrauchte Klassenbegriff ist deskriptiver Natur und nur selten mit theoretischen Konzepten verbunden“. Neben Marx war Stein die große Ausnahme. Rudolf Walther, Art. Stand, Klasse, Abschn. XI, in: Geschichtliche Grundbegriffe (Anm. 3), Bd. 6, Stuttgart 1990, S. 250-263, hier S. 261.

122 Robert Mohl, Gesellschafts-Wissenschaften und Staats-Wissenschaften, in: Zeitschrift für die gesammte Staatswissenschaft 7 (1851), S. 3-71, hier S. 54.

ziplin war das nicht, die ‚Wissenschaft der Gesellschaft' wurde zu einem Teilfach der ‚allgemeinen Staatslehre'.[123] Das hatte freilich seinen Preis. Auch nur annähernd so treffende soziologische Beobachtungen wie bei Friedrich Buchholz Jahrzehnte früher finden sich nirgendwo, sie hätten dort auch keinen Platz gefunden.

Mohl hat also die methodologische Grundlegung einer eigenständigen Gesellschaftswissenschaft wesentlich vorangetrieben, aber die Existenz einer sozialen Gesamtheit namens Gesellschaft sicher nicht entdeckt,[124] auch wenn seine Definition ausgesprochen modern ist. Zum Thema kam er erst in den späten 1840er Jahren und wohl besonders in der 48er-Revolution – er war in der Paulskirche Justizminister –, als die „Gesellschaftsfrage [...] zu einer

123 „Eine längere Beschäftigung mit den Staatswissenschaften und deren bester Systematisierung hat mir die (früher nicht gehegte) Ueberzeugung gegeben, dass es bei diesen aus drei Gründen würklich [...] nöthig ist, eine allgemeine Lehre über Wesen, Zweck, Gränzen der Erscheinung zu bilden und allen einzelnen Disciplinen als Grundlage vorangehen zu lassen": Erstens sei deren gemeinsame Behandlung „logisch richtiger", zweitens vermeide man dadurch manche „Einseitigkeit und vielleicht sogar Schiefheit" und drittens erleichtere man damit das Verständnis. Ebd., S. 58. Tatsächlich hatte sich Mohl sieben Jahre zuvor noch entschieden gegen die Aufnahme der „Gesellschafts-Wissenschaften" in eine solche Enzyklopädie ausgesprochen und sie stattdessen in eine noch zu erstellende „Encyklopädie des gesellschaftlichen Wissens" verwiesen, wo dann die „die geistigen, sittlichen, wirtschaftlichen und somatischen Gesetze der Gesellschaft" zusammen mit den jetzt bei den Staatswissenschaften untergebrachten Themen Bevölkerungslehre und „Privat-Armenpflege" vielleicht zusammen mit dem Pauperismus ihren Platz finden könnten. Eine wissenschaftliche Begründung hatte Mohl dafür nicht. Es gehöre nun einmal nicht alles Wissenswerte in ein wissenschaftliches „System". Ders., Literarhistorische Uebersicht über die Encyklopädieen der Staatswissenschaften, in: Zeitschrift für die gesammte Staatswissenschaft 2 (1845), S. 423-480, hier S. 429f.

124 So jedoch Eckart Pankoke in seinem Kommentar zu Mohls in Anm. 122 genannten Aufsatz, in: Ders., (Hg.), Gesellschaftslehre, Frankfurt/M. 1991, S. 1172-1183, hier S. 1174, eine im übrigen äußerst nützliche Quellenedition.

Gefahr geworden" war,[125] denn in den 1830ern hatte ihm das Elend der Fabrikarbeiter noch keinen Anlass zu einer Gesellschaftstheorie gegeben.[126]

„Seit etwa fünfzig Jahren", so Mohl dann aber 1851, trete „uns etwas völlig Neues entgegen", das „mit wachsender Schnelligkeit zur höchsten Bedeutung geworden ist", weil die hergebrachte Lehre vom Staat das „selbständige Volksleben" immer weniger ignorieren, aber auch nicht angemessen bearbeiten könne. „Das Wort ‚Gesellschaft' hat ertönt", weil angesichts der dramatischen Notlagen das Thema ‚Freiheit' seinen Primat an die Sicherheit, d.h. an die Frage der Umgestaltung der Gesellschaft habe abtreten müssen.[127]

Gesellschaft zu definieren sei schwierig, weil sie ganz unterschiedliche Formen und Gegenstände aufweise und

125 Mohl, Gesellschafts-Wissenschaften (Anm. 122), S. 25.

126 Die Vorschläge zur Hebung des Loses der Fabrikarbeiter diskutierte Mohl noch durchaus konventionell in seinem Aufsatz: Über die Nachtheile, welche sowohl den Arbeitern selbst, als dem Wohlstand und der Sicherheit der gesammten bürgerlichen Gesellschaft von dem fabrikmäßigen Betriebe der Industrie zugehen, und über die Nothwendigkeit gründlicher Vorbeugungsmittel, in: Archiv der politischen Ökonomie und Polizeiwissenschaft 2 (1835), S. 141-203. Das letzte Viertel ist ein für Mohl typischer Literaturbericht.

127 Mohl, Gesellschafts-Wissenschaften (Anm. 122), S. 6. 1855 fand er dafür die gefälligere Formulierung: „Da wurde dann endlich das Wort Gesellschaft ausgesprochen. Zuerst von Schwärmern und ihren Schülern; dann aber allmälig auch auf der Rednerbühne, in der Schenke und in den heimlichen Versammlungen Verschworener; es ward in entsetzlichen Straßenschlachten als Banner vorangetragen. Jetzt öffneten sich plötzlich die Augen. Die gänzliche Nichtbeachtung schlug in maaslosen Schrecken um, so daß nun das früher ganz unbekannte Wort als Medusenhaupt dient, welches die Freiheitsgewohnheiten und Forderungen der Gebildeten und Gemässigten versteinert, und in einem sonst mit verständigem Freiheitsmaasse nicht einmal zufriedenen Lande eine sonst unbegreifliche Willkürherrschaft möglich macht. [...] So ist durch That und Schrift ein ganz neuer Gegenstand des Bewusstseins, Wollens und Denkens entstanden". Ders., Geschichte (Anm. 87), S. 71. Hervorhebung im Original.

in die Sphären der Individuen und des Staates hinübergreife. Mohl war einer der ersten, der eine genauere Definition unternahm. Seine umständliche, weitschweifige Beschreibung verrät das Fehlen uns heute selbstverständlicher Fachtermini, sie ist aber vergleichsweise originell beim Versuch, den nach damaliger Ansicht zwischen Individuen und Staat angesiedelten, aber eben von Individuen belebten Bereich genauer zu erfassen. Er sprach von „Gemeinschaftlichkeit der Lebensweise", von „Lebenskreisen", von „natürlichen Genossenschaften". Diese wiesen sechs gemeinsame Merkmale auf: (1.) dauerhafte Zusammengehörigkeit, deren Ursache dafür (2.) von erheblicher Bedeutung sein müsse; ferner ist (3.) die „allgemeine Verbreitung eine nothwendige Bedingung"; man könne (4.) auch in verschiedenen solcher „Genossenschaften" gleichzeitig sein; (5.) politisch-administrative Grenzen spielten keine Rolle und es handle sich (6.) auch nicht um förmliche Organisationen, sondern um „Interessen-Genossenschaften". Da diese Merkmale weder für die einzelnen Menschen noch für den Staat Geltung besäßen, sei „somit erwiesen, dass diese Interessen-Genossenschaften ein eigenthümliches, weder mit den Persönlichkeitszuständen, noch mit der staatlichen Einheit zu verwechselndes und zu verbindendes Verhältniss sind. In diesem Falle ist dann aber auch nöthig, dass ihnen eine eigene Bezeichnung werde. Man hat hierzu das Wort Gesellschaft gewählt".[128] – Gemessen am damaligen Kenntnisstand ist das ein ambitionierter makrosoziologischer Beschreibungsversuch. Zentral ist für Mohl das Interesse, es sei das entscheidende Movens der gesellschaftlichen Zustände und ihrer unendlichen Vielgestaltigkeit.

Dass die Gesellschaft wissenschaftlich erforscht werden müsse, verstand sich für Mohl von selbst, denn nur dann könne man wissen, „wo und auf welche Weise den so drohenden Gefahren des itzigen Zustandes begegnet werden kann und muss".[129] Seine entsprechenden Vorstellungen, wie die „Gesellschaftswissenschaften" – der gelegentlich benutzte Plural ist ein Novum – beschaffen sein sollten, wirken auf den heutigen Leser etwas befremdlich, denn sie sind natürlich völlig frei von dem uns vertrauten soziologischen Jargon und verraten stattdessen den Juristen, der die zu entwerfende Disziplin „schablonenhaft"[130] in die drei Fächer „Allgemeine Gesellschaftslehre", „Dogmatische" und „Geschichtliche Gesellschaftswissenschaften" unterteilt. Während letztere die Geschichte und Statistik der Gesellschaft umfassen und erstere ihr Wesen, bilden in der ‚dogmatischen' Abteilung Rechts-, Sitten- und Zweckmäßigkeitslehre den Gegenstand und mithin das, was zumindest

128 Ders., Gesellschafts-Wissenschaften (Anm. 122), S. 40ff. Hervorhebungen im Original. Fast wörtliche Wiederholungen in Geschichte (Anm. 87), S. 94ff. Empirisch sei daran nichts, vieles daran sei vielmehr „nach Kräften konstruiert", meinte Erich Angermann, Robert von Mohl, 1799-1875. Leben und Werk eines altliberalen Staatsgelehrten, Neuwied 1962, S. 344; ähnlich S. 76.

129 Ders., Gesellschafts-Wissenschaften (Anm. 122), S. 53. Die weiteren Ausführungen stützen sich auf die zweite Hälfte dieses Aufsatzes.

130 Angermann, Mohl (Anm. 128), S. 367. Angermann findet, Mohls Lösung müsse „als ein Mißgriff gewertet werden"; ebd., S. 365.

teilweise heute ‚soziales Handeln' genannt wird. Einzelheiten dazu können hier übergangen werden, weil Mohl keine inhaltlichen Aussagen macht, sondern systematische, d.h. überwiegend mit Abgrenzungen zur Rechts-, Staats- und Polizeiwissenschaft beschäftigt ist. Umso wichtiger wäre zu wissen, was er in seinen Vorlesungen zum Thema ‚Gesellschaft' tatsächlich geboten hat. In seiner jahrzehntelang gehaltenen Vorlesung *Encyklopädie der Staatswissenschaften* finden sich keine neuen Gedanken, vielmehr handelte es sich in der Hauptsache um den hergebrachten Stoff.[131] Er las ja auch *Allgemeines Staatsrecht* sowie *Politik*, denn er bildete angehende Juristen aus.[132] Seine späteren Veröffentlichungen lassen bemerkenswerterweise keine Bezüge zur Gesellschaftswissenschaft mehr erkennen.

Lässt sich die Schwelle, die die 1840er Jahre unzweifelhaft darstellen, auch auf anderen Feldern als der Wissenschaft erkennen? Sprach man etwa nun im Deutschen häufiger von ‚Gesellschaft'? Vom gesprochenen Deutsch gibt es naturgemäß so gut wie keine Überlieferung. Immerhin kann man mit Hilfe des *Deutschen Textarchivs* aus unterschiedlichsten Quellen zwischen 1750 und 1900 die Häufigkeit des Gebrauchs von ‚Wissenschaft der Gesellschaft', ‚sozialer Frage', ‚Soziologie', und ‚Gesellschaft'

131 Sie stieß nur auf begrenztes Interesse. 1852 klagte er, er habe nur dreißig Hörer, im *Staatsrecht* dagegen neunzig. Angermann, Mohl (Anm. 128), S. 72. Das Desinteresse der Studenten hatte empfindliche materielle Folgen, denn Kolleg- bzw. Hörergelder machten einen erheblichen Teil der Einkünfte von Professoren aus.

132 Mohls Vorlesungstitel und Lehrstuhldenominationen finden sich in: Anzeige der Vorlesungen, welche im [...]halbjahre 18[...] auf der Großherzoglich Badischen Ruprecht-Carolinischen Universität zu Heidelberg gehalten werden sollen, Heidelberg 1825ff.

messen lassen. (Die beiden Verlaufskurven finden sich auf S. 364.) Die Ergebnisse sind eindeutig. Die ersten beiden Begriffe zeigen (in logarithmischer Darstellung) bereits nach 1800 einen deutlichen Aufstieg, dem sich knapp vier Jahrzehnte später der Neologismus ‚Soziologie' anschließt. Das stimmt mit dem vorstehend Geschilderten so deutlich überein, dass es wohl keiner weiteren Erläuterung bedarf. Dasselbe gilt für die (in absoluten Zahlen gemessenen) Belege für ‚Gesellschaft', wo man bereits auf den ersten Blick einen Doppelgipfel in den Jahren 1840 und 1848 sieht, der ebenfalls selbsterklärend ist. Mit einiger Vorsicht könnte man darum sagen, dass die Sattelzeit auch optisch dargestellt werden kann, insofern jedenfalls, als die Entwicklung der Frequenzen mit der Wissenschafts-, Begriffs- und Sachgeschichte korrespondiert. Der soziale und semantische Schwellencharakter der Jahre zwischen 1800 und 1850 ist offensichtlich.

Auch andere Quellen kann man wenigstens für eine Augenblicksaufnahme nützen, mit denen sich die gesprochene Sprache der Eliten erschließen lässt. Zunächst bieten sich die vom Historiker Johann Gustav Droysen angefertigten Protokolle des Verfassungsausschusses der Deutschen Nationalversammlung an, der vom 25. Mai bis 11. Oktober 1848 insgesamt 74 mal tagte.[133] Sie liefern zwei Einsichten. Die quantitative besagt, dass lediglich 17 mal das Wort ‚Gesellschaft' fiel, ‚Nation' dagegen über hundertmal. ‚Gesellschaft' war also offensichtlich kein

133 Johann Gustav Droysen (Hg.), Die Verhandlungen des Verfassungs-Ausschusses der deutschen Nationalversammlung, Theil 1, Leipzig 1849.

Zentralbegriff, jedenfalls nicht in diesem Zusammenhang. Die qualitative lässt die hergebrachten beiden Bedeutungen erkennen: ‚Gesellschaft' als Zusammenschluss, d.h. als Verein, und als soziale Gesamtheit. Da das Vereinswesen sich seit Frühjahr 1848 geradezu explosionsartig über große Teile Deutschlands ausgebreitet hatte,[134] musste der Verfassungsausschuss dem Rechnung tragen und die Vereins- und Versammlungsfreiheit regeln. Dass er dabei begrifflich auf ‚Gesellschaft' zurückgriff, während im Alltag fast nur noch von ‚Verein' die Rede war, lässt sich rechtsdogmatisch erklären, beschwor jedoch Streit herauf, weil sich zeigte, dass der Begriff umstritten war. Während die organischen Liberalen um Beseler und Bassermann vom „tiefen germanischen Zug der Genossenschaft" als „vollem Gegengewicht gegen die Zersetzung des Lebens in der Gesellschaft" sprachen und diese damit der Verachtung preisgaben und während ihr Fraktionskollege Deiters „bedenklich gegen dies ‚logische Mittelding' [war], das man zwischen Staat und Gemeinde einzuschieben beabsichtige", hatten die Linksliberalen und Linken mit ‚Gesellschaft' keine Probleme. Ahrens schlug gleich zu Beginn vor, einfach die Formulierung der belgischen Verfassung zu übernehmen.[135] Das wurde zwar abgelehnt, aber Beselers Genossenschaftsgedanken ebenfalls, und zwar mit dem Argument, er scheine nicht „dem Interesse der

134 Eine der gründlichsten Bestandaufnahmen lieferte Michael Wettengel, Die Revolution von 1848/49 im Rhein-Main-Raum. Politische Vereine und Revolutionsalltag im Großherzogtum Hessen, Herzogtum Nassau und in der Freien Stadt Frankfurt, Wiesbaden 1989.

135 „Die Belgier haben das Recht, sich zu Gesellschaften zu vereinen". Zit. Droysen (Anm. 133), S. 22. Im belgischen Originaltext von 1831 heißt es allerdings in Art. 20: „Les Belges ont le droit de s'associer".

fortschreitenden Gesellschaft zu entsprechen".[136] Damit überzeugten sie die Mehrheit in Ausschuss und Plenum. So demonstrierten die Verfassungen der 48er-Revolution umstandslos das neue staatspolitische Gesellschaftsverständnis und verkündeten gleichsam aus heiterem Himmel die Versammlungs- und Vereinigungsfreiheit ohne Vorbehalt.[137] Politisch hatte das freilich keinen Bestand, aber soziologisch war das insofern interessant, als es sich wohl um den ersten Fall handelt – jedenfalls in Deutschland –, bei dem das neue Verständnis von Gesellschaft Eingang in die Praxis fand. Die Revolution eröffnete für einen kurzen Moment neue Möglichkeitsräume.

Man sollte darum annehmen, dass die Frankfurter Nationalversammlung sie zu nutzen versucht und ‚Gesellschaft' zum Zentralbegriff bei den Diskussionen über die Ausgestaltung der Reichsverfassung und des Wahlrechts gemacht hat. Aber das ist nicht der Fall. In Frankfurt ging es eben um die deutsche Nation und nicht um die deutsche Gesellschaft, auch wenn in den Debatten um Wahlrecht und ‚Schutz der (deutschen) Arbeit' viel von Fabrik- und Heimarbeitern, von Dienstboten und Armen die Rede war und wenn das Parlament mit hunderten Pe-

136 Droysen (Anm. 133), S. 23-26.

137 Gesetz betr. die Grundrechte des deutschen Volks vom 27. Dezember 1848, Art. 7, bzw. Verfassung des deutschen Reiches vom 28. März 1849, Art. 161f. (Das war „im zeitgenössischen Ausland ohne Beispiel". Jörg-Detlef Kühne, Eine Verfassung für Deutschland, in: Christof Dipper / Ulrich Speck [Hg.], 1848. Revolution in Deutschland, Frankfurt/M. 1998, S. 355-365, hier S. 358). [Oktroyierte] Preußische Verfassung vom 5. Dezember 1848, Art. 27-29; ähnlich die revidierte preußische Verfassung vom 31. Januar 1850, Art. 29-31. Die Verordnungen vom 29. Juni 1849 und 11. März 1850 kassierten jedoch die Regelungen weitgehend. Sie erlangten erst 1919 wieder Gesetzeskraft.

titionen von Gesellen, Arbeitern, Meistern und anderen, insbesondere ländlichen Bevölkerungskreisen regelrecht überschwemmt worden ist.

Der Begriff ‚Gesellschaft' fällt in den über 6.000 Seiten Protokollen nur etwas mehr als einhundert Mal, und zwar meist als Allerweltsbegriff, d.h. trivial, selbstverständlich und keiner näheren Erläuterung bedürftig.[138] Von einer theoretischen Erörterung kann also keine Rede sein. Das hat natürlich mit dem Übergewicht der Liberalen in der Paulskirche und ihrer ‚Ratlosigkeit' in Bezug auf die Gesellschaft zu tun, aber es verwundert doch angesichts des Umstands, dass es gerade der im Vormärz spürbar gewordene gesellschaftliche Wandel war, der zu verbreiteter Unzufriedenheit und letztlich zur Revolution 1848 geführt hat.[139]

Dessen ungeachtet überwogen die hergebrachten Bedeutungen. So ist in den Protokollen von „Religionsgesellschaften" die Rede, nachdem aus Rücksicht auf die Juden das Wort „Kirche" aus den Entwürfen gestrichen worden war. Ganz altmodisch, aber dutzendfach, benutzten die Redner „Gesellschaft" für ‚Staat', dann meist mit

138 Ausgezählt aus: Stenographischer Bericht über die Verhandlungen der deutschen constituirenden Nationalversammlung zu Frankfurt am Main [hg. v. Franz Wigard], 10 Bde. Frankfurt/M. 1848-50 (Bd. 10 enthält nur Register). Nämliches gilt auch für die Berliner Nationalversammlung, die darum hier nicht weiter dokumentiert wird. Stenographische Berichte über die Verhandlungen der zur Vereinbarung der preußischen Staats-Verfassung berufenen Versammlung, 3 Bde., Berlin 1848.

139 Dass das keine nachträgliche Interpretation ist, sondern die Zeitstimmung traf, belegt eine Feststellung des Marburger Nationalökonomen Bruno Hildebrand: „Fast scheint es, als ob das neunzehnte Jahrhundert mit eben derselben stürmischen Hast sich der Lösung socialer und ökonomischer Probleme hingeben wollte, wie sich das achtzehnte Jahrhundert den politischen hingab." Bruno Hildebrand, Die Nationalökonomie der Gegenwart und Zukunft, Bd. 1, Frankfurt/M. 1848, S. 5.

den Zusätzen „bürgerlich“ oder „politisch“, wenn nicht gleich von „Staatsgesellschaft“ die Rede war.[140] Oft wurde „Gesellschaft“ in der Bedeutung von ‚Verein‘ oder ‚Klub‘ gebraucht, zweimal zur Bezeichnung von Fraktionen der Paulskirche. Am ehesten mit sozialer Bedeutung aufgeladen wurde „Gesellschaft“, wenn damit das soziale Ganze von der Menschheit insgesamt über die Bevölkerung bzw. das Volk bis zu Teilen davon gemeint war, wenn also in Bezug auf die gegenwärtige Gesellschaft von „Klassen“, „Schichten“, „Gliedern“ oder „Kreisen“ gesprochen wurde, freilich in keinem einzigen Fall mit dem Ehrgeiz näherer Deutung. Allerdings fällt auf, dass auch im Plenum Abgeordnete der Linken und der Mitte öfter von „Gesellschaft“ sprachen als die der Rechten und dann oft mit einem sozialkritischen Unterton. So statuierte etwa Arnold Ruge vom Deutschen Hof bzw. Donnersberg, „die Gewalt der Gesetzgebung ist beschränkt nicht nur durch die allgemeinen Regeln der natürlichen Gerechtigkeit und durch die Wohlfahrt der Gesellschaft“,[141] während sein Fraktionskollege Friedrich Wilhelm Schlöffel fragte, was „die Mehrheit der Gesellschaft“ wolle, und „die Krankheit der Gesellschaft“ beklagte, die dazu geführt habe, dass sie sich „in zwei Theile gespalten“ habe.[142] Eine andere

140 Werner Conze sieht in diesem, Ende des 18. Jahrhunderts aufgekommenen Begriff einen Ersatz für den „um 1800 kaum noch gekannte[n] alte[n] politische[n] Sinn der ‚bürgerlichen Gesellschaft‘“ und einen Vorboten für „den von der Gesellschaft begrifflich unterschiedenen Staat“. Werner Conze, Das Spannungsfeld von Staat und Gesellschaft im Vormärz, in: Ders. (Hg.), Staat und Gesellschaft im deutschen Vormärz 1815-1848, Stuttgart ²1970, S. 226, Anm. 35. Einen Quellenbeleg liefert er nicht.

141 Stenographischer Bericht (Anm. 138), Bd. 1, S. 482.

142 Ebd., Bd. 4, S. 2415, 2417, 2659.

Spaltung beklagte Gabriel Riesser, nachdem sein Vorredner Moritz Mohl für die fortdauernde Diskriminierung der jüdischen Minderheit plädiert hatte. Von der Rechtsgleichheit versprach er sich die Heilung „alle[r] Schäden der Gesellschaft".[143] Auf den preußischen Staatsstreich reagierte der Abgeordnete Nauwerck mit einer flammenden Rede, in der er die gesetzliche Freiheit zur „tiefsten Quelle" der Ordnung erklärte, „deren Verunreinigung die Gesellschaft unaussprechlich zurückbringen würde". In der drohenden „Barbarei" würde „die Gesellschaft selbst vogelfrei".[144] Der prominente Jurist Welcker dagegen verteidigte die Auflösung der Berliner Nationalversammlung, denn das „constitutionelle System" sei „weiter nichts Anderes als der Rechtsstaat, ein rechtlicher Zustand in den Formen der heutigen Gesellschaft". Die Krone bleibe unverantwortlich und wenn der Grundsatz der Vereinbarung ernst genommen werde, müsse die Krone das Recht haben, die vom Parlament verabschiedete Verfassung zu verwerfen und „eine andere Versammlung ein[zu]berufen". Dass „auf der Linken Gelächter" erscholl, überrascht nicht.[145]

Die Gewichte verschoben sich noch mehr in den Debatten des ephemeren Erfurter Unions-parlaments.[146] Im Oberhaus, dem „Staatenhaus", wurde sowieso kaum diskutiert, hier war mit einer Ausnahme nur von „Religions-

143 Ebd., Bd. 3, S. 1755.

144 Ebd., Bd. 5, S. 3453.

145 Ebd., S. 3275.

146 Stenographischer Bericht über die Verhandlungen des Deutschen Parlaments zu Erfurt, 2 Bde., o.O. 1850.

gesellschaft" die Rede, und zwar immer in Gesetzestexten. Im „Volkshaus" gab es durchaus kontroverse Diskussionen. Allein die Hälfte der (insgesamt freilich nur zehn) Belege von „Gesellschaft" geht dort auf Friedrich Julius Stahl zurück, den Theoretiker des ‚monarchischen Prinzips'. Mehrfach sprach er von der „Entgliederung" der „Gesellschaft" als Folge der „Revolution" bzw. „Umwälzung" [147] und aus dem Zusammenhang ergibt sich, dass Stahl zwischen ‚Staat' und ‚Gesellschaft' hier sowenig unterschied wie in seinen juristischen Hauptwerken. Andere sprachen direkt von „bürgerlicher Gesellschaft".[148], während der gelernte Kaufmann Friedrich Daniel Bassermann das Parlament wie eine Personengesellschaft verstand, also einen zweckgebundenen Zusammenschluss, nur dass sie im vorliegenden Fall „über das ganze Staatsleben eines Einzel-Staates beschließt".[149]

Von der Revolution erkämpfte neue Möglichkeitsräume für den Umgang mit den gesellschaftlichen Nöten schienen sich für einen kurzen Moment auch in Berlin zu ergeben, blieben allerdings bereits im Antragsstadium stecken. Der schon genannte ostpreußische Gutsbesitzer, Landrat und inzwischen auch Abgeordnete v. Lavergne-Peguilhen machte 1849 einen ganz ungewöhnlichen Vorschlag.[150] Nachdem er sich schon seit Jahren mit dem Gedanken der Errichtung einer Akademie für

147 Ebd. [Bd. 1], Volkshaus, S. 107, 159.

148 Ebd., S. 255, 258.

149 Ebd., S. 260.

150 Das Folgende nach Stender, Durch Gesellschaftswissenschaft (Anm. 118), S. 246ff., die das ganz aus den Akten rekonstruiert hat.

Sozialwissenschaften getragen hatte – die französische *Académie des Sciences morales et politiques* könnte dem Abkömmling von Hugenotten die Anregung gegeben haben –, versuchte er im Mai 1849 in der Ersten Kammer der Preußischen Nationalversammlung einen Antrag zur „Einsetzung einer social-politischen Central-Commission zur Erörterung der zur Förderung der Volks-Wohlfahrt nöthigen Maaßregeln“ zu stellen, doch verhinderte das die Vertagung und spätere Auflösung der Kammer. Daraufhin beantragte er bei der preußischen Regierung die Errichtung eines „Social-politischen Centralinstituts“, von dem er sich für Preußen eine von sozialen Unruhen freie Zukunft versprach. Hier nun sollte es nicht mehr um theoretische Fragen gehen, sondern um die Prüfung von Anträgen und Petitionen sowie um die Begutachtung bzw. Erarbeitung von Gesetzentwürfen durch ein „Collegium“ von Ministerialbeamten, Abgeordneten und Wissenschaftlern. So kommt in dieser Eingabe der Begriff „Gesellschaftswissenschaft“ an keiner Stelle vor, während im Kammerantrag die „Ausbildung der Gesellschaftswissenschaften zu einer Erfahrungswissenschaft“ eine zentrale Rolle gespielt hatte. Aber trotz dieser Anpassung an ministerielle Erwartungen und trotz Lob seitens des Innenministers v. Manteuffel, der die Idee interessant und „zeitgemäß“ fand, ging der Antrag im Trubel des Jahres 1849 unter.

Aufs Ganze gesehen, tritt der Schwellencharakter der 1840er Jahre daher viel deutlicher zutage, wenn man auf den Umgang mit dem Thema ‚Gesellschaft‘ bei denjenigen blickt, die sich das im Hegelianismus angelegte Weltanschauungspotential zu eigen gemacht haben: Stein, Marx und etliche der Linkshegelianer. Es diente ihnen in einem ersten Schritt dazu, den Gesellschaftsbegriff zu verzeitlichen, d.h. zu dynamisieren. Anders als bei der Mehrheit ihrer (meist juristisch ausgebildeten) Zeitgenossen gab es für sie keine allgemeine Gesellschaft, sondern stets eine konkrete, von „bestimmten Gesetzen und Elementen beherrschte Ordnung".[151] Das war fast immer die Wirtschaft, die namentlich bei Marx zur Identifikation der historischen Epochen diente.[152] Dabei blieb es aber nicht, denn in einem zweiten Schritt lieferte die Rückschau denjenigen unter ihnen, die ‚Gesellschaft' zu einer dialektischen Kategorie erhoben, zugleich Material für die Zukunft. Den Maßstab setzte wiederum Marx, der mit seiner „wissenschaftlichen", wie er betonte, Prognose der klassenlosen Gesellschaft als Endphase der geschichtlichen Entwicklung die weitestgehende Perspektive eröffnete. ‚Gesellschaft' wanderte damit von einer sozialwissenschaftlichen Analysekategorie in das sattelzeitliche Arsenal geschichtsphilosophischer Perspektivbegriffe, und an die Stelle der konkreten Gesellschaften der Gegenwart trat die „Assoziation".[153] Alles Denken und Tun geschah bei ihm und seinen Anhängern fortan im Namen der kommenden klassenlosen Gesellschaft.

151 Stein, Geschichte der socialen Bewegung (Anm. 108), Bd. 2, S. 124.

152 Vgl. Anm. 99.

153 „An die Stelle der alten bürgerlichen Gesellschaft mit ihren Klassen und Klassengegensätzen tritt eine Assoziation, worin die freie Entwickelung eines jeden Bedingung für die freie Entwickelung aller ist". Marx / Engels, Manifest (Anm. 99), S. 464.

Diese semantische Extremform war philosophisch und politisch derart voraussetzungsreich, dass sie nur von der sozialdemokratischen Arbeiterbewegung geteilt wurde, und auch dort erst nach der Rezeption des Marx'schen Gedankenguts im Erfurter Programm 1891. Stein dagegen löste sich davon schon bald, seine Idee vom „Königtum der socialen Reform"[154] ist ein klarer Beleg für seine Rückkehr zur Mehrheitsmeinung einer zwingenden Verbindung von Gesellschaft und Staat. Nur dass anders als bei Mohl und vielen Zeitgenossen für ihn die Gesellschaft nicht nur nicht statisch war, sondern auch gar nicht sein konnte. Die „Bewegung der Gesellschaft" ist die Folge eines „beständigen Processes" der Gütervermehrung und der damit zusammenhängenden „Klassenbildung". Sie kann ausgeglichen, aber nicht ruhiggestellt werden und ist, weltgeschichtlich gesehen, ein gerichteter Vorgang. „Der Fortschritt der Gesellschaft ist unbegrenzt", betonte er mehrfach und gab damit seine hegelianische Prägung zu erkennen.[155]

c. Nach der Revolution: Der lange Weg vom Wissen zur Wissenschaft

Auch wenn die Zahlen, auf denen die oben abgebildete Graphik beruht, etwas anderes suggerieren, beherrscht nach der Jahrhundertmitte das Gesellschaftsthema den Diskurs. „Jedes Zeitalter erhält seinen unterscheidenden Charakter durch gewisse allgemeine Ideen", schrieb

154 S.o., Anm. 108.

155 Stein, Gesellschaftslehre (Anm. 111), S. 234, 275, 234. Vom unzweifelhaften „Fortschritt" ist auch S. 278 die Rede.

1864 der Königsberger Rechtsprofessor Johann Carl Glaser, und fuhr fort: „Für unsere Zeit ist eine solche beherrschende und zugleich maßgebende Idee die Idee der Gesellschaft“.[156] Er hätte als Beleg auf das Œuvre des Berliner Privatdozenten Theodor Mundt hinweisen können, der sein Geld als immer wieder politisch verfolgter Schriftsteller des Jungen Deutschland verdiente. 1844 war dessen *Geschichte der Gesellschaft* erschienen, eine Geschichte gleichsam ‚von unten‘, die zwar unmittelbar vor der Reformation beginnt, aber eigentlich erst in der Revolution zu sich kommt, denn zuvor „hatte es sich in der Geschichte nicht um die Gesellschaft gehandelt, sondern ausschließlich um den Staat“, wie Mundt in hegelianischer Manier schrieb. Erst dann trat „die Idee der freien Persönlichkeit“ ins Leben, die für den „Begriff der Gesellschaft [...] wesentlich“ sei.[157] Es folgen etliche Kapitel zum „Proletarier“, diesem „sich aufrichtenden Riese[n] der modernen Gesellschaft, dies[em] verstoßene[n] Kind der Nationen“,[158] dessen „sociale Erlösung“ sich in Deutschland als Folge der hier herrschenden „historische[n] Prüderie“, d.h. der Angst der „Idee der Freiheit vor jeder Berührung der Wirklichkeit“ verzögere. Wegen dieser Kalamität „erblicken wir die heutige Gesellschaft unter ihren Ruinen dasitzen und mit ihren eigenen Trümmern spielen, wobei der Socialismus ihr beigesprungen ist,

156 [Johann Carl Glaser] Die Idee der Gesellschaft und der Gesellschaftswissenschaft, in: Jahrbücher für Gesellschafts- und Staatswissenschaften 1 (1864), S. 1-23, hier S. 9. Hervorhebung im Original

157 Theodor Mundt, Die Geschichte der Gesellschaft in ihren neueren Entwickelungen, Berlin 1844, S. 178, 179. Hervorhebungen im Original.

158 Ebd., S. 193. Die nächsten Zitate ebd., S. 393, 394.

um ihr aus diesen Trümmern abenteuerliche Gestalten der Hoffnung schnitzen zu helfen".[159] Die Gesellschaft ist also, kaum dem *Ancien Régime* entsprungen, schon wieder zur Ruine geworden, womit Mundt zu erkennen gibt, dass er sich aus der sozialmoralischen Tradition trotz seiner Entscheidung für die „Association" als der Lösung aller gesellschaftlichen Probleme nicht befreit hat. Auch wenn das Adjektiv „social" in manchen Kapiteln geradezu ubiquitär ist,[160] besitzt Mundts ‚Gesellschaft' nicht jenen Status einer historischen Grundgegebenheit, die zwar gesteuert werden, aber nicht auftauchen und verschwinden kann.

So überrascht es nicht, dass in seiner zehn Jahre später veröffentlichten *Geschichte der deutschen Stände*, auch wenn hier nicht die Haupt- und Staatsaktionen im Vordergrund standen, sondern Entstehung und Wandel von Adel, Klerus, Bürger und Bauern seit der germanischen Zeit, ‚Volk' und ‚Nation' die Hauptrolle spielen, obwohl man gelegentlich einem ganz unbefangenen Gebrauch von „Gesellschaft" begegnet.[161]

159 Ebd., S. 426. Die „Association" als Lösung aller Probleme ebd., S. 429ff.

160 Mundt ist keine Ausnahme, wie die zahlreichen Belege bei L[udwig] H[einrich] Adolph Geck, Über das Eindringen des Wortes „sozial" in die deutsche Sprache, Göttingen 1963, S. 33ff., zeigen. Gecks Buch ist als Materialsammlung verdienstvoll, aber dem Sozialpsychologen waren begriffsgeschichtliche Kategorien fremd.

161 Als Beispiel möge folgender Satz dienen, der die Abschaffung des Adels in der Französischen Revolution schildert: „Gesellschaftliche Reformen werden sich freilich nie durch revolutionnaire Decrete vollbringen lassen und darum konnte auch dieser Schlag [...] nur als augenblicklicher Terrorismus, nicht aber mit einer wirklich reorganisirenden Kraft auf die französische Gesellschaft wirken". Theodor Mundt, Geschichte der deutschen Stände nach ihrer gesellschaftlichen Entwicklung und politischen Vertretung, Berlin 1854, S. 448.

In den 1850ern hatten sich, gemessen an unserem Ausgangspunkt, die Dinge also ins Gegenteil verkehrt. Von ‚bürgerlicher Gesellschaft' als Synonym von ‚Staat' war kaum noch die Rede, die Gesellschaft hatte sich ein gutes Stück von ihm emanzipiert (und eben deswegen kontrollierte er sie mehr denn je; die kritischen Zeitgenossen sprachen seit Mitte der 1840er Jahre vom Polizeistaat[162]) und war zum Objekt wissenschaftlicher Analysen, politischer Agitation und gelegentlich selbst der Geschichtsschreibung, wenn auch nicht der professionellen, geworden – kurz: zu einem Grundbegriff gesellschaftlicher Selbstverständigung bzw., in zeitgenössischer Sprache, zum „Zauberwort".[163]

Dass daraus nicht schon damals eine den gesellschaftlichen Realitäten eher Rechnung tragende Disziplin entstanden ist, hat einen doppelten Grund. Die Staatswissenschaftler, bei denen die Gesellschaftswissenschaft nach wie vor ressortierte, und die Statistiker interessierten sich vornehmlich für den Staat. Erstere bildeten Beamte aus, letztere waren im Regelfall Beamte. Und außerdem begegneten sie sich nur sehr selten – literarisch wie physisch. In den zahlreichen Büchern und Aufsätzen Steins, Mohls, Ahrens', Riehls findet sich kaum einmal ein Hinweis auf

162 Beispiele bei Otto Ladendorf, Historisches Schlagwörterbuch. Ein Versuch, Straßburg, Berlin 1906, S. 247, mit zahlreichen Belegen von 1833 bis 1850.

163 „Das Zauberwort – Gesellschaft – ist die brennende Frage der Zeit. Mit dem Staat will man nichts mehr zu schaffen haben, für alten Plunder, in die Rumpelkammer gehörig". J[oseph] A[nton] Kaltschmid, Der Zeitgeist. Eine Skizze für alle Stände, Konstanz 1855, S. 5; zit. Briese, Gesellschaft (Anm. 101), S. 275. Briese erweckt den Eindruck, als halte er Kaltschmid, einen katholischen Oberlehrer in Überlingen, für einen Frühsozialisten.

statistische Literatur.[164] Zu den wenigen Brückenköpfen zwischen beiden Welten zählte an erster Stelle der an der Tübinger Staatswissenschaftlichen Fakultät Politische Geschichte und Statistik lehrende Johannes Fallati, von der Ausbildung her Jurist, der schon in vergleichsweise jungen Jahren 1855 an der Cholera starb.[165] Aber auch Fallati, einer der emsigsten Autoren in der von ihm mitgegründeten *Zeitschrift für die gesammte Staatswissenschaft*, publizierte nicht in der *Zeitschrift des Vereins für deutsche Statistik* des Freiherrn v. Reden, was umgekehrt ebenso gilt. In dieser kurzlebigen Zeitschrift – ihr Herausgeber, ein hoher preußischer Beamter, wurde Opfer der Reaktionszeit und sein Organ erlebte 1847/48 nur zwei Jahrgänge (auch Mohls Zeitschrift setzte 1849 aus) – war zwar viel von ‚Gesellschaft' die Rede, aber die gesellschaftswissenschaftlichen Beiträge lassen sich an einer Hand abzählen. Es waren Aufsätze fast ohne Zahlen, erst recht ohne Statistiken, die sich alle um die „hand-

164 Eine Ausnahme ist der Heidelberger Strafrechtler Mittermaier, dessen berühmt gewordenes Italienbuch nicht der übliche kunsthistorische Reisebericht war, sondern neben präzisen ethnographischen Beobachtungen eine Fülle von statistischem Material enthält. C[arl] J[oseph] A[nton] Mittermaier, Italienische Zustände, Heidelberg 1844. Mittermaier sprach fließend Italienisch, hatte das Land seit 1808 bis dahin siebenmal bereist und verfügte über beste Kontakte zu italienischen Gelehrten. Eine italienische Übersetzung erschien 1845.

165 Er verfasste unter vielem anderem eine Einleitung in die Wissenschaft der Statistik, Tübingen 1843. Das Buch enthält nicht eine einzige Tabelle und Fallatis Ausführungen zur „gesellschaftlichen Statistik" sind von kaum überbietbarer Abstraktheit und nach wie vor staatszentriert.

arbeitenden Volksklassen" drehten.[166] Anders als noch zu Buchholz' Zeiten drehte sich die Soziologie ab der Jahrhundertmitte ausschließlich um die ‚soziale Frage', sie war mit ihr geradezu identisch.

Dass „die Statistik in jetziger Zeit eine Macht geworden ist", wie v. Reden selbstbewusst 1848 schrieb, [167] stellte der Erste Internationale Statistikkongress 1853 in Brüssel unter Beweis. Unter den Teilnehmern aus deutschen Staaten waren die Chefs der Statistischen Büros Preußens (Dieterici), Sachsens (Engel) und Hannovers (Abeken). Angemeldet hatten sich unter anderem aus Heidelberg die Professoren Mohl, Mittermaier und Rau (damals noch Privatdozent für Landwirtschaft), aus Tübingen Fallati und Volz (letzterer ein Mathematiker, Professor für Technologie in Tübingen), aus Göttingen Hanssen und Wappäus, aus Königsberg Schubert (Professor für Geschichte und Staatskunde in Königsberg) und Ranke aus Berlin – letzterer aber nur, weil er wegen Archivrecherchen ohnedies in Brüssel war. Tatsächlich anwesend waren von den Professoren außer Ranke lediglich Mittermaier, Fallati, Volz und Schubert.

166 Zwei der ganz wenigen Ausnahmen seien genannt: Prof. Reuter, Verhältnisse und Lage der handarbeitenden Volksklassen in den deutschen Gegenden des mittleren Rhein- und unteren Main- und Neckar-Gebietes, in: Zeitschrift des Vereins für deutsche Statistik 1 (1847), S. 359-381. Reuter war ein Aschaffenburger Oberlehrer. Verhältnisse der handarbeitenden Bevölkerung in Wien, von einem Bewohner Wiens, ebd., 2 (1848), S. 177-187. Das vom Herausgeber vorgeschlagene „System für die Ordnung statistischer Sammlungen" kam nach vielen Rubriken zu Staat und Wirtschaft erst in Abschnitt IV, Ziffer 16 auf die „Verhältnisse der Arbeit und Ernährung" zu sprechen und drehte sich ausschließlich um das Proletariat. [Friedrich] Freiherr v. Reden, Bureau für statistische Nachweise, eine Nothwendigkeit für die jetzige Staatsverwaltung", ebd., 1 (1847), S. 16-22.

167 Ebd., S. 16. Hervorhebung im Original.

Mittermaier war außerordentlich aktiv.[168] Man wählte ihn ins Tagungspräsidium, er hielt am 20. September einen vielbeachteten Vortrag zur Statistik des badischen Justizwesens, zu dem ihn der belgische König beglückwünschte, und er legte schließlich das Ergebnis einer Enquete zum Vergleich der sozialen Lage in wohlhabenden und armen badischen Gemeinden vor.[169] Im Auftrag seines Kollegen Rau überreichte er dem Kongressbüro dessen Studien über die Landwirtschaft in der Pfalz.[170] Fallati, obwohl längst international anerkannter Fachmann für Statistik,[171] trat weniger in Erscheinung. Er war Berichterstatter der 3. Sektion, in der es um Strafrechtsstatistik ging, verfasste

---

168 Mittermaier war mit Quetelet seit längerem bekannt, in seinem Nachlass sind 57 überwiegend längere Briefe Quetelets enthalten. Klaus Lüderssen, Karl Joseph Anton Mittermaier und der Empirismus in der Strafrechtswissenschaft, in: Wilfried Küper (Hg.), Heidelberger Strafrechtslehrer im 19. und 20. Jahrhundert, Heidelberg 1986, S. 101-115, hier S. 113f.

169 Compte-rendu des travaux du Congrès général de statistique, réuni à Bruxelles les 19, 20, 21, 22 septembre 1853, Brüssel 1853, S. 44f., 84, 89. Mittermaier kam dabei zugute, dass er „mit völliger Sicherheit in Wort und Schrift die französische Sprache" beherrschte. Götz Landwehr, Karl Joseph Anton Mittermaier (1787-1867). Ein Professorenleben in Heidelberg, in: Küper (Hg.), Heidelberger Strafrechtslehrer (Anm. 168), S. 69-100, hier S. 71. Über die Enquete war nichts in Erfahrung zu bringen.

170 L[udwig] Rau, Studien über süddeutsche Landwirthschaft. Die Kantone Frankenthal und Grünstadt in der bairischen Rheinpfalz; statistisch, volkswirthschaftlich, landwirthschaftlich dargestellt, Speyer 1852.

171 Zu ihm Ute Schneider, Inquiries or statistics? Agricultural surveys and methodological considerations in the 19th century, in: Nadine Vivier (Hg.), The Golden Age of State Inquiries. Rural Enquiries in the 19th Century: From Fact Gathering to Political Instrument, Turnhout 2012, S. 43-57, hier S. 47-49.

aber einen sehr ausführlichen Tagungsbericht.[172] Volz und Schubert beteiligten sich nicht aktiv an den Sitzungen.[173]

Der Kongress war in der Hand der Praktiker und Quetelet, sein Präsident, hatte ihm die Aufgabe zugedacht, eine international einheitliche Terminologie und standardisierte Fragestellungen zum Zwecke der besseren Vergleichbarkeit zu vereinbaren.[174] Anträge, die „Philosophie der Statistik" zu diskutieren,[175] gelangten gar nicht erst zur Abstimmung. Die Vertreter der Gesellschaftswissenschaften kamen also wohl kaum auf ihre Kosten. Soweit sie Deutsche waren, gelang es ihnen auch nicht, sich gesondert zu Tagungen zu versammeln. Schon früher fehlgeschlagen war der Versuch, auf den Germanistentagen 1846 und 1847 Fuß zu fassen. Der Schärfung ihres Profils, d.h. zur Weiterentwicklung von Fragestellung und Methoden ist das nicht bekommen. Dass Mohl seine *Encyklopädie* trotz des seit 1859 eingetretenen enormen wirtschaftlichen und sozialen Wandels 1872 so gut wie unverändert in zweiter Auflage erscheinen lassen konnte,

172 [Johannes] Fallati, Der statistische Congreß in Brüssel, in: Zeitschrift für die gesamte Staatswissenschaft 9 (1853), S. 626-710.

173 Schubert reichte drei Bücher ein, darunter sein Handbuch der Allgemeinen Staatskunde von Europa, Bd. 2.2.1: Der Preussische Staat, Königsberg 1848.

174 Diesem Ziel diente später die synoptische Zusammenstellung der Beschlüsse der vier Statistikkongresse. Compte-rendu général des travaux du Congrès international de statistique dans ses séances tenues à Bruxelles, 1853, Paris, 1855, Vienne, 1857, et Londres, 1860, publié par [...] M. le Dr Engel, Berlin 1863.

175 Der Lyoner Jurist Joannès-Erhard Valentin-Smith reichte ein Mémoire sur la Philosophie statistique ein, das kommentarlos zu den Akten genommen wurde. Compte-rendu (Anm. 169), S. 239-257. Die schriftlich eingegangenen Anträge der nicht angereisten Sigefroi Weiss, Paris, und des Statistikprofessors Bernhard Ignaz Denzinger, Würzburg, wurden gar nicht erst behandelt. Mit „Philosophie" war hier natürlich Theorie gemeint.

belegt vielleicht mehr als vieles andere die theoretische und praktische Stagnation der Gesellschaftswissenschaft. Aus dem Stadium des Übergangs fand sie nicht heraus.

Die meisten Lexika der 1850/60er Jahre spiegeln dieses Zwischenstadium. Der *Kleine Brockhaus* übersetzte zwar „Gesellschaft" nach wie vor mit „Societät" und gelangte damit geradezu zwangsläufig zum Verein, nahm aber deswegen Gemeinde und Staat von dieser Definition aus. Erst im Anschluss daran lieferte er unter Verweis auf Riehls gleichnamiges Buch von 1851 die moderne Deutung von ‚bürgerlicher Gesellschaft'. Unter ihr verstehe man „das Zusammenleben der Menschen und die sich daraus von selbst und ohne Zutun der Staatsgewalt entwickelnden Verhältnisse".[176]

Ausführlicher demonstrieren die Einträge in den beiden großen Lexika der Zeit den Übergangscharakter jenes Jahrzehnts. Im *Ersch / Gruber* hieß das Lemma zwar immer noch „Gesellschaft (bürgerliche)", aber der Jenenser Philosophieprofessor Karl Hermann Scheidler betonte sogleich, dass man zwischen einem „weiteren" (politischen) und einem „engeren" (sozialen) Sinne unterscheide. Diese „wahre Unterscheidung" sei „erst von der neueren und der neuesten Zeit an zu datieren, seitdem sich der Begriff einer

176 Kleineres Brockhaus'sches Conversations-Lexikon für den Handgebrauch, Bd. 2, Leipzig 1854, S. 664. Im selben Tenor und wohl mehr oder minder abgeschrieben, aber vorsichtiger beim Thema ‚bürgerliche Gesellschaft' war der Artikel „Gesellschaft" in: Meyers Neues Konversationslexikon, 2. Auflage, Bd. 7, Hildburghausen 1867, S. 738f. Von der zeitgenössischen Diskussion kaum etwas mitbekommen hat Herders Conversations-Lexikon, Bd. 3, Freiburg 1855, S. 71, wo noch immer nur freiwillige Zusammenschlüsse als ‚Gesellschaft', hingegen Familie, Gemeinde und Staat als Gesellschaften im „uneigentlichen" Sinne bezeichnet wurden.

‚Gesellschaftswissenschaft' (Socialpolitik) entwickelt hat". Diese – „ein ganz moderner Begriff" – verdanke ihren Aufstieg den neuen wirtschaftlichen Gegebenheiten, d.h. der „Übermacht des Capitals und des Maschinenwesens", dessen die Staaten besonders seit der Französischen Revolution nicht mehr Herr würden. Scheidler schließt daher seine Ausführungen mit einem Zitat seines Tübinger Kollegen Immanuel Hermann Fichte: „Die ganze Zukunft der Welt liegt in der socialen Frage, nicht in der politischen. Welches Volk sie wirklich löst, das wird das Erste sein auf viele Jahrhunderte hin."[177]

Im *Pierer* gab es nur noch das Lemma „Gesellschaft", eingeteilt in den rechtstechnischen, von ‚societas' abgeleiteten, und in den „neuerdings" gebrauchten „allgemeineren Sinn", mit dem die „neben einander lebenden Menschen u[nd] die daraus sich ergebenden gegenseitigen socialen Beziehungen" bezeichnet würden. „Die G[esellschaft] in diesem Sinne ist gewissermaßen der Grund u[nd] Boden, auf u[nd] aus welchem sich die verschiedenen Erscheinungen des Menschenlebens erst hervorheben u[nd] aufbauen". Wesen, Entstehung, Entwicklung und Regeln sind Gegenstand der erst „neuerdings" praktizierten eigenständigen „Gesellschaftswissenschaft" bzw. „Gesellschaftslehre", die „früherhin [...] nur als ein untergeordnetes Hülfsmittel der Politik u[nd] des Staatsrechts" galt. Modern wirkt dieser Artikel, weil er

177 Karl Hermann Scheidler, Gesellschaft (bürgerliche), in: Allgemeine Encyclopädie der Wissenschaften und Künste von Johann Samuel Ersch und Johann Gottfried Gruber, 1. Sektion, 63. Theil, Leipzig 1856, S. 441-445, hier S. 441, 442, 443, 445. Hervorhebungen im Original.

eine Gesellschaftsanalyse bietet, wie man sie bis dahin in keinem Lexikon lesen konnte. Die Gesellschaft sei einerseits zusammengesetzt aus Familien, andererseits aus „Ständen“ und „Klassen“ – beide Begriffe werden identisch gebraucht –, die sich aus der „Verschiedenheit der Geburt, des Besitzes u[nd] Erwerbes, der Bildung in Wissenschaft u[nd] Kunst“ ergeben.[178] Der anonyme Verfasser, der am Ende die Bücher u.a. von Mundt, Stein, Ahrens und Riehl nannte, enthielt sich jeder Aussage zu den zeitgenössischen Konflikten rund um das Thema ‚Gesellschaft‘ und machte sich dadurch mindestens in den Augen all jener angreifbar, die die Autonomietendenz der Gesellschaftswissenschaft bekämpften.

Diesen Kampf verkörperte Heinrich von Treitschke auf exemplarische Weise und hoffte, die Übergangssituation in seinem Sinne nutzen zu können. Sein Kunstgriff war, dass er trotz des in eine andere Richtung weisenden Buchtitels ‚Gesellschaft‘ durch ‚Volk‘ ersetzte. In seiner Habilitationsschrift vertrat er wie später in seiner Geschichtsschreibung ganz den Primat des Staates und kritisierte dementsprechend alle Anhänger des Trennungsdenkens von Hegel über Mohl und Stein bis Riehl scharf. „Es lässt sich Staat und Volk nicht einmal in der Idee trennen“, denn beide stünden in unauflösbarer „Wechselwirkung“. In England sei dies bereits erreicht – eine originelle Interpretation dessen, was in unseren Tagen ein Kenner als

178 Art. Gesellschaft, in: Pierer's Universal-Lexikon der Vergangenheit und Gegenwart oder neuestes encyklopädisches Wörterbuch der Wissenschaften, Künste und Gewerbe, 4. Auflage, Bd. 7, Altenburg 1857, S. 285-287.

„erweiterte Adelsherrschaft" bezeichnet hat.[179] Daher müsse die Staatswissenschaft zwar die Rolle der „sozialen Gruppen" berücksichtigen, aber eine eigenständige Gesellschaftswissenschaft helfe nicht weiter, denn die „sozialen Theorien" könnten nicht mehr leisten, als auf die „Fülle der interessantesten Tatsachen aus dem Zusammenleben der Völker aufmerksam" zu machen.[180]

Ihm antwortete der bereits erwähnte Johann Carl Glaser mit dem Vorwurf, dass er sein Argument nicht zu Ende gedacht habe, weil natürlich auch diese ‚interessantesten Tatsachen' ein Recht auf wissenschaftliche Erforschung hätten. „In derselben Weise, wie hier bewiesen wird, daß es eine Gesellschaftswissenschaft nicht giebt und nicht geben könne, könnte man auch beweisen, daß es keine Physiologie giebt und geben könne, sondern nur eine Psychologie, denn Nerven, Muskeln, Knochen und die übrigen Elemente des Körpers sind eben so gut Organe für die Seele, als sie Organismen des lebendigen Körpers sind".[181]

Die Diskussion um den Status von Gesellschaft und Gesellschaftswissenschaft war, wie sich immer deutlicher zeigte, kein Glasperlenspiel, sondern befand sich im Schwerefeld von sozialer Frage, politisch-weltanschaulichen Grundüberzeugungen und akademischen Interessen. Versachlichung tat darum not. Zu ihr machte der

179 Hans-Christoph Schröder, Englische Geschichte, München [7]2017, Kap. VI. Das Kapitel reicht vom späten 18. Jahrhundert bis zum Ende der 1860er-Jahre.

180 Heinrich von Treitschke, Die Gesellschaftswissenschaft. Ein kritischer Versuch [1859], neu hg. v. Erich Rothacker, Halle/S. 1927, S. 61, 69, 90.

181 Glaser, Idee (Anm. 156), S. 22.

Tübinger Universitätskanzler Gustav von Rümelin, im Laufe seines Lebens Theologe, Gymnasiallehrer, Kultusminister und Professor für Statistik und vergleichende Staatenkunde – er war folglich mit etlichen der relevanten Fachkulturen vertraut – 1888 ein bedenkenswertes Angebot. Erstens unterschied er drei Bedeutungen von ‚Gesellschaft': den „alltäglichen Sprachgebrauch", davon „grundverschieden [und] ursprünglich nur dem Rechtsleben" zugehörig den vertragsmäßigen Zusammenschluss und schließlich den wissenschaftlichen Begriff, den es nur im Singular gebe und der „ein unendlich verschlungenes, unbefohlenes Netz des Zusammenlebens und Wirkens vieler und aller" umfasse, das „nicht sehr zutreffend oft" als „bürgerliche Gesellschaft" bezeichnet werde.[182] Mit dieser Differenzierung, die nur eine Bedeutung, die soziologische, als wissenschaftlich gelten ließ, unterschied er sich grundlegend vom herrschenden Diskurs.

In einem zweiten Schritt benannte er die Beobachtungsinstrumente der gegenwärtigen Gesellschaft und betonte damit die überragende Bedeutung der Empirie. Für die Beschreibung nütze zunächst die eigene Anschauung und Erfahrung, dann Presse, Literatur und Kunst, ganz besonders aber die „soziale Statistik" – alles Werkzeuge, die, wie Rümelin genau wusste, im akademischen Betrieb kaum oder gar nicht satisfaktionsfähig waren. Rümelin fügte aber unbeirrt hinzu: „Der moderne Begriff der Gesellschaft ist eigentlich erst durch die Anwendung und

182 Gustav Rümelin, Über den Begriff der Gesellschaft und einer Gesellschaftswissenschaft [1888], in: Ders., Kanzlerreden, Tübingen 1907, S. 469-491, hier S. 472, 477.

steigende Verbreitung der statistischen Methode genauer bestimmt und wissenschaftlich verwertbar geworden", während man für die Vergangenheit „auf die allgemeine Geschichtsforschung" zurückgreifen müsse.[183]

Sodann diskutierte Rümelin die seinerzeitigen Deutungsangebote und verwarf sie samt und sonders. Das war der schwächste Teil seines Vortrags. Es war ja nicht so, dass in der Disziplin nur, wie er behauptete, von der „Volksseele", vom „Volksgeist" oder „Organismus" als Triebkräfte gesellschaftlicher Bewegung die Rede gewesen wäre; er unterschlug glatt alles, was seit Lorenz v. Stein an industriekapitalistischen Kausalitäten vorgebracht worden war, von den Beiträgen Marx' und Engels' sowie anderer Sozialisten ganz zu schweigen. Und dann war sein eigener Vorschlag sozialpsychologischen Charakters Zeugnis des sich abzeichnenden Aufstiegs der Humanwissenschaften, dem allerdings noch Entscheidendes fehlte: Es seien die überindividuellen, gesellschaftlichen „Triebe", die neben-, gegen- und miteinander wirkten. Die Wissenschaft müsse nun jene „Kräfte" identifizieren, die es ermöglichen, „daß in jeder Gesellschaft eine Richtung auf stetigen Fortschritt ihrer Bildung und ihres Gedeihens besteht".[184] „Die Gesellschaftslehre [ist also] die Lehre von den Massen- und Wechselwirkungen freier Individualkräfte einer zusammenlebenden und in freiem Verkehr stehenden Menschenmenge". Eine solche Lehre „ist bis jetzt, soweit meine Kenntnis reicht, wenigstens in deut-

183 Ebd., S. 478.
184 Ebd., S. 488.

scher Sprache nicht vorhanden". Diese „fühlbare Lücke" gelte es zu schließen, denn „sie würde insbesondere für alle Staatswissenschaften den Dienst einer grundlegenden Einleitung leisten können".[185]

Das war in gewisser Weise das Schlusswort im langen Entdeckungsprozess der Gesellschaft, denn das hier zum Ausdruck kommende geschärfte methodologische Bewusstsein, das die theoretischen Konstrukte des 19. Jahrhunderts mit den bis dahin weitgehend getrennt entwickelten empirischen Ansätzen verknüpfte, weist auf die Entstehung der modernen Soziologie voraus. Diese ließ bekanntlich auch nicht lange auf sich warten. Die Namen Tönnies, Weber, Durkheim und Pareto mögen genügen.

8. Rück- und Ausblick

Im Rückblick kann man gut erkennen, wie in den verschiedenen Phasen der Moderne die gesellschaftliche Selbstbeobachtung an empirischer Genauigkeit gewann und entsprechend theoretisch gehaltvoller wurde. In der Revolutionsepoche entstand Name und Sache der Gesellschaftswissenschaft im Zusammenhang mit den mehrfachen schweren Krisen zwischen 1789 und 1850. So gesehen, war ‚Gesellschaft' ein Kind der Politischen bzw. der Industriellen Revolution und das machte sie von vornherein in den Augen vieler verdächtig. Ihre Anerkennung ging darum nicht ohne erheblichen Streit ab, denn die empirische Beobachtung traf auf eine starke sozialphiloso-

185 Ebd., S. 489, 490f.

phische Tradition, die in Staat, Kirche und Wissenschaft mächtige Verbündete besaß. Entsprechend einflussreich blieben die spekulativen Elemente.

Es fiel der Gesellschaftswissenschaft daher außerordentlich schwer, sich von ihrem Entstehungsgrund, der ‚sozialen Frage', zu lösen und den Blick auf die Totalität der Gesellschaft zu richten, wie das Marx im *Kapital* vorgemacht hat. Wer sich nicht nur für die Arbeiter bzw. das Proletariat interessierte und kein Marx-Anhänger war, blieb auf die Kategorie ‚Volk' verwiesen, wofür Riehl ein äußerst einflussreiches Beispiel vorgelegt hatte. Hinzu kam die deutsche Besonderheit, dass die Gesellschaftslehre durch ihren Wissenschaftsanspruch auf die Universitäten verwiesen war, wo sie nur in der Rechts- bzw. Staatswissenschaftlichen Fakultät Aufnahme fand. Der methodischen Entfaltung, insbesondere der empirischen Beobachtung ist das nicht gut bekommen.[186] Die Folge von beidem war, dass soziale Enqueten lange Zeit eher von der Arbeiterbewegung, den Kirchen oder Vereinen im Zusammenhang mit der Arbeiterfrage vorgenommen wurden und damit zwangsläufig eine soziale Schlagseite aufwiesen.

Die Entwicklung einer Theorie der Gesellschaft als Totalität, die anders als der Marxismus zugleich einen vom politischen und moralischen Streit freien Beitrag zur kollektiven Selbstverständigung leisten wollte, ließ darum

186 Vermutlich deshalb etablierte sich die Soziologie als eigenständige Disziplin in Frankreich früher, denn an der École Normale Supérieure und nach 1872 auch an der École libre des sciences politiques spielten die Verbindung mit der Praxis und der Blick auf die gegenwärtige Gesellschaft von jeher eine bestimmende Rolle.

auf sich warten – nicht nur im deutschen Kulturraum. Erst die um 1880/90 einsetzende Hochmoderne mit dem neuerlichen Umbruch auf wirtschaftlichem, wissenschaftlichem und politischem Gebiet zwang die gesellschaftswissenschaftlichen Akteure auf dem europäischen Kontinent zu ihrer Emanzipation von den hergebrachten Denkräumen und führte in Gestalt der ‚Verwissenschaftlichung des Sozialen'[187] zur Soziologie als eigenständiger Disziplin, die eine anspruchsvolle Theorieproduktion anstrebte, und sich deshalb von der empirischen Sozialforschung weitgehend verabschiedete. Aber auch dann hat sie die sozialphilosophischen Eierschalen nicht vollständig abgelegt, denn anders würden ihre normativen Vorstellungen und Absichten allzu willkürlich wirken. Was Gesellschaft ist, bleibt deshalb dauerhaft umstritten.

187 Lutz Raphael, Die Verwissenschaftlichung des Sozialen. Wissens- und Sozialordnungen im Europa des 20. Jahrhunderts [1996], jetzt in: Ders., Ordnungsmuster und Deutungskämpfe. Wissenspraktiken im Europa des 20. Jahrhunderts, Göttingen 2018, S. 13-50. In England setzte die Verwissenschaftlichung erst viel später ein. Über die Gründe informiert Perry Anderson, Großbritannien: Soziologische Gründe für das Ausbleiben der Soziologie [1968], in: Wolf Lepenies (Hg.), Geschichte der Soziologie. Studien zur kognitiven, sozialen und historischen Identität einer Disziplin, Bd. 3, Frankfurt/M. 1981, S. 413-442. „Noch immer ist die Disziplin ein armer Vetter von ‚social work' und ‚social administration', den lahmen Abkömmlingen viktorianischer Mildtätigkeit", schreibt der damalige Herausgeber der *New Left Review* in der bei ihm üblichen Überzeichnung, S. 421.

II.

Die Gesellschaft zwischen 1770 und 1848 in zeitgenössischer Sicht

Vorbemerkung

Die letzten beiden Wörter der Überschrift sind die Hauptsache. Es handelt sich um einen Versuch, die Sicht der Zeitgenossen einzusammeln und zu verarbeiten. Das geschieht nicht zum ersten Mal, aber, wenn nicht alles täuscht, hat der letzte Versuch dieser Art im Jahre 1854 stattgefunden, nämlich der Rückblick mittels zeitgenössischer Quellen. Damals allerdings hatte der Verfasser, der sächsische Publizist und 48er Karl Biedermann, keine Alternative und glaubte nicht zuletzt deshalb, er habe ein wirklichkeitsgerechtes „Bild“ der Vergangenheit entworfen, darunter auch die „Formen der Gesellschaft wie des Geistes der Individuen“.[1] Heute hingegen muss wohl nicht mehr eigens betont werden, dass es sich bei diesem Versuch nur darum handeln kann, die seinerzeitigen Blicke bzw. öffentlich zugänglichen ‚Bilder‘ herauszuarbeiten, nicht aber glauben zu machen, sie zeigten schon, ‚wie es eigentlich gewesen‘.

Das so rekonstruierte ‚Bild‘ ist folglich ein ziemlich anderes als wir es gewohnt sind und wie es uns beispielsweise in Wehlers *Deutscher Gesellschaftsgeschichte* begeg-

1 Karl Biedermann, Deutschland im Achtzehnten Jahrhundert, Bd. 1, Leipzig 1854, S. VI. Bd. 2 erschien in mehreren Teilen 1858, 1867 und 1880 und verwandelte sich zunehmend in reine Literaturgeschichte.

net. Am auffallendsten ist seine enorme Lückenhaftigkeit. Das liegt wohl weniger an übersehenen Quellen, obwohl das bekanntlich niemals ausgeschlossen werden kann, sondern an den damals sehr getrennten Lebenskreisen, an der beschränkten Öffentlichkeit, vor allem aber an den anderen Interessen des gebildeten Publikums, das in erster Linie zu den Schreibern und Lesern solcher Texte zählte. Dessen Vorlieben waren um 1800 ästhetischer und literarischer Art; Religion spielte eine abnehmende, die Vergangenheit eine wachsende Rolle. Trotz aller thematischen Verschiebungen im Laufe der hier untersuchten Jahrzehnte verharrten die heute allgegenwärtigen gesellschaftlichen Fragen in einem Randdasein. Das änderte sich allmählich im Zuge der nicht mehr zu übersehenden Massenarmut, als etwa im Winter 1846/47 in Marburg bei zehn Grad Kälte zwei Kinder auf offener Straße geboren wurden.[2] Erst der Pauperismus öffnete die Augen für die Gesellschaft und ganz besonders für die ‚soziale Frage', von der nun für lange Zeit die Rede sein sollte, und erlaubte die Feststellung, es sei „ein eigenthümlicher Charakterzug unserer Zeit, einzudringen in die tiefsten und geheimnißvollsten Falten unserer socialen Verhältnisse".[3]

Es verschoben bzw. erweiterten sich also die Fokusse. Der Adel, anfangs immerhin ein Randthema, verschwindet gegen Ende fast ganz, die Armut steigt dafür in den 1840er Jahren zum fast alles beherrschenden Thema

2 Bruno Hildebrand, Die Nationalökonomie der Gegenwart und Zukunft, Frankfurt/M. 1848, S. 183.

3 [Wilhelm Stieber] Die Prostitution in Berlin und ihre Opfer, Berlin 1846, S. 1.

auf. Von den Bauern werden vielfach stereotype Bilder verbreitet, während die Handwerker, sofern sie nicht im Rahmen der Pauperismusdebatte zur Sprache kommen, keine große Aufmerksamkeit finden. Die Vielgestaltigkeit des Bürgertums, kommt nur beschränkt zum Ausdruck. Fabrikanten, Gutspächter, Bankiers schreiben in aller Regel nicht, erst recht nicht Schulmeister, Kleinkrämer und Gesellen, und schon gar nicht über gesellschaftliche Gruppen. Folglich sind die Gelehrten und die Literaten die wichtigsten Autoren, gefolgt von Pfarrern, Ärzten und Beamten; die drei letzteren bekamen ja sozusagen auf dem Amtsweg Einblick in fremde soziale Verhältnisse. Nur in Ausnahmefällen kannten Schriftsteller wie Ernst Moritz Arndt, Ferdinand Otto Lawätz oder Albrecht Thaer die Landwirtschaft aus eigener Anschauung, und die Welt der Industrie war eigentlich nur dem sächsischen Fabrikanten Friedrich Georg Wieck und dem „Vater des Ruhrgebiets" Friedrich Harkort wirklich vertraut. Das Sagbare hatte also seine Grenzen.

Genau darauf aber kommt es ja in diesem Kapitel an. Erhoben und ausgewertet wurden Texte, die damals publiziert wurden, also öffentlich zugänglich waren und auf diese Weise das Bild der Gesellschaft von sich selbst formen bzw. beeinflussen konnten. Zeitungen müssen bis auf Stichproben ausscheiden; es sind ihrer nicht nur viel zu viele, sondern sie interessierten sich auch nicht für gesellschaftliche Themen; erst in den 1840er Jahren wird auch dieses anders. Auch die Zeitschriften waren ganz überwiegend literarisch-moralisch-politisch ausgerichtet, aber einige wenige Nummern liefern umso interessantere Einsichten. Was völlig außer Betracht bleibt, sind Akten. Wir wissen längst aus den seit dem späten 19. Jahrhundert begonnenen Aktenpublikationen, etwa den *Acta Borussica*, oder auch von Knapps zweitem Band seiner *Bauernbefreiung*, wie gut die preußische Bürokratie über die Verhältnisse in Stadt und Land unterrichtet war. Aber aus den Amtsstuben drang in der Regel nichts an die Öffentlichkeit. Die hauptsächlichen Quellen sind darum Reiseberichte, akademische Handbücher, Einzelpublikationen jeglichen Zuschnitts und Anlasses sowie Lexika.

1. Probleme der Beschreibung

Wie die Gesellschaft im deutschen Sprach- und Kulturraum zwischen 1770 und 1850 aussah, wissen wir trotz aller Lücken im einzelnen inzwischen ziemlich gut. Wir kennzeichnen die achtzig Jahre als Schwellenzeit beschleunigter Veränderungen, die einen seither nicht mehr enden wollenden gesellschaftlichen Wandel einleitete und damit eine den Zeitgenossen unbekannte – und unvorstellbare – Dynamik zur Dauer werden ließ. Im dritten Kapitel wird sie als Übergangsgesellschaft bezeichnet, weil damals zwei grundverschiedene Gesellschaftssysteme nebeneinander bestanden, von denen das eine auf dem Rückzug war, während dem anderen, wie wir inzwischen wissen, die Zukunft gehören sollte.

‚Wie wir inzwischen wissen' heißt natürlich, dass die Zeitgenossen es nicht wussten, jedenfalls die meisten von ihnen, obwohl eine informierte Minderheit durchaus ahnte, dass da Erhebliches im Gange war. Was interessierte sie wirklich und was wussten sie denn überhaupt und, grundsätzlicher noch, wie wichtig war es den Menschen damals, solches zu wissen, wo sie doch, wie wir im vorigen Kapitel erfuhren, von ‚Gesellschaft' im heutigen Sinne erst ganz am Ende unseres Untersuchungszeitraums zu sprechen gelernt hatten?[4]

Wenn wir heute die Gesellschaft im deutschen Kulturraum zwischen 1770 und 1850 beschreiben, dann ist unser Blick unvermeidlich ein moderner, denn unsere Augen sind zwangsläufig von den modernen sozialwissenschaftlichen Kategorien geschult. Das muss man wissen, weil es zur Folge hat, dass wir die Dinge anders sehen – und Anderes sehen – als die Zeitgenossen. Das ist alles andere als trivial. Bei den Mediävisten hat vor Jahrzehnten Otto Brunner leidenschaftlich dafür gekämpft, dass sie nicht länger die moderne politische und Rechtsterminologie verwenden.[5] Seither spricht niemand mehr vom ‚Staat des hohen Mittelalters', auch wenn Heinrich Mitteis' gleichnamiges Buch von 1940 im Jahre 1986 bisher zum letzten

4 Eine Antwort lieferte 1805 der preußische Statistiker Krug mit seiner Klage, dass sozioökonomische Themen kaum interessierten. „Wenn unsere Geschichtschreiber sich mehr mit dem Steigen und Sinken des Wohlstandes und mit den Ursachen, welche darauf wirkten, beschäftigen woll[t]en als mit Untersuchungen, ob ein Regent vor vielen Jahrhunderten 4 Töchter und 3 Söhne oder 3 Töchter und 4 Söhne hinterlassen hat", wüsste man Genaueres über die Lage einzelner gesellschaftlicher Gruppen und ganzer Nationen. Leopold Krug, Betrachtungen über den National-Reichthum des preußischen Staats und über den Wohlstand seiner Bewohner, Bd. 2, Berlin 1805, S. 163f.

5 Dazu zuletzt Reinhard Blänkner, Otto Brunner: Die Historizität des Staates, in: Walter Pauly / Klaus Ries (Hg.), Staat und Historie. Leitbilder und Fragestellungen deutscher Geschichtsschreibung vom Ende des 19. bis zur Mitte des 20. Jahrhunderts, Baden-Baden 2021, S. 211-240.

Mal aufgelegt worden ist,[6] jedenfalls nicht so unbefangen wie seinerzeit Mitteis (neuerdings auf informierte Weise allerdings doch wieder[7]).

Für die Sozialgeschichte gibt es einen ähnlich energischen Weckruf nicht. Wir sprechen immer noch auch im Blick auf frühere Zeiten von ‚Gesellschaft', denn ein Ersatzbegriff zeichnet sich nicht ab. Dabei ist ‚Gesellschaft' kaum neutraler als der mit Bedeutung geradezu überladene ‚Staat', verbinden wir doch mit ihr wohl unvermeidlich unsere Alltagserfahrung von sozialer Gesamtheit und sozialem Wandel samt der damit verknüpften Konflikthaftigkeit.

Immerhin gibt es Warnungen und sie sind nur zu berechtigt. Paul Münch 1988 und Otto Gerhard Oexle 1994 haben die Probleme, die sich bei der Beschreibung der vormodernen Gesellschaft ergeben, klar benannt.[8] Nur zu berechtigt ist ihre Feststellung, dass wir dabei im

---

6 Heinrich Mitteis, Der Staat des hohen Mittelalters. Grundlinien einer vergleichenden Verfassungsgeschichte des Lehnszeitalters, Weimar 1940; 11. unveränderte Auflage Köln, Wien 1986 (unverändert meint seit der 3. durchgesehenen Auflage Weimar 1948).

7 „Wusste Karl der Große, dass er in einem Staat lebte?", fragte provokant der Mediävist Steffen Patzold. Wie regierte Karl der Große? Listen und Politik in der frühen Karolingerzeit, Köln 2020, S. 7f. Patzolds Antwort lautet übrigens: In gewissem Sinne durchaus. Beleg seien die vom Hof eingeforderten Listen, die durch Schriftlichkeit, Instanzenzug und Klassifizierungsvorgaben jenseits der familialen oder kirchlichen Beziehungen „halb Europa [...] kleinteilig zu erfassen und zu kontrollieren" versuchten; S. 78.

8 Paul Münch, Grundwerte der frühneuzeitlichen Ständegesellschaft? Aufriß einer vernachlässigten Thematik, in: Winfried Schulze (Hg.), Ständische Gesellschaft und soziale Mobilität, München 1988, S. 53-72. Otto Gerhard Oexle, „Die Statik ist ein Grundzug des mittelalterlichen Bewußtseins". Die Wahrnehmung sozialen Wandels im Denken des Mittelalters und das Problem ihrer Deutung, in: Jürgen Miethke / Klaus Schreiner (Hg.), Sozialer Wandel im Mittelalter. Wahrnehmungsformen, Erklärungsmuster, Regelungsmechanismen, Sigmaringen 1994, S. 45-70.

Grunde meist Aussagen zu unserer eigenen Zeit machen, auch wenn diese uns natürlich verborgen bleiben. Denn beide gängigen Vorstellungen führen nach Aussage dieser beiden Kenner der mittelalterlichen bzw. frühneuzeitlichen Geschichte in die Irre: sowohl in diejenige, die einen tiefen Gegensatz zwischen der (angeblich) statischen Vormoderne und der dynamischen Moderne betont – und sich damit zugleich der Schwierigkeit aussetzt, zu erklären, wie aus Statik Dynamik hat werden können. Als auch in diejenige, die das Problem dieser (angenommenen) tiefen Zäsur zu umgehen versucht, indem sie schon die vormoderne Gesellschaft von säkularen Trends wie Individualisierung, Säkularisierung, Zivilisierung oder Rationalisierung durchzogen sieht – alles Vorstellungen aus dem Baukasten der Modernisierungstheorie, mit der ursprünglich ein entwicklungspolitisches Konzept in der Mitte des 20. Jahrhunderts verbunden war. Dass die Entstehung dieser Trends dann gelegentlich von ‚1789' gar nach 1517, also in die Reformation zurückverlegt wird, macht die Sache nicht besser.

Beide Historiker räumen jedoch ein, dass man auf diese Trendbegriffe nicht verzichten kann, verlangen allerdings, dass man sich erstens ihrer Historizität, d.h. ihres begrenzten Erklärungscharakters bewusst bleibt und zweitens die zeitgenössischen Ideen über die Gesellschaft – und die maßgebliche, Konfessionsgrenzen überschreitende Idee war bekanntlich die der dreigeteilten Ständegesellschaft – nicht bloß als sozialphilosophische

Phantasiegebilde abtut.[9] Wie aber konkret die zentrale vormoderne soziale Grundkategorie der ‚Ordnung' mit den sich ändernden gesellschaftlichen Realitäten zusammenzubringen ist, war schon für die Zeitgenossen letzten Endes ein unlösbares Problem, wie man an den Hunderten obrigkeitlicher Kleider- und Policey-Ordnungen sehen kann, deren permanente Anpassung und Wiederholung die ganze Hilflosigkeit offenbart, die statisch und hierarchisch gestuft gedachte Ordnung mit der gesellschaftlichen Wirklichkeit, d.h. Dynamik zu vereinbaren. Ganz besonders gilt das für unsere Zeit, die „Übergangsepoche ‚gewesener Stände' und ‚ungeborener Klassen'"[10] mit ihrer wachsenden Komplexität.

Ein ausgesprochen zuverlässiger Seismograph für die Schwierigkeiten der Zeitgenossen mit der sozialen Dynamik ist die in den 1770/80er Jahren nach längerer Pause wieder die Gemüter bewegende Luxus-Debatte. Hier stießen ganz alte religiöse Normen und spätmittelalterlich-frühneuzeitliches Ordnungsdenken sowie je aktuelle Interessen der ständisch Privilegierten mit der neuen Wirklichkeit proto-industrieller Umbrüche zusammen. Das in Bewegung geratene soziale Ganze entzog sich gewohnten Formeln, und so offenbarte ein anonym

9 Nicht die Einteilung in Lehr-, Wehr- und Nährstand, die „zu Beginn der Neuzeit schon überholt" war, sondern diejenige in Adel, Bürger und Bauern komme „der Realität insofern nahe, als sie trotz beträchtlicher Binnendifferenzierung jedes Standes nach Besitz, Ansehen und rechtlicher Stellung die fundamentale Dreigliederung [...] einigermaßen deutlich zu machen vermag". Paul Münch, Lebensformen in der frühen Neuzeit. 1500 bis 1800, Frankfurt/M., Berlin 1992, S. 76f. Diese Deutung blieb freilich nicht unbestritten.

10 Münch, Grundwerte (Anm. 8), S. 59.

gebliebener Schweizer Autor 1779 eine bemerkenswerte semantische Unsicherheit bei seinem Beschreibungsversuch. Sein ganz modern aussehender, in Wahrheit aber den traditionellen ständischen Autonomieanspruch betonender Vorschlag, die Lösung des Problems der Selbstverantwortung der verschiedenen Bevölkerungsgruppen zu überlassen, passt zur politischen Tradition der Schweiz, kann aber hier undiskutiert bleiben. Umso mehr lohnt sich, die ganze Passage gesellschaftlicher Beschreibung einschließlich der treffenden Deutung Rudolf Brauns, der den Text im Archiv entdeckt hat, zu zitieren: „‘Eine wolweise und väterlich gesinnte Regierung theilet die ganze E[hrenwerte] Burgerschaft in so viele Classen ab, als es die Verschiedenheit des Standes, der Gewerbe und des Vermögens erfordert. Jede bürgerliche Classe bestimmt alsdenn durch ihre eigenen Majora ihre eigenen Aufwandgesetze; denn keine Classe kann einer anderen hierin etwas vorschreiben‘“. Dieser Vorschlag zeige, so Braun, „wie sehr der Industrialisierungsprozess die ständische Ordnung innerlich und äusserlich zersetzt. Den Begriff ‚Stand‘ kann der Verfasser nicht mehr verwenden, er muss ihn durch ‚bürgerliche Classe‘ ersetzen. Diese Klassen scheiden sich nach drei Kriterien: ‚Nach der Verschiedenheit des Standes, der Gewerbe und des Vermögens‘. Will nun unser Anonymus die Klassen nach altem ständischem Denken trennen“, so scheitert er, weil mit ‚Vermögen‘, also Geld, ein dynamisches Element ins Spiel kommt, das die ständische Statik sprengt. Seine Luxusdefinition – die „‘Prachtsucht‘ einer Person ‚über ihren Stand und Vermögen'" – ist ein Widerspruch, denn inzwischen ist „das Geld [...] ein klassenbildender Faktor" geworden. „War bisher der Stand luxusbildend, so wird jetzt der Luxus standesbildend".[11]

Zeugnisse wie dieses befestigen die Ansicht, dass historische Befunde sich zu ihrer Beglaubigung so weit wie möglich auf die Aussagen bzw. auf das Urteil von Zeitgenossen stützen sollten – selbstverständlich mit der gebotenen quellenkritischen Beleuchtung. Gleichwohl kann man nicht auf die modernen sozialwissenschaftlichen Kategorien und Begrifflichkeiten rundweg verzichten und nur die Stimmen und damit die Perspektiven der Mitlebenden zu Wort kommen lassen, denn das führte in eine Reihe von Aporien. Nicht nur interessierte man sich in früheren Zeiten für anderes als heute, sondern man beschrieb es auch anders.[12] Außerdem war das alles natürlich dem Wandel unterworfen, denn im Beobachtungszeitraum änderten sich neben sehr vielem anderen auch die gesellschaftlichen Verhältnisse, und zwar außerordentlich. Es bleibt darum nur der Spagat zwischen reflektiertem Historismus und nicht minder reflektiertem Gebrauch moderner Perspektiven. Dazu gehört auch das Wissen

11 Zitat und Deutung bei Rudolf Braun, Industrialisierung und Volksleben. Veränderungen der Lebensformen unter Einwirkung der verlagsindustriellen Heimarbeit in einem ländlichen Industriegebiet (Zürcher Oberland) um 1800, Göttingen 1979, S. 114f. Der anonyme Text war eine der prämiierten Einsendungen auf das Preisausschreiben der Basler *Aufmunterungsgesellschaft* von 1779.

12 Auch Wolfgang Reinhard kommt beim Thema ‚Mobilität und Schichtung' nicht um die Einschränkung herum, „wir können daher überwiegend nur einseitige und fragmentarische Aussagen über die Sicht von Zeitgenossen machen". Lebensformen Europas. Eine historische Kulturanthropologie, München 2004, S. 306.

um die Historizität des Tatsachenblicks, der als kulturell produziertes kognitives Muster stets zeitspezifische Vorstellungen von Wissenswertem repräsentiert und entsprechend selektiv vorgeht.

Solange die Welt uneingeschränkt als gottgeschaffen, also geordnet, galt, konnte der Blick auf das Soziale durch den Blick in die Bibel ersetzt werden. So schrieb etwa der Orientalist und Theologe August Pfeiffer bei seiner Darstellung von „allerhand Professionen und Handwercke", die Schneider beriefen sich „nicht unbillig auf Gott selbst als einen allweisen Erfinder ihrer Handthierung [...], denn er machte unsern ersten Eltern Röcke und zog sie an (1. Mose 3, 21)".[13] Ein halbes Jahrhundert später kritisierte das der *Zedler*, das seien „etwas zu rohe und zu liederlichem Scherz Anlaß gebende Gedancken"; die Stände seien wie alles andere zwar von Gott, aber nicht unmittelbar von ihm geschaffen.[14] Nochmals achtzig Jahre später referierte der *Krünitz* zwar immer noch den biblischen Ursprung der Schneider, fügte dann aber hinzu, „wann und wie diese Zunft sich aber gebildet, ist geschichtlich nicht zu erweisen. [...] In Berlin ist die Innung der Schneider vom Jahre 1272."[15] Es folgen kurze Hinweise zu berufsbedingten Krankheiten, Ausbildungspraktiken und Gesellen-

---

13 August Pfeiffer, Pansophia Mosaica e Genesi Delineata, Daß ist Der Grund-Riß aller Weißheit: Darinnen aus dem Ersten Buch Mosis [...] alle Professiones, Handwercke und Handthierungen [...], Kurtz und deutlich gewiesen werden, Leipzig [2]1685, S. 458.

14 Art. Stand, in: Johann Heinrich Zedler, Großes vollständiges Universal Lexicon Aller Wissenschaften und Künste, Bd 10, Leipzig, Bd. 39, Leipzig 1744, Sp. 1093-1103, hier Sp. 1097.

15 Art. Schneider, in: Johann Georg Krünitz's Oekonomisch-Technologische Encyklopädie oder allgemeines System der Staats-, Stadt-, Haus- und Landwirthschaft, Bd. 147, Berlin 1827, S. 397.

löhnen. Dann verschwand das Stichwort ‚Schneider' aus den Lexika und tauchte dafür in einem ganz andersartigen literarischen Genre auf: in Berichten aus der Arbeitswelt.[16] Sie hatte sich bekanntlich dramatisch gewandelt und eine ganz neue Klasse von Menschen hervorgebracht, die Arbeiter. Zu diesen zählten sich bald auch die sozial entwurzelten, politisch erwachten Handwerksburschen. So auch der Schneidergeselle Wilhelm Weitling, der nach etlichen anderen Stationen 1836 in Paris ankam und dort, solange er als religiöser Sozialist agitierte, zur Führungsfigur der ersten deutschen Arbeiterbewegung aufstieg und in seinem ersten Buch die Not der arbeitenden Bevölkerung im Namen der christlichen Nächstenliebe zum Argument für eine Güterteilung machte.[17] Seinen Lesern musste Weitling die Lage der pauperisierten Massengewerke, zu denen die Schneider zählten, nicht schildern. Dafür lieferte wenig später Friedrich Engels seinem anders beschaffenen Publikum eine erschreckende Sozialreportage der Zustände in englischen Fabriken und Werkstätten. Unter anderem berichtete er von Putzmacherinnen und Näherinnen – dass es Schneiderinnen gab, hatte beiläufig

16 So stellte etwa der Berliner Arzt Ludwig Formey fest: „Diejenigen Handwerker, welche eine sitzende Lebensart führen und ihr Leben in einer eingeschlossenen und verdorbenen Atmosphäre zubringen, als Schneider, Schuster, Weber usw., sehen hier wie aller Orten mehrenteils kränklich aus. Dies ist eine Folge ihrer Gewerbe und Lebensart". Versuch einer medicinischen Topographie von Berlin, Berlin 1796, S. 83.

17 [Wilhelm Weitling] Die Menschheit, wie sie ist und wie sie sein sollte, o.O. 1839.

bereits *Krünitz* erwähnt[18] –, deren Arbeitsbedingungen so beschaffen waren, dass nach Aussagen hinzugezogener Ärzte „keine Lebensweise erfunden werden könne, die mehr als diese dahin ziele, die Gesundheit zu vernichten und einen frühen Tod herbeizuführen".[19] Karl Marx stützte sich auf diese Schilderung, wenn er 1867 von „Näherinnen aller Art, Putzmacherinnen, Kleidermacherinnen und Näherinnen der gewöhnlichen Art" berichtete, sie litten „an dreifachem Elend – Ueberarbeit, Luftmangel und Mangel an Nahrung oder Mangel an Verdauung"; von einem Todesfall ist ebenfalls die Rede.[20]

Diese Kostprobe soll verdeutlichen, worum es in diesem Kapitel geht, nämlich nicht um Einzelschicksale, sondern um den Blick auf sozial Verallgemeinerbares, Typisches, auf die wesentlichen Bestandteile der Gesellschaft jener Übergangsepoche aus der Perspektive der Mitlebenden. Es werden deshalb in der Regel keine Ego-Dokumente herangezogen, denn Thema sind nicht Selbstwahrnehmung oder Befindlichkeiten, sondern zeitgenössische Beobachtungen gesellschaftlicher Gruppen. Unsere wichtigsten Quellen sind darum Reiseberichte von In- und Ausländern, Reiseführer (nur im letzten Ab-

18 „Ehemals war in Berlin nur den weiblichen Individuen von der Französischen Kolonie, welche die Schneiderkunst erlernt hatten, das Schneidern der Frauenzimmer=Kleider gestattet, jedoch war ihre Anzahl auf 73 festgesetzt", die Friedrich der Große 1779 auf 50 senkte. Krünitz, Oekonomisch-Technologische Encyklopädie (Anm. 15), S. 405f. Krünitz spricht bereits von „Schneiderkrankheit" als Folge der „sitzenden Lebensart"; ebd., S. 416.

19 Friedrich Engels, Die Lage der arbeitenden Klasse in England. Nach eigner Anschauung und authentischen Quellen, Leipzig 1845, S. 254.

20 Karl Marx, Das Kapital. Kritik der politischen Ökonomie, Bd. 1, Hamburg 1867. MEGA², 2. Abt., Bd. 5, Berlin (DDR) 1983, S. 198, Anm. 89.

schnitt), dienstlich entstandenes Material von Beamten, Statistikern und Pfarrern (als Führer der Kirchenbücher und Vorsteher der Armenanstalten), sodann Werke, die das Ergebnis von Lektüre und nicht von eigener Beobachtung waren (etwa der Göttinger Vielschreiber Christoph Meiners oder der schlesische Philosoph Christian Garve, später dann der Publizist Karl Biedermann), aber nicht zuletzt frühe Formen von Sozialreportage, eines sich seit den 1830er Jahren verbreitenden literarischen Genres (ebenfalls nur im letzten Abschnitt). Besonders interessant ist der Blick englischer Reisender, die sozial und politisch aus einer ganz anderen Welt kamen. Eigene Beobachtung brachten gelegentlich auch Gutsbesitzer zu Papier und ganz zuletzt begegnen Texte von Unternehmern (etwa Friedrich Harkort und Friedrich Engels). Es verschiebt sich also in den achtzig Jahren unseres Beobachtungszeitraums die Skala deutlich und alles andere wäre angesichts der enormen gesellschaftlichen Veränderungen in jener Zeit auch sehr unwahrscheinlich. Der ‚Tatsachenblick' schärfte sich fraglos, aber noch war er bis auf Ausnahmen, zu denen etwa Friedrich Buchholz zählt, bei weitem nicht professionalisiert. Und er blieb in den ersten beiden Zeitabschnitten ausgesprochen selten. Der hohe Beamte und enge Mitarbeiter Bismarcks Rudolph von Delbrück berichtete in seinen Erinnerungen, in den 1820ern sei „der gewaltigen Aufregung, welche in den Jahren 1806 bis 1815 die Nation bis in die innersten Tiefen ergriffen hatte, [...] eine müde Abspannung gefolgt". Man habe seine „geistigen Bedürfnisse durch die Beschäftigung mit der Literatur und den kirchlichen Angelegenheiten befriedigt". Die 1830er hätten dann durch die Ereignisse seit der Julirevolution „das Interesse für die Politik wachgerufen und die Tagesereignisse zum Gegenstande des Gesprächs gemacht".[21] Über die erneute Wendung in den 1840ern schrieb er nicht, aber auch so ist klar, dass sich nunmehr die ‚soziale Frage' gebieterisch in den Vordergrund schob.

Sozial ist das alles natürlich nicht ausgewogen, das wäre es auch heute nicht, aber auch regional sprudeln unsere Quellen sehr ungleich. Es überwiegen bei weitem die altpreußischen Gebiete, im Grunde dominiert Berlin. Mit Abstand folgen Nord- und Westdeutschland, während sich aus dem Süden kaum Stimmen zu Wort melden, ausgenommen die deutschsprachige Schweiz. Eine Erklärung dafür könnte die langfristige Wirkung der Aufklärungszentren sein, eine andere die eben dort auch größere gesellschaftliche Dynamik, die zur Beobachtung geradezu herausforderte. Entscheiden lässt sich das nicht.

2. Der Zeitraum und seine Binnengliederung

Der ins Auge gefasste Zeitraum ergibt sich nahezu von selbst, wenn man die Leitfrage nach der Entstehung der modernen Gesellschaft ernst nimmt. Bis gegen 1760/70 war im deutschen Kulturraum die ‚göttliche Ordnung' der Welt und damit auch der Stände eine weithin unhinter-

21 Rudolph v. Delbrück, Lebenserinnerungen 1817-1867, Bd. 1, Leipzig 1905, S. 37f.

fragte Annahme,[22] und wenn aufgeklärte Geister lieber von einer ‚natürlichen Ordnung' sprachen, meinten sie im Grunde dasselbe. Die allermeisten Menschen lebten in der Vorstellung einer vorgegebenen Sozialordnung und wurden darin von der herrschenden Naturrechtslehre bestätigt. Die patrimonialständische Ordnung war, mit anderen Worten, eine „kulturelle Selbstverständlichkeit".[23]

Siebzig Jahre später war das vollkommen anders. Nicht einmal die Frommen glaubten mehr, in einer Gesellschaftsordnung zu leben, die dem Willen Gottes entspricht; dazu war das Elend viel zu verbreitet – und zu neu! Um 1840 wusste man, dass die Zeiten andere geworden waren[24] und suchte nach Erklärungen. Die Verelendungstheorie, die die katastrophalen Lebensverhältnisse eines namhaften Teils der Bevölkerung zu begründen versuchte und schon seit längerem in Frankreich und Italien zuhause war,[25] be-

22 Wem fällt dabei nicht gleich das vielfach gedruckte Werk Süßmilchs ein? Johann Peter Süßmilch, Die göttliche Ordnung in den Veränderungen des menschlichen Geschlechts, aus der Geburt, dem Tode und der Fortpflanzung desselben erwiesen, Berlin [1]1741; 2 Bde., Berlin [2]1761/62. Der Berliner Propst und Oberkonsistorialrat meinte seinen Titel durchaus ernst und verwendete seine bevölkerungsstatistischen Daten und Ableitungen *expressis verbis* als Nachweis des göttlichen Willens.

23 Eckhart Hellmuth, Naturrechtsphilosophie und bürokratischer Werthorizont. Studien zur preußischen Geistes- und Sozialgeschichte des 18. Jahrhunderts, Göttingen 1984, S. 79. Autoritäten wie Christian Wolff nahmen sogar an, die Ungleichheit habe es schon im Naturzustand gegeben. Damit war sie vollends sakrosankt.

24 Die von ihm mittels Statistik präzise nachgewiesenen Veränderungen bei der Organisation der Arbeit gehörten „zu den Wehen, die nimmer ausbleiben, wenn eine Periode beschlossen wird und eine neue weltgeschichtliche Periode ins Leben tritt", versicherte Wilhelm Schulz, Die Statistik der Kultur im Geiste und nach den Forderungen des neuesten Völkerlebens [1838], abgedr. in: Eckart Pankoke (Hg.), Gesellschaftslehre, Frankfurt/M. 1991, S. 340-388, hier S. 372,

25 Thamer nennt Linguet und Mably in den 1770ern, Michels Filangieri in den 1780er-Jahren. Hans-Ulrich Thamer, Revolution und Reaktion in der französischen Sozialkritik des 18. Jahrhunderts. Linguet, Mably und Babeuf, Frankfurt/M. 1973, S. 84, 139. Michels (folgende Anm.), S. 100.

schäftigte nun auch in Deutschland zahlreiche Gemüter,[26] ja, sie war „in der Mitte des vorigen Jahrhunderts Allgemeingut".[27] Ihr Kern bestand in der Feststellung, dass es nurmehr zwei Klassen gebe, Reiche und Arme;[28] einige nahmen sogar an, dass diese Klassen sich miteinander im Krieg befänden. Für Autoren, die dabei das ‚Fabrikwesen' im Auge hatten, lag die Ursache, wie man ab den späten 1840ern zu sagen begann, im Kapitalismus.[29] Damit war zugleich festgestellt, dass die gesellschaftliche Ordnung menschengemacht und folglich veränderbar war. Es konnte darum gar nicht ausbleiben, dass der Blick auf das, was wir heute als gesellschaftliche Tatsachen bezeichnen, im Laufe der Zeit geschärft wurde.

Der besseren Übersichtlichkeit halber bekommt der ins Auge gefasste Zeitraum eine Binnengliederung. Sie ergibt sich nach allem Gesagten gewissermaßen von selbst und umfasst drei Zeitschnitte. Der erste von 1770 bis 1780/90 bildet den Ausgangspunkt, in dem die ständi-

26 Noch immer hilfreich ist Robert Michels, Die Verelendungstheorie. Studien und Untersuchungen zur internationalen Dogmengeschichte der Volkswirtschaft [1928], ND Hildesheim, New York 1970.

27 So Heinz Maus im Vorwort zur vorstehenden Neuausgabe, S. VII.

28 Frühe Belege hierfür bei Stüve, der beobachtet haben wollte, dass „jederzeit zwei Classen einander entgegengesetzt" seien, und Baader, der ebenfalls von einem „Mißverhältnis der Vermögenslosen oder der armen Volksklasse hinsichtlich ihres Auskommens zu den Vermögenden" sprach. Carl Bertram Stüve, Über die gegenwärtige Lage des Königreichs Hannover. Ein Versuch, Ansichten aufzuklären, Jena 1832, S. 16. Franz von Baader, Über das dermalige Mißverhältniß der Vermögenslosen oder Proletairs zu den Vermögen besitzenden Klassen [1835], in Pankoke, Gesellschaftslehre (Anm. 24), S. 320-339, hier S. 322. Es fällt auf, dass beide Autoren landwirtschaftlich geprägte Regionen vor Augen hatten, als ob das ‚Mißverhältnis' in Gewerbegebieten geringer gewesen wäre.

29 1848 im *Kommunistischen Manifest* und, unabhängig davon, bei [Lorenz Stein], Die socialen Bewegungen der Gegenwart, in: Die Gegenwart. Eine encyklopädische Darstellung der neuesten Zeitgeschichte für alle Stände, Bd. 1, Leipzig 1848, S. 79-93, hier S. 86.

sche Ordnung zumindest offiziell noch überall in Geltung war, obwohl sie durch die Proto-Industrialisierung und die von ihr beflügelte Geldwirtschaft oben, besonders aber unten umgeformt wurde, was aber für die meisten nicht erkennbar war.

Der zweite Schnitt umfasst die Jahre von 1810 bis 1825 – in Näherungswerten, versteht sich. Inzwischen waren die Dinge nun wirklich in Gang gekommen. Weniger die Französische, sondern die deutsche „Fürstenrevolution" (Treitschke) bzw. in Preußen das von der Bürokratie verinnerlichte liberale Gesellschaftsmodell hatten inzwischen die privilegierten Teile der Gesellschaft in ihren hergebrachten Rechten massiv beschnitten und einer Reihe von Märkten ausgesetzt, die die soziale Physiognomie der Eliten erheblich veränderte. Joseph von Eichendorff, der 1818 den Verlust fast aller (hochverschuldeten) Güter seiner Familie erlebte, schrieb 1856/57 in seinen Erinnerungen, die im „vorigen Jahrhundert" ausgebrochene „Geistesrevolution [...] war nur der erste Ausbruch des großen Kampfes, der sich in wechselnden Evolutionen in das 19. vererbt hat und noch bis heute nicht ausgefochten ist".[30] Dem wird man nicht widersprechen können. Am anderen Ende der gesellschaftlichen Pyramide war die Entwicklung natürlich ebenfalls nicht stehen geblieben. Die Hungerkrise von 1816/17 bildete den harten Abschluss einer längeren Zeit steigender Lebenshaltungs-

30 Joseph von Eichendorff, Erlebtes. Halle und Heidelberg, in: Werke in 6 Bänden, Bd. 5: Tagebücher, autobiographische Dichtungen, historische und politische Schriften, hg. v. Hartwig Schulz, Frankfurt/M. 1993, S. 416.

kosten, unter der naturgemäß die Ärmeren und Armen besonders litten, während die 1820er dank sinkender Agrarpreise vorübergehend eine Entspannung mit sich brachten. Aber die Textilindustrie setzte ihren Wettlauf mit dem Heimgewerbe fort und erwies sich in fast allen Tuchsorten als überlegen, so dass die Spinner schon länger, aber nun auch die Weber den Lohnverfall zu spüren bekamen und sich so die Not ausbreitete.

Der dritte und letzte Zeitschnitt ist in den 1840er Jahren angesiedelt. Sie sind in England als die ‚Hungry Forties' in die Geschichte eingegangen, aber auch auf dem Kontinent herrschte in vielen Regionen Massenarmut, weil die Bevölkerung rascher wuchs als die Arbeitsplätze und Missernten die Nahrungsmittel zusätzlich verteuerten. Niemals zuvor und danach war in der deutschen Geschichte das Elend größer und als Deutung bot sich der aus England importierte Begriff des Pauperismus an. Er war aber nicht nur Diskurs, sondern nun auch bittere Realität. Das Unglück der 48er-Revolution war es (unter anderem), dass sich in ihr allenthalben unvermutet ‚zwei Welten' zusammentaten, die im Anfang rasche Erfolge bei der Verwirklichung des nationalen Projekts der bürgerlichen Eliten errangen, dann aber auseinanderfielen, ja gegeneinander zu kämpfen begannen, weil es den ‚kleinen Lebenswelten' vor allem um materielle Existenzsicherung nach den langen Krisenjahren ging.[31] Die nunmehr weithin zur Klassengesellschaft gewordenen Bevölkerungs-

31 Einzelheiten bei Christof Dipper, Zerfall und Scheitern. Das Ende der Revolution, in: Ders. / Ulrich Speck (Hg.), 1848. Revolution in Deutschland, Frankfurt/M. 1998, S. 401-419, hier S. 405-409.

gruppen mussten erst noch herausfinden, wie sie die ausgeprägten Unterschiede in den Lebenslagen anerkennen könnten, um weiterhin friedlich zusammenzuleben. Das im *Kommunistischen Manifest* propagierte Modell war es jedenfalls nicht.

3. Forschungsstand

Der Forschungsstand ist ausgesprochen überschaubar, und zwar aus zwei Gründen. Erstens ignoriert der hier in den Blick genommene Zeitraum eine in den letzten Jahren fest etablierte Epochengrenze[32] und zweitens interessiert sich die Forschung, soweit sie sozialgeschichtlich orientiert ist, überwiegend für soziale Mobilität – ein Thema, bei dem schon für die Gegenwart wenig Konsens erkennbar ist und umso weniger für frühere Jahrhunderte.[33] Um Mobilität soll es hier aber weniger gehen, sondern um Wahrnehmung durch die Zeitgenossen. Mehr dazu am Ende dieses Abschnitts.

32 An Gesamtdarstellungen zu dieser Übergangsepoche ist mir lediglich das leider wenig rezipierte Buch dreier ausgesprochen bedeutender Autoren bekannt: Louis Bergeron / François Furet / Reinhart Koselleck, Das Zeitalter der europäischen Revolution 1780-1848, Frankfurt/M. 1969 (Fischer Weltgeschichte, Bd. 26). Die *Neue Fischer Weltgeschichte* orientiert sich wieder an den Jahrhundertwenden.

33 Ertl versichert vielleicht etwas zu apodiktisch, dass „soziale Mobilität aufgrund sozialen Strukturwandels alle Gesellschaften der Erde zu allen Zeiten" kennzeichne, während individuelle soziale Mobilität zu allen Zeiten „eine Ausnahme" gewesen sei. Thomas Ertl, Soziale Mobilität in Mittelalter und früher Neuzeit. Fragen – Kontroversen – Thesen, in: Gustav Pfeifer / Kurt Andermann (Hg.), Soziale Mobilität in der Vormoderne. Historische Perspektiven auf ein zeitloses Thema, Innsbruck 2020, S. 9-31, hier S. 22. Ertl blickt nicht nur auf Europa, sondern schließt die USA und sogar das kaiserliche China mit ein, um seinen Aussagen mehr Gewicht zu verleihen.

Von den großen sozialen Gruppen werden Adel und Bürgertum – um es einmal unangemessen einfach zu formulieren[34] – von der Geschichtswissenschaft deutlich privilegiert, einmal weil hier die Quellen naturgemäß reichlich fließen, dann aber auch, weil einem populären Geschichtsbild zufolge im fraglichen Zeitalter der Adel ab-, das Bürgertum aber aufsteigt. Die vielen Untersuchungen neueren Datums haben das Grobschlächtige dieser Vorstellung zweifelsfrei erwiesen. Ein Versuch, das Entweder-Oder dieses Zugriffs zu umgehen, war die in den 1990er Jahren florierende Eliten-Forschung, doch bot dieses aus der Soziologie stammende Konzept letztlich keinen Ausweg; den Rest besorgte der bald schon eintretende Bedeutungsverlust der Sozialgeschichte. Dessen bedurfte es gar nicht erst im Falle der sogenannten kleinen Leute, also der Kleinbürger, Handwerker, Krämer, Bauern aller Kategorien, Heimarbeiter und anderer Glieder der Unterschichten, denn sie wurden mit Ausnahme der Bauern seit jeher stiefmütterlich erforscht.

34 Man kann der Klage Willibald Steinmetz' nur zustimmen: „Es finden sich immer noch Darstellungen zur Geschichte der ‚Arbeiterklasse', des ‚Bürgertums' oder der ‚Mittelklasse', die wie selbstverständlich davon ausgehen, dass die Konturen des Untersuchungsgegenstandes ohne Rücksicht auf die Selbstäußerungen der Zeitgenossen dezisionistisch festgelegt werden können. Nicht selten wird sogar ganz darauf verzichtet, eine Definition anzubieten. Immer noch also werden in historischen Darstellungen soziale Handlungseinheiten hypostasiert, ohne dass danach gefragt wird, was jeweils Zugehörigkeit und gemeinsames Handeln hatte entstehen lassen". Willibald Steinmetz, Gemeineuropäische Tradition und nationale Besonderheiten im Begriff der „Mittelklasse. Ein Vergleich zwischen Deutschland, Frankreich und England, in: Reinhart Koselleck / Klaus Schreiner (Hg.), Bürgerschaft. Rezeption und Innovation der Begrifflichkeit vom Hohen Mittelalter bis ins 19. Jahrhundert, Stuttgart 1994, 161-236, hier S. 162.

Versuche, dem ‚Geheimnis' des gesellschaftsgeschichtlichen Übergangs ‚vom Stand zur Klasse' in eigens dazu entworfenen Beiträgen auf die Spur zu kommen, gibt es wenig. Es fällt auf, dass sie alle aus dem Dezennium von Mitte der 1980er bis Mitte der 1990er Jahre stammen, als das modernisierungstheoretisch imprägnierte Weltbild dem marxistischen in den Untergang folgte und neue Konzeptionen die alten Großerzählungen ersetzen sollten.[35] Lothar Gall vertrat die Ansicht eines „gleichsam naturwüchsig[en]" Vorgangs von der ständischen zur berufsständischen Gesellschaft.[36] Sein Beitrag wirkt ziemlich konstruiert, auf empirisch ermittelte ‚Tatsachen' zur Überprüfung verzichtet er. Bei Heinz Reif fehlt das Fragezeichen, für ihn versteht sich der Übergang zur Klassengesellschaft von selbst, nur dass nicht alle Stände gleichermaßen darunter litten. Der Adel „war der ‚ständischste' aller Stände und damit zugleich der größte Verlierer der Entwicklung", vermochte allerdings deren Kosten durch die Entwicklung des Konzepts der „Adeligkeit" lange Zeit aufzufangen.[37] Der jüngste Beitrag zu diesem schwierigen Thema ist eher so etwas wie eine Eröffnungsbilanz als der Abschluss von Forschung. Anja Victorine Hartmann lieferte jedenfalls keinen weiteren Vorschlag, wie der Frage

35 Dazu nochmals der Verweis auf Münch, Grundwerte (Anm. 8).

36 Lothar Gall, Vom Stand zur Klasse? Zu Entstehung und Struktur der modernen Gesellschaft. in: Historische Zeitschrift 161 (1995), S. 1-21, das Zitat S. 17. Es handelt sich um die komprimierte Fassung seines Buches Von der ständischen zur bürgerlichen Gesellschaft, München 1993.

37 Heinz Reif, Von der Stände- zur Klassengesellschaft, in: Hans-Ulrich Wehler (Hg.), Scheidewege der deutschen Geschichte: Von der Reformation bis zur Wende, 1517-1989, München 1995, S. 79-90, hier S. 82.

des Übergangs sprachlich oder methodisch beizukommen sein könnte und auch der Querschnittsband des Mainzer Projekts zur historischen Elitenforschung macht keine konzeptionellen Vorschläge.[38]

Wer sich von diesen und ähnlichen Beiträgen neue Konzeptionen anstelle der in die Jahre gekommenen Großerzählungen erhofft hat, wurde also enttäuscht. Die Zeiten sind neuen Großerzählungen ja ganz allgemein nicht günstig gesonnen und so bleibt vielleicht doch nur das Verfahren, der ausgeprägten gesellschaftlichen Komplexität durch Aussagen der Zeitgenossen auf die Spur zu kommen. Denn weder sind, um Münch noch einmal zu zitieren, deren Vorstellungen „aufgearbeitet [...], noch ist die den differierenden Gesellschaftsimaginationen korrespondierende Gesellschaftsrealität hinlänglich analysiert".[39]

Der Forschungsstand ist also, wie einleitend bereits gesagt, ausgesprochen überschaubar. Moderne Texte, die die sozialen Großkategorien aus Sicht der Zeitgenossen behandeln, sind an zwei Händen abzuzählen. In den 1920er Jahren waren dies nur der Sombart-Schüler Kurt Hinze und das *enfant terrible* der Soziologie, Robert Michels.[40]

38 Anja Victorine Hartmann, Kontinuitäten oder revolutionärer Bruch? Eliten im Übergang vom Ancien Régime zur Moderne. Eine Standortbestimmung, in: Zeitschrift für historische Forschung 25 (1 998), S. 389-420. Dies. / Małgorzata Morawiec / Peter Voss (Hg.), Eliten um 1800. Erfahrungshorizonte, Verhaltensweisen, Handlungsmöglichkeiten, Mainz 2000.

39 Münch, Grundwerte (Anm. 8), S. 59.

40 Kurt Hinze, Die Arbeiterfrage zu Beginn des modernen Kapitalismus in Brandenburg-Preußen 1685-1806 [1927]. Bibliographisch vermehrte und verbesserte, mit einem Registeranhang versehene 2. Auflage mit einer Einführung von Otto Büsch, Berlin 1963. Michels, Verelendungstheorie (Anm. 26).

Genuine Historiker traten erst eine Generation später auf. Es begann mit Werner Conzes in doppelter Hinsicht bahnbrechendem Aufsatz von 1954,[41] sein Schüler Reinhart Koselleck lieh zehn Jahre später den Aussagen und Plänen der preußischen Reformer sein Ohr[42] und dessen Schüler Josef Mooser wiederum rekonstruierte aus Kirchenbüchern und Verwaltungsquellen die Lebenslagen der westfälischen Heuerlinge.[43] Für die Bauern, zumal in Nord- und Ostdeutschland, interessierten sich natürlich immer die ‚richtigen' Agrarhistoriker,[44] während der Forsthistoriker Heinrich Rubner einen einmaligen Ausflug zu den städtischen Unterschichten unternahm.[45] Auf anderen Wegen gelangte der Mikrohistoriker Hans Medick zu einer, wie er es nennt, „'*histoire totale*' oder dem Versuch einer Alltags - und Überlebensgeschichte einer entlegenen, doch aufgrund der Hausindustrie an die Weltmärkte angebundenen ländlichen Gesamtgesell-

41 Werner Conze, Vom ‚Pöbel' zum ‚Proletariat'. Sozialgeschichtliche Voraussetzungen für den Sozialismus in Deutschland [1954], jetzt in: Ders., Gesellschaft, Staat, Nation. Gesammelte Aufsätze, hg. v. Ulrich Engelhardt, Reinhart Koselleck und Wolfgang Schieder, Stuttgart 1992, S. 220-246.

42 Reinhart Koselleck Preußen zwischen Reform und Revolution. Allgemeines Landrecht, Verwaltung und soziale Bewegung von 1791 bis 1848, Stuttgart 1967.

43 Josef Mooser, Ländliche Klassengesellschaft 1770-1848. Bauern und Unterschichten, Landwirtschaft und Gewerbe im östlichen Westfalen, Göttingen 1984.

44 Genannt sei nur Reiner Prass, Vom Dreißigjährigen Krieg bis zum Beginn der Moderne (1650-1880), Köln 2016 (Grundzüge der Agrargeschichte, Bd. 2).

45 Heinrich Rubner, Deutsche Unterschichten im 18. Jahrhundert, in: Zeitschrift für Stadtgeschichte, Stadtsoziologie und Denkmalpflege 1 (1974), S. 49-59.

schaft" auf der Schwäbischen Alb.[46] Auch die Volkskunde leistete ab und zu einen Beitrag. So setzte Rudolf Braun aus den Stimmen aus dem Zürcher Oberland ein faszinierendes Mosaik der in Bewegung geratenen proto-industriellen Gesellschaft zusammen,[47] während nur wenig später der Peukert-Schüler Helmut Möller das, was er „die kleinbürgerliche Familie" nannte, einer umfassenden Untersuchung zuführte.[48] Diese keineswegs vollständige Liste genügt aber, die insgesamt spärlich besetzte Forschungslandschaft zu umreißen.

Da es in diesem Beitrag aber in erster Linie um die Sicht der Zeitgenossen auf ihre eigene Welt, d.h. um Wahrnehmung geht, ist der dürftige Forschungsstand letztlich zweitrangig. Die Geschichte der Wahrnehmung ist von der Historiographie bislang freilich ebenfalls stiefmütterlich behandelt worden. Weil es in unserem Fall nicht um die Herstellung von ‚Wahrheit' oder einer ‚Tatsache' geht, sondern um die Frage, was empirisch eigentlich gesehen wurde – und was nicht –, sind die wissenschaftstheoretischen Untersuchungen von Ludwik Fleck oder Wolfgang Bonß hier nicht einschlägig.[49] Auch dass die

46 Mikrogeschichte unterwegs. Ein Gespräch mit Hans Medick auf der „Grauen Couch", in: Alltag, Kultur, Wissenschaft 8 (2021), S. 231-249, hier S. 235. Das Gespräch bezieht sich auf Medicks Buch Weben und Überleben in Laichingen 1650 – 1900. Lokalgeschichte als Allgemeingeschichte, Göttingen 1996.

47 Braun, Industrialisierung (Anm. 11).

48 Helmut Möller, Die kleinbürgerliche Familie im 18. Jahrhundert. Verhalten und Gruppenkultur, Berlin 1969.

49 Ludwik Fleck, Entstehung und Entwicklung einer wissenschaftlichen Tatsache. Einführung in die Lehre vom Denkstil und Denkkollektiv, Basel 1935; neu hrsg. von Lothar Schäfer u. Thomas Schnelle, Frankfurt/M. 1980. Wolfgang Bonß Die Einübung des Tatsachenblicks. Zur Struktur und Veränderung empirischer Sozialforschung, Frankfurt/M. 1982.

Wahrnehmung und ihre Deutung handlungsbestimmend sind, kann hier außer Betracht bleiben. Lassen wir stattdessen einen Zeitzeugen zu Wort kommen.

Der Schriftsteller und Verleger Friedrich Nicolai war 1781 mit erheblichem Aufwand – er fuhr mit eigener Kutsche, weil das sehr viele Vorteile biete – von Berlin aus über Thüringen und Franken nach Wien und Preßburg und nach einem Abstecher in die Schweiz über den Schwarzwald, wo sein Bericht endet, zurückgereist und hat sich dabei als ein sehr gründlicher Beobachter erwiesen.[50] In der „Vorrede" zu seiner zwölfbändigen Reisebeschreibung listete er auf, was ihn interessierte: topographische Nachrichten, Einwohnerzahl, „Policeyeinrichtungen, [...] Industrie, Handel und Gelehrsamkeit und deren Beförderungsmittel und Hindernisse", ferner „bildende[.] Künste[.], Musik, Religion, öffentliche Schauspiele" und nicht zuletzt „Sitten und Gewohnheiten".[51] Das war ein durchaus repräsentatives Spektrum, denn die Apodemik, die Lehre vom richtigen Reisen, die gerade in den letzten Jahrzehnten des 18. Jahrhunderts ihren

50 Dazu Horst Möller, Aufklärung in Preußen. Der Verleger, Publizist und Geschichtsschreiber Friedrich Nicolai, Berlin 1974, S. 108. Ob man Nicolais Interesse schon als „soziologisch und nationalökonomisch aufgeschlossen" bezeichnen kann (ebd.), darf man im Blick auf die Geschichte dieser Disziplinen bezweifeln.

51 Friedrich Nicolai, Beschreibung einer Reise durch Deutschland und die Schweiz im Jahre 1781. Nebst Bemerkungen über Gelehrsamkeit, Industrie, Religion und Sitten, Bd. 1, Berlin, Stettin 1783, S. If. Anders der Pfarrer und Aufklärungsschriftsteller Johann Moritz Schwager. Auch er nannte ausdrücklich, was ihn auf seiner 1802 unternommenen Reise interessiert habe, nämlich „das Fabrikenwesen", aber Substantielles dazu erfährt der Leser kaum und von den gesellschaftlichen Begleiterscheinungen ist gar keine Rede. Johann Moritz Schwager's Bemerkungen auf einer Reise durch Westphalen, bis an und über den Rhein, Leipzig, Elberfeld 1805. S. XV.

Höhepunkt erreichte,[52] bevor sie bald danach vollkommen aufgegeben wurde, verlangte die Beobachtung eben dieser Gegenstände.[53] Die Romantik privilegierte dann aber die persönlichen Interessen und Vorlieben enorm, so dass ein Ernst Moritz Arndt in der stark veränderten zweiten Auflage seiner ausführlichen Reisebeschreibung selbstbewusst feststellen konnte, vieles habe er absichtlich nicht berichtet: „Aus der lebendigen Natur und dem lebendigen Leben einige interessante Züge aufzufassen, war mein Hauptgesichtspunkt".[54] Das verschaffte ihm offenbar hohen Absatz, denn sein Verleger schrieb in der Ankündigung der erweiterten zweiten Auflage: „Die Critiker haben in diesen Reisen eine so liebenswürdige Individualität, eine so frische originelle Lebensansicht, eine so seltene Freymüthigkeit und eine so große Menge der interessantesten Bemerkungen, Anekdoten, Schilderungen usw. gefunden, daß das Ganze fast in allen gelehrten Zeitungen und besonders in unseren zwey ersten critischen Journalen [...] mit großem Lobe angezeigt worden ist".[55]

Reiseberichte stellen zwar nicht unsere hauptsächlichen Quellen dar, aber die dort zu beobachtenden

52 Franz Posselt, Apodemik oder die Kunst zu reisen. Ein systematischer Versuch zum Gebrauch junger Reisenden aus den gebildeten Ständen überhaupt und angehender Gelehrter und Künstler insbesondere, 2 Bde., Leipzig 1795. Die beiden Bände markierten zugleich den Höhe- und Schlusspunkt dieser Literaturgattung.

53 Dazu Justin Stagl, Die Methodisierung des Reisens. Von der Pilgerfahrt zur Bildungsreise, in: Ders., Eine Geschichte der Neugier. Die Kunst des Reisens 1550-1800, Wien 2002, S. 95-116.

54 Ernst Moritz Arndt, Reisen durch einen Theil Teutschlands, Ungarns, Italiens und Frankreichs in den Jahren 1798 und 1799, Bd. 1, Leipzig ^{2}1804, S. 118.

55 Heinrich Gräff, Ankündigung einer Neuen Auflage. Ebd., unpag.

Wahrnehmungsmuster kennzeichneten ganz allgemein den Interessenhorizont des aufgeklärten Bürgers. Dass die schwere Hungerkrise von 1770 bis 1772 mit – europaweit – mehreren hunderttausenden von Toten in der hier herangezogenen Literatur keine Spuren hinterlassen hat, wurde kürzlich mit dem für solche Katastrophen typischen Wechselspiel von Erinnern und Vergessen erklärt.[56] Es könnte allerdings auch Beleg sein für das bedeutsame Spannungsverhältnis von Diskursen und allseits bekannten, aber unausgesprochen gebliebenen ‚Tatsachen'. Die vielen im Folgenden auftauchenden Lücken in der zeitgenössischen Literatur lassen eigentlich nur den Schluss zu, dass das tatsächliche Wissen um gesellschaftliche Sachverhalte und Vorgänge größer gewesen sein muss als die im Druck nachzuverfolgenden und darum diesem Buchteil zugrunde liegenden Diskurse.

Im zweiten Zeitabschnitt erweiterte sich der die Gesellschaft betreffende Wahrnehmungsraum der Zeitgenossen durch die von der Französischen Revolution und den Reformen vor allem in Preußen verursachten sozialen Umbrüche einer- und das Wachstum des kapitalistischen Wirtschaftssystems andererseits. In diesem Zusammenhang begegnen erstmals aussagekräftige Statistiken und wenig später auch erste Soziologien. Zugleich begann, ausgelöst von den vom englischen Bevölkerungstheoretiker Malthus entwickelten apokalyptischen Zukunfts-

56 Näheres dazu bei Dominik Collet, Die doppelte Katastrophe. Klima und Kultur in der europäischen Hungerkrise 1770-1772, Göttingen 2019, S. 365ff. Biedermann, Deutschland (Anm. 1), S. 395, berichtete freilich von 150.000 Todesopfern allein im Erzgebirge.

prognosen, ein neuartiger Armutsdiskurs, der im dritten und letzten Epochenabschnitt wegen der dort nun zeitbestimmenden Massenarmut dann breiten Raum einnehmen wird. Gesellschaft als soziale Grundtatsache, besonders aber die Unterschichten gewannen ungemein an Bedeutung. So schrieb Erhard 1795 über den Begriff ‚Volk', im Folgejahr Garve über den Charakter der Bauern und Arndt 1803 über die Leibeigenen.

Sozialgeschichtlich belangreiche Beobachtungen durch Zeitgenossen, die keine autobiographischen Rekonstruktionen sind, haben anfangs also Seltenheitswert. Außer in Reiseberichten findet man sie hauptsächlich in Lexika, zunehmend in Enqueten und Statistiken, gegen Ende unseres Zeitraums dann auch in Handbüchern und anderen wissenschaftlichen Darstellungen. Ganz überwiegend gehören die Autoren der von Hans Gerth erschlossenen ‚bürgerlichen Intelligenz' an,[57] d.h. schriftstellernde Theologen – sie stellten damals das Gros der

57 Hans G. Gerth, Bürgerliche Intelligenz um 1800. Zur Soziologie des deutschen Frühliberalismus. Mit einem Vorwort und ergänzender Bibliographie hg. v. Ulrich Herrmann, Göttingen 1976. Bei dem Buch handelt es sich um eine 1935 in Frankfurt am Main vorgelegte, aber nur noch vervielfältigte Dissertation. Gerth musste seine akademischen Pläne aufgeben und floh 1938 über Dänemark und England in die USA.

Studierten – und andere Literaten, [58]Ärzte, Beamte, Pfarrer, Professoren, aber so gut wie keine Vertreter des Wirtschaftslebens (von denen damals ja kaum jemand studiert hatte und die schon deshalb wenig Neigung zur Schriftstellerei zeigten). Den engsten Kontakt zu den Unterschichten hatten naturgemäß die Pfarrer, schon weil sie die Armenanstalten betreuten und die Kirchenbücher führten. Manche von ihnen brachten das in ihrer Gemeinde Beobachtete zu Papier – Johann Peter Süßmilch, Propst und Oberkonsistorialrat in (Berlin-)Cölln, ist geradezu Paradebeispiel, begründete er doch mit seinen Werken die Demographie –, weshalb hier noch viele ungehobene Schätze zu vermuten sind. Nach der Jahrhundertwende nahmen dann Beamte den wichtigsten Platz ein, kein Wunder angesichts der sich ausdifferenzierenden Aufgaben der Verwaltung, bis ab den 1830er Jahren im Zeichen der sich nun stellenden

58 Das neue Phänomen, dass man vom Schreiben leben konnte, wurde von dem Theologen und Schriftsteller Jenisch als Fortschritt des aufgeklärten Jahrhunderts betont: „Die gesteigerte und verbreitete Wohlhabenheit gab allmählich auch einer gewissen Klasse von Menschen, die sich der intellectuellen Industrie (wenn man uns diesen Ausdruck erlauben will), der Cultur der Wissenschaften und der Mittheilung gelehrter Kenntnisse durch Schreiben widmeten, eine selbständige Existenz und hinlängliche Subsistenz, welche die Gelehrten und Schriftsteller (denn so heißt diese Gattung intellectueller Arbeiter) bis dahin gar nicht oder nur in sehr spärlichem Maaße gekannt hatten". D[aniel] Jenisch, Geist und Charakter des 18. Jahrhunderts, politisch, moralisch, ästhetisch und wissenschaftlich betrachtet, Bd. 2, Berlin 1800, S. 248. Hervorhebung im Original. Ausländische Beobachter waren überrascht von der deutschen Buchproduktion. Der englische Reisende Jacob war 1819 auf der Leipziger Messe, notierte 2.018 Neuerscheinungen und hielt das für einen „excess of writing" mit entsprechend geringer intellektueller Leistung. William Jacob, A View of the Agriculture, Manufactures, Statistics, and State of Society of Germany, and of Parts of Holland and France, taken during a Journey through these countries in 1819, London 1820, S. 308. In Wahrheit kamen 1820 mehr als doppelt so viele Titel auf den Markt. Johann Goldfriedrich, Geschichte des Deutschen Buchhandels, Bd. 4, Leipzig 1913, S. 199.

‚sozialen Frage' neben Intellektuellen im weitesten Sinne vor allem Professoren der Staatswissenschaft ihre (warnende) Stimme erhoben. Gegen Ende des 19. Jahrhunderts, um dies nur anzureißen, tauchten dann die ersten Fachvertreter der entstehenden Wissenschaft Soziologie auf. Die von Eckart Pankoke zusammengestellte Quellensammlung, die von 1721 bis 1899 reicht, gibt ein treffendes Bild des bei diesem Thema im Laufe der Zeit sich zu Wort meldenden Personenkreises ab.[59]

4. Bevölkerungswissen

„Wir nehmen [...] die Vergrößerung der bürgerlichen Gesellschaft durch Beförderung der Bevölkerung zum gemeinschaftlichen Hauptgrundsatz der Staatswissenschaften [...] an".[60] Aus semantischer Perspektive ist dieser Satz des Wiener Professors für Policey und Kameralwissenschaft Joseph von Sonnenfels von 1765 fast tautologisch. Denn ‚Bevölkerung' meinte nicht wie heute eine zahlenmäßig feststellbare Größe, sondern aktives Handeln, „Peuplierung", wie es damals auch hieß. ‚Vergrößerung der Gesellschaft' durch Förderung des Bevölkerungswachstums. Man erkennt daran den hohen Rang, den die Bevölkerungszahlen für Politik und, modern gesprochen, Volkswirtschaft besaßen, seitdem politischer Wettbewerb nicht mehr nur durch Bündnisse und Feldzüge entschieden wurde, sondern in der Aufklärung Messgrößen ver-

59 Eckart Pankoke (Hg.), Gesellschaftslehre (Anm. 24).

60 Joseph von Sonnenfels, Sätze aus der Policey-, Handlungs- und Finanzwissenschaft, Wien 1765, S. 22.

fügbar wurden, mit deren Hilfe die Staaten als im friedlichen Wettstreit miteinander befindlich begriffen werden konnten. Der Merkantilismus, im deutschen Kulturraum bevorzugt Kameralismus genannt, lieferte dazu das Zahlenmaterial, also Handelsbilanzen, Bevölkerungs- und Wirtschaftstabellen, und natürlich auch das exekutive Grundgerüst.

Bevölkerungswissen wurde nun zahlenbasiert und darum aufgewertet, denn anders als heute wirkten sich in der vorindustriellen Welt demographische Veränderungen unmittelbar auf die Wirtschafts- und Gesellschaftsstruktur aus. Schließlich hingen Produktion und Konsum, solange Handarbeit die wichtigste Produktivkraft war, direkt von der Zahl der Menschen ab. So entstand als neuer Verwaltungszweig die Bevölkerungspolicey, deren Aufgabe es war, „Hindernisse welche der Vermehrung der Volksmenge entgegen stehen", wegzuräumen. Dazu musste sie die Möglichkeit haben, „Erkundigung über sämmtliche in dem Staate befindliche Einwohner einzuziehen, Volkszählungen zu veranstalten und die Ursache des Zuwachses oder der Abnahme der Bevölkerung zu untersuchen".[61] Der umfassende Aufgabenkatalog der Bevölkerungspolicey[62] bewirkte, nebenbei bemerkt, dass das Wort ‚Bevölkerung' den heute geläufigen Sinn

61 Günther Heinrich v. Berg, Handbuch des Teutschen Policeyrechts, Theil 2, Hannover 1802, S.20, 21.

62 Zum Zweck der „Peuplierung" verordneten zahlreiche Territorien Heirats-, Witwen- und Sterbekassen, „Hagestolzensteuern" und Prämien auf Eheschließungen. Die Umsetzung, oft genug den Kommunen überantwortet, scheiterte im Regelfall am Geld. Einzelheiten bei Justus Nipperdey, Die Erfindung der Bevölkerungspolitik. Staat, politische Theorie und Population in der Frühen Neuzeit, Göttingen 2012.

einer statistischen Größe annahm, denn ‚Peuplierung', also Maßnahmen zur Bevölkerungsvermehrung, war zur Selbstverständlichkeit geworden.

Das war nicht immer so gewesen. Bis mindestens ins frühe 18. Jahrhundert war europaweit die Ansicht verbreitet, dass die Bevölkerung stagniere, wenn nicht sogar zurückgehe, denn so legte es die Bibellektüre nahe, wo im Alten Testament bekanntlich gerne mit Riesenzahlen operiert wurde.[63] Dann sorgte der zuerst in England aufkommende ‚Tatsachenblick'[64] für ein neues, sachorientiertes Weltbild und die von ihm angeregten Bevölkerungstabellen für immer mehr Territorien und Städte dynamisierten die demographischen Vorstellungen und erlaubten das oben geschilderte Zusammendenken von Politik und Bevölkerungswachstum. Ab der Mitte des 18. Jahrhunderts fanden in einigen deutschen Territorien sporadische Volkszählungen statt, die nur ein ganz unvollkommenes Bild der Wirklichkeit boten, aber darin übereinstimmten, dass die Bevölkerung zunahm. Die Begründung hierfür lieferte Johann Peter Süßmilchs mehrfach aufgelegte *Göttliche Ordnung*, die sich, wie schon ihr Titel zeigt, dadurch auszeichnete, dass sie die gegenwärtige Bevölkerungsbewegung, ja überhaupt die

63 Süßmilch referiert entsprechende Autoren, darunter selbst den Bibelkritiker Bayle. Süßmilch, Göttliche Ordnung (Anm. 22), Bd. 1, Kap. 1, Berlin [1]1741, S. 3f. In der 2. Auflage von 1761/62 ist diese Argumentation zugunsten der mit Zahlenbeispielen belegten These aufgegeben, dass der Mensch sich seit Erschaffung der Welt entsprechend dem göttlichen Willen (1. Mos. 1, 28) ununterbrochen, aber zunehmend langsamer vermehre.

64 Näheres dazu bei Bonß, Einübung (Anm. 49). Bonß begründete die Entstehung wirtschaftlich, heute zöge man eher eine kulturelle Erklärung vor.

Bevölkerungsgeschichte seit Erschaffung der Welt sowohl mathematisch als auch theologisch zu erklären suchte.[65] Die Leistung Süßmilchs war es, der scheinbar regellos gelebten Wirklichkeit von Geburt, Eheschließung und Tod statistisch valide Zusammenhänge abzulauschen. Er ging damit über die von ihm zitierten englischen Begründer der politischen Arithmetik, Graunt und Petty,[66] hinaus. Schon das erste Kapitel handelt von der „Vermehrung des Menschlichen Geschlechts", das dritte aber die ganz aktuell klingende Frage, „wie viel Menschen auf dem Erdboden leben und leben können".[67] Süßmilch argumentierte, dass die Tragfähigkeit eines Landes von der Intensität seiner Bewirtschaftung abhänge, und schloss daraus, dass gegenwärtig „kaum der dritte Theil derjenigen Menschen lebe, die zugleich leben könten".[68] Folglich hatte er keine Bedenken gegen die populationistische Politik der Zeit, im Gegenteil.

Dass das im Laufe der kommenden Jahrzehnte nicht unwidersprochen blieb, lag an der neuen Sicht auf die Ar-

65 „Eine offenbarungsgegründete Bevölkerungstheologie" nannte das Hans Linde, Zum Welt- und Gesellschaftsbild Johann Peter Süßmilchs, in: Herwig Birg (Hg), Ursprünge der Demographie in Deutschland. Leben und Werk Johann Peter Süßmilchs (1808-1767), Frankfurt/M., New York 1986, S. 233-249, hier S. 236f.

66 John Graunt, Natural and Political Observations [...] upon the Bills of Mortality, London ¹1662, ⁶1676. William Petty, Political Arithmetic [...], London 1690 (posthum). Mit ‚politischer Arithmetik' bezeichnete man zuerst in England im späten 17. Jahrhundert Tabellenwerke zu allen zählbaren Gegenständen, d.h. in Zahlen gefasste soziale und wirtschaftliche Sachverhalte, um auf diese Weise die Leistungsfähigkeit eines Staates zu dokumentieren.

67 Süßmilch, Göttliche Ordnung (Anm. 22), Überschriften S. 1 und 67.

68 Ebd., S. 70f., 77. Süßmilch rechnete auch den Ängstlichen vor, dass dereinst bei der Auferstehung der Toten durchaus genug Platz für alle auf der Welt sein werde (S. 101ff.).

mut bzw. an der wachsenden Unterschicht der Heim- und Manufakturarbeiter, der entstehenden Klasse mit eigenen, vom Herkommen der Ständegesellschaft abweichenden Verhaltensweisen. Schon Süßmilch beklagte die Übersterblichkeit der Armen[69] und fand klare Worte zu dem von ihm in Berlin entdeckten Kausalzusammenhang von Arbeiterarmut und Wohlstand,[70] doch genügte ihm der Appell zu besserer, d.h. den neuen Realitäten besser Rechnung tragenden Armenunterstützung. Tatsächlich ließen ab den 1760er Jahren die Repressivmaßnahmen gegen die Armut nach und machten sich angesichts ihres Umfangs sogar einige Herrscher die Armenunterstützung zur Aufgabe, jedenfalls auf dem Papier.[71] Aber mit seiner zentralen Aussage, dass keine Übervölkerung drohe, lag Süßmilch im kameralistischen Trend seiner Zeit. Wichtig war: Die maßgeblichen Lexika teilten seine Ansicht, dass die Bevölkerung wachsen müsse, wobei der *Krünitz*

---

69 Er wies das für die Textilarbeiter im Kriegs- und Hungerjahr 1759 als Folge von Teuerung und Lohnkürzungen eindeutig nach. Ders., Gedancken von den epidemischen Kranckheiten und dem grösseren Sterben des 1757ten Jahres [...], Berlin 1758, S. 49ff.

70 „Die Hände der Spinner und Weber sind es, die viele allhier reich machen, die die Handlung befördern, Geld in das Land bringen und folglich viele Vortheile dadurch über die Stadt und das Land verbreiten. Ohne sie stünden unsere Manufacturen stille. Wir müssen sie also nicht zu arm werden lassen, sonst werden sie kraftlos und sterben in gesunden Tagen. [...] Man muß also alle mögliche Anstalten vorkehren, damit auch diese so nöthige Glieder an dem Körper der bürgerlichen Gesellschaft erhalten werden. Nicht nur das Christenthum, die Vernunft, die Menschen Liebe, sondern auch unsere eigene häuffige und grosse Vortheile verpflichten uns zur Liebe und Sorgfalt für unsere arme Mitglieder." Ders., Der Königlichen Residentz Berlin schneller [!] Wachsthum und Erbauung, Theil 1, Berlin 1752, S. 45f.

71 Die habsburgischen Staaten ab 1782, Preußen ab 1791, d.h. nach Erlass des *Allgemeinen Landrechts*. Herkömmlich waren Familien, Korporationen und Gemeinden zur Hilfe verpflichtet, hinzu kamen die kirchlichen Unterstützungsmaßnahmen

den Regierungen dafür zehn „Grundregeln" auf den Weg mitgab,[72] während der *Strelin* der natürlichen Selbstregulierung vertraute.[73]

In der Tat wuchs sie – mit der bemerkenswerten Ausnahme Bayerns.[74] Der Einfachheit halber stützen wir uns für den demographischen Überblick auf die Forschungsliteratur. Am Beginn des 18. Jahrhunderts war eine Bevölkerungswelle ausgelaufen, die die vom Dreißigjährigen Krieg gerissenen ungeheuren Lücken schließlich geschlossen hatte. Eine zweite Welle setzte um 1770 ein und lief gegen 1810/20 aus, nachdem sie gegen 1800 ihren Höhepunkt erreicht hatte und dann durch Kriege und Krisen abflaute. Die Rückwirkungen dieser zweiten Welle auf die Gesellschaft waren vollkommen andere als die der ersten, denn jetzt ergoss sich der Zuwachs über eine weithin ‚komplette', d.h. an die Grenzen ihrer Subsistenz stoßenden Gesellschaft. Wo sie hinreichte – also vor allem in Südwestdeutschland und der angrenzenden Schweiz, am

---

72 Art. Bevölkerung, in Krünitz, Oekonomisch-Technologische Encyklopädie (Anm. 15), Berlin [1]1774, [2]1783, S. 359-376.

73 Dort vertraute man selbst bei vorübergehenden Störungen, dass „das natürliche Verhältnis zwischen Volksmenge und Nahrungszweigen [...] sich wiederum von selbsten herstellen" werde. Art. Bevölckerung, in: Georg Gottfried Strelins Realwörterbuch für Kameralisten und Oekonomen, Bd. 2, Nördlingen 1785, S. 197-202, hier S. 202. Im *Zedler* gibt es kein entsprechendes Stichwort, weder im Bd. 3 (B-Bi), Halle, Leipzig 1733 noch im Supplement-Bd. 2 (Barc-Bod), Leipzig 1752.

74 In Altbayern nahm die Bevölkerung von 1,45 Millionen (1771) auf 1,25 Millionen (1794) ab, während sie dank Gebietszuwächsen nach 1800 auf etwas über 4 Millionen (1820) zunahm. Ursache der Abnahme ist das Hofmarkensystem mit seiner strikten Durchsetzung des Anerbenrechts und entsprechend hoher Ledigenquote sowie dem Fehlen proto-industriell geprägter Landschaften. William R. Lee, Zur Bevölkerungsgeschichte Bayerns 1750-1850. Britische Forschungsergebnisse, in: Vierteljahrsschrift für Sozial- und Wirtschaftsgeschichte 62 (1975), S. 309-338, hier S. 316, Tab. 1.

Niederrhein, in Sachsen, Teilen Schlesiens und überhaupt in vielen städtischen und ländlichen Gewerberegionen, weil es dort am ehesten Subsistenzreserven gab –, erzeugte das in einem von Knappheit der Ressourcen gekennzeichneten sozialen Gefüge im Laufe der Zeit zwangsläufig Probleme und Spannungen, die einen fragen lassen, warum auf die erste überhaupt eine zweite Welle gefolgt ist.[75] Die Antwort versteht man besser, wenn man sich zunächst die nichtnaturalen Rahmenbedingungen demographischen Verhaltens vergegenwärtigt. Hans Linde hat dafür den Begriff der „generativen Struktur" entwickelt, mit dessen Hilfe sich die schichtenspezifischen Logiken namentlich der Reproduktion vorindustrieller, besonders proto-industrieller Bevölkerungsschichten aufschlüsseln lassen, während die Mortalität aus hier nicht zu diskutierenden Gründen eine geringere Rolle spielt.[76]

Zunächst einmal sorgte die ‚komplette' Gesellschaft ganz von alleine dafür, dass mehr Menschen als zuvor ins Heiratsalter kamen. Das löste eine Kettenreaktion aus, deren Kern wiederum im Heiratsverhalten bestand, der entscheidenden Größe, zumal in einer Gesellschaft, in der uneheliche Geburten kaum eine Rolle spielten. Noch im späten 18. Jahrhundert waren die Rahmenbedingungen

75 Süßmilch war der Meinung, dass der Bevölkerungszuwachs „endlich von selbst zum Stillstand kommen muß, wenn ein Land mit dem Maaß der nöthigen Familien angefüllet ist", aber genau in diesem Punkt entging ihm der sich ändernde Trend. Süßmilch, Göttliche Ordnung (Anm. 22), 2. Auflage, Bd. 1, 1761, S. 330.

76 Hans Linde, Generative Strukturen, in: Studium Generale 12 (1959), S. 343-350. Die Sprache dieses Aufsatzes lässt erkennen, wie schwer sich (auch) die Demographie mit der Überwindung fragwürdiger Terminologie tat.

so, dass, weil in der Regel nur die Hälfte der Mädchen das 20. Lebensjahr erreichte, von diesen 85% heiraten und anschließend mehr als fünf Kinder bekommen mussten, nur damit die Bevölkerung nicht stagnierte.[77] Weil sich an diesem Heiratsminimum nicht viel ändern ließ (denn die Gesellschaft war auch auf unverheiratete erwachsene Frauen angewiesen), hing vom Heiratsalter alles ab. Es war darum geschlechts- und standesspezifisch, d.h. die Männer heirateten später als die Frauen, die Wohlhabenden früher als die Tagelöhner; die Heimgewerbetreibenden lagen dazwischen. So war jedenfalls die Tradition, aber sie wurde namentlich vom ärmeren, bisher eher heiratsabstinenten Teil der Bevölkerung, also vom Gros, nach 1750 vielerorts zunehmend in Frage gestellt. Zwischen 1770 und 1820, so eine Bilanz, „wurden die alten Strukturen der Nuptialität vielfach durchlöchert".[78] Außerdem begann die Mortalität zu sinken, unterbrochen nur vom Siebenjährigen Krieg, der Hungerkrise in den frühen 1770er Jahren und den napoleonischen Kriegen, was die durchschnittliche Lebenserwartung ab 1750 steigen ließ. Das bedeutete, dass nicht nur mehr Kinder geboren wurden, sondern auch überlebten und das Erwachsenenalter erreichten, wo sie zweieinhalb Jahrzehnte später ihrerseits eine Familie gründeten. Auch ohne dass die eheliche

77 Die tatsächliche Familiengröße war eine andere. Süßmilch berechnete viereinhalb Personen pro Familie, und zwar in weiten Teilen Europas. Süßmilch, Göttliche Ordnung (Anm. 22), S. 233f. Das wurde von der Geschichtswissenschaft übernommen.

78 Walter G. Rödel, Die demographische Entwicklung in Deutschland 1770-1820, in: Helmut Berding, Etienne François, Hans-Peter Ullmann (Hg.), Deutschland und Frankreich im Zeitalter der Französischen Revolution, Frankfurt/M. 1989, S. 21-41, hier S. 33.

Fruchtbarkeit stieg – das wäre in den ärmeren Familien auch gar nicht möglich gewesen, da diese vielerorts „den Grenzen menschenmöglichen Verhaltens [...] über einen langen Zeitraum sehr nahe“ kam[79] –, setzte sich so die proto-industrielle Bevölkerungswelle in Gang.

Die Ursachen waren nicht naturwüchsig. In vielen Gegenden Deutschlands hingen sie von den Möglichkeiten zum Nebenerwerb ab. Diese nahmen auf dem flachen Land, wo die Zünfte nichts zu sagen hatten, ab der Mitte des 18. Jahrhunderts rasant zu. Im Textilgewerbe, ob proto-industriell oder in Manufakturen organisiert, in Hausindustrien anderer Art, im Landhandwerk, im Metallgewerbe und nicht zuletzt im allmählich flächendeckend arbeitenden Transportwesen stieg die Zahl der Arbeitsplätze enorm an.[80] Das war nur möglich, weil mit diesem Wachstum *pari passu* die Zahl der Konsumenten anschwoll, und beides hatte zur Folge, dass die Heiraten

79 Medick, Weben und Überleben (Anm. 46), S. 341. Die demographische Stagnation Laichingens zwischen 1730 und 1820 trotz einer durchschnittlichen Zahl von 7,3 Kindern pro Ehe stand im Widerspruch zum Verlauf der gewerblich-proto-industriellen Entwicklung und war weit und breit ein Sonderfall, der bereits dem örtlichen Pfarrer im Jahre 1800 aufgefallen war. Ebd., S. 306.

80 In Schlesien, wo von 1740 bis 1791 die Bevölkerung um ca. 70% auf 1,7 Millionen und die Zahl der Webstühle um 40% auf ca. 28.000 zugenommen hatte, gab es zuletzt rund 50.000 Heimweber und natürlich ein Vielfaches an Spinnern. Am Niederrhein zählte man um dieselbe Zeit „einige 30.000 Arbeiter“ im Textilgewerbe. Herbert Kisch, Die Textilgewerbe in Schlesien und im Rheinland. Eine vergleichende Studie zur Industrialisierung (mit einem Postskriptum), in: Peter Kriedte, Hans Medick, Jürgen Schlumbohm, Industrialisierung vor der Industrialisierung. Gewerbliche Warenproduktion auf dem Land in der Formationsperiode des Kapitalismus, Göttingen ²1978, S. 350-386, hier S. 356, 367. Im Kanton Zürich war 1787 ungefähr ein Drittel der gesamten Bevölkerung im Baumwollgewerbe beschäftigt. Braun, Industrialisierung (Anm. 11), S. 220. In einem Dorf auf der Schwäbischen Alb stieg die Zahl aller Haushalte von 1722 bis 1797 um 73% an, die der aktiven Weberhaushalte aber um 310%. Allerdings stagnierte die Einwohnerzahl wegen hoher Sterblichkeit. Medick (Anm. 46), S. 208, 305ff.

im unteren Bevölkerungssegment enorm zunahmen.[81] Anders verhielt es sich in Preußen und Mecklenburg, wo die Gutsuntertänigen den Heiratskonsens ihrer Herrschaft benötigten, der ihnen häufig vorenthalten wurde. Er fiel erst 1807 in den bei Preußen verbliebenen Territorien, in Mecklenburg noch später.

Die Armen gehören folglich zu den hauptsächlichen Trägern der demographischen Dynamik, denn bei ihnen stand die Zahl der lebenden Familienmitglieder in umgekehrtem Verhältnis zur Höhe des Arbeitslohns. Seinen Sinn hatte das, wie Linde nachgewiesen hat, im hohen Grenznutzen, den jede zusätzliche Arbeitskraft für die Familie bedeutete, denn nur so konnte sie dem sinkenden Stücklohn begegnen. Kurzfristig und familienbezogen war das durchaus rational, langfristig und gesellschaftlich führte diese generative Praxis jedoch in einen Wettlauf, den die proto-industriellen Familien nicht gewinnen konnten. Das ist der Grund, weshalb nach der Jahrhundertwende die populationistische Denk- und Handlungsweise kameralistischer Prägung ihre Geltung verlor.

Genauer gesagt, führten zwei Ursachen zur Neuorientierung. Auf der einen Seite lieferte das Jüngere Naturrecht, oft verbunden mit der Rezeption Adam Smiths, Argumente für die Kritik des hergebrachten merkantilistischen Wertekanons. Der preußische Statistiker Leopold Krug referierte eingangs Sonnenfels' oben zitierten be-

81 Die „Bettelhochzeiten" haben die Zeitgenossen enorm beunruhigt, sie sahen dahinter in erster Linie Sittenverfall. Zahlreiche Belege bei Braun, Industrialisierung (Anm. 11), Medick, Weben und Überleben (Anm. 46) und Mooser, Ländliche Klassengesellschaft (Anm. 43).

völkerungspolitischen Grundsatz, widersprach ihm aber. Sein Grundsatz sei es, dass man „dem Staate nur negative Pflichten auferlegt, nemlich die Hinwegräumung aller Hindernisse". Dann stelle sich schon das richtige Maß der Bevölkerung ein.[82] Anders der Göttinger Philosophieprofessor August Ferdinand Lueder, der nicht nur dem Statistik-Boom zutiefst misstraute, weil er die Politiker zu einer tatsachen- anstatt moralgestützten Politik verleite,[83] sondern ihnen auch vorwarf, sie hätten „vergessen, daß über Alles, was zur moralischen Natur des Menschen, zu seinem geistigen Wesen gehört, dem Staate kein Recht zu befehlen zustehen könne".[84] Auch er setzte sich kritisch mit Sonnenfels auseinander: „Unverkennbar hat unsere persönliche Freyheit ihr Ende erreicht, [...] wenn des Herrn von Sonnenfels Hauptgrundsatz anerkannt ist und wenn nach diesem Satze verfahren werden soll."[85] Stattdessen verkündete der selbsternannte Adam Smith-

82 Krug, Betrachtungen (Anm. 4), Bd. 1, Berlin 1805, S. 2.

83 „Die Politiker lebten und starben" für die Statistik „und die Statistiker konnten gar nicht aufhören, tagtäglich und bei dem einem [!] wie dem anderen Staate die Grundmacht, d.h. die wahre oder eigentliche Macht der Staaten zu bestimmen nach den Quadratmeilen des Landes, nach der Anzahl seiner Bewohner, nach dem Einkommen der Unterthanen wie des Staats [...]". Aus jenem „Wahn unserer Politiker" seien „wie aus Pandoras Büchse Uebel aller und der allerabscheulichsten Art hervor[gegangen]". August Ferdinand Lueder, Kritik der Statistik und Politik nebst einer Begründung der politischen Philosophie, Göttingen 1812, S. 53f. (§ 63). Lueder war früher selbst Statistiker, aber die „großen Begebenheiten" der letzten beiden Jahrzehnte ließen sich nicht mehr „durch die Hülfsmittel" erklären, „welche Statistik und Politik darbothen. [...] So stürzte endlich das ganze Gebäude der Statistik zusammen". Ebd., S. Vf., VII (Vorrede).

84 Ebd., S. 203 (§ 317).

85 Ders., Ueber den Hauptgrundsatz der Staatswissenschaft. Ein höchstnöthiger Beitrag zu des Hrn. von Sonnenfels Handbuch der neuern Staatsverwaltung, o. O., o. J. (ca. 1800), S. 116f.

Vollender[86] ein „radikalliberales Kontrastprogramm“,[87] dessen Tenor nicht die Vermehrung der Bevölkerung, sondern „der Vermehrung der hervorbringenden Kräfte“ ist.[88] Die Volkszahl reguliere sich entsprechend den Marktbedingungen, Ermahnungen zur Fortpflanzung bedürfe es daher nicht.[89]

Dieses Vertrauen in die Kräfte der Selbstregulierung teilten nur wenige Schriftsteller und Beamte, denn es passte überhaupt nicht in die Denktradition der deutschen Schulphilosophie und zu deren soziopolitischen Ableitungen. Es kam daher die zweite Ursache zur Geltung. Die von Thomas Robert Malthus zuerst 1798, dann in erheblich erweiterter Form 1803 ausgesprochene drastische Warnung vor den fatalen Folgen der hier wie dort zu beobachtenden immer rascheren Zunahme gerade der ärmeren Bevölkerung traf daher europaweit auf offene Ohren. Sein Übersetzer, der Kieler Arzt Hegewisch, bekannte in seinem Vorwort, er sei „längst“ der ernsthaften Überzeugung, „daß billig nicht mehr Menschen seyn sollten, als mittäglich ein Stück Rindfleisch und ein Glas

86 „Ich habe den Weg meines Vorgängers verfolgt, jede seiner Behauptungen einer Prüfung unterworfen; die Lücken, die ich traf, ausgefüllt; die Fehler verbessert; die Theile des Ganzen näher zusammengerückt und miteinander verbunden; ich habe [...] mehrere der wichtigsten Theile des ganzen Werks völlig umgearbeitet und auch das dritte Buch, das im Smith fehlt, hinzugefügt“. Ders., Ueber Nationalindustrie und Staatswirthschaft, nach Adam Smith bearbeitet, Bd. 1, Berlin 1800, S. XV.

87 Martin Fuhrmann, Volksvermehrung als Staatsaufgabe? Bevölkerungs- und Ehepolitik in der deutschen politischen und ökonomischen Theorie des 18. und 19. Jahrhunderts, Paderborn 2002, S. 131.

88 Lueder, Hauptgrundsatz (Anm. 85), S. 144.

89 Man könne geradezu meinen, die „entsprechenden Ermahnungen, Ermunterungen und Verfügungen“ der „Statistiker und Politiker [...] kämen sammt und sonders von Kastraten“. Ebd., S. 119, Fußnote.

Wein haben könnten".[90] Dieser Zynismus war Malthus aber vollkommen fremd. Vielmehr bemühte er sich durch weit ausgreifende historische und aktuelle Untersuchungen, bei denen er sich neben anderen auch auf Süßmilch stützte, dass Bevölkerungs- und Wirtschaftswachstum zwingend unterschiedlichen Geschwindigkeiten gehorchen, „weswegen die untern Klassen der Gesellschaft allezeit und allenthalben zum Mangel und Elend verurtheilt sind"[91]. Hinzu komme als weitere Prämisse, dass die ‚untern Klassen' auf eine materielle Verbesserung ihrer Lebensbedingungen durch eine Erhöhung der Geburtenrate zu reagieren pflegen. Malthus schrieb im Grunde eine Geschichte des endenden Fortschritts, weil schon in naher Zukunft das Bevölkerungswachstum das hergebrachte Gleichgewicht überschreiten und in die Katastrophe führen werde. Da Verbote unwirksam seien und das englische Armenwesen die ‚Bettelhochzeiten' sogar unterstütze, sei „die Tendenz der englischen Armenordnung [...] keine andre, als den Zustand der Armut [...] zu verschlechtern".[92] An Gegenmitteln empfahl Malthus für das entwickelte Europa sowohl die aus Einsicht praktizierten „vorbeugenden Hemmnisse", nämlich die „klugheitgemäße Enthaltsamkeit"[93] und Hinausschieben der Eheschließung, als

90 T[homas] R[obert] Malthus, Versuch über die Bedingung und die Folgen der Volksvermehrung. Aus dem Englischen von Dr. F[ranz] H[ermann] Hegewisch, Bd. 1, Altona 1807, S. Vf., Fußnote. Hegewisch schrieb Jahrzehnte später, als das Thema immer noch aktuell schien, unter dem Pseudonym F. Baltisch das Buch Eigenthum und Vielkinderei. Hauptquellen des Glücks und des Unglücks der Völker, Kiel 1846.

91 Ebd., S. 20.

92 Ebd., Bd. 2, S. 67f.

93 Ebd., S. 308.

auch die Reform des in großen Teilen Englands sehr viele Mittel verschlingenden Armenwesens. Sie kam allerdings erst in Malthus' Todesjahr 1834 zustande.

Die Wirkung von Malthus' Buch entfaltete sich in Deutschland erst ab den 1830er Jahren, als es dem zunehmenden Unbehagen, ja der Furcht vor dem längst beobachteten ungebremsten Anwachsen neuer Unterklassen mit seinem ‚Gesetz' die populären Stichworte vermittelte.[94] Zusätzliche Schubkraft verlieh ihm seine Übereinstimmung mit der (damaligen) Lohntheorie der klassischen Schule der politischen Ökonomie. Malthus war ja selber Nationalökonom, er hatte sogar den ersten englischen Lehrstuhl für diese Disziplin inne. Ihr zufolge hat der Lohnsatz, der Angebot und Nachfrage zum Ausgleich bringt, eine Höhe, die dem Existenzminimum gerade entspricht und sich durch sozialpolitische Reformen nicht auf Dauer über das Existenzminimum anheben lässt. Auch das war falsch, fand aber damals überwiegend Zustimmung.

Malthus' Ansichten blieben natürlich nicht unwidersprochen, auch in Deutschland nicht. Da waren auf der einen Seite die späten Vertreter des Populationismus, die ja nicht einfach verschwunden waren. So kritisierte noch vor Malthus' erstem Essay der Hallenser Professor für Kameralwissenschaften, Johann Christian Rüdiger, die These der Übervölkerung. „Die gemeine Klage, es seyn

94 Trotzdem erschien eine zweite deutsche Übersetzung erst 1879. Seither reißen die deutschen Ausgaben allerdings kaum noch ab; offensichtlich hat in Zeiten der Klimakrise und zunehmender Migrationsbewegungen die Furcht vor Übervölkerung im 20. und 21 Jahrhundert wieder deutlich zugenommen.

der Menschen zuviel, so daß einer vor dem andern nicht leben könne, entstehet nur aus der irrigen Vorstellung von der beschränkten Ergiebigkeit eines Landes, welche aber durch fleißigen Anbau schon sehr und durch Handelsverbindungen mit Auswärtigen beynahe ins Unendliche verbessert werden kann".[95] Auf der anderen Seite erklärte der wirtschaftsliberale Publizist Friedrich Buchholz Malthus' Ausführungen für einen Denkfehler. England habe vor Zeiten lediglich ein Drittel der jetzigen Bevölkerung aufgewiesen. Ein Malthus hätte schon damals die Aussicht auf die heutige Volkszahl „als aberwitzig" bezeichnet, womit eigentlich schon alles gesagt sei. „Statt etwas von einer Ueberbevölkerung zu befürchten, sollte man lieber untersuchen, wie es anzufangen sey, um die Gesellschaft im Wachsen zu erhalten".[96]

Buchholz unterstütze mit seiner Schrift die preußische Ministerialbürokratie des Reformzeitalters, die 1807 im berühmten Oktoberedikt „mit den Heiratssperren [...] die Schotten beseitigt[e], die einer ungehemmten Bevölkerungsvermehrung im Wege gestanden hatten".[97] Das fiel ihr umso leichter, als der im Osten dünn besiedelte Staat von dieser Dynamik profitierte.

95 J[ohann] C[hristian] C[hristoph] Rüdiger, Kurzer Lehrbegriff der persönlichen Policey und Finanzwissenschaft als Nachtrag zu den Anfangsgründen der allgemeinen Statslehre, Halle 1795, S. 34. Der Abschnitt ist mit „Bevölkerungs-Policey" überschrieben, ein Kennzeichen einschlägiger populationistischer Vorstellungen.

96 Friedrich Buchholz, Hermes oder über die Natur der Gesellschaft, mit Blicken in die Zukunft, Tübingen 1810, S. 37, 38.

97 Koselleck, Preußen (Anm. 42), S. 503. Tatsächlich wuchs die preußische Bevölkerung bis 1848 von 10 auf 16 Millionen, der weitaus meiste Teil davon entfiel auf die Gebiete östlich der Elbe.

Unterdessen machte die Bevölkerungsstatistik weitere Fortschritte. Gegen Jahrhundertende lieferte sie jedenfalls hinreichend plausible Zahlen, dass der im Zuge des Reichsdeputationshauptschlusses 1803 vorgenommene große Ländertausch in technischer Hinsicht auf den greifbaren Bevölkerungstabellen basierte.[98] Viel bedeutsamer für die Kenntnis der Zeitgenossen ihrer eigenen Gesellschaft waren die qualitativen Statistiken, die seit der Jahrhundertwende rasche Fortschritte verzeichneten, jedenfalls was Preußen betraf. Die von Krug vorgelegten Tabellen, die ersten dieser Art, waren so detailliert, dass er sich mit ihrer Hilfe eine klare Sozialkritik an der merkantilistischen preußischen Industrialisierungspolitik leisten konnte, die die natürliche „Ordnung umgekehrt" habe, weil „man den Seidenwirker für wichtiger hält als den Schmidt und den Zimmermann".[99] Bratring war anderes wichtiger. Er hing hergebrachten Vorstellungen an, weshalb ihn „die schnelle Volksvermehrung in der Mark Brandenburg, [...] die jeder edle Preuße mit vaterländischem Stolze" bemerkt, mehr interessierte als sozioökonomische Vorgänge, auch wenn er „die Vermehrung

98 Seit 1797 war *de facto* das linke Rheinufer an Frankreich abgetreten. Danach ging es um die völkerrechtliche Anerkennung durch das Heilige Römische Reich (1801 vollzogen) und die (1803 geregelte) Entschädigungsfrage. Materialien fanden die Gesandten beispielsweise bei: Johann Daniel Albrecht Hoeck, Statistische Übersicht der deutschen Staaten in Ansehung ihrer Grösse, Bevölkerung, Producte, Industrie und Finanzverfassung, Basel 1800. Die französische Übersetzung erschien nicht zufällig noch im selben Jahr: Aperçu statistique des états de l'Allemagne sous le rapport de leur étendue, de leur population, de leurs productions, de leur industrie, de leur commerce et de leurs finances, Paris an IX [1800]. Den letzten Ausschlag gaben allerdings die Machtverhältnisse und nicht zuletzt die Bestechungsgelder für Talleyrand.

99 Krug, Betrachtungen (Anm. 4), Bd. 2, Berlin 1805, S. 708.

der Hauslinge und Einlieger", also die Arbeitskräfte auf den Gütern und Bauernhöfen, als „am auffallendsten" vermerkt.[100]

Bratring und Krug erfassten noch das Preußen vor den Reformen mit ihren „sehr viel einfacheren Verhältnissen", jedenfalls nach Ansicht des dreißig Jahre später führenden preußischen Statistikers Hoffmann, dem die Führung der neu eingerichteten amtlichen Statistik oblag. Der Grund war die soziale Vielfalt, zumal auf dem Lande, die mit den Reformen einerseits und dem Erwerb der westlichen Landesteile 1815 andererseits erheblich zugenommen hatte. Nur die 1810 erlassene und in der Folge im Kern unreformierte Gesindeordnung – sie sollte erst 1918 beseitigt werden – erlaubte Hoffmann, „daß dieser Teil der unteren Volkslassen einer tabellarischen Aufnahme nach allgemeinen Formularen fähig wird", und somit zuverlässige Ergebnisse liefert.[101] Aber die Hoffmann'sche Genauigkeit war für die Masse der Zeitgenossen, und damit auch für uns, unnötig. Wichtiger war, ob man ihnen überhaupt einen Wandel der Gesellschaft entnehmen konnte. Krug hatte das ja vorexerziert und Bratring machte ebenfalls Angaben zu Adel, „Bürgerstand", „Bauerstand" sowie zu Arbeitskräften aller Art, darunter auch „Ouvriers", wie man in Preußen seit neuestem die unzünftigen Arbei-

100 F[riedrich] W[ilhelm] A[ugust] Bratring, Statistisch-topographische Beschreibung der gesammten Mark Brandenburg für Statistiker, Geschäftsmänner, besonders für Kameralisten, Bd. 1, Berlin 1804, S. 54, 60. Bratring hatte Zahlen für 1725 und 1801

101 J[ohann] G[ottfried] Hoffmann, Die Bevölkerung des preußischen Staats, nach dem Ergebnisse der zu Ende des Jahres 1837 amtlich aufgenommenen Nachrichten in staatswirthschaftlicher, gewerblicher und sittlicher Beziehung, Berlin 1839, S. 196.

ter nannte.[102] Sie wuchsen außerordentlich rasch, vor allem im Textilgewerbe, während auf dem Land einzig die „Hauslinge", d.h. die Einlieger (also Arbeiter, die bei einem Bauern oder auf einem Gut zur Miete wohnen) stärker zunahmen als die Bevölkerung insgesamt.[103]

Eine dritte Bevölkerungswelle begann sehr bald große Teile Europas zu überrollen, die zunächst in den 1840er Jahren eine Massenarmut mit den entsprechenden Krisenphänomenen herbeiführte, dann aber von dem vielerorts alsbald einsetzenden Industrialisierungsprozess aufgefangen wurde und schließlich in den demographischen Übergang mündete mit seinen sinkenden Wachstumsraten, mit denen die Menschen auf das sinkende Niveau der Geburts- und Todesfälle reagierten.

In Deutschland ging die Welle, wie bereits mehrfach angedeutet, von den Gebieten östlich der Elbe aus, wo die Bevölkerungsdichte bisher ausgesprochen gering war und die von den preußischen Reformen bewirkte Neugestaltung der Agrarverfassung die Zahl der Betriebe und natürlich auch der Arbeitskräfte enorm erhöhte. Dies wiederum erlaubte einen Intensivierungsprozess, der weitere Arbeitsplätze schuf. So hat dort die Bevölkerung von 1815 bis 1850 um das Zweieinhalbfache zugenommen, während

102 Bratring, Beschreibung (Anm.100), S. 132. Im Jahre 1800 zählte Bratring in dieser Kategorie 31.840 Personen, die zu 85% in Textilmanufakturen beschäftigt waren. Ebd., Tabelle S. 156f. Der sonst denkbar weit ausholende *Krünitz* vermerkt lapidar nur: „*Ouvrier,* Arbeiter, Werkmeister, Künstler". Krünitz, Oekonomisch-Technologische Encyklopädie (Anm. 15), Bd. 105, 1807, S 706. „Künstler" sind natürlich nicht das, was man heute unter diesem Begriff versteht, sondern kunstfertige Handarbeiter, Spezialisten.

103 1725-1801. Ebd., Tabelle S. 60: 149 % gegenüber knapp 100% (eigene Berechnung).

sich die Produktion von Feldfrüchten im selben Zeitraum nur verdoppelte, wobei sich die Kartoffelproduktion nahezu verzehnfachte. Dabei darf man nicht vergessen, dass längst nicht alles davon der menschlichen Ernährung diente, und so zählen trotz aller Zuwächse die Ärmsten bis in die 1850er Jahre zu den „Leidtragenden".[104] Anders verursacht war die erhebliche Zunahme in Sachsen. Hier in Deutschlands dichtester Gewerbezone mit entsprechend zahlreichen Arbeitskräften wuchs die Bevölkerung durch Zuwanderung und Geburtenüberschuss so rasch weiter, dass 1843 in den Städten die zur Miete Wohnenden etwas mehr als die Hälfte der Einwohner stellten, während auf dem Lande die Gärtner, Häusler und Inwohner sogar vier Fünftel der Bevölkerung ausmachten.[105] Die meisten von ihnen waren gewerblich tätig, denn was auf ihren kleinen Grundstücken wuchs (nur die Inwohner besaßen nichts dergleichen), reichte keinesfalls zur Ernährung ganzer Familien. Aber nicht nur in diesen beiden Ländern nahm die Bevölkerung vor allem auf dem Land zu, sondern mit Ausnahme Altbayerns und des nördlichen Niedersachsens

104 Hartmut Harnisch, Kapitalistische Agrarrevolution und industrielle Revolution. Agrarhistorische Untersuchungen über das ostelbische Preußen zwischen Spätfeudalismus und bürgerlich-demokratischer Revolution von 1848/49, Weimar 1984, S. 351, aufgrund seiner Versuche, Einkommen, Kaufkraft und Lebensstandard zu berechnen. Die Zahlen zu Erntemengen stehen wegen mangelhafter statistischer Erfassung unter Vorbehalt. Ich stützte mich in erster Linie auf Walther Achilles, Deutsche Agrargeschichte im Zeitalter der Reformen und der Industrialisierung, Stuttgart 1993, Kap. 3, fallweise auch auf die Tabellen bei Hans Wolfram Graf von Finckenstein, Die Entwicklung der Landwirtschaft in Preußen und Deutschland 1800-1930, Würzburg 1960, der damit allerdings der ostdeutschen Gutswirtschaft ein Denkmal setzen wollte und entsprechend mit Vorsicht zu genießen ist.

105 Karlheinz Blaschke, Bevölkerungsgeschichte von Sachsen bis zur Industriellen Revolution, Weimar 1967, S. 190f.

war das durchweg der Fall. Die Städte dagegen wuchsen nennenswert lediglich in den gewerblich überformten Regionen Oberschlesiens, Sachsens und Böhmens, im Bergischen Land und am Niederrhein sowie in Teilen Badens, Württembergs und der Nordschweiz. In den dortigen, nach heutigen Maßstäben Klein- und Mittelstädten vollzog sich das wesentliche Wachstum, während der Anteil der Kleinstädte schrumpfte. Von den großen Städten wiesen vor der Jahrhundertmitte lediglich Hamburg, Dresden, Breslau und Königsberg eine spürbare, Berlin erhebliche Dynamik auf – die preußische Hauptstadt zählte 1848 mit gut 400.000 Einwohnern dreimal so viel wie zu Jahrhundertbeginn –, während Köln und Frankfurt auf dem hohen Niveau der Frühen Neuzeit verharrten, die süddeutschen Residenzstädte dagegen in ihren traditionellen Strukturen verharrten und nur sehr langsam wuchsen.

Das Wachstum ging zwar wie bisher letztlich auf Geburtenüberschuss zurück, aber seit Mitte der 1820er Jahre zeigte dieser bereits eine sinkende Tendenz; die Zahlen von 1820/22 wurden nie wieder erreicht,[106] denn die Nahrungsmittelpreise stiegen vom Tiefpunkt Anfang der 1820er Jahre unentwegt und diese standen damals noch in direktem Zusammenhang mit der Zahl der Ge-

106 Die Geburtenziffer betrug 1821 mit 17,9‰, einen Allzeit-Höchstwert. Walther G. Hoffmann, Das Wachstum der deutschen Wirtschaft seit der Mitte des 19. Jahrhunderts, Berlin, Heidelberg, New York 1965, S. 172, Tab. 1. Die neuere Forschung schließt nicht mehr aus, dass der rasche Anstieg der Bevölkerungszahl nach 1816 eher das Ergebnis zunehmender statistischer Genauigkeit ist als Realität. Die hierzulande ermittelten Wachstumsraten von über 10‰ pro Jahr wurden jedenfalls im restlichen Kontinentaleuropa nirgends erreicht.

burten.[107] Das Neue, ja die „entscheidende Komponente" war jedoch der Rückgang der Sterblichkeit; insbesondere die für die Zeit vor 1800 typische extreme Fluktuation der Sterbeziffer gehörte nun der Vergangenheit an.[108] Das „Jahr ohne Sommer" (1816)[109] und das Hungerjahr (1817) waren darum die große Ausnahme und markierten fast schon die letzte Subsistenzkrise in Mitteleuropa, denn diejenige von 1847 fiel weniger drastisch aus.

Trotzdem betraten natürlich die Babyboomer des 1820er zehn bis fünfzehn Jahre später, also ab Anfang der 1840er Jahre, den Arbeitsmarkt. Dieser zeigte sich den Anforderungen nicht gewachsen, da nicht nur die Handwerke hoffnungslos überfüllt waren, sondern namentlich die Technisierung des Textilgewerbes eigentlich wohl Hunderttausende Menschen überflüssig gemacht hätte. Doch mangels Alternativen praktizierten diese permanent Selbstausbeutung, ohne dass sie die nicht zuletzt durch Ausfälle bei der Kartoffelernte verursachten Preissteigerungen auffangen konnten. Auch in Deutschland kann man daher von den sprichwörtlichen *Hungry Forties* sprechen, wenngleich die die Not niemals das Maß der irischen Katstrophe erreichte, schon weil die staatlichen,

107 Hoffmann berechnete „eine Regression zwischen den Nahrungsmittelpreisen und dem Geburtenüberschuß für die Zeit von 1825 bis 1865" mit dem Ergebnis, „daß bei einem Anstieg der Preise um 1% der Geburtenüberschuß durchschnittlich um 1,3% zurückgeht". Hoffmann (vorige Anm.), S. 15.

108 Josef Ehmer, Bevölkerungsgeschichte und Historische Demographie 1800-2000, München 2004, S. 66.

109 Ursache war der Ausbruch des Vulkans Tambora auf der Insel Sumbawa (östlich von Sumatra) im April 1816, der größten Eruption seit Jahrtausenden, mit erheblichen klimatischen Folgen in vielen Teilen der Erde. Mehr dazu bei Wolfgang Behringer, Tambora und das Jahr ohne Sommer. Wie ein Vulkan die Welt in die Krise stürzte, München 2015.

kirchlichen und privaten Hilfsaktivitäten viel umfangreicher waren als auf den britischen Inseln. Trotzdem ist die 48er-Revolution nicht nur auf eine politische Krise von außergewöhnlicher Schwere zurückzuführen, sondern zu ihren Ursachen gehören auch krisenhafte gesellschaftliche Tatsachen, die in Teilen auch ihren weiteren Verlauf erklären helfen. Petitionen, lokale Unruhen und die die Paulskirchenversammlung begleitenden Kongresse der Handwerksmeister und Gesellen sowie die Aufstände der ländlichen Unterschichten illustrieren das außergewöhnliche Maß der Notlagen. Offensichtlich steckte ein großer Teil der traditionellen handarbeitenden Gewerbe in einer Strukturkrise und waren die vielgestaltigen städtischen Unterschichten einem anhaltenden Prozess der Proletarisierung ausgesetzt,[110] während die Armen auf dem Lande gegen ihren Ausschluss von Wald und Weide und ihre Verdrängung von der Brache revoltierten.

Die ins Uferlose gehenden Quellen lassen keinen Zweifel, dass die aufmerksamen Zeitgenossen überwiegend einen zutreffenden Blick auf die sie bedrückenden Umstände hatten. Weniger gilt das für ihre Vorschläge zur Überwindung der Notlage.[111] Seltenheitswert hatten

110 Vgl. Anm. 2. Hildebrand suchte mit seinen Schilderungen aus dem rückständigen Kurhessen Friedrich Engels‘ populär gewordene Behauptung zu widerlegen, dass der Aufschwung der Industrie das Proletariat hervorgebracht habe; das Gegenteil sei nachweislich der Fall. Die Forschung gab ihm erst sehr viel später recht, die dogmatisch gebundene nie.

111 Während der Revolution erreichten den Volkswirtschaftlichen Ausschuss der Nationalversammlung über 8.000 Petitionen. Ein geringer Teil von ihnen ist abgedruckt in: Die Protokolle des Volkswirtschaftlichen Ausschusses der deutschen Nationalversammlung 1848/49, hg. v. Werner Conze u. Wolfgang Zorn, bearb. v. Rüdiger Moldenhauer, Boppard 1992. Dasselbe gilt für: Die Petitionen an den deutschen Handwerker- und Gewerbekongreß in Frankfurt 1848, hg. v. dens., Boppard 1994.

allerdings jene Texte, in denen die Bevölkerungsentwicklung ein Argument war. Zu den Ausnahmen zählt, wenig verwunderlich, ein Büchlein, das die Auswanderung „als Nationalsache" betrachtete. Der Verfasser begann mit der Feststellung, „man unterscheidet dünne, dichte Bevölkerung und Uebervölkerung", fügte aber hinzu, „dieses sind relative Begriffe". Von „Uebervölkerung" müsse man sprechen, wenn „die Menschen [...] ihre Leiber mit der gemeinsten Nahrung füllen und, schlimmer wie das Tier, ihre ganze Thätigkeit nur auf diese Lebenserhaltung verwenden müssen. [...] In diesem Zustande der Uebervölkerung befinden sich nun mehrere Provinzen und Orte in Deutschland" und so müsse die „von einem höheren Wesen gebotene Auswanderung" unverzüglich gestattet werden, damit nicht „auch in Deutschland die Fäulnis durch Pauperismus und Proletariat [...] die gesündesten Glieder" angreift.[112]

Mit ‚Übervölkerung' und ‚Pauperismus' reiht sich diese Schrift in den kaum noch zu überblickenden Malthus-Diskurs. Was genau den Stimmungsumschwung vom Populationismus des späten 18. Jahrhunderts zur verbreiteten Furcht vor begrenztem Nahrungsspielraum geführt hat, bleibt im Dunkeln. Malthus' Buch allein konnte es kaum sein, schließlich gehörten Not und Armut seit jeher zum Alltag, und er empfahl ja auch in erster Linie die Reform der englischen Armengesetze. Eher kommen die zahlreicher und genauer werdenden Statistiken in Frage,

112 Karl v. Sparre, Die Auswanderungen und Ansiedlungen der Deutschen als Nazionalsache; insonderheit Preußens Betheiligung an der Auswanderungsfrage, Gießen 1847, S. 8f., 9.

die in der damaligen Knappheitsgesellschaft die immer bedrohlicher näherrückenden Grenzen des Nahrungsspielraums vor Augen führten. Jedenfalls fällt auf, dass in den Schriften zum Pauperismusproblem die Übervölkerung einen prominenten Raum einnahm. „Etwa 53% aller Autoren überhaupt und etwa 65% all der Autoren, die sich an zentraler Stelle mit den Ursachen des Pauperismus beschäftigten", betrachteten die Übervölkerung „als wichtige Ursache für das wachsende Elend breiter Schichten im Vormärz". Nur etwa 8% leugneten prinzipiell, dass Übervölkerung herrsche.[113] Den Ton setzten die Alarmrufe. Wortgewaltig sprach etwa 1840 Jeremias Gotthelf von der Armut als dem „neue[n] Türk", der bereits „einen großen Theil der Menschheit sich" unterworfen habe.[114]

Es blieb aber nicht beim Diskurs bzw. es ist dies ein Musterbeispiel für die Macht von Diskursen. Denn in den süddeutschen Ländern begannen seit den 1820er Jahren Versuche, durch rechtliche Maßnahmen der malthusianischen Horrorvision Einhalt zu gebieten, die ab den 1830er Jahren tatsächlich Gestalt annahmen und zwei Jahrzehnte später den Höhepunkt erreichten. Die restriktiven Maßnahmen reichten bis zur Wiedereinführung behördlicher Heiratserlaubnis und betrafen dort „zehntausende von heiratswilligen Paaren".[115] Die demographischen Wirkungen waren bemerkenswert: Es sanken tatsächlich die

113 Klaus-Jürgen Matz, Pauperismus und Bevölkerung. Die gesetzlichen Ehebeschränkungen in den süddeutschen Staaten während des 19. Jahrhunderts. Stuttgart 1980, S. 74, 75.

114 Jeremias Gotthelf [= Albert Bitzius], Die Armennoth, Zürich, Frauenfeld 1840, S. 4.

115 Matz, Pauperismus (Anm. 113), S. 233.

Heiratsziffern, es stiegen aber die unehelichen Geburten und beim Bevölkerungswachstum in den süddeutschen Staaten, das schon vor den Heiratshemmnissen deutlich geringer war als in Preußen oder gar Sachsen, nahm der Abstand weiterhin zu; die Auswanderung Hunderttausender zwischen 1834 und 1864 trug dazu natürlich bei. All das war, „so darf vermutet werden, [...] mit den eng gezogenen Grenzen des Nahrungsspielraums ursächlich verknüpft".[116] Erst die 1860 einsetzende Liberalisierung beseitigte Zug um Zug die gesetzlichen Hemmnisse. Aber auch dann war man noch von der heute vorherrschenden Einsicht in wechselnde Konjunkturen des Wachstums weit entfernt.

Bilanzierend wird man feststellen können, dass das demographische Wissen aus vielerlei Ursachen und Quellen stammte und seine Zunahme mit der Politik und ihren Maßnahmen eine, wenngleich sehr elastische Verbindung eingegangen ist. Die Bevölkerungswissenschaft ist also seit ihrer Entstehung eine staatsnahe Disziplin, die politisch hochbedeutsame Werturteile ausspricht. Noch im späten 18. Jahrhundert vollzog sich „im Medium der Statistik" dieser „folgenreiche Wandel in der qualitativen Gestalt und in der Funktion von [demographischem] Wissen", der eine der Grundlagen unserer Moderne darstellt.[117] So verlor in unserem Zeitraum die noch von Süßmilch als ‚göttlich' bezeichnete und für ihn wissenschaftlich nach-

116 Ebd., S. 258.

117 Lars Behrisch, Die Berechnung der Glückseligkeit. Statistik und Politik in Deutschland und Frankreich im späten Ancien Régime, Ostfildern 2016, S. 494.

gewiesene ‚Ordnung' ihren transzendenten Charakter. An ihre Stelle trat ein rein weltliches Verhältnis zwischen den Menschen und ihrem Nahrungsspielraum, während die Endlichkeit der übrigen Ressourcen noch keine Sorgen bereitete. Bis es so weit war, sollten noch gute hundert Jahre vergehen.

5. Die Ausgangslage 1770 bis 1780/90

In dieser Zeit war, was wir trotz mancher Bedenken umstandslos die ‚Ständegesellschaft' nennen, offiziell noch überall in Geltung. Rechtlich verbürgte Ungleichheit, ihr tragendes Merkmal, war weithin anerkannt.[118] Von den Obrigkeiten sowieso, denn trotz begrenzter Machtmittel Ordnung in einer durch Herkommen und Recht vielfach abgestuften Gesellschaft zu bewahren, war eine ihrer wichtigsten Aufgaben. Aber auch die große Mehrheit der Untertanen akzeptierte die existierenden sozialen Zustände damals noch ganz offensichtlich. Die Spätaufklärung stellte zwar die überkommene Gesellschaftsordnung als Folge ihres naturrechtlichen Menschenbildes grundsätzlich in Frage und begann, entsprechende Reformkataloge zu entwickeln. Aber das hatte in Mitteleuropa kaum praktische Wirkung, beschränkte sich auf Gedankenexperimente. Die herrschende soziale Ordnung blieb herrschend. Wenn sie sich dennoch wandelte, hatte das

118 „Die Stände, in welchen sich die Menschen befinden, sind unterschiedlich", lautet im Zedler die Ausgangsfeststellung, bevor er mustergültig die vielfach geschichtete, aus rechtlich autonomen *societates* gebildete Gesellschaftsstruktur referiert. Zedler, Universal Lexicon (Anm. 14), Sp. 1093.

folglich andere, nämlich demographische und wirtschaftliche Ursachen. Der oben zitierte Vorschlag von 1779 zur Regelung des Luxusproblems zeigt, wie die Dinge inzwischen in Bewegung geraten waren.[119]

Der Adel war davon vergleichsweise am wenigsten betroffen, so der Eindruck bei der Durchsicht entsprechender Quellen. Jedenfalls schweigen sie sich über ihn aus. Dass das empirisch falsch ist, steht dem nicht entgegen. Tatsache ist jedenfalls, dass im gedruckten Material jener Zeit, also Reiseberichten, Aufsätzen in Journalen, Essays sowie Büchern, der Adel als soziale Entität so gut wie keine Beachtung gefunden hat. Im *Krünitz*, dem mit Abstand umfangreichsten Lexikon – es erschien in 242 Bänden zwischen 1773 und 1858 – gibt es kein Lemma ‚Adel' (sowenig übrigens wie ‚Arbeiter' und ‚Classe' bzw. ‚Klasse'), während die Lemmata ‚Bürger' samt einem guten Dutzend Ableitungen ebenso wie ‚Mittelstand' Aufnahme gefunden haben.[120] Das spricht für nach wie vor strikt getrennte Lebenswelten, wenn man von den institutionalisierten – und entsprechend formalisierten – Kontakten zwischen Adel und ‚Drittem Stand' in Regierung, Verwaltung, Militär und katholischem Klerus absieht. Garve bescheinigte noch nach der Revolution der deutschen Gesellschaft, dass „die Scheidewand [...] zwischen dem Adelstand und dem unadlichen [...] die größte und wesentlichste" sei, die „nie übersprungen wer-

119 Vgl. Anm. 11.

120 ‚Adel' hätte in Bd. 1, [1]1773, erscheinen müssen. Art. ‚Bürger' in: Krünitz, Oekonomisch-Technologische Encyklopädie (Anm. 15), Bd. 7, Berlin [1]1776, S. 377-400. Art. ‚Mittelstand', ebd., Bd. 92, Berlin 1803, S. 195-197.

de kann“, im Grunde nicht einmal von Nobilitierten.[121] Die Freimaurerlogen als damals neuer Begegnungsort zwischen beiden Ständen hatten das Geheimnis zur Voraussetzung. Sie respektierten außerdem, soweit sie der damals in Deutschland vorherrschenden Richtung der ‚Strikten Observanz‘ angehörten, die Standesgrenzen insofern, als die höheren Grade dem Adel, zunehmend gar dem Hochadel vorbehalten waren.

Das Thema ‚Adel‘ war auf der Tagesordnung, seitdem die Aufklärung den Anspruch hatte, ihr naturrechtliches Normensystem in die Praxis zu übertragen. Dessen wesentliche Aussage, dass alle Menschen gleich geboren seien, machte den Adel zwangsläufig zum Thema. Sie nahm die Historie beim Wort und sah im Adel eine Auszeichnung für persönliche Leistungen in der Vergangenheit. Aus dieser Perspektive sei erblicher Adel „ein Gedankending ohne alle Realität“, wie Kant 1798 schrieb.[122] Dass dieser Satz in der folgenden Zeit oft zitiert wurde, versteht sich von selbst. Folgen hatte er vorderhand nur insofern, als der (Erb-)Adel nunmehr nur noch politisch legitimiert werden konnte. Explizit wird davon erst im kommenden

121 Christian Garve, Ueber die Maxime Rochefoucaulds: das bürgerliche Air verliert sich zuweilen bey der Armee, niemahls am Hofe [1792], in: Ders., Versuche über verschiedene Gegenstände der Moral, der Litteratur und des gesellschaftlichen Lebens, Bd. 1, Breslau 1792, S. 295-452, hier S. 347. Der gesamte Aufsatz dient dem Nachweis, weshalb der Adel so ganz anders sei als die übrige Gesellschaft: bei Hofe brauche es persönlichkeitsbezogene Fähigkeiten, nicht berufsbezogene wie sonst überall. Garve bekräftigte seine Auffassung in einem anderen, ebenfalls 1792 erschienenen Aufsatz. Dort heißt es, dass die „höhern Stände [...] in der Gesellschaft selbst, in welcher sie herrschen, gleichsam eingeschlossen bleiben, und denen nicht sichtbar werden, die zu ihr nicht Zutritt haben“. Christian Garve, Ueber die Moden, in: Ebd., S. 117-294, hier S. 179.

122 Immanuel Kant, Metaphysik der Sitten, Königsberg [2]1798. Werke in 10 Bänden, hg. v. Wilhelm Weischedel, Bd. 7, Darmstadt 1968, S. 450.

Zeitabschnitt die Rede sein. Aber Frankreich sollte 1790 demonstrieren, dass der Adel tatsächlich abgeschafft werden konnte, nicht nur seine Privilegien, doch hat dieses radikale Experiment nur wenige Jahre überlebt. Einen anderen Weg ging Preußen, allerdings erst nach der verheerenden Niederlage gegen Napoleon, als es 1807 die an den drei Ständen haftenden Vorrechte und Hindernisse beseitigte, soweit sie Grundbesitz und Berufsausübung betrafen. Dass der Adel dabei am meisten verlor, war Absicht der Reformer.

Zurück zur Aufklärung. Sie war kein, wie lange zu lesen, bürgerliches Projekt, und so beteiligten sich auch Adlige an ihrer Kritik bestehender Zustände, und zwar auch, sofern es ihren eigenen Stand betraf. Ein gutes Beispiel ist der General und Schriftsteller Martin Ernst von Schlieffen, der die Geschichte seiner Hauses mit der Feststellung begann, dass „dem Adel gleichwie vielen Ueberbleibseln des Alterthums" Ehrfurcht entgegengebracht werde, die jedoch unangebracht sei. „Die Natur kennt ihn nicht". Früher war er „der Urstoff von dem gothischen Gebäude des deutschen Gemeinwesens", jetzt ähnele er eher dem, „was unter den Wohnungen der heutigen Römer das Colossäum ist – ein noch verehrtes, doch entbehrliches Trümmerstück aus der Vorzeit".[123] Das sei nur deshalb vielen unbekannt, weil die Adelsgeschichte vorzugsweise von „besoldeten Gelehrten" geschrieben werde, die Legenden

123 Martin Ernst v. Schlieffen, Nachrichten von einigen Häusern des Geschlechts der von Schlieffen oder Schlieben, Kassel 1784, S. 2. Das folgende Zitat S. 3.

oft „für Dienerpflicht“ zu halten pflegen, aber auch, weil sie nicht in die Familienarchive gelassen würden.

Das bedeutete selbstverständlich nicht, dass damals der Adel sozusagen das unbekannte Wesen gewesen wäre. Nur war das von der Aufklärung entworfene neue Wertesystem ganz wesentlich gegen die Normen adliger Lebensführung gerichtet und so beschäftigten sich vor allem Dichter und Schriftsteller ausführlich mit den daraus sich ergebenden Konflikten. Lessings *Emilia Galotti* von 1772 und Schillers *Kabale und Liebe* von 1784 thematisieren die Widersprüche zwischen überkommener Adelsherrschaft und bürgerlicher Moral. Dass bei aller lehrbuchhaften Entgegensetzung die daraus entstehenden Antagonismen und Spannungen auch im realen Leben stattfinden konnten, wusste das Publikum vermutlich.

Dennoch kann man die auf den ersten Blick paradoxe Aussage wagen, dass wir heute mehr über den Adel in jenen Jahren wissen als die Zeitgenossen und deshalb über die seit 1770 auftretenden innerfamiliären Konflikte und wirtschaftlichen Schwierigkeiten wahrscheinlich sogar besser unterrichtet sind als selbst das seinerzeitige Personal in Haus und Hof (vor dem man aus Gründen der Diskretion ohnedies vorzugsweise Französisch sprach). Der Grund ist ganz einfach unser Zugang zu den Adelsarchiven, in denen Briefe, Tagebücher, Schriftsätze und anderes Material einen unverstellten Blick ins Innere der Familien erlauben.

Heinz Reif hat uns ein interessantes Beispiel aus dem westfälischen Stiftsadel, also einer Gruppe, die ihre hergebrachte Familienordnung rigoros verteidigte, um den herausgehobenen sozialen Status zu bewahren, aus dem Archiv der Familie Fürstenberg zugänglich gemacht. Es zeigt, wie in den 1770ern ein Angehöriger der jüngeren Generation gegen die für sakrosankt gehaltenen Regeln verstieß, indem er den durch entsprechende Lektüre vermittelten Reiz der individuellen Lebensführung zu praktizieren begann, zunächst natürlich im Verborgenen.[124] Ausgerechnet der älteste Sohn, dem nach Herkommen dereinst das Gros des Erbes zufallen würde und von dem folglich die strikteste Beobachtung adligen Herkommens erwartet wurde, hatte mit Unterstützung seines Hauslehrers und Beichtvaters einen geheimen Kreis von Vertrauten bürgerlicher Herkunft um sich geschart, in dem moderne Literatur gelesen und Fragen der Moral und Tugend diskutiert wurden. Der 19jährige Franz Clemens hatte seine Gedanken in Form des zeittypischen ‚Bekenntnisses' zu Papier gebracht, das durch Indiskretion der Familie bekannt wurde. Die daraus folgenden schweren Auseinandersetzungen zwischen dem sein Herrschaftsrecht beanspruchenden Vater und dem den Gehorsam verweigernden Sohn, in die auch der Fürstbischof von Münster eingeschaltet wurde, endeten nach jahrelangem Streit mit einer denkbar dürftigen Abfindung und der Heirat mit einer nicht standesgemäßen adligen Frau. Das junge Paar erwarb ein bescheidenes Gut, das es selbst zu bewirtschaf-

124 Das Folgende nach Heinz Reif, Väterliche Gewalt und „kindliche Narretei". Familienkonflikte im katholischen Adel Westfalens vor der Französischen Revolution, in: Ders. (Hg.), Die Familie in der Geschichte, Göttingen 1982, S. 82-113.

ten gedachte. Allerdings scheiterte die Ehe schon bald, hauptsächlich wohl weil der Versuch, Rousseaus Émile durch zwei westfälische Adlige in die Praxis umzusetzen, die junge Frau und Mutter überforderte. Franz Clemens allerdings beharrte auf seinen philosophischen Grundsätzen und lebte bedürfnislos in einer Hütte bis zu seinem Tod im Jahre 1827. Ob dies ein Einzelfall war, steht dahin. Reif jedenfalls betont, die Verhältnisse seien von da an zunehmend in Fluss gekommen.

Was für den Adel gesagt wurde, nämlich dass er damals als soziale Kategorie kaum Aufmerksamkeit bekommen hat, gilt für den Bürger – aus heutiger Sicht überraschend – noch weitaus mehr. ‚Bürger' war nach wie vor ein Rechtsbegriff[125] mit vielfachen internen Abschattierungen und konnte daher, verstanden als „Staatsbürger", auch den Adel einschließen.[126] Dass es sich dabei nicht nur um eine Redensart handelte, sondern um handfeste juristische Tatbestände, erhellt vielleicht zum letzten Mal das 1794 in Kraft getretene *Allgemeine Landrecht für die Preußischen Staaten*, das den Bürger nur negativ definierte und damit das Selbstverständnis der hier zitierten Autoren ignorier-

125 So heißt es im *Krünitz* am Ende langwieriger Darlegungen bündig: „Es würde genug seyn, wenn ich nur kurz sagte: ‚Es ist eine solche der Stadt wegen unterworfene Person der Stadtobrigkeit, die zum Bürger durch die Zeichnung in die Bürger-Rolle und durch den Bürger-Eid aufgenommen und befugt ist, alle öffentlichen und Privat-, gemeinen und besondern Rechte, entweder vollkommen oder unvollkommen, wirklich in gewisser Ordnung zu genießen, die Pflichten der eigentlichen Bürger aber zu leisten, und bürgerliche Lasten zu tragen verbunden'. Ich glaube auch, daß er dadurch in soweit, wenn man nur erst die Stadtbürger-Rechte selbst weiß, ganz verständlich bestimmet, und von andern, bereits erwähnten, Unterworfenen hinlänglich unterschieden werden könne". Art. Bürger, in: Krünitz, Oekonomisch-Technologische Encyklopädie (Anm. 15), Bd. 7, Berlin [1]1776, S. 377-400, hier S. 385.

126 Ebd., S. 377.

te: „Der Bürgerstand begreift alle Einwohner des Staats unter sich, welche, ihrer Geburt nach, weder zum Adel noch zum Bauernstande gerechnet werden können; und auch nachher keinem dieser Stände einverleibt sind".[127] Die Ratlosigkeit erhellt schon aus dem in der ersten Hälfte der 1780er Jahre erarbeiteten Entwurf.[128] Selbst die wirtschaftlichen Aktivitäten der Bürger hat *Krünitz* auch nur wieder rechtsförmig beschrieben und dafür den hergebrachten ständisch konnotierten Begriff der ‚Nahrung' verwendet.[129] Der Kollektivbegriff war folglich bei ihm die rechtsförmig organisierte „Bürgerschaft",[130] nicht aber das „Bürgertum", dessen geschichtsphilosophische Aufladung, von Ausnahmen abgesehen, erst am Ende unseres Untersuchungszeitraums im Zusammenhang mit der Etablierung des ‚Kapitalismus' als Sache wie als Begriff registriert werden kann.

---

127 ALR § 1, II, 8.

128 Im Entwurf war nur derjenige ein Bürger, „welcher als Mitglied einer Stadtgemeinde eine Kunst, ein Handwerk oder die Kaufmannschaft betreibt". Zit. Koselleck, Preußen (Anm. 42), S. 88. Als Folge der zunehmenden Arbeitsteilung beschränkte sich das *ALR* dann nur noch auf städtischen Wohnsitz und Bürgerrecht (ALR § 2, II, 8), obwohl es die ‚Bürger' unterhalb der Ebene des ‚Staatsbürgers' weiterhin in „eigentliche" Bürger, Schutzverwandte und Eximierte einteilte. Zu den Eximierten mit privilegiertem Gerichtsstand zählten alle in irgendeiner Weise staatsnah Beschäftigten, nicht aber die Fabrikanten oder sonstigen Unternehmer. Auch das zeigt, wie fremd selbst den aufgeklärtesten preußischen Beamten sozioökonomische Schichtungsmodelle waren.

129 „Es bleibt aber doch der Grundsatz richtig: ‚Ein rechter Bürger muß das Recht haben, diejenige Nahrung in seiner Ordnung zu treiben, welche eine Stadt zu treiben befugt ist'". Krünitz, Oekonomisch-Technologische Encyklopädie (Anm. 15), Bd. 7, Berlin [1]1776, S. 388.

130 „Von der Bürgerschaft" überschrieb Westenrieder seine Beschreibung Münchens, die folgerichtig mit der „bürgerlichen Verfassung" beginnt, dann eine Liste der „zünftigen Gewerbe" liefert und zuletzt die „bürgerliche Miliz" vorstellt. Lorenz Westenrieder, Beschreibung der Haupt- und Residenzstadt München (in gegenwärtigem Zustande), München 1782, S. 93-109. Sozial bedeutsame Beobachtungen fehlen vollständig.

Von ‚Bürgern' ist also in den für uns in diesem Zeitabschnitt relevanten Texten keine Rede, denn im heutigen Sinne gab es sie noch nicht; theoretisch aufgeladen war nur das Adjektiv ‚bürgerlich' im oben bereits angeführten moralischen Sinne. Dagegen breitete sich der Begriff ‚Mittelstand' nach 1750 allmählich aus, um „dem wachsenden bürgerlichen Selbstbewußtsein" angemessen zum Ausdruck zu verhelfen,[131] wofür Justus Möser einen anschaulichen Beleg lieferte: „Wir Unadeliche haben lange genug unter der drückenden Vermuthung gestanden, daß wir von helotischer Herkunfft wären. Allein, das soll nicht mehr seyn".[132] Doch wenn „der Begriff sozial präzisiert werden sollte, dann begannen ausweglose Schwierigkeiten".[133] Das hinderte den bayerischen Aufklärer Adam Weishaupt nicht, in seiner „handfest und naiv"[134] formulierten Fortschrittsgeschichte den „Mittelstand" als Überwinder der Feudalverfassung zu preisen und „zur Triebfeder der übrigen Welt" zu erheben, denn seine Angehörigen „erfinden und verbreiten die Grundsäze,

131 Werner Conze, Art. Mittelstand, in: Otto Brunner, Werner Conze, Reinhart Koselleck (Hg.), Geschichtliche Grundbegriffe. Historisches Lexikon zur politisch-sozialen Sprache in Deutschland, Bd. 4, Stuttgart 1978, S. 49-92, hier S. 54. Conze führt ebd. einen Beleg von 1769 an, in dem der „begüterte Mittelstand" mittels „tiers Etat" präzisiert wurde. Der *Zedler* kennt das Stichwort noch nicht, es hätte in Bd. 21, Halle, Leipzig 1739, erscheinen müssen.

132 Möser an Abbt, in: Justus Möser, Briefe, hg. v. Ernst Beins und Werner Pleister, Hannover 1939, S. 197. Zit. Möller, Kleinbürgerliche (Anm. 48), S. 301.

133 Conze, Mittelstand (Anm. 131), S. 56. Zu den Ein- und Abgrenzungsversuchen der Zeit Möller, Kleinbürgerliche (Anm. 48), S. 2ff.

134 Reinhart Koselleck, Adam Weishaupt und die Anfänge der bürgerlichen Geschichtsphilosophie in Deutschland [1976], jetzt in: Ders., Über Sinn und Unsinn der Geschichte, hg. v. Carsten Dutt, Berlin 2010, S. 273-305, hier S. 282.

welche die Denkungsart eines künftigen Weltalters bestimmen".[135] Eine präzise Sozialbeobachtung war damit freilich nicht verbunden, und das legt den Verdacht nahe, dass Weishaupts Illuminatenprojekt nicht zuletzt an seiner Blindheit für elementare soziale Tatsachen gescheitert ist.[136]

Friedrich Nicolai, der sich, wie geschildert, sehr für soziale Gruppen zu interessieren pflegte, lieferte für Wien unter der Rubrik ‚Mittelstand' eine anschauliche Schilderung, die zugleich erkennen lässt, dass dieser dort sehr anders beschaffen war, als der Leser wohl erwartete. „Die Pracht und der Aufwand in den grossen adelichen Häusern und bey reichern Personen vom Mittelstande ist unglaublich groß". Das erkläre sich zum Teil dadurch, dass es „dort Kaufleute [gibt], die Freyherren und Grafen zum Theil für ihr baares Geld geworden sind".[137] Nicolai deutet nur an, dass dafür der Wiener Hof, der damals allenfalls noch von dem in Versailles übertroffen worden

135 Adam Weishaupt, Geschichte der Vervollkommnung des menschlichen Geschlechtes, Bd. 1, Frankfurt, Leipzig 1788, S. 185.

136 Dazu Richard van Dülmen, Der Geheimbund der Illuminaten. Darstellung, Analyse, Dokumentation, Stuttgart-Bad Cannstatt [1]1975, S. 107ff.

137 Nicolai, Reise (Anm. 51), Bd. 5, Berlin, Stettin 1785, S. 274. Die folgenden Zitate S. 275f. Im vorigen Band setzte sich Nicolai mit dem österreichischen Autor Alois Blumauer auseinander, der in seiner Schrift Betrachtungen über Oesterreichs Aufklärung und Litteratur, Wien 1782, Wien zum Zentrum der Aufklärung machen wollte. Hof und Reichtum seien gerade keine Mittel, um die Aufklärung zu befördern, hielt Nicolai dagegen. „Die wohlthätigen Verbesserungen [...] werden am sichersten aus der mittlern Klasse des Volks entstehen". Allerdings seien auch dann materielle Voraussetzungen zwingend: „Wenn diese [Klasse] für die nöthigsten Bedürfnisse des Körpers zu sorgen nicht nöthig hat, und so vorbereitet ist, daß sie nachdenken und thätig seyn will und kann". Ebd., Bd. 4, 1784, S. 923. Blumauers Vorstellungen referierte Nicolai in der von ihm herausgegebenen Allgemeinen Deutschen Bibliothek, Bd 54 (1783), 2. Stück, S. 621-625, unter der Rubrik ‚Nachrichten'.

ist, die Ursache ist. Conze hat schon recht: Ob für die von Nicolai ins Auge gefasste Gruppe überhaupt der Begriff ‚Mittelstand' taugt, fragt man sich natürlich im Blick auf die steinreichen, oft geadelten Besitzer von Luxusmanufakturen und Verwalter „großer Herren". Immerhin gab Nicolai durch seine Kritik zu erkennen, wie der bürgerlich-mittelständische Normalfall auszusehen pflegt: „Aber daß dadurch die mittlern Stände, bey welchen man doch unter allen Nationen die Triebfeder der Industrie, die das Volk beleben soll, suchen muss, außerordentlich erschlafft, und von der Thätigkeit, die der Bestimmung des Menschen näher entspricht, abgezogen worden sind, ist auch gewiß". Wien habe dies „vielleicht bis jetzt noch nicht genug beherzigt", denn ganz offensichtlich sei in Wien mit Dienstleistungen mehr Geld zu verdienen als mit ‚Industrie', d.h. mit Unternehmertum.

Dem Wiener ‚Mittelstand' fehlte ganz offensichtlich die Eignung zur ‚Triebfeder' für jene gedeihliche Entwicklungen, die die Schriftsteller ihm seit den 1780er Jahren zusprachen. Aber das war immerhin konkret beobachtet. Die Masse der Autoren benutzte dagegen den Begriff, um aus dem Prokrustesbett der obsolet gewordenen Dreiständelehre herauszukommen, füllte ihn aber nicht mit empirischen Beobachtungen, sondern attestierte ihm – und damit natürlich sich selbst – eine geschichtliche Funktion, die ihn den anderen Ständen überlegen machen sollte. So pries etwa Friedrich Schiller in seiner Jenaer Antrittsvorlesung 1789 den „wohltätigen Mittelstande", den „Schöpfer unserer ganzen Kultur", durch den „ein dauerhaftes Glück für die ganze Menschheit heranreifen sollte".[138] Wer dazugehört, sagte er nicht. Den Zuhörern war das ohnehin klar.

Anders als der ‚Mittelstand' begegnet der ‚Gemeine Mann' als unspezifische Großkategorie ausgesprochen selten. Es handelte sich bei ihm ja auch um einen aus dem Spätmittelalter stammenden Begriff, der nicht mehr in die inzwischen weit ausdifferenzierte Gesellschaft passte.[139] Trotzdem gebrauchte ihn Nicolai als Sammelbezeichnung zum Beispiel für die zur Steuer veranlagten unteren „Klassen" Wiens, deren gemeinsames Merkmal Armut war. Aus dem ‚Armen Mann' des 16. Jahrhunderts war der arme Mann geworden. Nicolai beklagte deren finanzielle Überbürdung. „Weil man aber den wahren Zustand des gemeinen Mannes entweder nicht kannte oder nicht genug beherzigt hatte (wie dieß leider ! fast in allen Ländern der Fall ist), so waren besonders die drey untersten [Klassen] viel zu hoch angesetzt".[140] Der ‚gemeine Mann' definierte sich vom Gegensatz zu den Bessergestellten bzw., um in der Sprache der Zeit zu bleiben, zu den „Leuten von vornehmem oder mittlern Stande",[141] während er sonst eigentümlich konturlos blieb und alle denkbaren Existenzen in Stadt und Land einschloss, vorausgesetzt, sie zählten zu den strukturell Armen. Bei

138 Friedrich Schiller, Was heißt und zu welchem Ende studiert man Universalgeschichte? Zit. Conze, Mittelstand (Anm. 131), S. 61.

139 In der *Enzyklopädie der Neuzeit* fehlt erstaunlicherweise das entsprechende Lemma selbst im Register.

140 Nicolai, Reise (Anm. 51), Bd. 3, 1784, S. 317.

141 Süßmilch, Göttliche Ordnung (Anm. 22), 3. Aufl., Bd. 3, Berlin 1776, S. 204 u. öfter.

Johann Friedrich Grimm entsprach der ‚gemeine Mann' gar unserem heutigen ‚Normalbürger' und hat praktisch keinerlei soziale Aussagekraft.[142]

Dass die ländliche Gesellschaft von den hier herangezogenen Autoren weitgehend ausgespart worden ist, überrascht auf den ersten Blick, wenn man bedenkt, dass damals der bei weitem größte Teil der Menschen ihr angehörte und die Landwirtschaft von essentieller Bedeutung für das Überleben aller war. Keine Berührung mit ihr zu haben war schlechterdings unmöglich, dafür sorgten schon die Wochenmärkte in jeder Stadt. Das schloss vollkommen unrealistische Blicke auf sie bekanntlich nicht aus. Die Schäferspiele Marie Antoinettes am Hof in Versailles sind nur das absurdeste Beispiel, aber sie standen in einer sehr alten Tradition idyllischer Verzeichnung der harten Realitäten ländlichen Lebens.

Wenn die Bauern in der ausgewählten Literatur so gut wie keine Rolle spielen, war das also eher kein Zeichen mangelnder Kenntnis, sondern Ausdruck einer Vorstellung, dass die bäuerliche Gesellschaft in ihrer Unfreiheit quasi geschichtslos sei und sich auf dem Lande folglich nicht viel Bemerkenswertes ereigne. Bauern gab es schon immer, der Mittelstand dagegen war eine neue Erscheinung. Der *Krünitz* brachte es 1774 auf den Punkt: „Der Bauernstand ist nicht nur der allerälteste, indem

142 [Johann Friedrich Carl Grimm] Bemerkungen eines Reisenden durch Deutschland, Frankreich, England und Holland in Briefen an seine Freunde, Bd. 1, Altenburg 1775, S. 454: „Zwei Stunden weiter, nämlich in Aachen redet der gemeine Mann durchaus deutsch". „Wenn man den gemeinen Mann in Halle sprechen hört", versteht man fast nichts. Ders., Bemerkungen eines Reisenden durch die königlichen preußischen Staaten in Briefen, Bd. 1, Altenburg 1779, S. 180.

man das Altertum desselben bald nach Erschaffung des ersten Menschen herleiten kann, sondern auch der allernützlichste und allernöthigste, weil alles und jedes, was in der Welt lebet, dadurch ernähret und erhalten wird, auch ohne denselben das gemeine Wesen keinesweges bestehen kann. Wenn man den eigentlichen Stand der Bauern nach seinem Ursprunge in Teutschland betrachtet, so ist derselbe von den ehemahligen Leibeigenen herzuleiten, die endlich in den mittlern Zeiten, aus einer irrigen Meinung, als ob der Knechtsstand der christlichen Religion zuwider, haufenweise einige Rechte der Freigelaßenen erlanget haben, und daher, ungeachtet sie an den meisten Orten heut zu Tage freie Leute sind, von ihren Gütern Dienste thun und Zinsen geben müssen. Ja, es wird ordentlich dafür gehalten, daß auf dem Lande alle Bauergüter dienst- und zinsbar seyn, wenn sie nicht ihre Freiheit sonst erweisen können. Der eigentliche Bauernstand hat auch eben daher noch viel Knechtisches bei sich, und ist deswegen noch bei uns Teutschen in einiger Verächtlichkeit".[143]

Bauern waren, sozial gesehen, in der urban geprägten Vorstellung der Gebildeten das ganz andere: unfrei, zu Diensten verpflichtet, keine Eigentümer des von ihnen bestellten Landes, sie stellten das große Reservoir der Soldaten und galten als träge und ungebildet. Und als arm. Alles zusammen bewirkte, dass der landwirtschaftliche Ertrag bei weitem nicht so war, wie er hätte sein können, aber das zu ändern fehlten Vorstellungen und

143 Art. Bauer, Landmann. Krünitz, Oekonomisch-Technologische Encyklopädie (Anm. 15), Bd. 3, [1]1774, S. 765-768, hier S. 766.

Kompetenz. Auch hierfür liefert der *Krünitz* bündige Argumente (die man freilich auch als subtile Kritik des Bestehenden lesen konnte): „Die meisten Bauerngüter sind so beschaffen, daß die Bauern nicht Eigentümer davon sind. Das Eigentum gehört entweder denen landesherrlichen Domainen, oder denen Rittergütern und Privatpersonen; die Bauern hingegen sind Leibeigene, und haben die bloße Nutzung der Güter auf Meierrecht, oder andere, in verschiedenen Ländern eingeführte Rechte; sie müssen also immer befürchten, daß sie aus dem Besitze ihrer Güter herausgesetzet werden. So lange solche Einrichtungen statt finden, so kann man sich gar keine Hoffnung machen, daß die Landwirthschaft in Flor kommen wird; und der Staat ziehet mithin aus dem Boden des Landes bei weitem nicht denjenigen Nutzen, den er sich versprechen könnte, wenn die Bauern selbst Eigentümer der Bauerngüter wären. Denn so lange sie dieses nicht sind, so fehlt ihnen der vornehmste Bewegungsgrund, und die wirksamste Triebfeder, ihre Grundstücke auf das beßte zu cultiviren".[144]

Dieser Text verrät zugleich auch erhebliche Unkenntnis der Zeitgenossen von den vielgestaltigen ländlichen Verhältnissen. Schon die Vorstellung, es könnten im ganzen Reich die Bauern ohne weiteres „aus dem Besitze ihrer Güter herausgesetzet werden", ist grundfalsch. Erst recht aber führt der Begriff ‚Leibeigenschaft' oft in die Irre, denn westlich der Elbe war sie seit langem fast nur noch der Rechtsgrund einer besonderen Steuer, die vielerorts

144 Art. Bauern-Güter. Ebd., S. 768-794, hier S.770f.

nachgerade so etwas wie die Staatsangehörigkeit belegte, oder Dienste für Straßenunterhalt oder öffentliche Bauten. Aber die Leibeigenen waren persönlich frei,[145] während im Osten, wo sie in Gestalt der Erbuntertänigkeit tatsächlich existierte, in unserem Zeitraum die ersten Anstrengungen unternommen wurden, diesen zunehmend als Skandal gebrandmarkten Status zu beseitigen. Und nicht zuletzt fehlte ganz offensichtlich das Wissen, dass unabhängig von ihrer Rechtslage die bäuerliche Bevölkerung die Masse der Abgaben trug, seien sie Steuern im heutigen Sinne oder Feudalabgaben alter Art, und dadurch, mehr noch aber durch die Dienste vielerorts bis an die Grenze belastet war, wenn nicht darüber hinaus.[146] Zwar berichten alle Autoren von der großen Armut auf dem Lande, aber diese war ihnen selbstverständlicher Bestandteil der

145 So verkannte etwa Nicolai im Gebiet der Reichsstadt Ulm ihren Charakter vollkommen, wenn er schrieb, es handle sich um eine „so schwere Leibeigenschaft, daß sie jährlich ein Leibgefäll und ihre Erben den Sterbefall bezahlen müssen. [...] Ulm ist doch kein Sparta, daß es Heloten haben müsste". Reise (Anm. 51), Bd. 9, 1795, S. 14. Dabei zählt Nicolai zu den interessiertesten und bestinformierten Beobachtern der sozialen Verhältnisse seiner Zeit. Einzelheiten bei Möller (Anm. 50), Kap. 5.

146 Diederich Saalfeld errechnete für drei Bauernhöfe in Petze, das zu Landdrostei Hildesheim gehörte, einer Region mit vergleichsweise gutem Meierrecht, für 1774 einen Überschuss von 14,8% des Rohertrags, aus dem sich nach Abzug aller Ausgaben ein Defizit von 2% ergab. Diese Berechnung wurde möglich, weil die Bauern geklagt hatten und das zuständige Gericht die nötigen Zahlen erhob. Es war auch bereits zu dem defizitären Ergebnis gekommen und begründete, dass der Hof sich trotz allem „noch so hin hält, weil er von Alters her in gutem Stande ist, vorerst also zusetzen kann". Zit. Wilhelm Abel, Geschichte der deutschen Landwirtschaft vom frühen Mittelalter bis zum 19. Jahrhundert, Stuttgart ^{2}1967, S. 252. Ebd., S. 251f., die Berechnungen von Diederich Saalfeld im Auftrag Abels. Die großen Hindernisse einer betriebswirtschaftlichen Bewertung bäuerlicher Höfe beklagten bereits die Zeitgenossen: „Es war von jeher eine der schwierigsten Sachen, dem Bauern seine Bilanz zu ziehen". Friedrich Eberhard v. Rochow, Ueber Gewinn und Verlust bey der Landwirthschaft, 1798. Zit. Harnisch, Kapitalistische Agrarrevolution (Anm. 104), S. 33.

ständischen Ordnung und daher meist keiner genaueren Untersuchung wert.

Folglich finden sich eingehendere Schilderungen der ländlichen Verhältnisse im Untersuchungszeitraum praktisch nur in Ausnahmefällen oder, besser gesagt, bei Autoren, die selber landwirtschaftlich tätig waren oder aus anderen Gründen, vor allem natürlich als Pfarrer, in engem Kontakt zur Landbevölkerung standen. Dass diese Schilderungen schlagartig in der Mitte der 1780er Jahre auftauchten, ist wohl kein Zufall, sondern verweist auf mancherorts beobachtbaren Strukturwandel – Stichwort Heimindustrie – oder veränderten Blick auf die Armut. Beides hing miteinander zusammen und produzierte eine neue Klasse von Armen. Der aufgeklärte Menschenrechtsdiskurs schärfte allerdings auch den Blick für Zustände in der ländlichen Gesellschaft, die bislang durch Tradition geheiligt schienen. So wurde ‚Leibeigenschaft' zum Anlass, über Interventionen nachzudenken.

In seinen Vorträgen für den preußischen Thronfolger 1785 beklagte der einst erfolgreiche Gutspächter Johann Christoph Woellner im Blick auf die Neumark, Pommern, Oberschlesien und Westpreußen das „drückende Elend" der leibeigenen Bauern, die oft hungern und denen

„nicht der Nagel in der Wand" gehört.[147] In Schwedisch Pommern waren die Verhältnisse noch schlimmer, dort hatten Bauern nahezu denselben Rechtsstatus wie Sachen. Der Greifswalder Professor Gadebusch hielt 1786 in seinem staatskundlichen Handbuch fest, die leibeigenen Bauern, beinahe zwei Drittel der Bewohner des platten Landes, „sind gleich dem Grund und Boden, den sie bewohnen, ein völliges Eigenthum ihrer Grundherrschaft und werden deshalb als ein in den Güthern stehendes Kapital angesehen. [...] Die Erbherrn können ihre Leibeigenen vertauschen, verpfänden, verkaufen, aus einem Hof in den andern, aus einem Dorfe in das andere versetzen, auch die Höfe, Aecker und Wiesen ihnen nehmen und zu Ackerwerken machen".[148] Der Abstand zur Sklaverei war in den Augen der (ahnungslosen) Zeitgenossen so gering, dass immer öfter einige tatsächlich diesen Begriff zur Schilderung der Lebensumstände der rechtlich und sozial schlechtestgestellten Bevölkerungsgruppe verwendeten. Mit am schlimmsten waren wohl die

147 Zit. Harnisch, Kapitalistische Agrarrevolution (Anm. 104), S. 32. Der mit Charlotte Amalie Elisabeth von Itzenplitz verheiratete Woellner war leidenschaftlicher Landwirt und verlangte auf diesem Gebiet ganz im Unterschied zu seinen Ansichten als Theologe unbedingt Neuerungen. Er hatte 1762 zusammen mit seinem bald darauf verstorbenen Schwager das Gut Behnitz gepachtet, während seine Frau erst nach dem Tod Friedrichs des Großen ihren Besitz zurückerlangte, den der König wegen dieser ‚Missheirat' 1767 unter Kuratel gestellt hatte. 1790 kaufte er das von der Marwitzsche Gut Groß Rietz, auf dem er sein 1785 vorgetragenes Programm durchführte: Er zerschlug das Gut in einzelne Betriebe und verpachtete sie an die Bauern. Ohne Geld von Friedrich Wilhelm II., der die Dinge ganz anders zu sehen pflegte als sein verstorbener Onkel, hätte er diese teure Reform nicht verwirklichen können. Einzelheiten dazu bei Uta Wiggermann, Woellner und das Religionsedikt. Kirchenpolitik und kirchliche Wirklichkeit im Preußen des späten 18. Jahrhunderts, Tübingen 2010, S. 11ff.

148 Thomas Heinrich Gadebusch, Schwedischpommersche Staatskunde, 1. Theil, Greifswald 1786, S. 286f.

Zustände in Polnisch Oberschlesien, wo mit erkennbarer Abscheu ein Zeitgenosse berichtet, dass die Untertanen dort „wie Leibeigene und als Sklaven angesehen werden" und als Zwangsgesinde weder auskömmlichen Lohn noch gar ordentliche Verpflegung bekommen: „höchstens alle Jahre nur 5 bis 8 mal Fleisch und die übrigen 357 oder 360 Tage bald Graupen, Hirse, Erbsen usf.", wobei „öfters das Fleisch von krankem Viehe, das manchmal schon halb krepiert ist", verabreicht wird. Kurz, dass es das Gesinde „in vielen Stücken nicht so gut als das Vieh" hat und die Herrschaft auch erheblich billiger kommt als jenes.[149]

Differenzierter beurteilte Pfarrer Schwager die Verhältnisse in seiner westfälischen Heimat. „Das Verhältniß, worinn ein Kötter oder Miethsmann mit seinem Bauren steht, ist im Grunde weit größere Sclaverei, als das Leibeigenthum des Bauren selbst".[150] Schwager unterschied also rechtliche und faktische ‚Sklaverei', d.h. grundherrschaftliche Abgaben- und betriebliche Arbeitspflicht. Mit ande-

149 Andreas Riem, Der gegenwärtige Zustand Oberschlesiens, juristisch, ökonomisch, pädagogisch und statistisch betrachtet, Dresden 1786, S. 30-32.

150 J[ohann] M[oritz] Schwager, Ueber den Ravensberger Bauer, in: Westphälisches Magazin zur Geographie, Historie und Statistik 2, H. 5 (1786), S. 49-74, hier S. 55.

ren Worten: Diese großen und wohlhabenden Bauern[151] praktizierten gegenüber den auf ihrem Grund angesetzten Köttern eine Art „sekundäre oder Quasifeudalität",[152] indem sie für die überlassene Habe nicht nur Mietzins verlangten, sondern je nach Bedarf auch Arbeitsleistung. „Dafür ist der Kötter gewisser Maßen der Leibeigene des Bauern, auf dieses [sic] Winck muß er mit Weib und Kind zur Arbeit kommen, die zwar bezahlt wird, aber der arme Miethsmann muß oft zu Hause weit mehr versäumen, als ihm sein Tagelohn werth ist. Alles, was ihm seine Sclaverei versüßen kann, ist die Vertraulichkeit, womit er den Bauer und der Bauer ihn behandelt, und der Credit, den ihm der Bauer giebt."[153]

Die Kötter waren nicht nur mehr oder minder arm, sondern praktizierten als Menschen, die weniger von der Landwirtschaft als vom Heimgewerbe – sie stellten Leinwand her – lebten, einen anderen Lebenswandel. Er erschien Außenstehenden, also Bauern wie bürgerlichen Beobachtern, als anstößig bis skandalös und nicht als spezifisch rationale Antwort auf ihre so ganz anderen Lebensumstände, die trotz Armut auf Selbständigkeit

151 „Der Luxus hat sich auch beim Bauern eingeschlichen, er will nicht nothdürftig, sondern gut leben, keine caffeeähnliche Jauche, sondern guten, starcken Caffee mit vielen Zucker trincken, und viel Fleisch essen. [...] Sein täglicher Kittel hat sich seit 12 bis 15 Jahren verlohren und ist gegen ein Tuchcammisol vertauscht worden. Seine Kinder bekleidet er mit Cattun oder Tsits, eine theure und nicht dauerhafte Traght [sic] an sich selbst. [...] Die Ueppigkeit in Kleidern treibt der Ravensberger Bauer wirklich sehr weit". Ebd., S. 61f. Zitz ist eine feinere Sorte von Kattun. Die noch längere Liste der Originalquelle enthält praktisch alles, was man seit Thorstein Veblen „conspicuous consumption" nennt, also demonstrativen Luxus. Schwager ist als Pfarrer freilich kein ganz unverdächtiger Zeuge in Sachen Luxus.

152 So Mooser, Ländliche Klassengesellschaft (Anm. 43), S. 250.

153 Schwager, Ravensberger Bauer (Anm. 150), S. 55.

zielte. Denn Selbständigkeit bildete in der herrschenden gesellschaftlichen Ordnung die denkbar scharfe soziale Grenze nach unten. Nur Selbständige galten als Teil der Ständegesellschaft – nicht Großjährigkeit machte damals selbständig, sondern „separata oeconomia, Amt [oder] eigenes Gewerbe",[154] – und so dokumentierten gerade die dieser Gesellschaftsformation als erste Entwachsenden, wie stark sie auf der einen Seite noch immer traditionsbestimmt handelten. Der als literarische Persönlichkeit zu Ehren gekommene Ulrich Bräker, der als Kleinbauer, Söldner und Garnhändler Armut und Not als biographische Grunderfahrung kannte,[155] bilanzierte sein Leben mit der Feststellung, auf Reichtum komme es nicht an, wichtiger sei, es gelinge, sein „bescheidenes Brodt in der Ehre der Unabhängigkeit zu erwerben".[156]

Nicht anders als Bräker wollten die westfälischen Kötter selbständig werden bzw. bleiben, hingen aber letztlich von der globalen Textilkonjunktur ab, von der sie natürlich kaum etwas ahnten[157] und auf die sie mit oft ungeeignetem und jedenfalls die zeitgenössischen Beobachter verstörendem Handeln reagierten. Die Lebenslogik des westfälischen Kötters beschrieb Pfarrer

154 So Carl Gottlieb Svarez, einer der Redaktoren des *Allgemeinen Landrechts*. Zit. Koselleck, Preußen (Anm. 42), S. 65.

155 „Alle unsere Freunde und Blutsverwandte sind unbemittelte Leuthe, und von allen unseren Vorfahren hab' ich nie nichts anders gehört. [...] Aber deswegen schäm ich mich meiner Eltern und Voreltern bey weitem nicht. Vielmehr bin ich noch eher ein Bischen stolz auf sie". [Ulrich Bräker], Lebensgeschichte und Natürliche Ebentheuer des Armen Mannes im Tockenburg, hg. v. H[ans] H[einrich] Füßli, Zürich 1789, S. 4f.

156 Ebd., S. 276.

157 Sein Baumwollgewerbe, so Bräker, sei „wie ein Vogel auf dem Zweig und wie das Wetter im April". Ebd., S. 274.

Schwager zunächst ganz zutreffend: „Geräth dem Kötter das Flachs, bleibt er mit Kranckheiten verschont, und sind seine Kinder 5 bis 6 Jahre alt, daß sie ihm spinnen helfen können, so kann er leben und kann selbst etwas erübrigen". Es seien jedoch nicht nur Schicksalsschläge, die ihn (wie jedermann) ruinieren können. „Gewöhnlich ist aber seine Armuth selbst verschuldet. Das junge Gesindel plumpt [sic] zu früh in den Ehestand hinein, Knaben von 18 Jahren heyrathen Mädchen von 16, 17 Jahren, statt Vorrath gesammelt zu haben, machen sie Schulden, eine solche Ehe giebt viele Kinder, und das geringste Unglück setzt nachher diese Eheleute so sehr zurück, daß an kein Erhohlen mehr zu denken ist. An dieser wircklich größern Armuth, als man denken sollte, ist nichts Schuld, als eingerissene Sittenlosigkeit, die seit der Existenz des Edicts wider den Kindermord [...] eher zu- als abgenommen hat".[158] Abgesehen von der für einen Geistlichen nach heutigen Maßstäben schockierenden Kritik an staatlichen Maßnahmen, unehelichen Säuglingen das Leben zu retten – nichts anderes ist mit dem „Edikt wider den Kindermord" gemeint –, ist sein Anstoß an frühen und entsprechend unzureichend abgesicherten Ehen alles andere als unüblich. Nicht nur Schwager sah Unsittlichkeit als ihre Ursache – wobei, was die Sache in seinen Augen noch verschlimmerte, die Mädchen den jungen Männern Avancen machen und nicht wie üblich

158 Schwager (Anm. 140), S, 56.

umgekehrt[159] –, und so verließ ihn an dieser Stelle die Einsicht in die Lebenslogik der Heimgewerbetreibenden. Heirateten sie nicht, so fristeten sie mit Sicherheit auf immer ein kümmerliches Dasein und blieben obendrein als Einlieger dem Bauern untertan. Also heirateten sie. Dann aber war es durchaus sinnvoll, früh zu heiraten, denn anders als in der Landwirtschaft setzten sie ihre Kinder schon, wie geschildert, ab fünf Jahren als Arbeitskräfte ein. Da diese zehn, zwölf Jahre später schon wieder den elterlichen Haushalt verlassen konnten, weil auf sie ja keine ‚Nahrung' im ständischen Sinne wartete, war eine große Kinderzahl durchaus rational, obwohl damit auch die Risiken zunahmen.

Im Züricher Oberland, wo die Proto-Industrialisierung damals das Heimgewerbe bereits durch Maschinenspinnereien ergänzt hatte, waren die Verhältnisse im Ganzen dennoch ähnlich. Allerdings argumentierte der Züricher Stadtarzt Hirzel nicht moralisch und hielt darum auch den mit Heim- oder Fabrikarbeit verbundenen größeren Geldumlauf, von dem man bei Schwager nichts erfuhr, für hilfreich, weil er „den Leuten in den Wintertagen einen Verdienst zu verschaffen" vermag und so mehr Bargeld

159 „Ungesehen hab ich oft Unterredungen zwischen jungen Leuten zugehört, die auf Tahiti oder Kamtschatka nicht garstiger seyn können, und die Unverschämtheit geiler Landmädchen mag [nur] von Bordelhuren noch übertroffen werden". Ebd., S. 58. Bräker berichtet quasi als Selbstverständlichkeit von vorehelichen Kontakten zwischen jungen Leuten und dass die jungen Frauen, die große Freiheiten besäßen, ohne ihren Ruf zu ruinieren, es seien, die ein Stück weit ihre Partner selbst aussuchten. Für seine künftige Frau war Bedingung, dass er ein eigenes (kleines) Haus baute, denn zur Miete zu wohnen, kam für sie nicht in Frage.

in die Bauernfamilien kam.[160] Dass „das Kaffeetrinken und Fleischessen [...] vorzüglich bey der Klasse der Fabrikarbeiter sehr gemein“ ist, störte Hirzel darum weniger, denn er interessierte sich für die Wechselwirkungen zwischen Landwirtschaft und Fabrikwesen. Auch verstand er die Logiken der Bevölkerung recht gut und zeichnete ihre jeweiligen Entscheidungen präzise nach. „Ein Bauer calculirte so: Mein Hof mag nicht mehr als einen, höchstens zwey Söhne ernähren, die andern mögen ledig bleiben oder anderswo ihr Glück suchen. Wo man von dieser Regel abwich und sich Fabrikverdienst einschlich, änderte sich der Calcul dahin ab: Ich habe 3 bis 4 Söhne, jeder bekömmt etwas Wieswachs, wenigstens zu einer Kuhe, etwas Acker u.s.f.“ Die ersparte Zeit erlaube, „sich durch Fabrikverdienst das übrige zu erwerben“. Dann aber wurde es problematisch. „Zuletzt fand man auch diesen [Fabrikverdienst] hinlänglich, wenn man nur einen Winkel im Hause hatte, sein Spinnrad oder Webstuhl zu stellen, und Platz zu einem Garten, sich Gemüß zu pflanzen; so füllten sich die Stuben an“ und da die Gemeinden, um der Zerstückelung der bäuerlichen Betriebe entgegenzuwirken, keine Neubauten genehmigten, „wurden die Häuser mit Menschen überladen“.[161] Damit war für Hirzel

160 [Hans Caspar] Hirzel, Beantwortung der Frage: Ist die Handelschaft, wie solche bey uns beschaffen, unserm Lande schädlich oder nützlich in Absicht auf den Feldbau und die Sitten des Volks?, o.O. [Zürich] 1787, S. 136. Das nächste Zitat S. 68.

161 Ebd., S. 129f.

eine Grenze überschritten,[162] die aber vielerorts gar nicht erst erreicht wurde. „Der Zürichsee hat also neben den geschicktesten und häufigsten Fabrikarbeitern zugleich die geschicktesten und fleißigsten Landwirthe erzeugt, die dieses Gelände zu einem wahren Lustgarten Gottes gemacht; und dieses beweiset, daß der Feldbau neben dem Fleiß in den Fabriken gar wohl bestehen und aus diesem noch Beyhilfe ziehen kann".[163]

Dieses Urteil hat die Forschung zwar bestätigt, aber die Zeitgenossen nicht überzeugt. Die allermeisten hielten die Ausdehnung des Heimgewerbes und erst recht die Zunahme des Fabrikwesens für ein wirtschaftliches und moralisches Übel. Und tatsächlich verhielten sich ja die Dinge nicht so lehrbuchhaft wie am Zürichsee. Ob Bräker, der 1782 nach Zürich reiste und dort auch Hirzel traf, dessen optimistische Sicht teilte, ist möglich, denn damals florierte sein 1779 gegründeter Verlag für Baumwolltücher für den Export nach Frankreich, doch nachdem Calonne 1786 die Handelspolitik durch einen Vertrag mit Großbritannien liberalisierte, ging Bräker wieder einmal Bankrott.

Wer die Dinge aus sozialer, genauer: demographischer Nahperspektive ins Auge fasste, sah anderes. Es war der Berliner Propst und Konsistorialrat Süßmilch, der als Geistlicher nicht nur die Armenpflege als Amtspflicht

162 Das galt vor allem, wo Getreidebau vorherrschte, denn dort „müssen wirklich Fabrikverdienste schädlich werden. Man zieht die sitzende Arbeit der mühsamen Arbeit im Felde vor, der Bauer hat es schwer, Arbeiter zu finden, er muß also seine Felder schlechter bauen, und die entfernten werden ganz verabsäumt und dem Anflug von Holz überlassen. Ebd., S. 124f.

163 Ebd., S. 68.

betrieb, sondern aus den ihm zugänglichen Kirchenbüchern die nötigen Tabellen erstellen konnte, die die wahre Lage der städtischen Unterschichten preisgaben. Und so entdeckte er schon zur Jahrhundertmitte „die sozialen Ursachen der Sterblichkeit" und die Manufakturarbeiter „als neue Klasse der Armut".[164] Süßmilch kritisierte etwa die 1757 als Folge der Teuerung „durch die Härte der Fabricanten" vorgenommene zwanzigprozentige Senkung der Löhne für die Weber,[165] wo sie es doch seien, „die viele allhier reich machen, die die Handlung befördern, Geld in das Land bringen und folglich viele Vortheile dadurch über die Stadt und das Land verbreiten".[166] Andererseits seien „die vielen Spinner, Weber und ihre Gesellen" nicht nur arm, sondern mangels rechter Erziehung auch ein „Sauerteig in der bürgerlichen Gesellschaft [...], der leicht den ganzen Teig, wenigstens ihres gleichen, anstecken kann".[167] Das wies sprachlich und gedanklich – die Kombination von Laster, Unbildung und Armut galt hier wie dort als entscheidender Faktor – weit voraus auf die *classes dangereuses* des 19. Jahrhunderts, auch wenn die

164 Horst Peter Dreitzel, Vorbemerkung zur Schrift „Gedancken von den epidemischen Kranckheiten und dem größeren Sterben des 1757ten Jahres...", in: Herwig Birg (Hg.), Ursprünge der Demographie in Deutschland. Leben und Werk Johann Peter Süßmilchs (1707-1767), Frankfurt/M., New York 1986, S. 259-261, hier S. 259.

165 Süßmilch, Göttliche Ordnung (Anm. 22), Bd. 2, Berlin [2]1762, S. 48.

166 Ders., Residentz (Anm. 70), S. 45. In seinem Stadtführer von Berlin zählt Nicolai die beträchtlichen Summen auf, die insbesondere unter Friedrich dem Großen im Interesse seiner merkantilistischen Politik den Manufakturbesitzern teils einmalig, teils regelmäßig zuzufließen pflegten. Die Risiken waren damit möglicherweise in Berlin sehr viel ungleicher verteilt als anderswo. Friedrich Nicolai, Beschreibung der Kgl. Residenzstädte Berlin und Potsdam, aller daselbst befindlicher Merkwürdigkeiten und der umliegenden Gegend, Bd. 2, Berlin [3]1786, S. 498ff.

167 Süßmilch, Göttliche Ordnung (Anm. 22), S. 63.

durch Unruhen und Agitation der Frühsozialisten genährte konkrete Angst noch fehlte.

Die städtischen Manufakturarbeiter nahmen, nicht anders als die Heimgewerbetreibenden, vielerorts rasant zu, weil die Regierungen die kameralistischen Rezepturen getreu befolgten und mit allerhand Privilegien zur Fabrik- bzw. Manufakturgründung animierten. Die Spinner und Weber auf dem Lande waren dagegen ungeschützt dem Markt ausgesetzt und arbeiteten gewissermaßen inmitten der großen Kommunikationsströme. Dieser markante Unterschied war den Zeitgenossen bewusst. Die ganz überwiegende Zahl unserer Autoren befürwortete die kameralistischen Maßnahmen, und sei es nur, weil deren Ergebnisse aufgrund staatlicher Kontrollen aktenkundig waren und sich in Tabellen umsetzen ließen, wie sie etwa Nicolai für Berlin lieferte.[168] Aus ihnen las man gerne den Erfolg obrigkeitlichen Handelns ab und ignorierte die Künstlichkeit dieser Konjunktur.

Aus dem hier herangezogenen Material ergibt sich, dass Regierungen und Fachleute ab 1780/90 viel Material über Zahl und Lage der Arbeiterschaft in der Hand hatten. Doch fügte das niemand zu einem Gesamtbild zusammen. Ein nachträglicher Versuch sei hier unternommen. Was die Unternehmer betrifft, so bestanden sie aus höchst unterschiedlichen Gruppen: Kaufleute (oft Eingewanderte) bildeten die große Mehrheit, ferner Juden (namentlich in Preußen), Ratsherren und Inhaber hoher staatlicher Funktionen wie Akziseeinnehmer, Salz-

168 Nicolai, Berlin (Anm. 166), Bd. 2, 1784, S. 498ff.

faktoren, Heereslieferanten usw., in Schlesien auch Adlige. Nicht minder vielgestaltig war die rasch wachsende Schar der Manufakturarbeiter. Trotzdem blieben sie für ahnungslose Reisende vielfach unsichtbar. Nicolai etwa berichtet, man könne in Berlin die großen Straßen entlanggehen, die von den vielfach neuen oder vergrößerten Gebäuden gesäumt würden, ohne auch nur das Geringste von den Tausenden Arbeitern zu bemerken. Denn diese seien in den Hinterhäusern eng gepackt, wo sie auch oft in Kellern oder unter dem Dach wohnten.[169] Auch sie waren in der Regel Fremde, Zugezogene, meist vom Land, in Preußen aber auch Kantonspflichtige – in vielen Fabriken Preußens stellten sie die Mehrheit der Beschäftigten[170] –, natürlich auch Ausländer, diese aber oft als hochgeschätzte Spezialisten. Das förderte nicht gerade die Integration. Und es arbeiteten ja nicht nur Männer, sondern vor allem im Textilgewerbe mussten sie von Frauen und Kindern unterstützt werden. Ihre Unterbringung war schlecht; schon Süßmilch beklagte das heftig und konnte anhand der von ihm untersuchten Masernepidemie von 1752 nachweisen, dass die hohe Sterblichkeit mit den ganz unzureichenden Wohnungen der Arbeiter ursächlich zusammenhing.[171] Auch unterlagen sie ganz ungerechter Besteuerung. Sodann bekamen sie mindestens in Preußen unlautere Konkurrenz durch Soldaten, die, solange sie nicht militärisch eingesetzt waren – und das war mit Ab-

169 Ebd., Bd. 1, S. 238.

170 Hinze (Anm. 40), S. 174f.

171 Süßmilch, Residentz (Anm. 70), S. 42f.

stand der größte Teil des Jahres – zur Aufbesserung ihres geringen Soldes auf eigene Rechnung Kleidungsstücke herstellten. Auf Beschwerden wurde das deshalb der Berliner Garnison 1780 verboten, was natürlich weltfremd war. Deshalb erging ein paar Tage später ein neuer Befehl, demzufolge „die Soldaten, so mit Handschuh handeln", sich „nicht so öffentlich auf der langen Brücke hinstellen" sollen.[172]

Die formal selbständigen Arbeiter litten unter den aus ihrer Sicht willkürlichen Praktiken ihrer Abnehmer. In Ulm hatte man Nicolai berichtet, „daß die Leinweber oft von den Leinwandhändlern verächtlich behandelt würden, sie zum Fenster hinaus oder die Waare vor die Füße zu werfen gedrohet würde" und, falls es sich um einen Ratsherren handelt, dieser „den Weber, welchem er abkauft, als seinen Unterthan betrachtet". Andererseits gälten die Arbeiter als unzuverlässig und uneinsichtig. „Die Arbeiter tragen auch selbst viel zu ihrem Untergange bey. Wer einigermaßen mit Manufakturgeschäften praktisch bekannt ist, wird wissen, wie mannichfaltig ihr Betrug zu seyn pflegt, und wie es oft sehr schwer wird, mit den Leuten im Guten auseinander zu kommen". Die rechten Lehren aus ihrer prekären Lage zögen sie jedenfalls nicht, sondern „sie leben selten wirthschaftlich und legen nie etwas zurück". Das alles trage zum Niedergang dieses Gewerbes im Gebiet der Reichsstadt bei.[173] Die mit der

172 August v. Witzleben, Aus alten Parolebüchern der Berliner Garnison zur Zeit Friedrichs des Großen, Berlin 1851, S. 53.

173 Nicolai, Reise (Anm. 51), Bd. 9, 1795, S. 59-61. Die Reise hatte er wie erinnerlich schon 1781 unternommen.

Tradition brechenden Lebenspraktiken der entstehenden Arbeiterklasse, die auf ein vergleichsweise gesichertes Dasein im Rahmen ständischer ‚Nahrung' nicht mehr setzen konnte noch wollte, blieben Nicolai wie den allermeisten seiner Zeitgenossen fremd. Die Welt wurde komplizierter, das Verständnis hielt damit nicht Schritt.

Überblickt man das für die Jahre zwischen 1770 und 1780/90 Geschilderte, so fällt als erstes dessen geringe Repräsentativität, quantitativ betrachtet, in Auge. Die Mehrheit der Bevölkerung blieb ausgeblendet, denn ihre Lebensumstände erregten, so scheint es, nicht das Interesse der schriftstellernden Zeitgenossen. Die Lebenswelten waren immer noch klar voneinander geschieden. Nur bei der wachsenden Zahl statistischer Werke war das anders, denn sie brachten nur bei Vollständigkeit den erwarteten Nutzen. Hier aber fehlen ganze Gruppen vollständig. Von der jüdischen Minderheit ist nur bei dem ausgesprochen philosemitischen Nicolai gelegentlich zu lesen, von Bettlern, Vaganten und Gaunern sprach niemand, und die Räuber, von denen sämtliche Italienreisenden berichteten, werden im Reich mit keinem Wort erwähnt,[174] obwohl es sie auch hier gegeben hat, wie zeitgenössische Gemälde

174 Einzige Ausnahme, soweit erkennbar, ist Schwager (Anm. 51), der sich auf seiner 1802 unternommenen Reise sehr vor Räubern fürchtete und sich über die milde, angeblich von Beccaria inspirierte Justiz empörte. Ebd., S. 88. Der Mailänder Aufklärer Beccaria hatte in seinem 1764 erstmals erschienenen und in der gesamten damaligen westlichen Welt verbreiteten Buch Folter und Todesstrafe kritisiert, woraufhin im Laufe der Zeit die Folter vielfach abgeschafft und die Strafen gemildert wurden. Dass sich davon die Verbrecher ermutigt fühlten, ist ein sich bis in die Gegenwart fortsetzender Irrglaube.

zweifelsfrei belegen.[175] Die Forschung hat diese Lücken natürlich in gewissem Umfang durch den Gang in die Archive geschlossen, aber hier geht es ja um Wahrnehmung. Das Schweigen ist darum durchaus beredt.

Man lebte in einer wenn auch an den Rändern zerfasernden Ständegesellschaft, und jeder Stand hatte seine eigenen Normen. Daran konnten weder die reformorientierten Obrigkeiten, die aus den Ständen eine einheitliche Untertanengesellschaft, noch die Aufklärer, die aus den Ständen eine Gesellschaft gleichberechtigter Menschen machen wollten, viel ändern.

Dazu passt, dass man in den herangezogenen Texten nach Sozialkritik im heutigen Sinne vergeblich sucht. Selbstverständlich gab es Kritik. Adel und katholischer Klerus, insbesondere das Mönchtum, standen im Zentrum aufgeklärter, bisweilen scharfer Angriffe, aber der Abschaffung von Adel und (katholischer) Kirche redete niemand das Wort. Die mitteleuropäische Gesellschaft als Ganzes besaß augenscheinlich nach wie vor hinreichend Legitimität. Ganz anders in Frankreich, wo im fraglichen Zeitraum Sozialphilosophien ausgearbeitet wurden, die von einem (gedachten) früheren Idealzustand ausgingen und daran die Gegenwartsgesellschaft maßen. Das Er-

175 Genannt seien als Beispiele nur Christoph Nikolaus Kleemann, Berittener Überfall auf eine Postkutsche am Rande eines Waldes, 1758, und N.N., Postkutschenüberfall im Höllental um 1850. Das zeigt schon, dass es nicht nur um die legendäre Schinderhannes-Bande geht. Zu ihr und anderen Banden im Rheinland zuletzt Udo Fleck, „Diebe – Räuber – Mörder“. Studie zur kollektiven Delinquenz rheinischer Räuberbanden an der Wende vom 18. zum 19. Jahrhundert, phil. Diss Trier 2003. Carsten Küthers Behauptung, dass der Anteil der Vaganten, aus denen sich die Straßenräuber zu rekrutieren pflegten, 10 Prozent der Gesamtbevölkerung betragen habe, kann als widerlegt gelten. Carsten Küther, Räuber und Gauner in Deutschland, Göttingen 1976, S. 22.

gebnis war scharfe Kritik, die bei Mably auf die These einer Zweiklassengesellschaft hinauslief: „ La société n'a presqu'offert partout qu'un assemblage d'oppresseurs et d'opprimés ".[176] Im Zentrum der Kritik stand die Eigentumsordnung, die umso mehr als ungerecht betrachtet wurde, als neuerdings die Physiokraten die Landwirtschaft, die natürlich auch in Frankreich der tragende Wirtschaftssektor war, zu modernisieren begannen und dabei ihr Augenmerk vor allem auf die Abschaffung altüberlieferter kommunitärer Praktiken richteten. Das sei ausschließlich im Interesse der Reichen und habe die Armen ihres Schutzes beraubt, wie Linguet zutreffend bemerkte.[177] Gerechter Lohn und *heureuse médiocrité*, d.h. bescheiden ausgestattete Gleichheit galten als idealisierte Gestaltungsmerkmale einer Gesellschaft, die jedenfalls dann bei Babeuf auf revolutionärem Wege wiederhergestellt werden sollte.[178]

Von alledem spürte man im Alten Reich nichts, die Verhältnisse insgesamt waren bisher nicht wirklich in

176 Gabriel Bonnot de Mably, De la législation ou Principes des loix, Lausanne 1777. Zit. Thamer (Anm. 25), S. 139. An anderer Stelle schrieb Mably: „ La propriété nous partage en deux classes, en riches et en pauvres ". Zit. ebd.

177 „ La société se trouva divisée en deux portions, l'une des riches, des propriétaires de l'argent qui, l'étant aussi par conséquence des denrées, s'arrogent le droit exclusif de taxer le salaire du travail qui les produisait, et l'autre, des journaliers isolés, qui n'appartenaient plus à personne, n'ayant plus de maîtres ni, par conséquent, de protecteurs intéressés à les défendre, à les soulager, se trouvèrent livrées sans ressources à la discrétion de l'avarice même ". Simon Nicolas Henri Linguet, in: Annales politiques, civiles et littéraires du XVIIIe siècle, 1, 1777. Zit. ebd., S.84.

178 Im Rahmen der „ Conspiration des égaux " (1796), die das Eigentumsrecht abschaffen und so eine „ parfaite égalité " herstellen würde. Näheres dazu am besten bei François Furet, Babeuf, in: Ders. / Mona Ozouf (Hg.), Kritisches Wörterbuch der Französischen Revolution, Bd. 1, Frankfurt/M. 1996, S. 321-331.

Bewegung geraten. Und wo das doch der Fall war, hatten sie vielleicht für die Betroffenen an Legitimität eingebüßt, aber nicht bei den gebildeten Eliten, auf deren Sicht sich diese Darstellung beschränken muss. Auf einem Felde herrschte allerdings Bewegung, war „die Thüre zu Neuerungen bey allen geöffnet“,[179] und das war die Mode bzw. der von ihr sichtbar gemachte Luxus. Luxus ist etwas anderes als Reichtum. Der Philosoph Garve sah 1792 in der durch Arbeitsteilung – Garve hatte damals vielleicht schon mit seiner Übersetzung von Adam Smiths *Wealth of Nations* begonnen[180] – sich ausbreitenden Geldwirtschaft ein im Rücken der Gesellschaft arbeitendes Instrument, das die Ständeordnung durch das ewig ungestillte „Bedürfniß“ in Bewegung brachte und die hergebrachten Grenzen unterspülte.[181] Es sei nun einmal „das Bestreben der arbeitenden Classen, immer neue Modelle für das Modische zu fabriciren“, und „die Neigung der genießenden [Klassen], neue Moden anzunehmen“.[182] Schon

179 Garve, Ueber die Moden (Anm. 121), S. 137.

180 Untersuchung über die Natur und die Ursachen des Nationalreichthums von Adam Smith, Doktor der Rechte. Aus dem Englischen der vierten Ausgabe übersezt [von Christian Garve], 4 Bde., Frankfurt, Leipzig 1796-99. Zuvor hatte er bereits Adam Fergusons Institutes of Moral Philosophy von 1769 übersetzt: Grundsätze der Moralphilosophie, Leipzig 1772. Dort hieß es freilich noch, dass „die Ungleichheit [...] zugleich mit den Künsten und dem Handel“ wachse; S. 30. 1792 ließ sich nicht mehr so schlicht argumentieren.

181 Garve, Ueber die Moden (Anm. 121), S. 174. Die veränderte Rolle des Geldes folge aus dem Umstand, dass neuerdings „der Wünsche viele sind, die man mit Hilfe des Geldes befriedigen kann“. Daher „muß man nothwendig nach und nach anfangen, das Geld als das vornehmste Mittel zur Glückseligkeit und als solideste Basis der Ehre anzusehen“. Ebd., S. 244. Mit Geld könne man Waren – Modeartikel – und Ansehen kaufen. „Die Bewegungsgründe sind also alsdann verdoppelt, welche der Liebe zum Gelde ihren Ursprung geben“. Ebd., S. 245.

182 Ebd., S. 132. Das nächste Zitat S. 179, die übernächsten Zitate S. 226 und 219.

sehe man: „In den Hauptstädten Europens ist daher der gute Bürgerstand von dem Adel in seiner Kleidung wie in seinem Mobiliar wenig unterschieden, aber er weicht noch sehr in den Regeln der Höflichkeit von demselben ab“. Das helfe zwar der „industriösen Classe im Staate“, also den Unternehmern, schade aber dem „Mittelmann“, der sich den ostentativen Reichtum des Adels nicht leisten könne. Das gehe so weit, dass der unentwegte Wettbewerb der Moden unter Umständen „die Glückzustände des Mittelstandes immer mehr und mehr zerrütten und bei einem zu eitlen Volke den Ruin vieler Familien hervorbringen“ kann. Daher sei die „erste Regel, [...] daß man die Moden des Standes, zu dem man gehört, nicht überschreite“.[183] Reichtum ließ sich für Garve mit der Ständegesellschaft problemlos vereinbaren, der Luxus aber werde in Gestalt der Mode zu einer „Sprache“,[184] die viele Neureiche erlernen, weil sie glauben, dadurch und nicht, wie es sich ziemt, durch „Verdienste“ in eine höhere Klasse aufzusteigen.[185] Koselleck bezeichnete Garves Essay als einen „Abgesang auf die Ständegesellschaft“.[186] Bemerkenswert an diesem ‚Abgesang‘ ist, dass Garve ihn nicht naturrechtlich-politisch instrumentierte, wie man das drei Jahre nach der Französischen Revolution erwarten könnte, sondern volkswirtschaftlich, und eben

183 Ebd., S. 272. In Wien war das ganz anders, wie Nicolai berichtete. s.o., S. 163 m. Anm. 137.

184 Ebd., S. 202ff., ausführlich zur Funktion der Mode als Sprache „zum Ausdrucke der Freundlichkeit, der bürgerlichen Achtung oder der Ehrerbiethung gegen andre“.

185 Ebd., S. 273.

186 Koselleck, Preußen (Anm. 42), S. 121.

das hinderte ihn, das sich abzeichnende Neue rundheraus abzulehnen, denn als Kenner der schottischen Aufklärer wusste er, dass der Fortschritt sich nicht aufhalten lässt. Einen scharfsinnigeren Blick auf die sich ganz oben und ganz unten auflösende ständische Ordnung findet man damals wohl kaum.

6. Nach der Revolution (1810-1825)

„Die großen und kleinen Gesellschaften, welche wir Staaten nennen", sind „in einer fortdauernden Verwandlung begriffen", denn der Mensch ist „das Produkt der Zeit und Umstände".[187] Diese kategorische Feststellung des nun schon vielfach zitierten allerersten deutschen Soziologen Friedrich Buchholz, der in diesem Text zugleich seine „Wissenschaft der Gesellschaft" vorstellte, stammt aus dem Jahre 1815 und war dreißig Jahre früher undenkbar. Es bedurfte offensichtlich der Erfahrung der von der Französischen Revolution verursachten gesellschaftlichen Umbrüche, um die Wandelbarkeit und Historizität der Gesellschaftsverhältnisse als Grundtatsache zu erkennen. Buchholz fuhr fort, die Rede vom Lehr-, Nähr- und Wehrstand sei historisch vollkommen überholt, unter anderem weil in ihr der gewerbliche Mittelstand und die Gelehrten keinen Platz finden. Seit drei Jahrhunderten trete aber neben die geburts- die berufsständische Gesellschaft und ersetze sie zunehmend, nämlich „die zahlreiche Classe

187 Friedrich Buchholz, Über die drei Stände im 19ten Jahrhundert, in: Journal für Deutschland, historischen und politischen Inhalts 1 (1815), S. 79-98, hier S. 79f. Die beiden nächsten Zitate S. 92 u. 93.

der Kaufleute, Manufacturisten, Gelehrten, Künstler und Handwerker, welche in dem gegenwärtigen Zustande der Gesellschaft eine so ausgezeichnete Rolle spielt". Ursache von Entstehung und Aufstieg sei die Entdeckung Amerikas und die dadurch ausgelöste Vermehrung des beweglichen Vermögens bzw., modern gesprochen, die erste Phase der Globalisierung, indem diese neue Klasse „die Bewohner unseres Erdballs zuerst in Zusammenhang und Verbindung gebracht hat".[188] Um ihrem geschichtlichen Auftrag gerecht werden zu können, bedürfe sie „eines hohen Maßes an Freiheit".[189]

Buchholz' Einsicht in die Historizität des Gesellschaftszustands war um 1815 herum – auch wenn Belege selten sind – kein Einzelfall mehr, während noch in den 1790er-Jahren die Deutschen, wie im vorigen Kapitel gezeigt, über keinen Begriff für das soziale Ganze verfügten und die Vorgänge im Nachbarland ohnedies vorzugsweise politmoralisch diskutierten. Volk, Freiheit, Verfassung,

188 Ebd., S. 94. Ganz ähnlich so schon Jenisch, Geist (Anm. 58) , Bd. 1, Berlin 1800, S. 300f., nur dass dort der Aufstieg der „gewerbtreibenden Classe [...] seit der Entdeckung der beyden Indien" in seinen Wirkungen auf die „sittliche Cultur" betrachtet wird. Die ‚Verbindung der Bewohner unseres Erdballs' durch die Europäer brachte Jenisch zur Überzeugung von der „Ueberlegenheit der Europäischen Cultur über die Cultur der übrigen Welttheile", wie er gleich im Vorwort zu Geist und Charakter, Bd. 3, Berlin 1801, S. VII, schrieb. Das tolerante Klima der Aufklärung, das Werke wie Montesquieus *Lettres persanes* oder Voltaires Artikel „De la Chine" in seinem *Dictionnaire philosophique* hervorgebracht hatte, war zu Ende, die *Verwandlung der Welt* (Osterhammel) im 19. Jahrhundert zeichnete sich hier – und nicht nur hier – ab.

189 Im Kern geht es Buchholz hier um die Repräsentanz dieses Mittelstands in den damals vom Wiener Kongress zugesicherten „landständischen Verfassungen". Sie sei bei der „Classe der Gelehrten" am besten aufgehoben, während er von der Zuziehung der „Classe der Advokaten" ausdrücklich abriet, die, wie man „in allen Staaten" sehe (er kann eigentlich nur Frankreich gemeint haben), sich nur auf die Erregung der von ihr vertretenen Personenkreise verstehe, nicht aber auf die Besänftigung der Streitenden. Buchholz, Stände (Anm. 187), S. 96f.

Vernunft – mit diesen Größen suchten sie das Beobachtete zu fassen und zu deuten, Gesellschaftsanalyse war nicht darunter.[190] Inzwischen hatten aber die Regierungen der Rheinbundstaaten und erst recht das von Napoleon vernichtend geschlagene Preußen massiv in die gesellschaftlichen Verhältnisse Deutschlands eingegriffen, ganz abgesehen davon, dass auf dem linken Rheinufer das Ancien Régime seit der Annexion durch Frankreich vollständig beseitigt worden war.

Aber selbst dort gab es nun wieder dank Napoleons Kaisertum einen Adel,[191] was Buchholz' These nur zu bestätigen schien, dass „die Gesellschaft den Adel nicht entbehren kann"; so dass, wenn der bisherige, aus welchen Gründen immer, verschwunden ist, „so bildet sich ein neuer Adel".[192] Die Revolution hatte dem Adel allerdings vor Augen geführt, dass seine Fortexistenz nur von den Monarchen gesichert werden kann, während gerade er zuvor, wie die liberalen Lexika nicht müde wurden zu erwähnen, gegen seinen Landes- und Lehnherrn nur zu oft opponiert hatte. Der Statistiker Bratring notierte (als Bürgerlicher sicher nicht ohne innere Genugtuung)

190 Das ergab eine Durchsicht zahlreicher, hier nicht näher aufgeführter Zusammenstellungen der Aussagen deutscher Autoren zur Revolution in Frankreich. Vergleichbares zu den Folgen der rheinbündischen oder preußischen Reformen existiert schon deshalb nicht, weil der soziale Wandel dort viel kleiner ausfiel.

191 Es überrascht, dass das *Conversations-Lexikon* demgegenüber feststellte, derzeit werde mehr denn je über den politischen Nutzen des Adels diskutiert, wo es doch in Frankreich „bekannter Maßen keinen Adel mehr" gebe. Art. Adel, in: Conversations-Lexikon oder kurzgefasstes Handwörterbuch für die in der gesellschaftlichen Unterhaltung aus den Wissenschaften und Künsten vorkommenden Gegenständen, Bd. 1, Amsterdam 1809, S. 12-14, hier S. 13.

192 Buchholz, Hermes, (Anm. 96), S. 110. Das war eine Elitentheorie *avant la lettre*.

diese Umorientierung: „Was der Adel ehedem zu vernichten suchte, die Macht des Fürsten, sichert jetzt ihm die Fortdauer seiner politischen Existenz; sie zu erhalten, das Vaterland und den König zu vertheidigen, ist seine hauptsächlichste Bestimmung".[193]

Während der Adel im zeitgenössischen Roman – man denke nur an Autoren wie Novalis, Tieck, Kleist, Brentano oder Eichendorff – eine erhebliche Rolle spielt,[194] schweigen unsere Quellen so gut wie vollständig. Eine Erklärung dafür ist das Ende der apodemischen Literatur, d.h. der gelehrten Reiseberichte, in denen zuverlässig immer auch vom Adel berichtet wurde, eine andere die Ausrichtung des blühenden deutschen Zeitschriftenmarktes auf literarische und allenfalls allgemeinpolitische Themen, bei denen gesellschaftliche Beobachtungen sehr selten waren. Ein letzter Grund sind die weiterhin getrennten Lebenskreise von Adel und Hof vom ‚Rest' der Gesellschaft. Aber selbst dieser ‚Rest' bildete natürlich alles andere als eine Einheit, nicht einmal das, was man damals ‚Bürgertum' oder ‚Mittelstand' nannte. Das *Allgemeine Landrecht* hatte die Stände ja noch einmal strikt voneinander getrennt. Aber die Rechtslage darf nie mit der Wirklichkeit gleichgesetzt werden und deshalb erstaunt es dann doch, wenn Heinrich Heine 1822, also rund dreißig Jahre später, aus dem quirligen und sozial sicher besonders fortgeschrittenen Berlin berichtete: „Es

193 Bratring, Beschreibung (Anm. 100), Bd. 1, Berlin 1804 S. 39. Hervorhebung im Original.

194 Mehr dazu bei Jochen Strobel, Eine Kulturpoetik des Adels in der Romantik. Verhandlungen zwischen ‚Adeligkeit' und Literatur um 1800, Berlin 2010.

ist hier viel geselliges Leben, aber es ist in lauter Fetzen zerrissen. Es ist ein Nebeneinander vieler kleiner Kreise, die sich immer mehr zusammen zu ziehen als auszubreiten suchen. Man betrachte nur die verschiedenen Bälle; man sollte glauben, Berlin bestände aus lauter Innungen. Der Hof und die Minister, das diplomatische Corps, die Zivilbeamten, die Kaufleute, die Offiziere usw. usw., alle geben sie eigene Bälle, worauf nur ein zu ihrem Kreise gehöriges Personal erscheint".[195]

Es kann natürlich gar nicht sein, dass den nichtadeligen Zeitgenossen die in vielerlei Hinsicht prekär gewordene Situation des Adels unbekannt geblieben ist. Man musste ja nur die Zeitungsannoncen der zum Verkauf angebotenen Rittergüter lesen, die sich seit der 1820 einsetzenden Agrarkrise dramatisch häuften.[196] Jahre zuvor hatte bereits der eben genannte Rehberg auf sie explizit in seinem Buch hingewiesen, und wer wollte, konnte Genaueres zum preußischen Adel, dessen Krise am offenkundigsten war, den Statistiken bei Bratring und Krug entnehmen. Der Adel musste ab jetzt Strategien des

195 Er fügte hinzu, es gebe nur „ein[en] einzige[n] allen Ständen gemeinsamen Ball", nämlich den sog. „Subskriptionsball", wo jedermann Karten kaufen könne. Heinrich Heine, Briefe aus Berlin. 2. Brief, 16.3.1822. Heinrich Heine, Sämtliche Schriften in 12 Bänden, hg. v. Klaus Briegleb, Bd. 3, München, Wien 1976, S. 23-47, hier S. 43 und 44. Knapp zwanzig Jahre zuvor hatte der Hannoveraner reformkonservative Beamte Rehberg schon geklagt, „die Absondrung der Stände geht in Deutschland viel zu weit". August Wilhelm Rehberg, Ueber den deutschen Adel, Göttingen 1803, S. 168.

196 S. u., Anm. 217.

‚Obenbleibens' entwickeln,[197] das war die Folge der Französischen Revolution (und dass er damit insgesamt sehr erfolgreich war, zeigte sich naturgemäß erst bei der nächsten[198]). Das Thema Adelsreform verzeichnete darum eine kaum zu überschauende Fülle von Beiträgen,[199] denn auch in Deutschland, wo die unmittelbaren gesellschaftlichen Folgen der Revolution nur schwach waren, hatte die Fortexistenz privilegierter Stände ihre Selbstverständlichkeit verloren. An ihr nagte nicht mehr nur die Naturrechtslehre, für die die Gleichheit aller vor dem Gesetz eine Selbstverständlichkeit war, sondern in den Augen vieler Zeitgenossen ganz pragmatisch die Erinnerung an den Beitrag aller Teile der Bevölkerung am Krieg gegen Napoleon, der die Beschwörung des Rittertums der Lächerlichkeit

197 Dazu die vorzügliche Skizze von Rudolf Braun, Konzeptionelle Bemerkungen zum Obenbleiben. Adel im 19. Jahrhundert, in: Hans-Ulrich Wehler (Hg.), Europäischer Adel 1750-1950, Göttingen 1990, S. 87-95. Der Aufsatz von Ewald Frie, Adel um 1800. Oben bleiben?, in: Zeitenblicke 4 (2005), Nr. 3, leidet dagegen am Missverhältnis zwischen hohem theoretischem Aufwand und konkreten bzw. belastbaren Erträgen.

198 Dazu noch immer das eindrucksvolle Buch von Arno J. Mayer, The Persistence of the Old Regime. Europe to the Great War, New York 1981. Der Titel der deutschen Übersetzung ist sinnentstellend bzw. suggeriert das Gegenteil: Adelsmacht und Bürgertum. Die Krise der europäischen Gesellschaft 1848-1914, München 1989. Mehr als siebzig Jahre Krise sind ein Oxymoron.

199 Für den raschen Leser bietet sich an: Heinz Reif, Adelserneuerung und Adelsreform in Deutschland 1815-1875, in: Elisabeth Fehrenbach (Hg.), Adel und Bürgertum in Deutschland 1770-1848, München 1994, S. 203-230. Ausführlich neuerdings Gunter Heinickel, Adelsreformideen in Preußen. Zwischen bürokratischem Absolutismus und demokratisierenden Konstitutionalismus (1806-1854), Berlin, Boston 2014. Zur „Kette" S. 531ff.

preisgab.[200] Mit Spott reagierte darum Buchholz auf den 1815 in Wien vorgelegten Entwurf einer Adelsassoziation namens „Kette“, dessen Mitglieder sich vornahmen, „den wahren alterthümlichen, ritterlichen Sinn des deutschen Adels zu erwecken und zu bewahren“ und damit dem Land insgesamt „einen Dienst zu erweisen“.[201]

Das alles sind klare Signale dafür, dass in der bürgerlichen Öffentlichkeit die Existenz des Adels nunmehr grundsätzlich in Frage gestellt worden ist. Ein gutes Beispiel dafür sind die damals aufkommenden und rasch an Popularität gewinnenden Konversationslexika, in denen sich das gebildete Publikum seiner überwiegend progressiven Weltsicht versicherte. An der Spitze dieser Literaturgattung befand sich bekanntlich der *Brockhaus*, demzufolge der Adel unter Berufung auf Kant „ein Gedankending ohne alle Realität“ war, weil in der nachrevolutionären Gesellschaft das ererbte nicht länger dem erworbenen Vorrecht vorgezogen werden dürfe.[202] Der Adel erscheint hier als Gefahr für Staatswohl, Frieden und Fortschritt, dem geraten wird, sich nach dem Beispiel Englands umzubilden, dem „vielleicht“ einzigen Fall,

200 Darauf wies der ehemalige Offizier und Berliner Populärschriftsteller Julius von Voß hin, wenn er der preußischen Regierung nahelegte, außer dem Namensrecht keinerlei Privilegien mehr zuzulassen, da „in den zunächst vergangenen Kriegen alle Stände so eifrig zur Vertheidigung der Monarchie beitrugen“. Ideen über das Preußenthum, Tl. 3, in: Freimüthige Blätter für Deutsche in Beziehung auf Krieg, Politik und Staatswirthschaft, H. 1 (1818), S. 285-315, hier S. 301.

201 [Friedrich Buchholz], Ueber den Entwurf zu einem Adelsverein, die Kette genannt, in: Journal für Deutschland, historischen und politischen Inhalts, H. 7 (1817), S. 113-124, hier S. 115.

202 Art. Adel, in: Allgemeine deutsche Real-Encyclopädie für die gebildeten Stände (Conversations-Lexicon), 5. Auflage, Bd. 1, Leipzig 1819, S. 55-61, hier S. 55f. Zur Quelle bei Kant s.o., S. 156, Anm. 122.

„welcher bis jetzt nicht schädlich in das Ganze eingewirkt hat“,[203] wie es in großzügiger Verzeichnung der englischen Geschichte heißt. Von einer positiven Funktion des Adels ist im Artikel nicht die Rede, seine Fortexistenz hänge nur am Staatsrecht, das ihn sichern oder eben auch beseitigen könne. Einige Jahre später war der Ton gemäßigter. Zwar wurde auch jetzt festgestellt, dass die meisten Empörungen gegen den Monarchen vom Adel und nicht von den einfachen Leuten ausgegangen sind, und Vernunft und Gerechtigkeit geböten, „dass der Staat seine Wohlthaten allen Bürgern ohne Unterschied zukommen lasse“, aber daraus folge nicht, „daß der Erbadel schlechterdings mit der Bestimmung der Staaten unverträglich sei“. Der „gesetzgebenden Macht“ sei allerdings „nicht verwehrt [...], ihn aufzuheben“.[204] Der rechts- und allgemeingeschichtliche Teil dieses Artikels betonte die im Vergleich zum übrigen Europa die in Deutschland scharfe Trennung des hohen vom niederen Adels und beider von der Masse der Bevölkerung aufgrund des Eherechts und endete mit der Feststellung, dass nach 1815 mit Ausnahme Norwegens „der Adel in Europa wieder zum allgemeinen Institut geworden“ ist.

203 Ebd., S. 60.

204 Art. Adel, in: Allgemeine deutsche Real-Encyclopädie (Anm. 202), 7. Auflage, Bd. 1, Leipzig 1830, S. 79-85, hier S. 80. Das folgende Zitat ebd., S. 85. Im 1832 erschienenen 1. Band des Neuesten Conversationslexikons für alle Stände nimmt der Artikel ‚Adel‘ nur noch wenige Zeilen ein und es wird eingangs betont, dass es neben dem Erb- und Verdienstadel auch einen „Seelenadel, Adel der Gesinnungen überhaupt“ gebe. Diese Gleichsetzung enthielt natürlich eine implizite Kritik, ebenso der geringe Textumfang. Art. Adel, in: Neuestes Conversationslexikon für alle Stände, Bd. 1, Leipzig 1832, S. 33f., hier S. 34.

Eben das Beispiel Norwegen diente im Verein mit den Fällen Frankreich und den USA dem Rotteck-Welcker'schen *Staatslexikon* als warnende Botschaft an den Adel, dass seine Existenz prekär geworden sei. Geschichtliche Argumente seien hinfällig, schon weil die meisten davon „Mährchen" seien.[205] Sicherheit böten „in der großen gefahrvollen Zeit, in welcher wir leben", letztlich nur „jene freien, auf freier Meinung beruhenden, sogenannten natürlichen Adelsvorzüge", und das hieß für die Liberalen konkret, auch der Adel müsse in der Sicherung des „kostbaren altdeutschen Freiheits- und Verfassungsrechts [...] sein Heil suchen".[206]

Empirische Aussagen sind ausgesprochen selten. So hat etwa die fortgesetzten Veränderungen des Heiratsverhaltens des westfälischen Stiftsadels – ein älterer, traditionsbewusster Adliger sprach von „abenteuerlichen Heiraten"[207] – erst wieder die Forschung unserer Tage ans Licht befördert. Vom süddeutschen Adel wird überhaupt nicht berichtet. Er scheint großenteils auch zu Beginn des neuen Jahrhunderts in gesicherten Verhältnissen gelebt zu haben, vor allem aber haben die Landesherren ihm in den

205 Seine Argumentation gipfelte im Spott für die aus der französischen Deputiertenkammer kolportierten Sottisen, der Fürst von Croix behaupte, er könne seinen Stammbaum bis in die Arche Noah zurückverfolgen, während der Graf Marcellus versichert habe, seinen Vorfahr habe „die Jungfrau Maria mit den Worten ‚couvrez-vous, mon Cousin!' als ihren und des Heilands Vetter, als Pair des himmlischen Reiches" begrüßt. [Carl] W[elcker], Art. Adel, in: Staats-Lexikon oder Encyklopädie der Staatswissenschaften, hg. v. Carl von Rotteck u. Carl Welcker, Bd. 1, Altona 1834, S. 257-354, hier S. 260. Von „Mährchen" ist S. 352 die Rede.

206 Ebd., S. 352f. Hervorhebung im Original.

207 Zit. Heinz Reif, „Erhaltung adeligen Stands und Namens". Adelsfamilien und Statussicherung im Münsterland 1770-1914, in: Neidhard Bulst / Joseph Goy / Jochen Hoock (Hg.), Familie zwischen Tradition und Moderne, Göttingen 1981, S. 275-309, hier S. 295.

ersten drei Jahrzehnten kaum nennenswerte Eingriffe in die grundherrschaftlichen Verhältnisse zugemutet.

Preußen hatte eben dies getan, wo das *Allgemeine Landrecht* 1794 die ca. 20.000 Adelsfamilien sozusagen verstaatlich hatte und wo trotzdem um 1800 schon etwa zehn Prozent der Rittergüter (und außerdem sämtliche Domänen, da sie seit 1752 sowieso nur noch an Bürgerliche verpachtet werden durften) in bürgerlicher Hand waren. Das Oktoberedikt 1807 beseitigte dann die letzten Sperren, die den Erwerb adliger Güter durch Bürgerliche (und natürlich umgekehrt, aber das hatte in der Praxis zunächst keine nennenswerte Bedeutung) verboten. Die sozialen Folgen waren enorm, in den Augen mancher Beobachter überfällig. So hatte (knapp vierzig Jahre später) nach Ansicht der liberalen juristischen Kommentatoren Gräff, Rönne und Simon dieses Gesetz „nur eine Schranke weg[geräumt]", die bislang „die Ohnmacht des Standes, sich als solchen ohne ungerechte Maaßregeln des Staates zu behaupten", verdeckt hatte. „Nachdem diese Schranke gefallen war, genügte der Verlauf weniger Jahre, den Vorzug des Adels im politischen Leben wesentlich identisch zu machen mit dem des Besitzers, im gesellschaftlichen mit dem der Gebildeten, um auf beiden Gebieten also seine frühere Exclusivität zu vernichten".[208] Mit anderen

208 Ergänzungen und Erläuterungen der Preussischen Rechtsbücher durch Gesetzgebung und Wissenschaft, Bd. 5: Ergänzungen und Erläuterungen des allgemeinen Landrechts für die preußischen Staaten durch Gesetzgebung und Wissenschaft, hg. v. H[einrich] Graeff, L[udwig] v. Rönne u. H[einrich] Simon, Breslau [2]1844, S. 2. Hervorhebungen im Original. Der Statistiker Hoffmann bestätigte diese Einschätzung damals mit Zahlen. Einzelheiten dazu weiter unten.

Worten: Der Adel war „seinem Wesen nach bereits [seit 1807] aufgelöst", die Ständegesellschaft beseitigt.[209]

Die Dynamik blieb natürlich nicht unbemerkt. Die beiden preußischen Statistiker Bratring und Krug zeichneten ein ziemlich neues Bild, das eine große soziale Spannbreite zeigte. D e n Adel gibt es bekanntlich nicht, die sozialen Distanzen zwischen der bei Hof verkehrenden Spitzengruppe und den auf ihren Gütern in der hintersten Provinz lebenden „Krautjunkern", wie sie damals bereits genannt wurden,[210] war enorm. Laut Statistik verfügte neben alteingesessenen äußerst wohlhabenden, etliche Rittergüter besitzenden, etwa die Hälfte der Geschlechter nur über ein Gut und außerdem gab es eine wachsende Zahl unbegüterter Familien. Diese lebten vorzugsweise

---

209 Ebd. Die Autoren zitieren in Fn. 3 Ernst v. Bülow-Cummerow, der in seiner Kampfschrift gegen den Fürsten Hardenberg das Ende der Ständegesellschaft verbittert beschrieb: „Preußens innere Verhältnisse sind erschüttert. [...] Der Adel, so weit es [!] von der Gesetzgebung abhängig war, vernichtet; alle Bande, die den Bürgerstand unter sich, den Landmann mit seinem Obergrundherrn verbanden, sind gelöset und gelockert". E[rnst] v. Bülow auf Cummerow, Ueber die Verwaltung des Staatskanzlers Fürsten von Hardenberg. Fortsetzung der Schrift: Ein Punkt aufs I etc., Zerbst 1821, S. 108. Noch dramatischer sah der Vordenker der Restauration die Dinge. „Herr und Diener, der Reiche und der Arme sollten nach dem System in allen Dingen gleich frey und voneinander unabhängig seyn; aber das Resultat dieser naturwidrigen Bemühungen war nur, daß die Herren zu Knechten und ein Theil der Knechte zu Herren, die Freygewesenen dienstbar und einige Dienstbare frey, die Reichen arm und wenige Arme reich wurden". Carl Ludwig v. Haller, Restauration der Staatswissenschaft oder Theorie des gesellig-natürlichen Zustands, der Chimäre der künstlich-bürgerlichen entgegengesetzt, Bd. 1, Winterthur [2]1820. Teilabgedr. in: Wolfgang v. Hippel (Hg.), Freiheit, Gleichheit, Brüderlichkeit? Die Französische Revolution im deutschen Urteil von 1789 bis 1945, München 1989, S. 87-93, hier S. 91.

210 „Die Krautjunker bleiben jetzt mit ihren Familien auf den Burgen der Väter, bauen Kohl und besuchen, zum großen Vortheile ihrer Kassen, viel seltener als sonst die Hauptstadt", spottete ein schriftstellernder bayerischer Standesgenosse. Adolph v. Schaden, Berlins Licht- und Schattenseiten. Nach einem mehrjährigen Aufenthalte an Ort und Stelle skizziert, Dessau 1822, S. 143.

in den Städten, vor allem in Berlin und besetzten mit einigem Glück dort die höheren Militär- und Zivilstellen, sahen sich hierbei aber wachsender bürgerlicher Konkurrenz ausgesetzt. Außerdem nahm der Adel trotz Nobilitierungen ab.[211] Die Gesellschaft entsprach also sogar an ihrer Spitze keineswegs mehr dem Bild, das das *Allgemeine Landrecht* von ihr entworfen hatte.

Die Agrarreformen, die namentlich das ostelbische Deutschland zwischen 1820 und 1840 radikal umgestalteten,[212] lösten erhebliche Spannungen aus: politische zwischen der Verwaltung und den sich benachteiligt fühlenden bzw. die Reformen grundsätzlich ablehnenden Gutsbesitzern – es klagten ganz überwiegend, wenn nicht ausschließlich Adlige – und soziale bzw. rechtliche zwischen Gutsherren und den vom Staat zu selbständigen Betriebsinhabern erklärten Bauern.[213] Aber davon landete so gut wie keine Nachricht in der Öffentlichkeit. Das lag weniger an der Komplexität der Materie als an der im Osten schwach entwickelten Öffentlichkeit. Die Heranziehung von Advokaten war den Kameralbehörden, die

211 Bratring, Statistisch-topographische Beschreibung (Anm. 100). Krug, Betrachtungen (Anm. 4).

212 Dort sei in kurzer Zeit „die grössere Hälfte des urbaren Landes unmittelbar oder mittelbar in allen Wirthschaftsverhältnissen umgestaltet“ worden. Friedrich Wilhelm Schubert, Handbuch der Allgemeinen Staatskunde von Europa, 2. Abth., 2. Theil: Der preußische Staat, Bd. 2, Königsberg 1848, S. 15. Die moderne Forschung bestätigt das bzw. schätzt die Umgestaltung regional eher noch höher.

213 „Unsere Güter werden für uns eine Hölle werden, wenn unabhängige bäuerliche Eigenthümer unsere Nachbarn sind“. Eingabe der Gutsbesitzer des Kreises Stolp (Pommern) an den König, 2. 11.1811, abgedr. bei Georg Friedrich Knapp. Die Bauernbefreiung und der Ursprung der Landarbeiter in den älteren Theilen Preußens, Bd. 2, Leipzig 1887, S. 273f., hier S. 274.

den Domänenbesitz beaufsichtigten, unerwünscht,[214] erst recht natürlich den Gutsherren, und wie man später im Falle Süddeutschlands sehen wird, sorgten eben die Anwälte dafür, dass die Öffentlichkeit (einschließlich der in Preußen nicht existierenden modernen Parlamente) von den Vorgängen Kenntnis erhielten und den Blockaden der Gutsbesitzer mit öffentlichem Druck begegneten.

Prozesse begleiteten auch andernorts die Entfeudalisierung. Es handelte sich bei diesem Vorgang, der ein Jahrtausend Geschichte sozusagen rückabwickelte, ja nicht nur um eine reine Agrarreform, sondern erlegte dem Adel einen fundamentalen Rollenwandel auf vom Gutsherrn zum Gutsbesitzer. Das stieß bei diesem auf breiten Widerstand und wo er damit erfolgreich war, stiegen die Spannungen so weit, dass sie sich 1830 in Teilen Badens, in Ober- und Kurhessen, Hannover sowie in Sachsen zu lokalen bäuerlichen Unruhen steigerten. In Westfalen sprach bereits 1829 der Agrarfachmann von Haxthausen von bäuerlicher „Erbitterung" als Folge der „Chicane und der Prozesse" und beklagte „die feindliche Stellung des Adels und der Bauern gegeneinander" als eine Quelle der „sogenannten revolutionären Tendenzen". Er appellierte an die Berliner Regierung, die Halbheiten durch ent-

214 Das Kammergericht ließ allen Beteiligten den Aufsatz eines „geübten Auseinandersetzungskommissars" zukommen, in dem empfohlen wurde, dass bei den Terminen „kein Advokat oder juris practicus als Gevollmächtigter" zugezogen werde, „da diese nach ihrem Beruf in der Regel von der Landwirthschaft, den Schätzungen und ökonomischen Ausgleichen etc. keine rechte Kenntnis haben [...] und da ihre Rathschläge mehr zu prozessualischen Weitläuftigkeiten und selbst zur Erbitterung der Parteien gegeneinander Anlass geben". Zit. Leopold Krug, Geschichte der staatswirthschaftlichen Gesetzgebung im preußischen Staate, Bd. 1, Berlin 1808, S. 311, 312. So auch ebd., S. 335.

schlossenes gesetzgeberisches Handeln zu beenden und so „die Harmonie des Ganzen wieder herzustellen“.[215]

Im Grunde war alles dies ein Thema nur für Fachleute und es wird hier nur deshalb behandelt, weil, wie bereits gesagt, zum Adel praktisch nichts geschrieben worden ist. Es fehlten eben aufmerksame und wissbegierige Literaten wie Garve oder Nicolai und die Momentaufnahmen in Zeitungsberichten bieten dafür keinen Ersatz, denn sie interessierten sich damals wie heute vornehmlich für das Außerordentliche und Skandalöse oder vermitteln in Familienanzeigen Blicke auf Heiraten, Geburten und Sterbefälle, aber, soweit ersichtlich, vorzugsweise des Militär- und Beamtenadels.[216] Gelegentliche Verkaufs- oder Dismembrationsanzeigen von Rittergütern besitzen wenig Aussagekraft, zumal die Namen meist anonymisiert sind.[217] Den Mangel brauchbarer statistischer Daten hatte Leopold Krug bereits 1805 beklagt,[218] also vor Beginn der Eingriffe in die ländliche Gesellschaft, und bis in die

215 August [Freiherr] von Haxthausen, Ueber die Agrarverfassung in den Fürstenthümern Paderborn und Corvey und deren Conflicte in der gegenwärtigen Zeit, Berlin 1829, S. 248. Es sollte hinzugefügt werden, dass Haxthausen hochkonservativ und ihm die „Harmonie“ gerade deshalb so wichtig war.

216 Das ergibt eine kursorische Durchsicht der digitalisierten Jahrgänge 1812-1820 der *Berlinischen Nachrichten von Staats- und gelehrten Sachen*, eher bekannt unter dem Namen *Haude- und Spenersche Berliner Zeitung*, der *Neuen Breslauer Zeitung* des Jahrgangs 1821 sowie der *Augsburger Allgemeinen Zeitung* von 1818 bis 1825.

217 Als Beispiel diene folgende Anzeige aus der *Neuen Breslauer Zeitung* vom 16.6.1821: „Guths-Verkauf. Wegen Familien-Verhältnissen ist ein Guth von einigen 30000 Rtlr. in der Nähe von Breslau unter sehr billigen Bedingungen zu verkaufen; daß [!] Nähere bei Agent Mähl, Hummerei in der goldnen Karpfe“. Mähl hatte eine ähnliche Anzeige für mehrere Güter bereits am 23. 5. geschaltet. Die Agrarkrise war damals auf dem Höhe-, der Preis für Güter auf dem Tiefpunkt.

218 Krug, Betrachtungen (Anm. 4), Bd. 1, S. 455f.

1820er-Jahre hat sich daran nur insofern etwas geändert, als die Regierung der Fortgang der Auseinandersetzungs-Verfahren interessierte und nun genau erfassen ließ, doch sind die sozialgeschichtlichen Erträge vergleichsweise bescheiden.[219] Man kann daher nur näherungsweise erkennen, was die Zeitgenossen in jenen Jahren über den Adel konkret wussten. Es gab natürlich auch damals das, was Soziologen ‚tacit knowledge' zu nennen pflegen, aber eben dies entzieht sich definitionsgemäß genauer Kenntnis.

Viel besser sind wir über das ländliche Bürgertum, d.h. über das, was man heute Agrarbourgeoisie zu nennen pflegt, auch nicht unterrichtet. Vorauszuschicken ist, dass dieser Sozialtypus im westelbischen Deutschland kaum existierte, allerdings in den linksrheinischen Gebieten als Folge der von den Franzosen vorgenommenen Nationalgüterverkäufe soeben entstanden war.[220] Welche Vermögenszuwächse – die Käufer waren alle bereits wohlhabend, soziale Aufsteiger finden sich wegen der rigorosen Zahlungsbedingungen unter ihnen nicht – in geradezu atemberaubender Geschwindigkeit dabei möglich waren, wird am Beispiel von Matthias Joseph Hayn aus Trier

---

219 Näheres dazu bei August Meitzen, Der Boden und die landwirthschaftlichen Verhältnisse des Preussischen Staates nach dem Umfange vor 1866, Bd. 1, Berlin 1868, Kap. 1: Die Entwickelung der landwirthschaftlichen Statistik in Preussen. Harnisch schreibt, die Zahlen der Regulierungen seien in der *Allgemeinen Preußischen Staats-Zeitung* veröffentlicht worden, aber die Digitalisierung dieses Periodikums ist derzeit noch sehr lückenhaft. Harnisch, Kapitalistische Agrarrevolution (Anm. 104), S. 138, Tab. 26, Anm.

220 Dazu die vorzügliche Analyse von Gabriele B. Clemens, Immobilienhändler und Spekulanten. Die sozial- und wirtschaftsgeschichtliche Bedeutung der Großkäufer bei den Nationalgüterversteigerungen in den rheinischen Departements (1803-1813), Boppard 1995. Leider verzichtete Clemens auf erzählende zeitgenössische Quellen.

deutlich, dessen Grundsteuer sich in zehn Jahren verhundertfachte.[221]

In den preußischen Territorien dominierten damals Pächter,[222] während bürgerliche Gutsbesitzer im hier behandelten Zeitraum noch in der Minderheit waren. Beider Wohlstand bezeichnete Krug als sprichwörtlich,[223] wohl ein Grund, weshalb der Hannoveraner Arzt und Agrarfachmann Thaer schon vorher empfohlen hatte, „vermögende[n] Bürger[n] Gelegenheit [zu verschaffen], Landwirthschaft zu treiben", und deswegen die Agrarverfassung zu reformieren. „Wie sehr aber würde der Ackerbau sich heben, wenn nicht nur ein Theil des im Mittelstande angehäuften Vermögens, sondern auch die diesem Stande vor allem eigene Thätigkeit, Speculation und Erweiterungstrieb zu seiner Aufnahme verwendet

---

221 Ebd., S. 70. Hayn war zwar ein Extremfall, aber die Entstehung einer Bourgeoisie im Zuge dieses Vorgangs ist eindeutig. Mehr zu ihm dies., Der „Moselkönig" Matthias Josef Hayn. Eine wirtschaftsbürgerliche Karriere in napoleonischer Zeit, in: Friedhelm Burgard u.a. (Hg.), Liber amicorum necnon et amicarum für Alfred Heit, Trier 1996, S. 129-141.

222 Über sie ist sehr wenig bekannt. Lediglich Hans-Heinrich Müller hat dazu geforscht: Domänenpächter im 19. Jahrhundert, in: Jahrbuch für Wirtschaftsgeschichte 1989/1, S. 123-137. Zuletzt ders., Domänenpächter im 19. und frühen 20. Jahrhundert, in: Jahresheft der Albrecht Thaer-Gesellschaft 26 (1993), S. 107-126.

223 Krug, Betrachtungen (Anm. 4), Bd. 1, S. 457: „Der Wohlstand bürgerlicher oder nichtadeliger Gutsbesitzer und vorzüglich Pächter der Domänen oder anderer großer Güter ist in den preußischen Provinzen fast durchgängig anerkannt und ist in vielen Gegenden, vorzüglich da wo fruchtbarer Boden ist, wirklich zum Sprichwort geworden". Dass das keine leeren Worte waren, belegt der Fall des Pächters des Amtes Wanzleben, Friedrich Ludwig Philipp Kühne, der diese Domäne 1778 pachtete und dabei ein Vermögen von 160.000 Talern nachwies; die Familie besaß diesen Betrieb bis 1945. Müller, Domänenpächter (Anm. 222), S. 130. Kühne verkehrte u.a. brieflich mit Thaer, den er um Kleesamen und englische Ackerinstrumente bat. Ebd., S. 132.

würde!“[224] Am Geld liege es nicht. „Es hat sich in manchen Gegenden Deutschlands eine Menge Geldes angehäuft, was todt da liegt, weil es an Sicherheit und Gelegenheit, es zu benutzen, fehlt. Denn mit Handel und Manufacturen will es nicht fort“. Sobald die Rahmenbedingungen geändert seien, greife das Bürgertum zu. „Wohlhabende Leute, aus dem Mittelstande besonders, werden kaufen und eins ihrer Kinder der Landwirthschaft widmen oder, statt geringer Zinsen, Pacht aus ihren Höfen ziehen“.[225]

Mit seinem wenige Jahre später von der preußischen Regierung aufgegriffenen Vorschlag[226] wollte Thaer allerdings nicht nur der Landwirtschaft auf-, sondern auch der Akademikerschwemme abhelfen, weil „der Zudrang von unten ungeheuer“ sei und „über kurz oder lang eine Explosion geschehen muß“.[227] Thaer besaß offenbar genaue Kenntnis von der wachsenden Zahl der Studenten, der Überfüllung vieler Universitäten und der sich verschlech-

224 Albrecht Thaer, Einleitung zur Kenntniß der englischen Landwirthschaft und ihrer neueren practischen und theoretischen Fortschritte in Rücksicht auf die Vervollkommnung der deutschen Landwirthschaft, Bd. 1, Hannover 1798, S. 701, 702.

225 Ebd., S. 700. Buchholz hielt diese Idee für weltfremd, weil „der Ackerbau zu denjenigen Verrichtungen gehört, zu denen man *geboren* sein muß, wenn sie mit Erfolg getrieben werden sollen. Der Städter kann Geld haben und der Versuchung unterliegen, Gutsbesitzer zu werden“. Das mache ihn aber noch lange nicht „zu einem Landmann, weil er, um dies zu werden, allen seinen Gewohnheiten entsagen und gleichsam von neuem geboren werden muss“. Friedrich Buchholz, Über Land und Stadt in bürgerlicher und politischer Beziehung, in: Neue Monatsschrift für Deutschland 6 (1821), S. 101-129, hier S. 120.

226 Thaer sandte sein Buch an König Friedrich Wilhelm III., der ihm dankte und ihn zur Bereisung preußischer Territorien aufforderte, um deren landwirtschaftlichen Zustand zu beurteilen. 1804 wechselte Thaer dann in preußische Dienste, wo er maßgeblich am Landeskulturedikt von 1811 beteiligt war.

227 „Jeder vermögende Bürger und Bauer läßt einen Sohn studieren – und wer mag das ihm wehren?“ Thaer, Einleitung (Anm. 224), S. 701.

ternden Aussichten der Absolventen, einen angemessenen Beruf zu ergreifen – nicht nur wegen der Masse, sondern auch als Folge der nach wie vor existenten Ständegesellschaft, die das Bürgertum in seinen Möglichkeiten einschränkte.[228]

Thaer suchte die Interessen des städtischen Bürgertums auf die Landwirtschaft umzusteuern, doch stieß sich sein Vorschlag an den außer in Preußen auch nach 1815 in den meisten deutschen Territorien intakt gebliebenen Schranken, die die Einwohner des Staats gegeneinander abschotteten. Sie verhinderten noch lange das Entstehen eines wenigstens rechtlich, wenn auch natürlich nicht sozial und kulturell einheitlichen Dritten Standes in Deutschland. Dass Bratring 1804 in Preußen den „Bürgerstand" in Stadtbewohner, und diese wiederum in Eximierte, Bürger und Schutzverwandte unterteilte,[229] entsprach dem Herkommen, das auch das *Allgemeine Landrecht* nicht angetastet hatte. Den Reformern war das ein Dorn im Auge, weshalb Hardenberg 1810 im Gewerbesteuer-Edikt sämtliche Privilegien der Stadt- und

228 Einzelheiten dazu bei Gerth, Bürgerliche Intelligenz (Anm. 57). Entgegen den häufigen Klagen über die Überfüllung der Universitäten sah Meiners die Frequenz seit langem sinken. „Jetzt können die größten Protestantischen Universitäten Deutschlands nicht mehr als 500 – 700 Studierende aufweisen", während ehedem „diejenigen Universitäten für klein" gehalten worden seien, „auf welchen sich weniger als 1000 junge Leute aufhielten". Christoph Meiners, Ueber die Verfassung und Verwaltung deutscher Universitäten, Bd. 1, Göttingen 1801, S. 30. Trotzdem wurde wenige Jahre später die Berliner Universität gegründet, die rasch erheblichen Zulauf verzeichnete.

229 Bratring, Statistisch-topographische Beschreibung (Anm. 100), Bd. 1, S. 49. Zu den Eximierten zählten die in der Stadt wohnenden Adligen, die höheren Beamten, die Gelehrten, Ärzte und Anwälte sowie das Militär, nicht aber die Fabrikanten. Die Eximierten waren vom Gerichtsstand der 1. Instanz befreit. Im linksrheinischen Deutschland gab es dies natürlich nicht mehr.

Landbewohner beseitigte.[230] Für das Selbstverständnis des höheren Bürgertums hatte das aber nur geringe Folgen, denn die Vorrechte des Gerichtsstandes wurden nicht angetastet.[231]

Aber auch noch auch in den 1820er-Jahren gab es ein ,Bürgertum' eher in den Vorstellungen der Sozialphilosophie als in der Wirklichkeit, und das erklärt auch die Ausrichtung der Lexikoneinträge zu diesem Lemma. Den liberalen Autoren des *Brockhaus* oder später des *Staatslexikons* ging es in erster Linie um die Herstellung der politisch verfassten ,bürgerlichen Gesellschaft', also der Zusammenführung von ,bourgeois' und ,citoyen' im Zei-

230 Sein Berater, der Geheime Oberfinanzrat Karl von Altenstein, hatte 1807 für Hardenberg ein radikales Programm entworfen, das im „Bürgerstand" einen Hemmschuh für die wirtschaftliche Entwicklung sah und diesem darum Verzicht auf seine Privilegien bei der Domänenpacht sowie in Gewerbe und Handel ankündigte. „Bei diesem ganzen Stand muss die Idee zerstört werden, daß ein Individuum, weil es zufällig zu solchem gehöre, Opfer anderer Stände, ihm eine Kraftanstrengung zu ersparen, fordern könne. Es wird dieses die Kräfte der Unterdrückten und des Bürgerstandes selbst zum Besten des Staats wecken". Denkschrift „Über die Leitung des Preußischen Staats an Seine des Herrn Staatsministers Freiherr v. Hardenberg Exzellenz", die sog. Rigaer Denkschrift vom 11. 9. 1807. Abdruck in: Georg Winter (Hg.), Die Reorganisation des Preussischen Staates unter Stein und Hardenberg, 1. Teil: Allgemeine Verwaltungs- und Behördenreform, Bd. 1, Leipzig 1931, S. 365-566, hier S. 402. Hardenberg stimmte am folgenden Tag zu, allerdings in versöhnlicherem Ton: „Dadurch, daß einem jeden der Zugang zu allen Stellen, Gewerben und Beschäftigungen eröffnet wird, gewinnt der Bürgerstand und muss dagegen auch seinerseits auf alles Verzicht leisten, was andere Stände bisher ausschloss". Denkschrift „Über die Reorganisation des Preußischen Staats, verfasst auf Höchsten Befehl Sr. Majestät des Königs", 12. 9. 1807. Ebd., S. 302-363, hier S. 316.

231 Das hatte wohl unter anderem zum Grund, dass die Verfahren vor den Stadtgerichten eher komödienhaft als seriös abliefen. „Geht nach dem Stadtgerichte und Ihr glaubt Euch auf dem Fischmarkte zu befinden; die Parteien schreien und schimpfen sich einander noch lauter und toller als – die Damen von der Halle. Selten gebietet der instruirende Referendarius Stillschweigen, und geschieht es auch, er wird noch seltener beachtet; die Herren scheinen eine Ehre darin zu suchen, unter dem furchtbarsten Lärmen ungestört ihre Arbeit vollbringen zu können, und man muß es gestehen, darin besitzen sie eine bewunderungswürdige Force". v. Schaden, Licht- und Schattenseiten (Anm. 210), S. 46.

chen des ‚Bürgers'.[232] Entsprechend ausführlich sind, von den historischen Passagen abgesehen, die rechtlichen und politischen Erörterungen, während Aussagen zur sozialen Lage fehlen. Der Mehrzahl der so Angesprochenen waren die innerstädtischen Standesgrenzen durchaus willkommen. Der konservative Marburger Professor Vollgraff notierte zustimmend, „daß der heutige städtische Bürgerstand, das heutige städtische Bürgerrecht etwas von dem antiken ganz verschiedenes ist, beweist schon der eine Umstand, daß gerade die ersten Stände, Adel, Geistliche, Gelehrte und freie Künstler, es verschmähen, städtische Bürger zu seyn und genannt zu werden, während man sich im Alterthume für unfrei hielt, wenn man nicht *civis* war".[233]

Wegen der gesellschaftlichen Dynamik, die sich seit dem späten 18. Jahrhundert abzeichnete, differierten vielerorts zunehmend Rechtsordnung und gesellschaftlicher Status, insbesondere beim höheren Bürgertum. Eine der

232 Dazu die interessante Bemerkung Campes in seinem Fremdwörterbuch: „Wir begreifen freilich beide Begriffe unter dem Einen Worte Bürger; aber da, wo es darauf ankömmt, können wir jenen Staatsbürger, diesen Stadtbürger nennen. Wo aber die nähere Bestimmung sich von selbst ergiebt, dürfen wir Bürger schlechtweg gebrauchen". Im Folgesatz kritisierte er Sieyes, von dem er weiter oben berichtet hatte, dass dieser, als Heinze ihn als Gesandten der Französischen Republik in Berlin (1798) als ‚Bürger Sieyes' angeschrieben hatte, ihm antwortete: „Ihre Landsleute würden wohl thun, wenn sie Citoyen, wie Don und Lord ganz unübersetzt ließen, weil man sich unter dem Deutschen Worte Bürger etwas ganz anderes denkt als Citoyen." Joachim Heinrich Campe, Wörterbuch zur Erklärung und Verdeutschung der unserer Sprache aufgedrungenen fremden Ausdrücke. Neue, stark vermehrte und durchgängig verbesserte Ausgabe, Braunschweig 1813, S. 192. Hervorhebungen im Original. ‚Heinze' war der Meinung, Sieyes habe „nicht ganz unrecht"; ebd. Mit Heinze ist Wilhelm Heinse gemeint, der Schriftsteller und Bibliothekar des Mainzer Kurfürsten.

233 Karl Vollgraff, Die Systeme der praktischen Politik im Abendlande, Bd. 3, Gießen 1828, S. 73. Hervorhebung im Original.

Folgen war Statusunsicherheit bei den Reichen, die außer in den Hanse- und etlichen ehemaligen Reichsstädten praktisch ausnahmslos Neureiche waren. Garve hatte sie bereits 1792 diagnostiziert. Er empfahl dem „Mittelmann", es nicht dem Adel – Garve hatte hierbei natürlich nur den ‚richtigen', wohlhabenden Adel im Blick – gleichtun zu wollen, auch wenn der Luxus Stände vereinige, die früher getrennt waren. „Der Reiche von minderem Range, der vermöge seiner Einkünfte den Luxus der Vornehmsten mitmachen kann, aber vermöge seiner Lage im bürgerlichen Leben dazu nicht aufgefordert wird und zu einem gewissen Prunke nicht einmahl berechtigt ist, wird eben den Grad der Mäßigung in Absicht des Modischen beachten müssen, mit welcher er überhaupt die Pracht seiner Kleidung, die seiner Wohnung und seiner Equipage einzuschränken verbunden ist". Es könne gar nicht anders sein, als dass bei diesem sich „das Alte und das Moderne, das Gemeine und das Vornehme" mischen, die Statusunsicherheit sich also schon optisch bemerkbar mache.[234] Ob das dreißig, vierzig Jahre später noch immer so war, wissen wir nicht mit Bestimmtheit, denn unsere Quellen schweigen dazu. Vermutlich war das der Fall, denn Statusunsicherheiten bei Neureichen verschwanden bekanntlich bis heute nicht.

Die Neureichen selber natürlich auch nicht. Ein interessantes Schlaglicht auf diese von der Geschichtswissenschaft meist übergangene Personengruppe lieferte der bereits erwähnte bayerische Schriftsteller v. Schaden,

234 Garve, Ueber die Moden (Anm. 121), S. 241.

der für das Berlin der 1820er-Jahre ein kleines Kapitel über den „eigentlichen Herrenstand“ lieferte. Dies sei weder der Adel, weil „im Allgemeinen nie reich“, noch die höhere Beamtenschaft, sondern „die Brauer, die Branntweinbrenner, die Schlächter, die Bäcker und dergleichen, welche ihre Geschäfte in's Große treiben“.[235] Seine Begründung leuchtet ein, denn in Berlin mit seinen 200.000 Einwohnern und außerdem „steter Tummelplatz zuströmender Fremden [...] bleibt die Consumtion der gewöhnlichsten Lebensbedürfnisse ungemein bedeutend“. Berlin war zumindest damals wohl Prototyp der Sombart'schen „Konsumtionsstadt“, die weniger von der Gütererzeugung lebt als von Gehältern, Pensionen und den Ausgaben der Fremden.[236] Neureiches Verhalten bezeichnete v. Schaden zwar nicht als solches, schildert es aber treffend: „Die Brauer und Schlächter prosperiren vorzüglich, halten kostbare Equipagen, geben Livreen, putzen ihre Frauen wie Prinzessinnen heraus und kleiden sich selbst wie Lords; vermögen die Herren nicht auf ihre Ahnen stolz zu sein, so sind sie es desto mehr auf ihr Geld. [...] Öffnen aber Herren oder Damen den Mund, stellt sich auch gleich der Pöbel dar“.[237]

235 v. Schaden, Licht- und Schattenseiten (Anm. 210), S. 143f.

236 Sombart nennt an erster Stelle seines Merkmalskatalogs den „Kapitalprofit, der in auswärtigen Unternehmungen gewonnen ist“. Ihn gab es sicher auch in Berlin, aber kaum in einem Umfang, der ihn zu einer wesentlichen Bedingung gemacht hätte. Werner Sombart, Der moderne Kapitalismus, Bd. 3/1, München, Leipzig 1927, S. 414. v. Schaden bezeichnete Berlin als „Handelsstadt“ (Licht- und Schattenseiten [Anm. 210], S. 80), da wegen der vollständigen Gewerbe- und Handelsfreiheit „Preußens Fabrik- und Manufakturwesen seit wenigen Jahren [so sehr] gesunken“ sei, dass sein „Untergang unvermeidlich“ sei, wenn die Regierung ihre Wirtschaftspolitik nicht korrigiere. Ebd., S. 129.

237 Ebd., S. 144.

Dieses durchaus neuartige Bild der wirtschaftlichen Eliten ergänzte wenig später ein Berliner Reiseführer, der von einer so enormen Immobilienspekulation berichtet, dass Personen, die vor zehn Jahren zum letzten Mal Berlin besucht hätten, stellenweise die Stadt nicht mehr erkennen würden. Es ging natürlich um Mietshäuser. „Das Bedürfniß der Privatpersonen zu bauen beweiset, daß die Bevölkerung zunimmt und die Kapitalien aus dem Handel und den Geldinstituten einem neuen Industriezweige zufließen".[238] Das bekannteste Gesicht dieser Spekulanten war damals Heinrich Otto Freiherr von Wülcknitz, der mit Hilfe seines aus mehreren Rittergütern bestehenden väterlichen Erbes von 1820 bis 1824 vor dem Hamburger Tor auf einem schon lange verrufenen vorstädtischen Gelände namens Voigtland einen Komplex von fünf Mietskasernen „aus schlechten Steinen und schlechtem Holz mit Lehmstaaken"[239] errichtete, in dessen mehrheitlich Einzimmerwohnungen nach Fertigstellung mehr als zweieinhalb tausend Menschen untergekommen waren, wie die Regierung 1824 erschrocken feststellte und davon nachteilige Folgen für Gesundheit und Moralität befürchtete. Die Verhältnisse waren in der Tat schlimm, denn

238 J[ohann] D[aniel] F[riedrich] Rumpf, Der Fremdenführer oder Wie kann der Fremde in der kürzesten Zeit alle Merkwürdigkeiten in Berlin, Potsdam, Charlottenburg und deren Umgebung sehen und kennen lernen, Berlin 1826, S. 14f. In den Akten des Berliner Magistrats war offen von „Spekulation" die Rede. Von 1815 bis 1828 wurden 837 Häuser gebaut, der Zuwachs betrug 12%. Statistische Uebersicht von der gestiegenen Bevölkerung der Haupt- und Residenz-Stadt Berlin in den Jahren 1815 bis 1828, Berlin 1829, S. 3.

239 Ed[uard] Kuntze, Das Jubiläum vom Voigtlande oder die Geschichte der Gründung und Entwicklung der Rosenthaler Vorstadt bei Berlin 1755-1855, Berlin 1855, S. 18.

viele der Zimmer bewohnten zwei oder mehr Familien, oft kam noch ein Schlafbursche hinzu, d.h. ein junger Manufaktur- oder Gelegenheitsarbeiter ohne feste Wohnung. Polizei und Armenpflege waren überfordert. Regierung und Stadtverwaltung stritten miteinander um geeignete Maßnahmen und mit dem Besitzer, der gegen alle Auflagen energisch protestierte und das Recht auf seiner Seite wusste, aber sich schließlich nach einem 1829 verlorenen Beleidigungsprozess mit dem Erlös der Hypotheken nach Paris absetzte, während seine Gläubiger bankrott gingen. Von diesen erwarb vergleichsweise billig der Arzt Heinrich Wiesecke den Komplex, der 1831 mit Mieteraufstand und Choleraepidemie zu kämpfen hatte und nach dem Vorbild des Erstbesitzers mit seinem Hypothekengeld gerade noch rechtzeitig ebenfalls nach Paris ging, bevor der Bodenmarkt zusammenbrach und die Gläubiger wieder bankrott gingen.[240]

Wie stand es denn nun ganz allgemein um den „Wohlstand der industriösen Klassen im preußischen Staate"? Der dem Freihandel (mit physiokratischem Einschlag) zugetane Statistiker Leopold Krug entwarf auch kein sonderlich positives Bild von der spätmerkantilistischen Politik seiner Regierung. Luxus und Bevölkerungswachstum seien keine Indikatoren für Wohlstand, da, wie er kritisch anmerkte, die herrschenden Bedingungen den Wettbewerb auf dem Arbeits- wie auf dem Markt für ge-

240 Aus dem hochinteressanten internen Aktenmaterial wurde bewusst nicht zitiert, weil das den Zeitgenossen unbekannt geblieben ist. Ausgiebig wiedergegeben wird es von Johann Friedrich Geist / Klaus Kürvers, Das Berliner Mietshaus 1740-1862, München 1980, bes. Kap. 6, das den v. Wülcknitzischen Familienhäusern gilt.

werbliche Erzeugnisse verzerrten. Für ihn war klar, dass der beträchtliche Wohlstand der „Fabrikunternehmer [...] häufig nicht als Folge ihres Fleisses oder als Produkt ihres Gewerbes, sondern als Folge der ihnen gegen andere Staatsbürger gegebenen Unterstützungen, Monopole und Privilegien angesehen werden muß". Das in Preußen noch junge „Fabrikensistem" genieße nur deshalb einen guten Ruf, weil „große und glänzende Anstalten, Gebäude und Werkstätten" entstanden seien, die von Reiseberichten entsprechend hervorgehoben würden, und weil „Statistische Beschreibungen und Lehrbücher" vorrechneten, „wie viele Thaler, Gulden und Pfunde für inländische Fabrikwaaren vom Auslande gezogen wurden"; sie „erweckten bey vielen Regierungen den Wunsch nach dieser Goldgrube".[241] Fatal wirke auch die von der populationistischen Bevölkerungslehre verbreitete Lehre vom Kausalzusammenhang von Bevölkerungs-, Wohlstands- und Machtzuwachs.

Die nachteiligen sozialen Folgen der merkantilistischen Politik erzürnten Krug ersichtlich, die momentanen Kriegszeiten spielten für ihn überraschenderweise keine Rolle. „Ein großer Theil unserer Fabrikarbeiter war und ist" nicht in der Lage, von „seiner Hände Arbeit" das zu verdienen, was „er zu seinem Unterhalt braucht". Kurz, der Staat hat durch das Nebeneinander von zünftigen Handwerkern und staatlich privilegierten und unterstützten Manufakturen und Fabriken die ‚natürliche Ordnung'

241 Krug, Betrachtungen (Anm. 4), Bd. 2, S. 381, 661f.

gestört, ja, „auf den Kopf gestellt".[242] Hauptsächlich betroffen ist der „sonst so geachtete und so nützliche Handwerkerstand [...]; nur auf seinen Ruinen sind nicht bloß in unserm Staate, sondern auch in vielen andern Ländern die Fabriken etablirt", und an seiner Statt „hat die Nation eine Menge für den Tag lebender Handarbeiter erhalten, die auf alle mögliche Art von ihren Mitbürgern, denen sie am wenigsten nutzen, unterstützt und übertragen werden müssen, um nicht ganz zu verarmen".[243]

Der „Wohlstand des Bürgerstandes oder der industriösen Klassen", zu denen Krug alle Nicht-Grundbesitzer und alle Nicht-Besoldeten rechnete, d.h. „Handwerker und Fabrikanten, Kaufleute und Krämer, Tagelöhner und Gesinde",[244] war ungleich und ungerecht verteilt. Es sei unstrittig, dass der allgemeine Wohlstand gesunken ist, für Tagelöhner und Fabrikarbeiter bzw. „Ouvriers" gelte das besonders; die Zahl der „Armen von Profession" hatte sich in der Kurmark in den vergangenen fünfzig Jahren fast verzehnfacht.[245] Biedermann wird später ergänzen, dass seit Süßmilchs letzter Buchauflage, d.h. seit den 1770er-Jahren, in Berlin die Lebenshaltungskosten „seit vierzig Jahren auf das Doppelte gestiegen seien", führte das aber auf moralisches Versagen zurück, nämlich auf „leidenschaftliches Jagen nach Genuss, besonders in den Mittelklassen".[246] Der Ökonom Krug dagegen hatte hand-

242 So der Kommentar Kosellecks, Preußen (Anm. 42), S. 129.

243 Krug, Betrachtungen (Anm. 4), Bd. 2, S. 699, 708.

244 Ebd., S. 164, 1.

245 Ebd., S. 164, 217f., 162.

246 Biedermann, Deutschland (Anm. 1), S. 362.

feste Argumente: die „falschen Abgabensisteme“, „die Verwandlung einträglicher Gewerbe in Fabrikanstalten“, die „Aufhebung oder Beeinträchtigung der Innungen“ und vor allem die schwankende, insgesamt falsche Handelspolitik.[247]

Ganz anders war die Lage bei den Beamten. Was den „Wohlstand der besoldeten Klassen im preußischen Staate“ anbelangte, so sei bei diesen „in der Regel [...] der sicherste Wohlstand zu finden“. Diese Feststellung überrascht, denn Krug berichtet gleich im Anschluss, dass dieser „Stand“ besonders klage, und das habe seinen Grund, dass er überwiegend in Geld entlohnt werde, aber die Gehälter nicht an die seit langem steigenden Preise – Krug berichtet, modern gesprochen, von einer über dreißig Jahren kumulierten Inflationsrate von vierzig Prozent – angepasst würden. Das Problem sei, dass die Beamten mit ihrem Einfluss versuchten, „die Preise der verkäuflichen Dinge willkürlich herab[zu]setzen“, was zwingend die Wirtschaft insgesamt ruiniere. Die Klage „viele[r] Staatsoffizianten, daß sie für ihre Arbeit und Dienste nicht so gut bezahlt werden, als sie es verdienen“, hielt Krug dagegen für unbeachtlich. Mangels Konkurrenz lege „der Besoldete freilich in der Regel seiner eigenen Arbeit mehr Wert bei als den Arbeiten anderer Menschen“. Ein brauchbarer Maßstab sei, zu prüfen, ob es hinreichend Bewerber gebe oder nicht, aber dazu habe er, Krug, keine Zahlen außer, wie er listig hinzufügt, für die einfachen Soldaten; deren Bezahlung sei offensichtlich zu schlecht,

247 Krug, Betrachtungen (Anm. 4), Bd. 2, S. 164.

denn sonst müsse der Staat sie nicht durch Zwangsmittel rekrutieren.[248] Umgekehrt heißt das, dass das Überangebot an Akademikern, von dem Thaer kurz zuvor berichtet hatte, für stete Nachfrage nach (höheren) Beamtenstellen gesorgt haben muss, so dass die Regierung keinen Anlass hatte, die Gehälter anzupassen.

Werfen wir nun noch einen kurzen Blick auf die Lage, des häuslichen Gesindes, d.h. der Dienstboten. Von ihnen war nun, anders als im vorigen Zeitraum, wenn auch sehr vereinzelt, die Rede. Sie waren ganz überwiegend weiblich,[249] weshalb die seltenere – und kostspieligere – männliche Dienerschaft die Standesgrenze zwischen Adel und Bürgertum markieren half: „Wohl kein Edelmann, wohl aber selbst ein reicher Bürger kann einen männlichen Bedienten entbehren. [...] Ueberall trennt sich der Adel und der Bürgerstand in nichts fühlbarer, als daß der Letztere sich möglichst selbst und der Erstere durch Andere sich bedienen zu lassen sucht".[250] Das Bürgertum prägte dann aber im 19. Jahrhundert die Sozialfigur weiblichen Personals in einem Maße, dass man nicht nur vom „bürger-

248 Ebd., S. 382, 385, 386. Zahlen lieferte dann etliche Jahrzehnte später Karl Venturini, Neue historische Schriften, Bd. 2: Der absolut-monarchischen Staaten neueste Geschichte. Ein Beitrag zur Chronik des 19. Jahrhunderts, Braunschweig 1839, S. 110.

249 1822, dem Jahr des 50jährigen Dienstjubiläums von Luise Petermann, wovon weiter unten die Rede ist, gab es in Preußen 22.819 männliche und 70.734 weibliche Dienstboten „zur Bequemlichkeit der Herrschaft", d.h. für häusliche Dienste. Das Gesinde insgesamt umfasste nahezu 1 Million Menschen. Friedrich Wilhelm Schubert, Handbuch der Allgemeinen Staatskunde von Europa, 2. Abth., 2. Theil: Der preußische Staat, Bd. 1, Königsberg 1846, S. 544 (Tabelle).

250 Art. Gesinde, in: Neuestes Conversationslexikon für alle Stände, von einer Gesellschaft deutscher Gelehrten bearbeitet, Bd. 3, Leipzig 1834, S. 26.

lichen“, sondern „im gleichen Atemzug vom ‚Jahrhundert des Dienstmädchens‘ reden“ müsse.[251]

Trotz oder vielleicht gerade wegen der extrem asymmetrischen Machtverhältnisse waren die Klagen der Herrschaften über ihre Faulheit und ihr aufsässiges Wesen, der Geistlichen über die von ihnen ausgehende sittliche Gefährdung regelrecht sprichwörtlich.[252] Die angebliche Neigung zu unsittlichem Lebenswandel, der für alle Autoren nur durch Diebstahl oder „galante Abentheuer“ finanziert werden konnte, sollte den vierten Topos über das weibliche Personal glaubhaft machen: die Putzsucht. Aus Berlin berichtete der bereits mehrfach genannte bayerische Autor v. Schaden: „An Sonntagen, wenn den Köchinnen und Stubenmädchen verstattet ist, auszugehen, erscheinen sie in seidenen Schleppkleidern, dito Schuhen, großen Umschlagtüchern und Federhüten, und sehr treffend berichtet ein Berliner Gassenhauer: ‚Da zieht das Mensch auf der Straß‘ einher, | Als ob sie gar – von Adel wär‘“. Es bedürfe darum „eines geübten Kennerauges“, um die Täuschungsabsicht zu erkennen. Dagegen hülfen nur Kleiderordnungen und das Engagement von

251 Gunilla-Friederike Budde, Das Dienstmädchen, in: Ute Frevert / Heinz-Gerhard Haupt (Hg.), Der Mensch des 19. Jahrhunderts, Frankfurt/M., New York 1999, S. 148-175, hier S. 149.

252 Musterhaft zusammengestellt bei Krünitz, Oekonomisch-Technologische Encyklopädie (Anm. 15), Art. Gesinde, Bd. 17, ¹1779 bzw. ²1787, S. 565-712. Krünitz hatte dazu ein eigenes Buch verfasst: Johann Georg Krünitz, Das Gesindewesen nach Grundsätzen der Oekonomie und Polizeywissenschaft abgehandelt, Berlin 1779. Aus neuerer Zeit dazu vor allem aus rechthistorischer Perspektive Rainer Schröder, Das Gesinde war immer frech und unverschämt. Gesinde und Gesinderecht vornehmlich im 18. Jahrhundert, Frankfurt/M. 1992.

Mädchen „aus entfernten pommerschen Dörfern", wohin noch keine erotischen Theaterstücke gelangt seien.[253]

Dies alles waren sehr einseitige Stereotype, die mit den Erfahrungen der Dienstboten abgeglichen werden müssten. Nur wurden letztere am ehesten noch in Beschwerden und Untersuchungsakten zu Papier gebracht und ergeben darum natürlich ebenfalls ein einseitiges Bild. Die jahrzehntelang, in Preußen gar bis 1918 in Kraft gebliebenen Gesindeordnungen – sie erlaubten ‚mäßige Züchtigung' – hatten darum in erster Linie disziplinierende Funktionen und waren entsprechend dienstherrenfreundlich ausgestaltet. Die bei der Polizei aufbewahrten Arbeitsbücher verhinderten eigenständigen Stellenwechsel des Personals.

Das schloss herzliche Verhältnisse nicht aus. Den Gipfel stellte sicherlich das 1822 begangene 50jährige Dienstjubiläum „eines Mädchens mit Namen Luise Petermann" dar, die im Hause des Verlegers Nicolai auch nach dessen Tod im Jahre 1811 „mit Treue und Anhänglichkeit" diente und nun von dessen Schwiegertochter ein Fest ausgerichtet bekam, über das in der Zeitung berichtet wurde. Die 72jährige Luise Petermann durfte an ihrem Ehrentag nicht nur Verwandte und Bekannte sowie die anderen Dienstboten des Hauses einladen und wurde dabei von ihrer Herrschaft bewirtet – „ganz nach der Weise der alten Saturnalien" –, sondern es gab auch – und das war das wirklich Bemerkenswerte – eine große Feier,

253 Sämtliche Zitate aus v. Schaden, Licht- und Schattenseiten (Anm. 210), S. 139-141. Schaden erwähnte die „Pommerschen Intriguen" von Karl August Lebrun, ein denkbar flaches Theaterstück, über dessen Aufführung in Schwerin es hieß: „das Haus war leer". Freimüthiges Abendblatt, Nr. 372, 17.2.1826, Sp. 134.

zu der der Friedrichswerdersche Superintendent Samuel Küster gratulierte, der Berliner Magistrat eine Abordnung schickte und Konsistorialrat Carl Ritschel eine Rede hielt. Charlotte Parthey, die seit ihrer Heirat 1806 im Hause Nicolai lebte, schenkte der so Geehrten eine goldene Kette mit Medaille und widmete ihr ein Gedicht, in dem auch dankbar erwähnt wurde, sie habe „manchen Freier ausgeschlagen, der sich Dir hat angetragen". „So erwarbst Du, Gute, hier | In des Hauses kleinem Kreise | Still und fromm, nach *Deiner* Weise | Seltne Lorbeerkränze Dir".[254] Heinrich Heine war davon so angetan, dass er in seinen *Briefen aus Berlin* darüber schrieb.[255]

Die Umkehr der Standesunterschiede war das eigentlich Bemerkenswerte, weshalb der Vorgang auch den Weg in die Zeitung fand. Wie immer wurde sie nur kurzfristig praktiziert, stabilisierte aber natürlich die Sozialbeziehungen. Das war bekanntlich seit der Antike ihr Sinn, und diese Tradition setzte im katholischen Teil des Abendlandes der Karneval fort. Im Rheinland politisierte er sich schon in französischer Zeit und erst recht nach 1815, weshalb er dort immer wieder verboten wurde, während

254 Aus Berlin, den 7. Mai. Zeitung für die elegante Welt, Nr. 98, 20.5.1822, Sp. 784, und Nr. 99, 21.5.1822, Sp. 790f. Hervorhebungen im Original. Die Feier hatte bereits am 2. 4. stattgefunden. „Mädchen" war Berufsbezeichnung, ähnlich wie hundert Jahre später „Fräulein" für Lehrerin.

255 Heine, 3. Brief, 7.6.1822. Briefe (Anm. 195), S. 55. Im selben Brief berichtete er, „sogar eine Matrone aus der Unschuldsgasse hat, wie ich gestern hörte, ihr Jubiläum gefeiert. Sie wurde mit Rosen und Lilien bekränzt; ein gefühlvoller Porte-épée-jüngling überreichte ihr ein Kraftsonett, ganz im Geiste der gewöhnlichen Jubelpoesie, worin Liebe, Triebe, riebe, schiebe sich reimten". Ebd. Berlin verfügte 1810 über ein dreiklassiges Bordellsystem mit ca. 1200 „der Polizei bekannte, notorisch prostituirte Frauenzimmer, neben denen aber gewiß noch viele minder notorische vorhanden waren". Wilhelm Stieber, Die Prostitution in Berlin und ihre Opfer, nach amtlichen Quellen und Erfahrungen, Berlin 1846, S. 50.

er als Import im protestantischen Berlin offenbar nur als „Festgelage mit ihrer neckischen Mummerei und ihren lustigen Sprüngen" begangen wurde.[256] Dabei blieben die „höhern Stände" unter sich, aber eben nicht nur, weil sich die „geringere Volksklasse" eine sich über vier Wochen hinziehende Saison gar nicht leisten konnte.[257] Selbst beim berühmten Stralauer Fischzug, dem größten Sommerfest vor den Toren der Stadt, blieben die Standesgrenzen gewahrt. Die „Volksklasse" marschierte schon früh am Morgen in das kleine Fischerdorf, nachmittags kam die „zweite Klasse zu Pferde" an und noch später „erscheinen die glänzenden Karossen der Reichen und Vornehmen".[258]

Nicht mehr ständischen, sondern kapitalistischen Regeln gehorchten Sommerfrische, Bäderkuren und andere Reisen. Der in Berlin ansässig gewordene Vielschreiber Rumpf berichtete jedenfalls, dass es die „Wohlhabenden" seien – also nicht die Vornehmen, wie ja in Preußen der Adel seit längerem nicht mehr von vornherein mit den ‚Wohlhabenden' identisch war[259] –, die sommers in nähere oder fernere Kurorte führen oder auf ihre Landsitze. Wo

256 J[ohannes] Weitzel, Art. Carnaval, in: Staats-Lexikon (Anm. 205), Bd. 3, Altona 1836, S. 266-269, hier S. 267. Der Artikel ist ein implizites Plädoyer gegen die im Rheinland übliche Politisierung des Karnevals, die nach 1815 erhebliche Konflikte zwischen der Bevölkerung und der sie mehrheitlich unterstützenden lokalen Behörden auf der einen und der Berliner Zentrale auf der anderen Seite hervorzurufen pflegte. Dazu die aktengestützte Untersuchung von Michael Müller, Karneval und Politik. Zum Verhältnis zwischen Narren und Obrigkeit am Rhein im 19. Jahrhundert, Koblenz 1983.

257 Rumpf, Fremdenführer (Anm. 238), S. 96f.

258 Ebd., S. 101f.

259 „Unter den Verlierern der Bodenmobilität" in den ersten Jahrzehnten des 19. Jahrhunderts befanden sich „in großer Zahl wirtschaftlich in Not geratene Adelsfamilien". Chelion Begass, Armer Adel in Preußen 1770-1830, Berlin 2020, S. 79.

es aber „die Umstände“ nicht erlaubten, begnüge man sich mit Ausflügen „in die reizenden Umgebungen von Potsdam“ oder ins nähere Umland von Berlin, wo „mannigfache Genüsse“ bereit stünden.[260]

Die bisherigen Belege sind eindeutig stadtlastig, wenn nicht geradezu Berlinlastig und daran wird sich in der Zukunft nichts ändern. Die ländliche Gesellschaft war für das große Publikum eher uninteressant, obwohl in der Zeit, von der hier die Rede ist, in Preußen die Feudalverfassung beseitigt worden ist, was aus leibeigenen Untertanen selbständige Bauern gemacht hat. Und dann erlebte die Landwirtschaft in den 1820er-Jahren auch noch eine schwere Absatzkrise, die Preise für Produkte und Boden waren vielerorts im Keller. Große Teile namentlich der preußischen Beamtenschaft waren mit Ablösungen, Gemeinheitsteilungen, Grundentlastung und anderen ländlichen Themen permanent beschäftigt, sie kannten die Lage auf dem Lande entsprechend genau und hatten, wie wir aus den Akten wissen, klare Urteile über die unhaltbar, ja skandalös gewordenen Zustände.[261] Aber das drang nicht in die Öffentlichkeit.

Dass die Landbevölkerung ganz allgemein arm war und eben auch die Bauern Not litten, war nicht nur altüberlieferter Topos, sondern traf natürlich die Wirklichkeit. Aber eben nicht überall. Die erheblichen Unter-

260 Rumpf, Fremdenführer (Anm. 238), S. 100f.

261 Von „Sklaverei“ ist in vielen internen Denkschriften und Anweisungen die Rede, Altenstein benutzte diesen und andere hochemotionalen Begriffe als Argument für Hardenbergs Reformpläne; dieser vermied jedoch solche Begriffe. Denkschrift vom 11.9.1807, in Winter (Hg.), Die Reorganisation (Anm. 230). Weitere Aktenbelege in Harnischs zahlreichen Publikationen.

schiede zwischen großen und kleinen, stadtnahen und stadtfernen, erbuntertänigen und grundherrschaftlich gebundenen Bauern waren dem städtischen Publikum vielleicht unbekannt und wurden jedenfalls in den hier herangezogenen Quellenbeständen nicht angesprochen. Eine große Ausnahme ist darum Ernst Moritz Arndt, dessen Vater sich auf Rügen aus der Leibeigenschaft freigekauft und zum wohlhabenden Pächter hochgearbeitet hatte und dessen Sohn sich folglich in der Materie auskannte. 1803 legte er eine *Geschichte der Leibeigenschaft* vor, in der er letztlich moralisch argumentierte und zu einem scharfen Urteil gelangte. Wo man immer nur ausweglоses Elend sehe, „da gewöhnt man sich zu leicht daran zu glauben, es gebe zwei verschiedene Menschenracen im Staate, von denen die eine durchaus zum Herrschen, die andere zum Dienen geboren sey".[262] Aber auch ihm wurde offenbar erst auf einer Reise nach Süddeutschland und Österreich der enorme Unterschied zwischen guts- und grundherrschaftlich gebundenen Bauern bewusst und so notierte er mit Staunen kurz vor Wien, dass bei ihm zu Hause die Landbevölkerung „noch immer sehr negerartig wenn nicht behandelt wird, so doch behandelt werden kann", während hier die Bauern frei seien und „so gut [lebten] als in Sachsen und Thüringen der Edelmann". Tage später, hinter Preßburg, also auf ungarischem Gebiet, kam

262 Ernst Moritz Arndt Versuch einer Geschichte der Leibeigenschaft in Pommern und Rügen. Nebst einer Einleitung in die alte teutsche Leibeigenschaft, Berlin 1803, S. 265.

Arndt sich dagegen wieder "wie in den Fischerdörfern meiner heimischen Inseln" vor.[263]

Armut war natürlich Dauerthema, die Gesellschaft war schließlich arm, die sozialen Unterschiede enorm. Dass selbst die revolutionäre, d.h. entschädigungslose Art der Bauernbefreiung durch die Franzosen der Landbevölkerung nicht zu Wohlstand verholfen hatte, notierte überrascht ein Engländer, der 1819 von Norddeutschland und Berlin über Kassel, Frankfurt, Mainz und Saarbrücken nach Frankreich reiste und über das breite Elend im Linksrheinischen schockiert war. „In no part of Germany did the pictures of wretchedness present themselves to my observation either so frequently or so strikingly, as between the Rhine and the present frontiers of France". Er sah vor allem wirtschaftliche Gründe: kein Zugang zu Krediten, sehr hohe Grundsteuer und, was Rheinhessen und die Pfalz betraf, seit dem Ende der französischen Herrschaft hohe Zölle ringsumher. Im preußisch gewordenen Saarbrücken „the people say, that a few years ago, all the money went to Paris, that all now goes to Berlin; that then France purchased their fruits and surplus corn, but that Prussia takes nothing but the taxes". Das war noch vor der Agrarkrise![264]

In den Städten war die Armut noch größer und hatte außer der Wirtschafts- und Zollpolitik vornehmlich

263 Ders., Reisen (Anm. 54), S. 272, 273f., 278.

264 Jacob, A View (Anm. 58), S. 422, 423. Jacob hatte Deutschland bereits 1797 besucht und sprach Deutsch. Von der Marktwirtschaft geprägt, sah er Landwirtschaft und Gewerbe sowie den staatlich dominierten Arbeitsmarkt für Akademiker äußerst kritisch.

demographische Ursachen.[265] Der *Ersch/Gruber* sprach wohl vielen aus der Seele, wenn er ihre Zunahme als Folge gesellschaftlicher Entwicklung bezeichnete, also grundsätzlich als unabwendbar, auch wenn Ursachen wie „frommer Müßiggang“, „Begünstigung der Juden“ oder „übertriebenes Maschinenwesen“ vom Handeln einzelner Personen bedingt sein mochten. Als Gegenmittel empfahl der Autor etliches, vom Lottoverbot über die Einrichtung von Sparkassen bis zur Beseitigung des „drückenden Abgabesystems“. Den Anteil der Armut schätzte er auf sieben bis zwölf Prozent der Bevölkerung.[266] Schon diese Zahl überstieg allenthalben die Möglichkeiten der Hilfe durch städtische Einrichtungen oder private Stiftungen, auch wenn der Berliner Stadtführer von 1826 eine geradezu üppige Versorgungspraxis beschrieb,[267] während die Stadtverwaltung gleichzeitig die im Voigtland und besonders in den v. Wülcknitzschen Familienhäusern zutage tretende Not nicht zu steuern wusste.[268] Aber der reisende Engländer, der natürlich die sparsame Alimentierung seiner verarmten Landsleute durch die Kirchspiele

265 Und zwar keinen Geburtenüberschuss, den gab es nirgendwo, sondern Wanderungsgewinne.

266 "Je zusammengesetzter die gesellschaftlichen Verhältnisse werden, in eben dem Grade nimmt auch die Armuth zu". C[hristian] A[ugust] Fischer, Art. Arme, in: Allgemeine Encyklopädie der Wissenschaften und Künste in alphabetischer Reihenfolge, Abt. I, Bd. 5, Leipzig 1820, S. 350-353, hier S. 350, 351. Eine anspruchsvollere Liste von Ursachen, darunter Malthus‘ Theorie der Übervölkerung, lieferte der Kameralist Karl Heinrich Rau im Art. Armen-Polizei. Ebd., S. 353f.

267 Ganz besonders gelte das für die 1710 gegründete Charité mit ihren 1.000 Betten, doch sind auch die Angaben zur Versorgung der Insassen von „Hospitälern oder Anstalten für Abgelebte“ eindrucksvoll. Rumpf vermittelt den Eindruck, dass mancherorts Arme dort besser als die Arbeitenden leben. Rumpf, Fremdenführer (Anm. 238), S. 80ff.

268 Vgl. Anm. 239.

kannte, hatte den Eindruck, dass in Deutschland Hospitäler, Arbeits- und Almosenhäuser viel großzügiger als in seiner Heimat dotiert seien.[269] Vermutlich hat er sich hier getäuscht.

Es kam ja nicht von ungefähr, dass im Katalog der Vorrangthemen Armut auf einen vorderen Platz rückte, und zwar unabhängig von den beiden ganz außergewöhnlichen Hungerjahren 1816/17, die kurzfristig die Ordnung nicht nur in Deutschland zu gefährden schienen.[270] Denn zur konjunkturellen Krise kam die strukturelle, die in erster Linie eine Krise der proto-industriellen Textilwirtschaft war. Dass die Armut ihren Charakter wandelte, weil die hergebrachte Gesellschaftsordnung von Demographie und Kapitalismus in die Zange genommen wurde und deshalb zu zerfallen begonnen hatte, kam mindestens im herangezogenen Quellenmaterial nicht zur Sprache. Malthus, der das begriffen hatte, war in Deutschland noch nicht wirklich rezipiert, und so erfuhr das Spektrum der Unterstützungsmaßnahmen keine wesentliche Erweiterung.

Eine neue Gesellschaft zeichnete sich, um das Geschilderte zusammenzufassen, oben wie vor allem am Fuß der Pyramide zwar ab, aber nur den wenigsten Zeitgenossen war das bereits bewusst. Alternative Modelle zur mitteleuropäischen existierten in Nordamerika sowieso, die englische hatte Ernst Brandes an denkbar prominenter Stelle schon vor Jahrzehnten den Deutschen erklärt, al-

269 Jacob, A View (Anm. 58), S. 359.

270 Dazu Behringer, Tambora (Anm. 109). In unserem Zusammenhang interessant ist sind die Bilderbögen, Hungertafeln, Gedenkmünzen und andere Erzeugnisse der materiellen und Schriftkultur, von denen in Kap. 6 die Rede ist.

lerdings eher aus rechtlicher als aus sozialer Sicht,[271] und auch Frankreich hatte das Ancien Régime seit langem hinter sich gelassen. Aber dass Deutschland darin seine Zukunft sehen müsste – „de te fabula narratur“, wie Marx 1867 im Vorwort zum ersten Band des *Kapitals* schreiben wird[272] –, kam damals nur Buchholz, aber nicht einmal Hegelianern in den Sinn, die noch am ehesten ein Gespür für geschichtliche Entwicklungstendenzen hatten. An sozialphilosophischen und verfassungspolitischen Entwürfen herrschte dagegen nach wie vor kein Mangel, wohl aber, wie nun schon mehrfach betont, am Tatsachenblick sozialer Gegebenheiten und Trends.

Ein Beleg dafür ist das weitgehende Fehlen von Blicken auf das soziale Ganze, von Versuchen der Verallgemeinerung, wofür in Kapitel 1 die Erklärung geliefert wurde. Nur ganz vereinzelt ist von der Historizität der Gesellschaftsverfassung die Rede, obwohl allen Einsichtigen klar geworden sein musste, dass die Dinge in Bewegung gekommen waren. Indirekt kam das allenfalls bei Beschreibungen der einzelnen sozialen Gruppen zum Ausdruck, denn am Detail ließ sich die Dynamik am ehesten beobachten.

Dass die Existenz des Adels in Frage gestellt war, konnte niemand ernstlich bestreiten, am allerwenigsten die adeligen Standesvertreter. Überhaupt wurde die Legi-

271 Die „Schranken sind allen offen. Der unbedeutendste kleinste Bürger kann, den Thron ausgenommen, alles ersteigen. Die Stände haben hier zwar […] gewisse genau bestimmte Rechte; aber die Aussicht, in diese Stände aufgenommen zu werden, steht jedem offen“. Ernst Brandes, Ueber den politischen Geist Englands, II, in: Berlinische Monatsschrift 7 (1786), S. 217-241, hier S. 224f. Brandes war im Vorjahr in England.

272 Karl Marx, Das Kapital (Anm. 20), S. 90.

timität von Geburtsständen bis hinein in die Bürokratie zunehmend kritisiert – Altensteins radikale Reformdenkschrift mag als Beispiel dienen –, während die berufsständische Gesellschaft als (auch schon nicht mehr ganz neue) Tatsache von Buchholz 1815 als deren Ersatz ausgegeben wurde. Deswegen wurde nun das Bürgertum viel genauer unter die Lupe genommen, obwohl strittig war, was ‚Bürgertum' unter den neuen Rahmenbedingungen eigentlich sei. Aber dessen Exponenten wie die ‚Kapitalisten', d.h. die Neureichen, und die Beamtenschaft erhielten jetzt mehr Aufmerksamkeit als die hergebrachte quasi-ständische Schicht der Gelehrten, während von Handwerkern kaum noch die Rede war. Und es wurde nun der bürgerliche Alltag von den Schriftstellern angesprochen, seine Feste, seine Sommerfrischen, seine Dienstboten.[273] Neue Statusmerkmale tauchten auf: der (männliche) Diener, das Geld. Dass beide miteinander zu tun hatten, liegt auf der Hand.

Neu war auch die Rede von der „arbeitenden Klasse". Das war kein Vorgriff auf die vierziger Jahre des 19. Jahrhunderts, sondern eine möglicherweise noch vor den englischen Nationalökonomen unternommene ‚Ein-

273 Farbiger noch geriet dieses Thema bei dem, man könnte sagen: ethnographischen Blick von William Jacob 1819 am Ende seines Deutschlandaufenthaltes. Vorneweg versicherte er, er habe bei seiner Reise zu allen „Klassen", vom Adel bis zu den Bauern, Kontakt gehabt, und fügte dann hinzu, seine Landsleute seien wohl zu anspruchsvoll gewesen, denn die Deutschen seien im Durchschnitt ärmer als Engländer und Holländer und auch nicht ganz so reinlich wie diese, aber reinlicher als die Franzosen. Geraucht werde in Deutschland außer in den Cafés seltener, schon gar nicht in Gegenwart von Damen, und Kautabak benutze fast niemand. Sehr zurückhaltend seien die Deutschen beim Zeigen ihrer Emotionen und ihr ganzes Betragen sei so beherrscht wie bei den Quäkern. Jacob, A View (Anm. 58), S. 426-428.

dampfung' des Klassenbegriffs von Adam Smith[274] auf die zwei antagonistischen der ,Kapitalisten' und ,arbeitenden Klasse'. Buchholz sprach von beiden jedoch immer nur im Falle von England und Frankreich, d.h. von Gesellschaften, die für ihn sowohl moderner als auch konfliktreicher waren als die deutsche.[275] Ein Oberbegriff für das soziale Ganze Deutschlands ist von ihm nicht überliefert, von anderen schon gar nicht. Arndts Rede von der im ländlichen Norddeutschland herrschenden ,Zweirassengesellschaft'[276] gehört eher nicht in diese Kategorie.

Wenn der vorige Abschnitt mit Garves Abgesang auf die Ständegesellschaft im Jahre 1792 endete, einer vielleicht visionären, jedenfalls vereinzelten Diagnose, so endet dieser Abschnitt ganz genauso. Wieder hat sich nur ein einziger Vertreter der Intelligenz ausmachen lassen, der den gewandelten Zeitumständen konzeptionell angemessen Rechnung trug. Im nächsten Zeitabschnitt wird

274 Smith sprach von drei „classes" oder „orders", die auf den drei Einkommensquellen Lohn, Profit und Rente beruhten. Buchholz kannte Smith natürlich. Nur noch von „two classes" sprachen Malthus (1798, deutsch 1807), Hall (1805) und Thompson (1824), Buchholz aber mindestens bereits 1805.

275 England führe derzeit nur deshalb Krieg gegen Napoleon, weil „die englische Regierung [dadurch] einen Bürgerkrieg abzuwenden sucht, der von dem Augenblick an ausbricht, wo die Regierung ihre Verheißungen nicht erfüllen kann und ihre bisherigen Freunde (die Kapitalisten Englands) genöthigt werden, zu ihren Feinden (der arbeitenden Klasse der Bewohner Großbritanniens) überzugehen". Friedrich Buchholz. Der neue Leviathan, Tübingen 1805, S. 301. Ähnlich argumentierte Buchholz noch Jahrzehnte später: Necker habe die Unterstützung der nordamerikanischen Rebellen im Interesse von „Erleichterungen der arbeitenden Klasse" abgelehnt, während die „bevorrechteten Klassen Frankreichs" diesen Krieg unbedingt wollten und den Minister stürzten. Ders., Philosophische Untersuchungen über das Mittelalter, Kap. 46, in: Neue Monatsschrift für Deutschland, historisch-politischen Inhalts 24 (1827), S. 233-275, hier S. 235. Der Titel ist irreführend, es handelt sich um eine ursprünglich so nicht geplante Geschichte Europas in Fortsetzungen.

276 S.o., S. 221.

sich das gründlich ändern, denn die auf ihrem Weg ‚vom Pöbel zum Proletariat' inzwischen weit vorangeschrittenen Unterschichten ließen ihren Mitmenschen gar keine andere Wahl.

7. Die Hungry Forties (1835-1847)

Seit sehr langer Zeit hat sich für die 1840er-Jahre im Deutschen der Ausdruck ‚Vormärz' eingebürgert, für manche beginnt der Vormärz gar schon 1815. Das ist geschichtsphilosophische Gedankenlosigkeit, weil ein knappes Jahrzehnt im einen, gar mehr als drei Jahrzehnte im anderen Fall ganz auf das Kommende orientiert werden und damit auch unterstellt wird, die Zeitgenossen hätten Leben und Handeln auf etwas ausgerichtet, von dem sie nichts haben wissen, ja noch nicht einmal ahnen können – auch wenn bekanntlich viele Menschen damals und noch später die Revolutionsfurcht umgetrieben hat und es Revolutionen und erst recht Revolten in ungeahnter Zahl in ganz Europa gab. Es fällt einem Erich Mühsam ein, der 1913 – damals war der Begriff längst eingebürgert – in seinem Kalendergedicht den Monat März wunderbar ironisch besang: „Im Jahre achtundvierzig schien | die neue Zeit heraufzuziehn. | Ihr, meine Zeitgenossen, wißt, | daß heut noch nicht mal Vormärz ist".[277]

Nicht Vormärz also, sondern *Hungry Forties*, und auch wenn dieser Begriff auf die Verhältnisse in England

277 Erich Mühsam, Kalender, in: Ders., Ausgewählte Werke, Bd.1: Gedichte. Prosa. Stücke, Berlin 1978, S. 51f., hier S. 51.

und mehr noch in Irland gemünzt ist und es sich ebenfalls nicht um einen zeitgenössischen Begriff handelt,[278] so ist doch kein Zweifel, dass er auch die Verhältnisse in Deutschland angemessen beschreibt. Man denke nur an den Weberaufstand 1844 im schlesischen Eulengebirge, die Hungerunruhen 1847 in weiten Teilen Deutschlands, wie überhaupt die 1840er-Jahre durch fortgesetzte Witterungsungunst die Nahrungsmittel verknappten und die Preise in die Höhe trieben, was örtlich immer wieder zu Bettlerzügen und Protesten führte. Davon ganz unabhängig befand sich die Proto-Industrie in ihrer schwersten und letzten Krise und machte ungezählte Heimweber und Stricker brotlos (nachdem die Spinner den Wettbewerb mit der Maschine schon lange verloren hatten). Hinzu kam, dass in Schlesien und allen süddeutschen Staaten die Bauernbefreiung stecken geblieben war, weil die Standesherren im Bundestag Rückhalt für ihren Widerstand gegen die Grundentlastung fanden, wovon auch der übrige Adel profitierte mit der Folge, dass die Adelsbauern seit einiger Zeit doppelt belastet waren; zu den traditionellen Abgaben an ihre Grundherren kamen die neuen Steuern an den Staat. Auch das löste hier und da lokale Unruhen aus, die 1848 örtlich solchen Umfang annahmen, dass sich mancher Gebildete an den Bauernkrieg erinnert fühlte, zu dem wenige Jahre vorher ein wichtiges Buch erschienen

278 Laut *Oxford English Dictionary* wurde der Begriff 1905 von Jane Cobden Unwin, der Tochter des Unternehmers und Gründers der Freihandelsbewegung Richard Cobden, für den Titel ihres Buches geprägt: The Hungry Forties, Life under the Bread Tax. Descriptive Letters and Other Testimonies from Contemporary Witnesses. With an Introduction by Mrs. J. Cobden Unwin. Dieses Buch erschien jedoch bereits 1904.

war.[279] Insgesamt besteht kein Zweifel, dass die 1840er-Jahre die turbulenteste Dekade des 19. Jahrhunderts waren. Armut war eine ihrer wesentlichsten Antriebskräfte.

Armut und die Armen beherrschten darum den Diskurs, wenn es um die Gesellschaft ging, und es war allen Interessierten klar, dass Ursachen und Größenordnung ebenso neuartig waren wie die Antworten, die neben Wissenschaft und Politik nun auch die Arbeiter, insbesondere die Gesellen bzw., modern gesprochen, die Facharbeiter unter ihnen auf ihre Not entwickelten. Einige Programme waren radikaler denn je und lösten beim Publikum Sorgen, ja Ängste aus. Karl Marx und Friedrich Engels brachten darum nur eine seit längerem verbreitete Stimmung zum Ausdruck, wenn sie im Winter 1847/48 schrieben: „Ein Gespenst geht um in Europa – das Gespenst des Kommunismus".[280]

Die Gesellschaft veränderte sich aber nicht nur an der Basis, sondern war insgesamt durch demographische und wirtschaftliche Prozesse erheblichem Wandel unterworfen. Das gilt auch für den Adel, mit dem des Vergleichs halber wie bei den beiden anderen Zeitabschnitten begonnen werden soll. Wie er selbst die Lage sah, ist im hier herangezogenen Quellenbestand nicht ersichtlich, während wir aus den Akten wissen, dass er vielerorts von den Regierungen verlangte, ihn beim ‚Obenbleiben' zu

279 Wilhelm Zimmermann, Allgemeine Geschichte des großen Bauernkrieges, 3 Theile, Stuttgart 1841-43.

280 Karl Marx / Friedrich Engels, Manifest der Kommunistischen Partei, in: MEW, Bd. 4, Berlin (DDR) 1969, S. 459-493, hier S. 461.

unterstützen. Natürlich unternahm er auch selber Anstrengungen dazu.

Ein spektakuläres Beispiel auf der Symbolebene fand Eingang in Zeitungen und wurde noch Jahre danach erinnert. Die *Augsburger Allgemeine Zeitung* berichtete unter dem 18. März 1836 aus Berlin von einem zehn Tage zuvor stattgefundenen Ereignis, das noch immer „Tagesgespräch" sei. Es hatte nämlich ein „glänzende[r] Adelsball" stattgefunden, wie ihn die Stadt „seit einer Reihe von Jahren" nicht mehr gesehen habe. Veranstalter waren „dreiunddreißig theils Fürsten, theils hohe Staatsbeamte", ihrer Einladung folgten achthundert Personen. Das „Schauspiel" erinnere an „ jene längst verklungenen Zeiten [...], wo der ritterliche Adel der Garderegimenter maskirte Bälle, Schlittenfahrten etc. veranstaltete, deren Ruf damals in Europa widerhallte". Nur, die Verhältnisse waren eben andere geworden, es konnte „das sang plein pur sich durch einige der Zeit angehörige, beigemischte Elemente verlezt fühlen". Aber auch der sicherlich studierte Journalist L. Z. fühlte sich offenbar verletzt, denn er wertet diesen Ball als „ein Zeichen der Absonderung von der Allgemeinheit", als Trennung des Adels von der „bei uns durch Geseze und Zeit so innigen Verbindung der gesamten gebildeten Welt".[281]

Ein zeitgenössischer Kommentator sah durchaus einen Zusammenhang mit der per Kabinettsordre am 16. Januar 1836 dem rheinischen Adel genehmigten

281 [Augsburger] Allgemeine Zeitung Nr. 87, 27.3.1836, außerordentliche Beilage Nr. 138, S. 552. Hervorhebung im Original.

Flucht aus den Regeln des *Code Civil.* „In Berlin, wo jetzt wieder glänzende Adelsbälle gegeben u[nd] allerlei Vorkehrungen zur Wiederabsonderung des Adels von der Bürgerklasse getroffen wurden, fand eine solche Bitte leicht Anklang".[282] Der rheinische Adel hatte seit langem die Wiedereinrichtung der vor 1790 selbstverständlichen autonomen Dispositionsbefugnis über sein Erbe gewünscht, um den Grundbesitz nicht länger teilen zu müssen. Das hatte er nun erreicht. 1837 gründete er dann mit königlicher Zustimmung die *Genossenschaft des Rheinischen Ritterbürtigen Adels,* wodurch die preußische Regierung mit sich selbst in Widerspruch geriet, denn die geburtsständischen Rechte des Adels waren ja seit langem beseitigt. Diese Rückkehr ins Mittelalter sei gewollt, so der Marburger Historiker Sybel, der vorsichtshalber nur von „gewissen Familien" sprach, die groteskerweise nun „bei allem sonstigen Abscheu gegen den Communismus dessen Angriffe auf Industrie und Concurrenz sich mit einer fast rührenden Bereitwilligkeit an[...]eignen" und sich dafür mit den Ultramontanen zusammentun.[283]

Die Verhältnisse der Rheinprovinz waren der preußischen Regierung seit jeher viel zu modern, sie versuchte daher immer wieder, das Rad der Geschichte zurückzudrehen. Das erhöhte dort nur die Spannungen, war aber natürlich vergeblich. In den östlichen Provinzen blieb die Entwicklung ebenfalls nicht stehen. Die liberalen

282 Venturini, Neue historische Schriften (Anm. 248), S. 151f.

283 Heinrich v. Sybel, Die politischen Parteien der Rheinprovinz in ihrem Verhältniß zur preußischen Verfassung geschildert, Düsseldorf 1847, S. 39.

Kommentatoren des *Allgemeinen Landrechts* hielten „die drei ehemaligen Stände überhaupt [seit 1807 für] ausgelöscht!". Politisch sei der Adel nur noch als Besitzer eines Ritterguts Mitglied eines Standes, militärisch müsse inzwischen jeder preußische Staatsbürger für die Verteidigung des Landes eintreten und wirtschaftlich sei er mittlerweile in „allen Punkten des Geschäftslebens, des merkantilistischen Treibens, der gewerblichen Thätigkeit" fassbar.[284] Er habe damit jede Legitimation als eigener Stand verloren, sollte das heißen. Die Kommentatoren konnten sich den Hinweis nicht verkneifen, man finde im Berliner Adressbuch „eine große Zahl von Gewerbetreibenden und Handwerkern wie Tapezierer, Stubenmaler, Fuhrleute, Weber, Destillateure, Knochenhändler, Schneider, Tischler und Handschuhmacher, die dem Adelsstande, und zwar zum Theil alten Familien des Landes angehören".[285]

Der Statistiker Hoffmann bestätigte das indirekt. Der Blick auf die Ergebnisse der preußischen Vier-Klassen-Steuer zeige, dass „die Mitglieder des Adelsstandes [...] dem bei weitem größten Theile nach nur zur 2. Klasse" von oben gehören und eben nicht in die erste, wie das ehedem der Fall gewesen wäre, weil steuertechnisch nur reicher Rentenbesitz oder hohe Würden die Zugehörigkeit zur ersten Klasse sicherten. In der dritten Klasse jedoch treffe man „nur selten" Adlige, „da gemeinhin gesellige Verbindungen und conventionelle Formen" den „Mangel

284 Gräff / Rönne /Simon, Ergänzungen (Anm. 208), S. 1f.

285 Ebd., S. 2, Fn. 1.

an Geistesbildung“ verbergen.[286] Diesen immerhin gab es also. Eine Chance blieb dem verarmten Adel allerdings noch bzw. ergab sich jetzt erst dank der vielen geltungssüchtigen Emporkömmlinge, über die der genaue Beobachter Friedrich Sass nur spotten konnte. Deren reichen Töchtern sei „die adelige Krone eines armen Grafen oder Barons als Hochzeitsgabe“ hochwillkommen, so dass der „arme ruinirte Adel in Berlin an den Tollheiten und Eitelkeiten des wohlhabenden Bürgerthumes einen weit festeren Haltepunkt als in dem sehr verblaßten Corporationsgeiste des eigenen Standes gefunden“ habe.[287]

In den 1840er-Jahren war endgültig klargeworden, dass Geld die bisherigen Elitenmerkmale Bildung und Stand zu verdrängen im Begriff war. „Mit dem Gelde dringt der Plebejer in die parfumierten Kreise der Aristokraten“. Das ‚Obenbleiben‘ wurde noch einmal schwieriger. „Dem Wachsthum des Industrialismus, dem krämernden Egoismus des Bürgerthums gegenüber hat eine Aristokratie, die in der Regel, wenn sie überhaupt noch etwas besitzt, ‚standesgemäß‘ glaubt verschwenden zu müssen, und deren Güter, wenn sie nicht überhaupt bereits im Monde liegen, die Concurrenz mit dem kleineren

286 J[ohann] G[ottfried] Hoffmann, Übersicht der allgemeinsten staatswirthschaftlichen Verhältnisse, welche die Verschiedenheit der Bildung und des Besitzstandes unter den Staatsangehörigen erzeugt, Berlin 1845, S. 4f.

287 Friedrich Sass, Berlin in seiner neuesten Zeit und Entwicklung, Leipzig 1846, S. 314. Der gebürtige Lübecker Sass hatte Medizin studiert, verdiente sein Geld aber als Journalist und sympathisierte mit den Linkshegelianern, die sich in Berlin anfangs als „Doktorclub“, später als „Die Freien“ regelmäßig trafen. Nach der Abreise von Karl Marx 1842 war Bruno Bauer der führende Geist. „Der lange Saß“ verkehrte bei den ‚Freien‘ eine Zeit lang.

freien bäuerlichen Grundeigenthum auszuhalten haben, vielfach nicht gleichbleiben können in der gesteigerten Macht des Geldes".[288]

Geteilt waren die Meinungen, ob in Preußen der Adel noch herrsche. Von unseren Autoren attestierte lediglich Sass ihm „trotz der Einbuße manchen Vorrechts" immer noch „ein[en] bedeutende[n] Einfluß in der Staatsverwaltung" und hier namentlich der „ukermärkischen Granden" – einer Schöpfung Heines, die noch jahrzehntelang von vielen für die Junker *par excellence* benutzt wurde.[289] Gräff, Rönne und Simon erklärten den Adel dagegen für bedeutungslos.[290] Andere lieferten eine indirekte Antwort, wenn sie den Sitz der Herrschaft in der Bürokratie sahen. Das war nun in der Tat modern, denn um mit Max Weber zu sprechen, handelt es sich bei ihr auch schon um die Mitte des 19. Jahrhunderts um eine rationale Herrschaft durch professionelle Amtsträger, sehr im Gegensatz zu den ‚ukermärkischen Granden'. So schrieb der bereits zitierte Pfarrer und Zeitkommentator Venturini: „Der alte Wahn, als ob eine besonders bevorzugte Adelsaristokratie des Thrones einzig feste Stütze und Vormauer bilde, gilt in der preußischen Monarchie sehr wenig".[291] „Von größerer Bedeutung ist jedoch die Aristokratie der

288 Ebd., S. 307.

289 Ebd., S. 155. Auch Marx oder Engels benützten 1848 in einem Artikel in der *Neuen Rheinischen Zeitung* den Ausdruck. MEGA² Abt. 1, Bd. 7/1, Berlin 2016, S. 466.

290 „Es ist die Bedeutung eines partikularen Adelsstandes dem Bewusstsein der Gegenwart völlig entschwunden". Gräff / Rönne /Simon, Ergänzungen (Anm. 208), S. 3, Fn. 2.

291 Venturini, Neue historische Schriften (Anm. 248), S. 99. Das nächste Zitat S. 100.

Beamteten. [...] Mit Recht mag wohl gesagt werden, daß in der preußischen Beamtenwelt [...] die im Staate machthabende Intelligenz ihre Heimath und ihren Sitz behaupte".

Damit hatte er ein Thema angeschnitten, das bei den allermeisten Zeitgenossen, nicht nur in Deutschland, sondern überhaupt auf dem Kontinent, in der Regel spontanen Unmut auslöste, in seltenen Fällen auch Spott. Einer vorurteilslosen Behandlung war das ungünstig. Zunächst muss vorausgeschickt werden, dass zumindest Statistiker wie Hoffmann, Vieweg oder Schubert unter Beamten damals nur akademisch gebildete Staatsdiener verstanden, hier aber den Kreis denkbar weit zogen, d.h. auch Notare, Advokaten, Ärzte und Geistliche sowie Kommunalbeamte (eine sehr geringe Zahl) dazurechneten. So kam Schubert für Preußen 1843 auf die enorme Zahl von rund 27.000 Personen, was eine Zunahme seit 1823 um 16 Prozent bedeutete. Schubert, als Professor der Universität Königsberg selbst Beamter, legte aber Wert auf die Feststellung, dass im selben Zeitraum die Bevölkerung stärker zugenommen, der Anteil der Beamten folglich von 0,61 auf 0,55 Prozent abgenommen habe.[292]

Sucht man in damaligen Lexika nach diesem Stichwort, wird man enttäuscht. Weder in den 1830er noch in den 1840er-Jahren war ‚Beamter' ein Stichwort wert,[293]

292 Schubert , Handbuch, Bd. 2/II.1 (Anm. 249), S. 532f. Eine vorzügliche Übersicht zur Rolle der Beamten, die deren Rolle nicht verherrlicht, sondern historisch angemessen einordnet, bietet Lutz Raphael, Recht und Ordnung. Herrschaft durch Verwaltung im 19. Jahrhundert, Frankfurt/M. 2000.

293 Im *Pierer* wird unter „Beamte" nur auf andere Lemmata verwiesen. Universal-Lexikon der Vergangenheit und Gegenwart [...], hg. v. H[einrich] A[ugust] Pierer, 2. Auflage, Bd. 4, Altenburg 1841, S. 39.

obgleich der Begriff in etlichen Artikeln durchaus begegnet. Im vielleicht maßgeblichen *Rotteck-Welcker* findet sich bei „Büreaukratie“ [sic] der Verweis auf „Verwaltungssystem“, aber in Bd.15/1, wo es zu finden sein müsste, gibt es dieses Lemma nicht.[294] Stattdessen gibt es einen umfangreichen Eintrag mit dem ungewöhnlichen Titel „Staatsdienst, Staatsdiener, Staatsdienstpragmatik. Die höchst bedenkliche Richtung des neudeutschen Dienerrechts“ von Welcker, worin er seinen Antrag in der Zweiten Badischen Kammer von 1833 ausführlich wiedergab und dessen Zurückweisung durch die Regierung beklagte. Tenor ist, dass die modernen Beamtengesetze „jenes unselige System eines feindlichen Kriegs zwischen den Regierungen und der Freiheit“ zementieren.[295] Damit war der Ton angeschlagen, in dem dieses Thema in aller Regel verhandelt wurde, nicht nur von den Liberalen, aber von ihnen naturgemäß besonders lautstark – sofern die Zensur das ermöglichte. An der Berechtigung des Welcker‘schen Verdikts soll gar nicht gezweifelt werden, nur versperrte die Fokussierung auf das Politische den Blick aufs Grundsätzliche. Letzterer fand sich dagegen im *Brockhaus* unter dem Stichwort „Bureauverfassung“. Hier wurde, wie man es in einem Lexikon erwartet, das neue „Bureausystem“ mit der hergebrachten „Collegialverfassung“ verglichen – bei ersterem gehe Schnelligkeit auf Kosten von Quali-

294 Staats-Lexikon (Anm. 205), Bd. 3, 1836, S. 147, bzw. Bd. 15/1, 1843.

295 Ebd., Bd. 14, 1843, S. 727-763. Praktisch wortgleich in der 2. Aufl., Bd. 12, Altona 1848, S. 297-322.

tät[296] – und der Blick auch auf Nachbarländer gerichtet. Deutschland kombiniere in den unterschiedlichen Hierarchiestufen beide Systeme, Frankreich wurde als abschreckendes Beispiel für „Bureaugeist" geschildert, an dem auch die Revolution nichts geändert habe, während in England dieser von Pressefreiheit, Selbstverwaltung und Parlament in Schranken gehalten werde. – Der *Manz*, das kulturell und politisch entgegengesetzt ausgerichtete katholische Lexikon, sah das genauso, denn seine Leser litten mindestens ebenso unter den Behörden. Der Artikel begann mit einem Rückblick: Diese Art der Staatsverwaltung sei neu, nämlich aus Frankreich über die Rheinbundstaaten nach Deutschland gekommen, und weil auch sie wie das ältere Kollegialsystem Entscheidungsbefugnis habe, nenne man sie „sehr passend B[ürokratie]". Ihrer Praxis im Alltag halber sei sie „beinahe allenthalben in hohem Grade verhaßt". Nur bei der Polizei, wo „rasches, augenblickliches Einschreiten nothwendig" sei, verdiene die bürokratische Form „bei weitem den Vorzug" – falls das Personal „tüchtig und erfahren" sei.[297]

Den angemessen kritisch-distanzierten, soziologischen Blick auf das Beamtentum bekam man in keiner deutschen Quelle jener Zeit zu lesen. Briten, die sich lange genug in Deutschland aufhielten, fiel der enorme

296 „Das Bureausystem [...] gestattet ein schnelleres, kräftigeres und gewissermaßen auch consequenteres Handeln [...]; aber es artet dagegen auch sehr leicht in Willkürlichkeit, Einseitigkeit und unwissenschaftliches Wirken nach bloßer Routine aus". Art. Bureauverfassung, in: Allgemeine deutsche Real-Encyklopädie für die gebildeten Stände (Conversations-Lexicon), 8. Auflage, Bd. 2, Leipzig 1833, S. 317f., hier S. 317.

297 Art. Bureaukratie, in: Allgemeine Realencyclopädie für das katholische Deutschland, 1. Aufl., Bd. 2, Regensburg 1846, S. 651.

Unterschied dagegen auf. Er betraf ja nicht nur das Verwaltungssystem, sondern viel mehr noch Zahl und Funktion der akademisch gebildeten Elite. William Howitt, ein Quäker, der wie seine Frau vom Schreiben lebte, zog mit ihr 1840 für zwei Jahre nach Heidelberg, wo ihre Kinder studieren sollten, und bereiste von dort aus große Teile des Landes. Er bewunderte viel an seiner vorübergehenden Heimat, lieferte sozusagen eine Gebrauchsanweisung für sein Gastland, fremdelte aber als Engländer erwartungsgemäß mit dem neoabsolutistischen Regierungssystem und dem Rechtswesen und kam in diesem Zusammenhang weniger auf das Beamtentum als auf die Eliten insgesamt zu sprechen, denn sie waren in ihrer großen Mehrheit staatsabhängig. Das versetzte ihn in großes Staunen. Fast alle akademisch Gebildeten seien in irgendeiner Weise im Staatsdienst – er sprach von 1,3 Millionen Beamten, 175.000 Geistlichen, 60.000 Oberlehrern und ca. 1.000 Professoren im Deutschen Bund – mithin abhängig von der Regierung, während in Großbritannien vieles dem Markt überlassen sei. „In fact, the great bulk of the population is educated almost from the cradle to government dependence".[298] Das habe höchst bedenkliche Folgen, worunter er an erster Stelle die politische wie soziale Abhängigkeit nahezu sämtlicher Gebildeter rechnete, ferner die hohe Zahl an Expektanten, Referendaren, Privatdozenten usw., die jahrelang ohne Gehalt in Behörden oder

298 William Howitt, German Experiences. Addressed to the English, both: Stayers at Home and Goers Abroad, London 1844, S. 161. Die vorgenannten Zahlen S. 159f., denen er noch ca. 300.000 aktive Soldaten hinzufügte.

an Gerichten arbeiteten, an Universitäten oder Schulen lehrten oder gar nur zu Hause „herumhingen" und mangels Kontakten mit dem ‚richtigen' Leben ihren Geist auf Theorie und Spekulation ausrichteten statt aufs Leben. Sie seien trainiert in Denken und Reden, aber nicht im beherzten, selbständigen Handeln, und seien letztlich politische Sklaven. Das glatte Gegenteil zu England, keine Frage, wo niemand auf die Idee käme, Minen, Wälder, Salz- oder Tabakhandel, ja selbst die Reit- und Fahrpost, Eisenbahnen und den Unterhalt von Landstraßen dem Staat bzw. seinen Bediensteten anzuvertrauen und wo die Lokalverwaltung und untere Rechtsprechung von Privatleuten ausgeübt werde.

Was bei Howitt bloß empirische Schilderung war, verdichtete sich bei Samuel Laing, einem „old school Radical" aus Schottland, zu einer theoretisch fundierten Soziologie namentlich des preußischen Beamtentums. Laing hatte Deutschland 1841 und dann wieder 1848/49 bereist, sein erster, 1842 erschienener Bericht war teilweise ins Deutsche übersetzt worden.[299] Laing hielt alles, was er in Deutschland an gesellschaftlichen Erscheinungen sah, für Folgen der Revolution. 1790 sei sozusagen das Gründungsdatum für alles jetzt Sichtbare: „A social revolution has been completed by the distribution of landed property through society, and by the policy of substituting func-

299 Adolph Heller (Hg.), Preußen, der Beamtenstaat, in seiner politischen Entwickelung und seinen social-ökonomischen Zuständen. Dargestellt durch Benjamin Constant und Samuel Laing, Mannheim 1844. Laings Buchtitel lautete: Notes of a traveller on the social and political state of France, Prussia, Switzerland, Italy, and other parts of Europe, during the present century, London 1842.

tionarism for nobility, and the landwehr for a standing army for the support of the monarchical principle. This radical change in the elements of the social body on the Continent has been accomplished, and the annihilation of the influences which have ruled society in Germany for a thousand years has become a great standing fact in European history".[300]

Mit seiner kurzen Bemerkung, dass Funktionäre den Adel ersetzten, hatte Laing einen Kardinalpunkt der Beamtensoziologie formuliert. Denn die letztlich von der Revolution verursachte Entfeudalisierung zwang den Staat, die seit jeher von adeligen Grundherren betriebene Verwaltung und Rechtsprechung nun in die eigene Hand zu nehmen. Aber auch die Umstellung der staatlichen Finanzierung von Domänen auf Steuern, die Erstellung eines Katasters, ferner die Erfassung aller Männer im Rahmen der allgemeinen Wehrpflicht – all das verlangte den Aufbau einer Beamtenschaft, die nicht so sehr wie die hergebrachte Policey die Untertanen bzw., wie es neuerdings hieß, die Staatsbürger kontrollierten – darüber beklagten sich die Liberalen zu Recht, und nicht nur sie –, sondern den modern gewordenen Staat des 19. Jahrhunderts funktionsfähig machten. Im deutsch-englischen Vergleich nahm für Laing die deutsche Beamtenschaft großenteils die Rolle der englischen Oberschicht, d.h. des Adels, der Gentry und der städtischen Reichen ein: „The Beamptenstand [sic] or functionary class was to be

300 Samuel Laing, Observations on the social and political state of the European people in 1848 and 1849, London 1850, S. 110f.

the equivalent to the class of nobility, gentry, capitalists, and men of larger landed property". Das seien nicht nur andere Personen, sondern es änderten sich auch die Verfahrensweisen und hinzu komme die Zentralisierung: „All the objects, in short, in which body, mind and capital can be employed in civilised society, were gradually laid hold of for the employment and support of the functionaries, were centralised in bureaux, were superintended, inspected, reported upon, and interfered with by a host of officials scattered over the land and maintained at the public expense, yet with no conceivable utility in their duties. They are not, however, gentlemen at large, enjoying salary without service. They are under a semi-military discipline".[301] Die Beamtenherrschaft sei auch letztlich der Grund für das Scheitern der 48er-Revolution, denn „these masses are not nationalised, they are only functionalised"; sie hätten keine gemeinsamen Interessen oder Umgang. Das war bestenfalls die halbe Wahrheit.

Wie bei Howitt kamen auch bei Laing mit dem Blick auf die Beamtenschaft die Gebildeten in Sicht. Das lag angesichts der Staatsnähe der allermeisten Akademiker buchstäblich nahe. Aus ausländischer Perspektive muteten die deutschen Studenten befremdlich an: in Burschenschaften organisiert und ständig über die Stränge schlagend, rechtlich vom Rest der Bevölkerung getrennt, also privilegiert, und von den Regierungen nicht unter Kontrolle zu bringen. Laing führt Sonderstellung, ausgelassene Lebensführung und geringen studentischen Ehrgeiz auf

301 Ebd., S. 185, 184. Hervorhebungen im Original. Das nächste Zitat S. 186.

den regulierten Arbeitsmarkt zurück, der nicht Leistung belohne – erst 1834 war in Preußen das Abitur obligatorisch für die Zulassung zur Universität geworden –, sondern Konnexionen und Geduld bei der Anwartschaft. Schottland habe im Verhältnis zu seiner Bevölkerung nahezu fünfmal so viele Studenten wie Preußen, die aber alle vom freien Arbeitsmarkt aufgenommen würden, während Preußen, wo für Akademiker praktisch nur Beamten-, Richter- oder Lehrer- sowie natürlich Pfarrstellen in Frage kommen, ungefähr das Doppelte des tatsächlichen Bedarfs erzeuge. Die Folgen seien fatal: „The unemployed surplus being, in fact, literary idlers abstracted from the path of productive employment and hanging on in expectation of preferment to office." Viele jungen Leute benützen ihre lange Wartezeit – Venturini sprach von zehn bis zwölf Jahren[302] – zur Vertiefung ihrer geistes- oder naturwissenschaftlichen Kenntnisse und seien dadurch den nur kurz ausgebildeten schottischen Absolventen sicher überlegen, aber das System „produces a man of theory and speculation, not of active habits".[303] Andere würden Schriftsteller, von denen es aber auch zu viele gebe und die Qualität der meisten zu wünschen übrig lasse.[304] Kurz: seit zwanzig Jahren kritisierten Engländer bei allem sonstigen Respekt vor den Deutschen die akademische Überpro-

302 Karl Venturini, Neue historische Schriften, Bd. 3: Der nach constitionellen Principien regierten Staaten 2. und 3. Ranges neueste Geschichte, Braunschweig 1840, S. 189.

303 Ebd., S. 212, 215. Laing liefert Zahlen zum Verhältnis von freien Stellen zu Anwärtern, die er aus Venturini, Neue historische Schriften, Bd. 2 (Anm. 248), S. 110, hat.

304 Dazu s.o. Jacob (Anm. 58), S. 128.

duktion und ihre Folgen. Dass in den 1830er-Jahren die Zahl der Studenten drastisch zurückgegangen war, scheint ihnen entgangen zu sein; Venturini, der wie immer genaue Zahlen dazu lieferte, erblickte die „Hauptursache [...] in dem Aufschwunge der materiellen Interessen". „Industrie und Handel [böten] Erwerbsquellen, welche jungen Leuten viel angenehmere Aussichten auf baldige Belohnungen ihrer Thätigkeit eröffneten als eine dürftig dotirte Pfarre, eine kläglich besoldete Aktuarstelle, eine mühselige medizinische Praxis oder auch ein mit Aufopferung der Gesundheit errungener akademischer Lehrstuhl".[305]

Es lag darum nahe, dass sie auch einen Blick auf die deutschen Universitäten warfen. Da sie aus einem Land kamen, das in Schottland vier, in England sogar nur zwei Universitäten aufwies, staunten sie zunächst über deren große Zahl in Deutschland. Sie bemerkten aber auch eine klare Zweiteilung zwischen ganz wenigen – es waren eigentlich nur Berlin, München und Leipzig – großen Universitäten mit grenzüberschreitender Ausstrahlung[306] auf der einen und eher stagnierenden Provinzuniversitäten auf der anderen Seite mit fragwürdiger Berufungs-

305 Venturini, Neue historische Schriften, Bd. 3 (Anm. 302), S. 189f. Venturini sprach aus eigener Erfahrung. Erst mit 39 Jahren erhielt er die Pfarrstelle in einem kleinen Dorf bei Braunschweig, in dem ein Adliger das Patronatsrecht hatte. Bis dahin hatte er sich ausschließlich mit Schriftstellerei den Lebensunterhalt verdient und musste diese Tätigkeit wegen seines geringen Gehalts auch in der Folgezeit fortsetzen.

306 In Berlin sei mehr als ein Viertel der Studenten ausländischer Herkunft, wobei nicht klar ist, ob unter ‚Ausland' auch nichtpreußische Staaten im Deutschen Bund gemeint waren; vermutlich war das der Fall. Laing, Observations (Anm. 300), S. 206.

politik[307] und vor allem fragwürdigem Unterricht, wo Professoren wie seit eh und je sich nicht für die Studenten interessierten und lediglich aus ihren Büchern vorlasen und dies mit Kommentaren versahen. Entsprechend war die Qualität. Dass an der Reformuniversität Heidelberg Friedrich Christoph Schlosser über Dinge geschrieben habe, die er nicht seriös recherchiert, teilweise sogar abgeschrieben hatte, nahm ihm Howitt sehr übel.[308]

Inwieweit die Beobachtungen der britischen Reisenden seinerzeit von deutschen Lesern zur Kenntnis genommen wurde, muss offenbleiben; im Bestand öffentlicher Bibliotheken ist namentlich Howitt ausgesprochen selten nachweisbar. So bleibt eher die Frage, weshalb die deutschen Autoren, die allermeist einen Universitätsabschluss hatten, dieses Thema nicht aufgegriffen haben.

Das Selbstporträt, das die bürgerlichen Autoren von dem entwarfen, was Lorenz Stein etwas später als entstehende „Mittelklasse" bezeichnete,[309] war ausgesprochen widersprüchlich. Denn wo die drei kämpferisch liberalen Juristen Gräff, Rönne und Simon im „Nicht-Adel", wie sie provokant schrieben, „die geistige und körperliche Kraft

307 Dass verschiedentlich, so z.B. in Tübingen, noch immer die sog. Familienuniversität fortlebte, wo Söhne den Lehrstuhl vom Vater erbten, bestätigt Sylvia Paletschek zuletzt in: Eine deutsche Universität oder Provinz versus Metropole? Berlin, Tübingen und Freiburg vor 1914, in: Rüdiger vom Bruch, (Hrsg.), Die Berliner Universität im Kontext der deutschen Universitätslandschaft nach 1800, um 1860 und um 1910. München 2010, S. 213-242.

308 Howitt, German Experiences (Anm. 298), S. 25. Howitts Missbilligung deckte sich, ohne dass er das wissen konnte, mit der Kritik Rankes und seiner Schüler an Schlossers Arbeitsweise.

309 Lorenz Stein, System der Staatswissenschaft, Bd. 2: Die Gesellschaftslehre. Erste Abtheilung. Der Begriff der Gesellschaft und die Lehre von den Gesellschaftsklassen, Tübingen 1856, S. 334.

der Nation“ erblickten,[310] sah Schubert zwei Jahre später keine Veranlassung, über die dürre ständische Zuweisung des *Allgemeinen Landrechts* hinauszugehen[311] und einer Klassenzuordnung das Wort zu reden, wie sie der Linkshegelianer Saß andeutete, wenn er bedauerte, dass „eine selbständige gesellschaftliche Bürgermacht – von der Politik gar nicht zu reden – [...] Berlin nicht“ kenne.[312] Von ‚Bürger‘ wollte Sass gar nicht mehr reden, weil ihn auf der einen Seite die Verbindung mit dem städtischen Bürgerrecht sinnlos mache – es gebe ja längst ein immer umfangreicher werdendes „Bürger-Proletariat“ –, weshalb auf der anderen die „reiche Bourgeoisie“ ihn bewusst meide und von sich als „Eigenthümer“ spreche, „den sie höher stellt als den ‚Bürger‘“.[313] Die „mannigfach aus dem kleinen Bürgerthume“ stammenden Berliner Neureichen, also „die Banquiers, die Capitalisten, die Fabrikanten usw.“, orientierten sich zwar am Adel, kämen jedoch über „eine Mischung von Dünkel und Unsicherheit, von Demuth

310 Gräff / Rönne /Simon, Ergänzungen (Anm. 208), S. 2. „Der gebildete Mittelstand“ gelte „in der öffentlichen Meinung überall als der eigentliche Träger des geistigen und sittlichen, das ist des kostbarsten Eigenthums der Nationen“, referierte zustimmend der führende preußische Statistiker Hoffmann. Übersicht (Anm. 286), S. 22.

311 Schubert, Handbuch Bd. 2/II.1 (Anm. 249), S. 487f.

312 Sass, Berlin (Anm. 287), S. 315.

313 Ebd., S. 258. Sass fügte hinzu, „das E darf bei ihrem Namen im Adreßbuch nicht fehlen“.

und Stolz“ nicht hinaus und würden darum „in gewissen Kreisen als Wechselpöbel bezeichnet“.[314]

Viel mehr ist vom Bürgertum in den hier herangezogenen Texten nicht zu lesen, denn die in Gang gekommene soziale Dynamik entwertete den traditionellen Bürgerbegriff und die aktuelle Sozialphilosophie hatte ihn noch nicht wieder mit neuem Gehalt aufgewertet.

Mehr Beachtung fanden dagegen jetzt Alltagsleben, Geselligkeit, Dienstboten und, ganz neu, die Rolle der Frau. So erfahren wir, dass sich der Lebensstil der Deutschen – er hat dabei natürlich das Bürgertum im Blick – seit der Jahrhundertwende bzw. seit der Franzosenzeit erheblich zum Besseren verändert hat. Es gebe jetzt Teppiche, geraucht werde nicht mehr in gehobener Gesellschaft, Bälle und Abendeinladungen begännen später, Theater und Konzerte genössen Vorzug vor häuslichen Spielabenden u. dgl. Er hoffe, fügte Howitt hinzu, dass die Deutschen nicht auch das Gute an ihren Traditionen aufgeben, nämlich das hohe Maß gesellschaftlichen Umgangs verschiedener Schichten miteinander und die allgemeine Zufriedenheit.[315] Über Berlin erfahren wir, dass es dort kein Nachtleben wie in vergleichbaren

314 Ebd., S. 330. Die Kritik an den Unternehmern war seit dem sog. Weberaufstand 1844 populär geworden, Sass war in dieser Hinsicht alles andere als originell. Christina v. Hodenberg, Der Fluch des Geldsacks. Der Aufstieg des Industriellen als Herausforderung bürgerlicher Werte, in: Manfred Hettling / Stefan-Ludwig Hoffmann (Hg.), Der bürgerliche Wertehimmel. Innenansichten des 19. Jahrhunderts, Göttingen 2000, S. 79-104.

315 Howitt, The Rural and Domestic Life of Germany with characteristic sketches of its cities and scenery, collected in a general tour and during a residence in the country in the years 1840, 41 and 42, London 1842, S. 223.

Großstädten gebe und die „für die höheren Stände bestimmt gewesenen Bordelle ganz aufgehoben“ seien, wohl eine Folge des Pietismus, der „in Berlin verbreiteter und eingewurzelter [...] als in irgendeiner anderen deutschen Stadt“ sei.[316] Während Wollheim beklagte, dasss Bewegung an der frischen Luft schwierig sei, „weshalb die Meisten es vorziehen, in öffentlichen Localen oder in ihrer Behausung Erholung zu suchen“, berichtete Howitt, dass im Sommer der Spaziergang mit anschließender Einkehr in ganz Deutschland sehr verbreitet sei, am meisten aber in Wien, bevor man dann seine „Herbst-reise“ [sic] an die Flüsse, in die Berge und zu den Bädern unternehme und Schiffe und Züge überfüllt seien. Auch wandern könne man gut, da in Deutschland nur die Jagdgehege eingezäunt seien.[317]

Ein neues Thema waren die Frauen. Dass sie in unseren Texten zwei Dekaden später auftauchen als die Dienstboten, lässt nichts Gutes ahnen; die bürgerliche Misogynie nahm ja nach 1815 im Zeichen sich differenzierender Lebensumstände und Bildungsinhalten der Geschlechter zu.[318] Tatsächlich waren sich die Beobachter in ihrem negativen Urteil über den geringen Bildungsstand der meisten einig, der mit offener Verachtung vieler Männer

316 H[ermann] Wollheim, Versuch einer medicinischen Topographie und Statistik von Berlin, Berlin 1844, S. 80, 152, 143. Wollheim hielt nichts vom Pietismus, er nannte ihn „Afterfrömmigkeit“; besonders gefährlich seien die „Schwärmerclubs“ von endzeitorientierten Gläubigen. S. 143f.

317 Ebd., S. 78. Howitt, Rural (Anm. 315), S. 77ff.; „Herbst-reise“ auf Deutsch (S. 82). Er fügte hinzu: „There is no people on the face of the earth that all summer long enjoy themselves like the Germans in their gay capitals“; S. 82.

318 Statt vieler Belege Thomas Nipperdey, Deutsche Geschichte 1800 bis 1866. Bürgertum und starker Staat, München 1983, S. 119f.

für sie einherging; für die Ehemoral hatte das natürlich seine Folgen.[319] Die Ehe sei in der Krise und wegen der schlechten Berufsaussichten der jungen akademisch gebildeten Männer gebe es nirgendwo sonst „so viele alte Jungfern".[320] Howitt vermisste deutsche Schriftstellerinnen – man könne sie, anders als in England, an einer Hand abzählen – Sass dagegen den Wunsch, sich herauszuputzen – „körperliche Schönheit findet man leichter in den unteren Ständen, bei den Dienstmädchen und den Grisetten und in der vornehmen Welt als in dem eigentlichen, mittleren Bürgerstande".[321] Dagegen berichtete v. Delbrück, dass Berlins ‚höhere Töchter' hinreichend emanzipiert, wie man heute sagen würde, waren, um einen Rest von Salonleben zu bewahren, für den die Damen der Gesellschaft vormals bekannt waren. Aber das seien Ausnahmen, im Normalfall würden die Gattinnen selbst höherer Beamter diskriminiert, indem sie zu Diners nicht eingeladen würden, schon gar nicht bei Hofe.[322]

Aus den Dienstboten wurden nun gelegentlich die „dienenden Classen", doch änderte sich dadurch nichts an den nach wie vor durchweg von außen kommenden

319 Sass, Berlin (Anm. 287), Kap. 7: In der Gesellschaft, passim. Frauen seien selbst in Berlin „Localpflanzen"; S. 315. Sass' Aussagen zu diesem Thema sind allerdings auffallend widersprüchlich.

320 „Daß in Berlin die Familie durchschnittlich ruinirt worden ist, wage ich bestimmt zu behaupten". Zusammengehalten werde sie nur noch „durch die äußeren Stützen des Staates, der Kirche, des Erbrechts, nur als Form, Gewohnheit, gesellschaftliche Heuchelei, nicht durch ihren eigenen sittlichen Inhalt". Ebd., S. 322. Zitat S. 318.

321 Howitt, Rural (Anm. 315), S. 235. Sass, Berlin (Anm. 287), S. 316.

322 Delbrück (Anm. 21), S.194f. Die emanzipierten jungen Damen waren Julie v. Schelling und Marie v. Eichhorn. Diese Memoiren wurden als Ausnahme herangezogen, weil sie einen so seltenen wie authentischen Einblick in das Leben der besseren Gesellschaft Preußens erlauben.

Beschreibungen. Sass, der von 18.000 „Dienstmädchen" in Berlin sprach[323] – im ganzen preußischen Staat zählte 1843 Schubert ca. 118.000 weibliche und 31.000 männliche Personen, die häusliche Dienste leisteten[324] –, erblickte als moderner Mensch in der persönlichen Dienstleistung schon an sich eine Entwürdigung, die durch das Verhalten der Herrschaften noch verstärkt werde, stehe doch der „Dienstbote" der „feinen Welt ferner [...] als das Pferd, der Hund". Leider habe jedoch die Menschheit vor einer Livree automatisch Respekt, so dass auch noch deren Träger „sich nicht wenig auf sein modernes Sklaventhum einbildet und den ehrlichen Arbeiter mit der schwieligen Faust verachtet".[325]

Ganz anders der ethnologische Blick des englischen Reisenden Howitt, der nur weibliche Dienstboten zu kennen scheint und diese als robuste, tüchtige, selbstbewusste und dennoch stets respektvolle und gutwillige Personen schilderte, die weitaus angenehmer seien als ihre englischen Gegenstücke. Sogar die Kehrwoche hat er beobachtet, womit ein weiteres Mal deutlich wird, dass er vor allem die süddeutschen Verhältnisse kennengelernt hat. Ausführlich beschreibt Howitt die später vor allem in der Operette populär gewordenen Dienerbälle, die für das Personal genauso selbstverständlich seien wie das tägliche Essen. Getanzt werde dort mit den örtlichen Kauf-

323 Sass, Berlin (Anm. 287), S. 120. Ebd. auch die Rede von den „dienenden Classen".

324 Schubert, Handbuch , Bd. 2/II, 1 (Anm. 249). Die Zahl der Dienstboten, und ganz besonders der weiblichen, hatte seit 1822 aus hier nicht zu erörternden Gründen überproportional zugenommen.

325 Sass, Berlin (Anm. 287), S. 119.

leuten und Handwerkern und alles spiele sich ab wie bei der besseren Gesellschaft mit Kutschen, Tanzkarten und dergleichen. Auch bei den Bürgerbällen seien sie oft dabei und tanzten dann mit den angesehensten Geschäftsleuten. Und dennoch: Letzten Endes entscheide das bei der Polizei aufbewahrte Arbeitsbuch über Wohl und Wehe der Dienstboten.[326]

Die Autoren waren Städter und so blieb es nicht aus, dass sie überwiegend über Dinge und Personen aus der Stadt berichteten. Dabei wohnte noch immer der bei weitem größte Teil der Menschen auf dem Land, dessen Bewohner „dem Staate sowohl die nöthigsten Nahrungsmittel u[nd] Kleidungsstoffe, als den Kern und die Hauptmasse der Truppen zu seiner Vertheidigung" lieferten; dies „verdient daher alle Achtung".[327] Sätze wie diese waren damals fast schon hundert Jahre alt, ohne dass sie daran viel hätten ändern können.[328] Unserem englischen Beobachter kam denn auch der Stadt-Land-Gegensatz ungeheuer groß vor, was er sich damit erklärte, dass hierzulande im Unterschied zu seiner Heimat die Oberschicht nicht auf dem Lande lebe.[329] Das war nun allerdings ein

326 Howitt, Rural (Anm. 315), S. 239-241.

327 Art. Bauer, in: Allgemeine Realencyclopädie (Anm. 297), Bd. 1, Regensburg 1846, S. 1090-1092, hier S. 1091. Ziemlich genauso schon ein gutes Jahrzehnt früher der *Brockhaus*: Art. Bauernstand, in: Allgemeine deutsche Real-Encyklopädie (Anm. 296), Bd. 1, Leipzig 1833, S. 698f.

328 Das ist der zentrale Einwand gegen John G. Gagliardo, From Pariah to Peasant. The Changing Image of the German Peasant 1770-1840, Lexington 1969, der die Ansicht vertrat, dass die Bauern um 1770 „Parias" gewesen seien. Schon die seinerzeit freilich noch unerforschte Volksaufklärung spricht dagegen.

329 „There is nothing like our English rural life there". Howitt, Rural (Anm. 315), S. 491.

großer Irrtum, denn ganz überwiegend wohnte der Adel auf seinem Gut. Der Grund musste also ein anderer sein.

Gesellschaftlich änderte sich gerade in unserer Dekade sehr viel auf dem Land, denn die wirksamsten Gesetze zur Bauernbefreiung waren erst nach 1830 beschlossen worden. Nur Preußen machte eine Ausnahme. Hier hatte sich durch die inzwischen weitgehend abgeschlossenen Reformen die Sozialstruktur bereits enorm gewandelt, denn schon bis zu den 1830er-Jahren waren zehntausende neuer kleiner landwirtschaftlicher Betriebe entstanden.[330] In seinem für „das landwirthschaftliche Publikum" verfassten Überblick bilanzierte der preußische Landes-Ökonomierat Hering trotz mancher Kritik denn auch: „Eine <u>neue</u> Welt beginnt auf den Trümmern der alten sich zu gestalten", deren Grundlage „Aufklärung, Ordnung, Wissenschaft und Freiheit" seien.[331] Wenig später stellte dann der *Brockhaus* nach dem Blick auf das deutsche Gesetzgebungswerk Ähnliches fest: „Im Ganzen ist der

330 Genaue Zahlen existieren nicht, es gibt eine Fülle widersprüchlicher Angaben aus unterschiedlichsten zeitgenössischen Erhebungen. Am ehesten kann man den von Harnisch, Kapitalistische Agrarrevolution (Anm. 104), bes. Kap. II/6, zusammengestellten Bilanzen vertrauen. Die hauptsächlich Betroffenen, d.h. die gesamte landwirtschaftliche Bevölkerung vom Bauern bis zum Insten machte 1843 mit knapp 5 Millionen Menschen ein Drittel der preußischen Bevölkerung aus. Schubert, Handbuch, Bd. 2/II.1 (Anm. 249), S. 543.

331 Karl L. Hering, Ueber die agrarische Gesetzgebung in Preußen, besonders in Rücksicht auf die Ausführung derselben durch die General-Kommissionen und deren Oekonomie-Kommissarien, Berlin 1837, S. 9. Hervorhebung im Original. Vom unaufhaltsamen Fortschritt auf dem Lande sprach auch der aus Schlesien stammende landwirtschaftliche Autodidakt und Fachmann für Schafzucht, Johann Gottfried Elsner, nach einer Reise durch den gesamten Deutschen Bund in seinem Werk: Die deutsche Landwirthschaft nach ihrem jetzigen Stande dargestellt, 2 Bde., Stuttgart, Tübingen 1830/31.

Bauernstand in den letzten 30 Jahren außerordentlich vorgeschritten".[332] Man konnte es also wissen.

Unseren englischen Reisenden fiel natürlich als erstes auf, dass es in Deutschland ‚richtige' Bauern gab, d.h. nicht Pächter, sondern ihr Land wirklich besitzende Familien, denn das war bei ihnen ganz anders. Aber während Howitt mit viel Sympathie daraus die andere Gestalt der Landschaft, die andere Art, sie zu bearbeiten, vor allem aber die andere Einstellung der Landbevölkerung zum Leben, nämlich das Bewusstsein von Selbständigkeit und sozialer Sicherheit, ableitete,[333] sah Laing ein paar Jahre später, zwischen denen auch die 48er Revolution mit ihren lokalen ländlichen Unruhen lag, nur massive wirtschaftliche und rechtliche Probleme. Eine Landwirtschaft ohne kapitalistisch wirtschaftende Großgrundbesitzer mit Sitz im Parlament zur Sicherung ihrer berechtigten Interessen gegenüber Regierung und ländlichen Unterschichten konnte er sich nicht vorstellen. Die von Preußen beschrittenen gesetzlichen Maßregeln zur persönlichen Befreiung der bäuerlichen Bevölkerung und zur Regulierung bzw. Ablösung ihrer feudalen Lasten hielt Laing für ebenso rechtswidrig wie die entsprechenden Maßnahmen der französischen Jakobiner und das Ergebnis in beiden Län-

332 Art. Bauer, in: Allgemeine deutsche Real-Encyklopädie (Anm. 296), 9. Aufl., Bd. 2, Leipzig 1843, S. 109f., hier S. 110.

333 Howitt, Rural (Anm. 315), S. 40ff. Was Howitt allerdings enorm störte, war der in Stadt und Land allgegenwärtige Gestank gärenden Krautes, also des Sauerkrauts; ebd., S. 46. Das *Oxford English Dictionary* zitiert in seiner 3. Auflage (2014) Belege von 1845 und 1855, in denen „kraut" als typischer Bestandteil deutscher Gerichte geschildert wird. Ebenfalls 1845 wurde Prinz Albert abwertend als „the young Prince of Saxe-Krautland" apostrophiert.

dern wirtschaftlich für eine Katastrophe, denn die neuen bäuerlichen Betriebe seien alle viel zu klein, um am Markt teilzunehmen; so werde das mit dem Kapitalismus nichts. Den Vorteil hätten nur die autokratische Monarchie und ihre Beamten.[334]

Sozusagen Wort für Wort widersprochen wurde Laing von Wilhelm Heinrich Riehl, der ebenfalls 1850 ein ganz anderes Bild vom „deutschen Bauern" entwarf: wesensmäßig konservativ und 1848 die Throne schützend. Der „Bauer von guter Art" lebe auskömmlich, betreibe folglich kein Nebengewerbe und widerstehe der allzu weit getriebenen Erbteilung, wolle sich aber nicht allzu viel vom Staat bzw. dessen Beamten und Richtern hineinreden lassen. Doch gebe es auch leider den „entarteten Bauern", der in allem das Gegenteil sei, aber mehrheitlich dank seiner ihm eigenen Redlichkeit auf den rechten Weg gebracht werden könne. Aufgabe sei darum, den Bauern wirtschaftlich aufzuhelfen und so den historisch überlieferten Hofbauern wieder zum Normalfall zu machen. Dann sei er „die Zukunft der deutschen Nation".[335] Was auf den ersten Blick als Sozialreportage erscheint, war in Wirklichkeit eine sich als „Naturgeschichte", d.h. als ‚naturgetreu' und unverfälscht ausgebende, aber in Wahrheit antiliberale Propagandaschrift, die außerordentlichen Erfolg hatte. Denn er schrieb gefällig und bediente eine literarische Leerstelle. Anders als die Mehrzahl der

334 Laing, Observations (Anm. 300), S. 175ff.

335 Wilhelm Heinrich Riehl, Der deutsche Bauer und der moderne Staat, in: Deutsche Vierteljahrsschrift 1850, Heft 3, S. 67-130, Zitat S. 67. Der Text erschien auch 1851 als Teil des nachfolgend genannten Bestsellers.

staatswissenschaftlichen Darstellungen seiner Zeit ging es Riehl nämlich um die Gesellschaft im soziologischen Sinne. Dementsprechend war es ihm eine Genugtuung, „die Emancipirung der Gesellschaftsidee von dem Despotismus der Staatsidee" feststellen zu können. Dies sei „das eigenste Besitzthum der Gegenwart, [...] aber auch die Bürgschaft unserer politischen Zukunft".[336] Folglich haben Generationen von Lesern Riehls aus vielen Teilen Deutschlands, besonders aus seiner nassauischen Heimat zusammengetragene Schilderungen für bare Münze genommen und sind der Sozialromantik des bäuerlichen Lebens, dem schon die besonders in den 1840ern populären *Dorfgeschichten* vom Schlage Berthold Auerbachs Vorschub geleistet hatte, auf den Leim gegangen.

Die Armut war, anders als der bisherige Text vermuten ließ, der bisweilen das Bild biedermeierlicher Idylle zeichnete, das beherrschende Thema in den 1840er-Jahren, eben weil es die *Hungry Forties* waren.[337] Die Armut war nunmehr massenhaft und hatte andere, neuartige Ursachen. Und sie hatte auch andere, neuartige Folgen. Das ist seit langem weit und breit erforscht und muss hier nicht wiederholt werden. Die zeitgenössischen Stimmen,

336 Ders., Die Naturgeschichte des Volkes als Grundlage der Social-Politik, Bd. 2: Die bürgerliche Gesellschaft, Stuttgart, Tübingen 1851, S. 4.

337 Bereits den Zeitgenossen fiel auf, dass dieser Sachverhalt einen Wendepunkt in der Aufmerksamkeitsökonomie des Publikums verursacht hat. So stellte der Nationalökonom Bruno Hildebrand in seinem 1847 abgeschlossenen Grundlagenwerk fest, dass „der Pauperismus die Aufmerksamkeit und Theilnahme aller Gebildeten den Zuständen der arbeitenden Klassen zugewendet [habe] und seit den Weberunruhen in Schlesien und Böhmen" das Thema Sozialreform durch Vereine dann auch praktisch angegangen werde. Hildebrand, Nationalökonomie (Anm. 2), S. 3.

jedenfalls die prominenteren unter ihnen, sind seit geraumer Zeit leicht greifbar.[338]

Eine auffallende Begrifflichkeit wählte der Berner Pfarrer und Schriftsteller Jeremias Gotthelf, der, wie oben bereits mitgeteilt, 1840 den Pauperismus als den „neue[n] Türk“ bezeichnete, d.h. als existentielle Bedrohung der Christenheit, die letzten Endes auch nur wie damals, als die osmanischen Heere vor Wien standen, mit Gottes Hilfe besiegt werden könne. Das Bild war natürlich schief, denn während damals der Sultan oder einer seiner Feldherren persönlich als Urheber der Bedrohung für jedermann erkennbar waren, vermochte Gotthelf für seine Gegenwart begreiflicherweise keinen personifizierten Verursacher benennen. Die Armut sei „eine Wucherpflanze geworden, die sich ausbreitet wie im Klee der Grind, sie nimmt nicht mehr ab, sie nimmt immer nur zu, sie ist erblich, ansteckend geworden“. Die gleichnishafte Darlegung ging an der Sache vorbei. Und doch wusste Gotthelf, dass „die Armuth eine andere geworden, als sie ehedem war“ und auch, dass die Armen, die „sogenannten Proletarier“ nicht mehr „demüthig [...] um ein Stücklein Brot“ bettelten, sondern „in ihren Herzen kochet Hass gegen die Reichen, aus ihren Augen spricht die Begierde, mit ihnen zu theilen; der Mund spricht ohne Scheu es aus, daß man Abrechnung halten wolle“.[339]

338 Vgl. nur die Quellenedition von Carl Jantke u. Dietrich Hilger (Hg.), Die Eigentumslosen. Der deutsche Pauperismus und die Emanzipationskrise in Darstellungen und Deutungen der zeitgenössischen Literatur, Freiburg, München 1965.

339 Gotthelf, Armennoth (Anm. 114), S. 4, 5, 9.

Der Pauperismus, so der sich rasch einbürgernde Neologismus, war nicht nur ein Massenphänomen der sozialen Wirklichkeit, sondern auch auf dem Buchmarkt. „Die Presse Europas wendete sich diesem Verhältnis zu", berichtete Lorenz Stein 1848 im Rückblick.[340] Und schon im *Ersch/Gruber* hieß es 1840 beim entsprechenden Lemma, „eine umständlichere Aufzählung der einzelnen Schriften würde bei der Menge derselben, mit der wir neuerlich überschüttet worden sind, die Grenzen dieses Artikels überschreiten".[341] Durchaus ähnlich hieß es 1846 im *Manz*,[342] und die vielen Artikeln beigegebenen Literaturangaben sind durchaus eindrucksvoll. Damit sind wir auf der Lexikonebene. Das *Rheinische Conversations-Lexicon* wusste 1837 von alledem noch nichts, es schrieb nur von einer „mehr und mehr um sich greifenden Armuth", deren Hauptursache moralischer Natur sei.[343] Doch der

340 Stein, Die socialen Bewegungen (Anm. 29), S. 88.

341 J[ohann] K[arl] I[mmanuel] Buddeus, Art. Pauperismus, in: Allgemeine Encyklopädie der Wissenschaften und Künste in alphabetischer Reihenfolge, Abt. III, Bd. 14, Leipzig 1840, S. 239-268, hier S. 239. Für den Buchmarkt ganz allgemein stellte Goldfriedrich fast eine Verdreifachung wirtschaftlicher Buchtitel von 1820 bis 1840 fest mit der Folge, dass die Theologie ihren seit Jahrhunderten behaupteten ersten Platz verlor. Goldfriedrich, Geschichte (Anm. 52), S. 221.

342 "Es ist dies ein Thema, das gegenwärtig alle Gemüther bewegt, alle schreiblustigen Federn in Thätigkeit versetzt". Art. Armenwesen, in: Allgemeine Realencyclopädie (Anm. 297), 1. Auflage, Bd. 1, Regensburg 1844, S. 681-692, hier S. 681. Fast wortgleich in der 2. Auflage, Bd. 1, Regensburg 1850, S. 699-710, hier S. 699. Der langen Literaturliste am Ende ist die Bemerkung vorangestellt, dass England und Frankreich noch mehr an Literatur lieferten als Deutschland. Ebd., S. 691. Hinter dem Autor „St" verbirgt sich aller Wahrscheinlichkeit nach der Bamberger Geistliche und Bibliothekar Michael Stenglein, der nachweislich viele Artikel für den *Manz* verfasst hat. Der *Manz* enthält keinen eigenen Eintrag „Pauperismus", es wird nur auf diesen Artikel verwiesen.

343 Art. Armenwesen, in: Rheinisches Conversations-Lexicon oder encyclopädisches Handwörterbuch für gebildete Stände in 12 Bänden, 4. Aufl., Bd. 1, Köln 1837, S. 700-702, hier S. 701.

Brockhaus sprach in seiner 9. Auflage 1846 zu Recht von einem neuen Phänomen, das eine „zahlreiche Volksclasse" trotz „angestrengteste[r] Arbeit" gleichsam von der Wiege bis zur Bahre ohne Aussicht auf Abhilfe in größter Not gefangen halte und diese der sittlichen Verwahrlosung ausliefere. Helfen könnten weder die Rezepturen der ‚Reaktionäre' noch die der Kommunisten und Sozialisten, sondern nur das (liberale) Konzept der Nationalökonomie.[344] Dieses Konzept breitete die 10. Auflage von 1853, in der nun beiläufig vom „Proletariat" als Sammelbezeichnung dieses Bevölkerungsteils die Rede ist, genauer aus. Es lief auf die Mahnung hinaus, man dürfe nicht der „freien Entwickelung, diesem Grundgesetze der Civilisation, [...] widersprechen".[345] Der katholische *Manz* mochte dem nur unter Vorbehalten zustimmen. „Unendlich empfehlenswerther und unter allen Umständen unbedenklicher" sei die Förderung von Landwirtschaft und Handwerk und öffentlicher Arbeiten sowie die Hilfe beider Auswanderung.[346]

Es versteht sich, dass die Zeitgenossen bei ihrer Suche nach den Ursachen keine Einigung erzielten. Im Befund, dass ‚Übervölkerung' herrsche, waren sie sich hingegen weithin einig, dazu war Malthus' Bevölkerungstheorie viel zu überzeugend; niemand fiel auf, dass, falls, wie meist üblich, definitorische Präzisionsversuche fehlten, es sich

344 Art. Pauperismus, in: Allgemeine deutsche Real-Encyklopädie (Anm. 296), 9. Aufl., Bd. 11, Leipzig 1846, S. 15f., hier S. 15.

345 Ebd., 10. Auflage, Bd. 11, Leipzig 1853, S. 720f. hier S. 721.

346 Art. Armenwesen, in: Allgemeine Realencyclopädie (Anm. 297), 2. Auflage, Bd 1, Regensburg 1850 S. 706.

dabei um keine tragfähige analytische Kategorie handelte. Und mehr noch als bei Malthus selber war hierzulande der Weg von der Katastrophenprognose zur moralischen Argumentation kurz. Die meisten Kommentatoren sprachen von ungehemmter Fortpflanzung der Unterschichten und erblickten darin das Hauptproblem, was erklären hilft, dass die süddeutschen Staaten seit den späten 1820er-Jahren die Eheschließung zu erschweren versuchten. Der Erfolg hielt sich in Grenzen.[347]

Dabei stellte das *Meyer'sche* Konversationslexikon, wenn auch beiläufig, fest, dass der Pauperismus in Deutschland kein flächendeckendes Phänomen war, sondern regionale Schwerpunkte aufwies. „Im nördlichen Deutschland wenigstens sprechen so manche statistische Notizen über Armenwesen und Kriminalpflege, so manche Klagen der Behörden und Gemeinden, so manche Maßregeln der Gesetzgebung und Verwaltung dafür, daß dort an der Realität des Pauperismus nicht gezweifelt werden kann".[348] In der Tat liegen handfeste Sozialreportagen, die am Pauperismus keinen Zweifel lassen, für Süddeutschland nicht vor. Sicher, auch dort waren bescheidene Lebensumstände und Armut der Normalfall und es erschollen auch von dort Alarmrufe, aber zumindest wir heute wissen, dass das Bevölkerungswachstum

347 So das Ergebnis von Matz, Pauperismus (Anm. 113).

348 Art. Armenwesen, in: Das große Conversations-Lexicon für die gebildeten Stände [...], hg. v. J. Meyer, 1. Abt., Bd. 4/1, Hildburghausen 1843, S. 318-356, hier S. 320. Sehr ähnlich, ja ab S. 631 wortgleich der gleichnamige Artikel in Wigands Coversations-Lexicon für alle Stände, Bd. 1, Leipzig 1846, S. 604-638.

dort geringer war als besonders östlich der Elbe[349] und das textile Heimgewerbe nicht derart von der (internationalen) Maschinenkonkurrenz bedroht wie in Schlesien, Sachsen oder Teilen Westfalens.

Ob Franz von Baader das heimatliche Bayern im Blick hatte, als er Mitte der 1830er-Jahre die Existenz der Zweiklassengesellschaft beklagte als Folge der besonders von der „Argyrocratie ([d.h.] des moneyed interest)“, weniger von der „Aristokratie ([d.h.] des landed interest)“, durchgesetzten „Finanz- oder Geldwirthschaft“, ist nicht sicher, denn wesentliche Beispiele entnahm er England, wo er von 1792 bis 1796 gelebt und die industrielle Welt kennengelernt hatte. Jedenfalls waren seine „Proletairs“ dieser Sozialtheorie zufolge einfach die juristisch und politisch rechtlose Mehrheit der Gesellschaft. Helfen könne nur ein starkes Petitionsrecht gegenüber Parlamenten und Bürokratie, dabei unterstützt von Priestern (die auf diese Weise ihre „sociale Nullität“ überwinden könnten), keinesfalls von Anwälten, die nur streitsüchtig seien. Auch von ‚Assoziation‘ sei abzuraten, obwohl man das ihnen eigentlich nicht „verargen kann“.[350] Seine Zeitdiagnose jedenfalls orientierte sich am Ancien Régime, das schon deshalb besser war, weil es noch nicht „Adam Smith[s] und seiner

349 Das Bevölkerungswachstum von 1816-1845 betrug jährlich im Durchschnitt für Bayern 0,6%, für Württemberg 0,7%, für die Pfalz 1,3%, für das ostelbische Preußen (ohne Berlin) aber 4,1%. Errechnet nach Antje Kraus (Bearb.), Quellen zur Bevölkerungsstatistik Deutschlands 1815-1875, Boppard 1980.

350 Franz Baader, Ueber das dermalige Missverhältnis der Vermögenslosen oder Proletairs zu den Vermögen besitzenden Klassen der Societät in Betreff ihres Auskommens sowohl in materieller als intellektueller Hinsicht aus dem Standpunkt des Rechts betrachtet, München 1835, S. 7, 8, 12, 10.

Nachsager" Lehren praktizierte, die nicht bemerkt hätten, dass die wachsende Prosperität der Wirtschaft mit der zunehmenden Verelendung der Arbeiter einherzugehen pflege. Wenn man nicht dahin zurückkehre, drohe eine schlimmere Revolution als jemals, weil „die Proletairs in mehreren Ländern" sich absprächen und nicht mehr nur wie der normale „Mob" ein Polizeiproblem seien.[351]

Auch bei Friedrich List fiel 1842 der Begriff ‚Pauperismus' nicht, obwohl der inzwischen in den Sprachschatz eingegangen war. List ging es wie Baader in erster Linie um ein Reformprogramm. Wo jener einen genuin politischen Weg empfohlen hatte, plädierte dieser für eine „Ackerverfassungsreform" und Förderung der Auswanderung, um die Verarmung zu stoppen. Dieses Übel habe in Deutschland „noch nicht einen so hohen Grad erreicht" wie in Irland. „Daß es aber an Rhein, am Neckar, am Main und überall, wo die Parzellenwirtschaft vorherrschend und die Güterzertheilung erlaubt ist, stark an die Thüre poche, wer mag es leugnen?"[352] Es ist erstaunlich, dass ausgerechnet ein Ökonom die den Südwesten und ganz besonders das heimatliche Württemberg derart prägende Sozialstruktur verkannte, in der seit mehr als hundert Jahren agrarisch-gewerbliche Mischeinkommen ganze Landstriche prägten. In den Worten des Finanzministers von Weckherlin von 1823: „Württemberg glänzt nicht durch einzelne große Fabrik-Institute, ganz Württemberg ist eine Fabrik, eine Manufaktur; wo wir hinblicken, in

351 Ebd., S. 19f., 14.

352 Friedrich List, Die Ackerverfassung, die Zwergwirtschaft und die Auswanderung, Stuttgart, Tübingen 1842, S. 76, 14f.

die Hütten des Landmanns oder in die volkreichen Straßen der Städte, überall finden wir fleißige Handwerker, kunstgeübte Manufakturisten, sinnende Kaufleute. Das ist der Charakter unserer Landes-Industrie". Die Risiken seien verteilt und machten deshalb nicht „unsere Arbeiter brodlos; unterstützt durch ihre kleine Landwirthschaft, retten sie wenigstens ein kärgliches Auskommen, bis Glück oder Genie wieder bessere Zeiten herbeygeführt".[353] Zwar setzte „in Württemberg in vierten und fünften Jahrzehnt des 19. Jahrhunderts der endgültige Verfall des handwerklich-kommerziell betriebenen Leinengewerbes ein"[354] (der allerdings nicht Laichingen betraf), aber an dessen Stelle traten vielerorts die Arbeiter-Bauern, die so weiterhin, und zwar bis weit ins 20. Jahrhundert hinein, das Armutsrisiko zu minimieren vermochten. Die List'sche Polemik gegen die „nach irgend einem Grundbesitz schmachtende[n] Leute [...], die aus Begierde, einen gewissen Grad von Selbständigkeit zu erlangen und ihr eigener Tagelöhner zu werden",[355] ging jedenfalls für große Teile Württembergs und Badens an der Wirklichkeit vorbei.

Auch das namentlich in den 1830er-Jahren sprichwörtliche Elend der Moselwinzer hatte für die Zeitgenossen ursächlich nichts mit dem Pauperismus zu tun und

353 [Ferdinand Heinrich August von Weckherlin] Der württembergische Handel von 1811/21 und 1822/23 mit einer tabellarischen Uebersicht, in: Württembergische Jahrbücher für vaterländische Geschichte, Geographie, Statistik und Topographie 1823, H. 1, S. 116-147, hier S. 135f. Hervorhebungen im Original. Der Text war ursprünglich eine Denkschrift an den König und wird auszugsweise mitgeteilt bei Medick, Weben (Anm. 46), S. 163.

354 Medick, Weben (Anm. 46), S. 264. Zu Laichingen als Ausnahmefall ebd., S. 272ff.

355 List, Ackerverfassung (Anm. 352), S. 17.

deshalb fiel der Begriff in diesem Zusammenhang auch nicht, schon gar nicht bei Karl Marx, der als Chefredakteur der *Rheinischen Zeitung* dadurch erstmals überhaupt von den beklagenswerten sozialen Verhältnissen Notiz nahm, wenn auch in den Grenzen seiner philosophischen Geschultheit.[356] Zwergparzellen und Qualitätsmängel auf der Erzeuger-, Steuerüberbürdung und Zollpolitik auf der Seite der preußischen Regierung bildeten ein toxisches Gemisch, das an der Mosel zu einer nicht enden wollenden Welle von Zwangsversteigerungen, Holzdiebstählen und Auswanderung, im Rheinischen Provinziallandtag dagegen, in dem die Betroffenen im Unterschied zu den Weingutsbesitzern nicht vertreten waren, zu keinem substantiellen Ergebnis führte. Er hatte bereits „ab 1837 resigniert". Die lokalen Behörden waren bestens informiert, doch wurden deren Berichte auf jeder Hierarchiestufe von den dem wirtschaftsliberal ausgerichteten Finanzministerium unliebsamen Klagen so lange gesäubert, bis in Berlin von der tatsächlichen Notlage kaum noch etwas zu lesen war.[357]

Es gab in Deutschland freilich auch Regionen, in denen großes Elend in nächster Nachbarschaft zu erheblichem Wohlstand herrschte. Dabei handelte es sich zumeist um

356 Über die konkreten sozialen Verhältnisse fiel so gut wie kein Wort. [Karl Marx] Debatten über das Holzdiebstahlsgesetz. Von einem Rheinländer, und [Ders.], Rechtfertigung des †† Korrespondenten von der Mosel in 5 Fortsetzungen, in: Rheinische Zeitung Nr. 298, 300, 303, 305 u. 307, 25.10.-3.11.1842 sowie Nr. 15, 17 u. 20, 15.-20.1. 1843. MEGA², Abt. 1, Bd. 1, Berlin (DDR) 1975, S. 199-236, 296-323.

357 Einzelheiten bei Annette Winter-Tarvainen, Weinbaukrise und preußischer Staat. Preußische Zoll- und Steuerpolitik in ihren Auswirkungen auf die soziale Situation der Moselwinzer im 19. Jahrhundert, Trier 1992. Das Zitat S. 126.

Agrargebiete mit Anerbenrecht und entsprechend scharfen sozialen Kontrasten, d.h. von Altbayern abgesehen vornehmlich um wesentliche Teile Westfalens. Klassischer Pauperismus war auch dies nicht, auch wenn die Not noch so himmelschreiend sein mochte, wie etwa in der Senne, einem zwischen Bielefeld und Paderborn gelegenen Heidegebiet mit entsprechend unfruchtbaren Sandböden. Der zeitweise in England arbeitende Textilmanager, wie man heute sagen würde, Georg Weerth lieferte 1845 von diesem Gebiet eine perfekte Sozialreportage der ländlichen Armut, die jedoch trotz seiner Freundschaft mit Engels und Marx jeglichen theoretischen Anspruch vermissen ließ.[358] Auch der aus Osterode stammende liberale Anwalt Georg Friedrich König kritisierte in klarer Sprache die fatalen gegenläufigen Tendenzen von Bevölkerungsentwicklung und Bodenmarkt Westfalens, gegen die die preußische Regierung nichts unternehme, im Gegenteil, mit ihren zwecks Schuldenabbau verstärkten Domänenverkäufen noch anheize. Wenn man das dadurch verursachte Elend sehe, „so weiß man, woher die Masse der Besitzlosen entsteht, welche Proletarier genannt und im System des Sozialismus und Kommunismus auf einander geschichtet werden". Es seien entgegen der herrschenden Ansicht nicht die Fabriken, die „die Proletarier und oben-

358 Georg Weerth, „Die Armen in der Senne", in: H[ermann] Püttmann (Hg.), Deutsches Bürgerbuch für 1845, Darmstadt 1845, S. 267-271.

drein den Pöbel vermehren", sondern das Bodenrecht, das dringend einer Änderung bedürfe.[359]

Wahrhaft erschreckende Schilderungen des Pauperismus im Wortsinne, d.h. der neuartigen und sich scheinbar unaufhaltsam ausbreitenden extremen Armut finden sich, wie gesagt, am ehesten östlich der Elbe. Sie nahmen in der Mitte der 1840er-Jahre signifikant zu und das ist natürlich kein Zufall. Aus Berlin liegt eine Reihe von Berichten vor, aus denen nachfolgend drei herausgegriffen seien.

Der 1842 dorthin zu Studienzwecken gereiste junge Schweizer Lehrer Heinrich Grunholzer kam im folgenden Frühjahr in Kontakt mit Bettina von Arnim, die damals an ihrem *Königsbuch* arbeitete und ihm riet, sich mit der Armenfrage vertraut zu machen. Er nahm Kontakt mit dem Vorsteher eines Hilfsvereins auf, der ihn zu den Familienhäusern im ‚Voigtland' brachte, wo er von Zimmer zu Zimmer ging und seine Beobachtungen notierte. Er lieferte sie Bettina von Arnim, die sie wenig später als Anhang ihrem *Königsbuch* einfügte, einstweilen jedoch Besuchern daraus vorlas; ein Graf habe darüber zu weinen begonnen, notierte Grunholzer in seinem Tagebuch.[360] Die Lebensgeschichten sind tatsächlich so plastisch wie niederschmetternd: Die Bewohner, meist Handwerker, verdienten wenig, waren oft völlig arbeitslos und schuldeten schon unter normalen Umständen vielfach die Miete,

359 Georg Friedrich König, „Die besitzlosen in Niedersachsen und Westphalen", in: Konstitutionelle Jahrbücher 1 (1844), S. 177-204, hier S. 178. Den Fabrikanten sollte man im Gegenteil Prämien zum Dank für die Beschäftigung der Armen erteilen.

360 Eintrag vom 8.4.1843, in: Dies Buch gehört dem König. Kommentar, in: Bettine von Arnim, Politische Schriften (Werke und Briefe in 4 Bden., Bd. 3), hg. v. Wolfgang Bunzel u.a., Frankfurt/M. 1995, S. 843.

so dass sie mit Exmittierung rechnen mussten; bettelten sie, so wurden sie von der Polizei aufgegriffen und auf der Stadtvogtei eingesperrt, von wo sie nur gegen Bezahlung der Verfahrenskosten wieder freikamen. Gespart wurde vor allem am Essen und an der Kleidung, eine reguläre Zimmerausstattung war selten vorhanden, Krankheit und Kindstod dagegen allgegenwärtig. Bei einer Diskussion zwischen armen Bewohnern des Querhauses in Stube 72 erregte sich der leicht angetrunkene Schuster G. über die Ungerechtigkeiten der Amtspersonen: „Sie wissen nicht was Recht ist. Man gibt uns keine Arbeit, verbietet das Stehlen und wirft uns ins Loch, wenn wir betteln. Das kann nicht so fortgehen; man kann noch anders sterben, als vor Hunger; ich weiß es; ich habe in sieben Schlachten mitgefochten". Ihm entgegnete Weber M., der ‚Hausherr': „Die sind aber nicht Schuld daran, daß wir nichts verdienen". Darauf G.: „Aber sie verzehren doch Geld, das ihnen nicht allein gehört. [...] Weber M.: Da kann aber der König nichts dafür."[361] Das ist ein äußerst seltenes Dokument sowohl dafür, wie kritisch manche Köpfe der Unterschicht die Obrigkeit sahen, als auch dafür, wie sich

361 Erfahrungen eines jungen Schweizers im Vogtlande, in: [Bettina v. Arnim] Dies Buch gehört dem König, o. O. [Berlin], o. J. [1843], S. 534-598, hier S. 548.

die große Mehrheit in ihr Schicksal ergab und wie der Königsmythos auch bei solchen Menschen funktionierte.[362]

Politisch hatten solche Schilderungen keine Folgen, aber beim großen Publikum. Bettina von Arnim kam wohl dank Grunholzer überhaupt erst auf das Thema ‚Armut' und begann sogleich Material für ein *Armenbuch* zu sammeln. Unter anderem veranlasste sie dazu in der *Magdeburger Zeitung* am 15. Mai 1844 einen Aufruf zur Sammlung von Berichten über den „Zustand des Armenwesens [...] des gesammten Deutschen Vaterlandes" und erhielt tatsächlich Unterlagen, Listen und Zuschriften bzw. Rückfragen aus vielen Teilen Deutschlands.[363] Das belegt, dass in den *Hungry Forties* die Lage der Unterschichten, ja des Lumpenproletariats, ein weit größeres Interesse erweckt hat als je zuvor. Selbst Friedrich Wilhelm IV. vermochte sich diesem Zug der Zeit kaum zu entziehen, nicht zuletzt wegen der mehrfachen Vorstöße der engagierten adligen Frau, die mit ihm Briefe wechselte und trotzdem beim *Armenbuch* erhebliche Schwierigkeiten mit der Zensur hatte.

Dem Arzt Hermann Wollheim stellten sich die Dinge nicht ganz so trostlos dar, vielleicht weil er die Wohltätig-

---

362 Grunholzer kommentierte das in einem Brief an B. v. Arnim wie folgt: „Ich bin fest überzeugt, daß der Communismus schon tiefe Wurzel gefaßt hat bei den preuß: Unterthanen, und daß gerade die Volksklasse, der man am wenigsten Theilnahme an den öffentlichen Angelegenheiten zutraut, am klarsten einsieht, wie sehr die preuß: Gesetzgebung den Landesbedürfnissen schon entfremdet ist. Dieß habe ich, u. noch viel mehr, bei den Voigtländern erfahren." Brief vom 21.11.1843. v. Arnim, Politische Schriften (Anm. 360), S. 1050-1060, hier S. 1055. Seine politische Ausrichtung erhellt aus seiner an anderer Stelle in diesem Brief ausgesprochenen Zustimmung zu Bruno Bauer.

363 Ebd., S. 1073.

keit überschätzte.[364] Ihretwegen „kommt es denn, daß der Jammer und das Elend in ihrer ganzen, ekelhaften Blösse nicht häufig zum Vorschein gelangen. [...] Selten begegnet man ganz zerlumpten und ausgehungerten Menschen und von den wenigen, die man sieht, gehört gewiss der grösste Theil zu den Taugenichtsen und Trunkenbolden. [...] Auch das Obdach solcher Leute hat nicht so viel Widerliches und Abschreckendes". Anders als in England und Italien gebe es in Berlin „die auf einzelne Bezirke zusammengehäuften schmutzigen, gebrechlichen Höhlen der Dürftigkeit und des Lasters" fast gar nicht. Da er sich auf die Berichte der „Armen-Direktion" stützte, von denen Grunholzer sehr wenig hielt – sie seien „zuletzt alle oberflächlich", schon weil die Direktion „die milden Spenden zum Kapital [hinzufüge und] es auf Zinsen" anlege und so den Armen nicht wirklich helfe, sondern sie „nur langsamer sterben" lasse[365] –, muss man Wollheims Darstellung mit Fragezeichen versehen.

Differenzierter sah es der Journalist Friedrich Sass, der die Stufen der Armut anhand der Wohnungsfrage klassifizierte. „Wohnungen" war darum das erste Kapitel seines Berlin-Buchs überschrieben. Der gesellschaftliche Bodensatz bestehe aus den ca. 12.000 Obdachlosen, die von der Polizei registriert, aufgegriffen und ins Armenhaus über-

364 Der „Wohltätigkeitssinn ist eine Lichtseite der Berliner [...]. Unter den höheren Ständen ist er, so zu sagen, modern und wurzelt oft in einem von oben her genährten religiösen Hange, wird auch durch das Beispiel des Hofes und der Honoratioren, so wie durch die Nähe der unmittelbar Theil nehmenden höchsten Staatsgewalten, stets aufgemuntert". Wollheim, Versuch (Anm. 316), S. 163. Die nächsten Zitate ebd.

365 Grunholzer an B. v. Arnim, 21.11.1843 (Anm. 360), S.1052. Ders., Erfahrungen (Anm. 361), S. 534.

stellt würden. Eine Stufe höher rangierten die Bewohner der „vielerwähnten Familienhäuser des Voigtlandes", meist „kleine Handwerker", die in den „großen, nackten Gebäuden" ihr Dasein fristeten, bis sie wegen Mietrückständen hinausgeworfen würden und meist im Armenhaus landeten.[366] Ein Teufelskreis. Sass las wie Wollheim das *Monatsblatt der Armen-Direction zu Berlin*, aber mit kritischem Blick. „Die gegebenen Data beweisen zur Genüge das fortwährende unverhältnißmäßige Wachsthum des Pauperismus in der glänzenden Hauptstadt des preußischen Staates. Aber sie beweisen auch noch die Unzulänglichkeit des bestehenden Armenwesens". Denn „man hat es hier nicht mit einer besonderen Communalfrage, sondern mit der größten Weltfrage zu thun und die Reorganisation des Lebens und der Arbeit wird sich niemals mit allen den tausendfachen Rücksichten vereinigen lassen, von denen unsere Zustände überall umzirkelt werden".[367] Unter ‚Reorganisation' verstand Sass sozialpolitische Korrekturen der herrschenden Marktwirtschaft, die damals Utopie waren. Immerhin gebe es seit 1845 eine speziell für die Bewohner des Hamburger Tor-Bezirks, also des ‚Voigtlands', eine „Winterbedürfniß-Beschaffungskasse", der bereits über sechshundert Familien beigetreten seien, freilich „Aristokraten im Verhältniß zu der großen Menge [...], welche gar nichts erübrigen konnte". Anders als die Sparkassen, die profitorientiert arbeiteten, seien die „uneigennützigen Spargesellschaften [...] unter allen

366 Sass, Berlin (Anm. 287), S. 4ff.

367 Ebd., S. 291f. Das Folgende ebd., S. 293-295.

Bemühungen um das Wohl der arbeitenden Klasse, unter allen Palliativmitteln gegen Pauperismus und Proletariat [...] die vernünftigste und wohltätigste Praxis".

Bettina von Arnims *Armenbuch* erschien nie, obwohl Teile davon 1844 bereits gesetzt waren. Aber aus der Materialsammlung, die die Autorin vor allem mit Hilfe von Schlesiern angelegt hat, wo die Not aktuell wenn nicht am größten, so wegen örtlicher Hungerunruhen am bekanntesten war, sei ein drastisches Beispiel aus der Gemeinde Leutmannsdorf (Kreis Schweidnitz) herausgegriffen: „*Grellert,* Kattunweber, Wittwer mit 5 Kindern, lebt im Gemeindehause. Dieses Haus ist ein *Non plus ultra* der Scheußlichkeit. In einem engen Zimmer, in dem ein Webstuhl aufgestellt ist, und zwei Bettstellen sich befinden, lebt, außer Grellert mit seinen 5 Kindern, noch eine Wittwe Friedrich mit 4 Kindern, also 11 Personen. Diese Wittwe ist bereits seit 20 Wochen an einer ansteckenden hartnäckigen und höchst fatalen Krankheit leidend und nebenbei hoch schwanger. [...] Das ganze Ensemble, Grellert mit leichenhaftem, widrigem Aussehen, die kranke, schwangere Frau auf einem elenden Bett und 9 unerzogene, scrophulöse Kinder, vom Hunger und der Unsauberkeit verzehrt, Alle in einem dunstigen, modrigen Zimmer, dieses Ensemble übersteigt wirklich alle Grenzen menschlichen Elends".[368]

Aus Anlass der „blutigen Auftritte in Peterswaldau und Langenbielau zu Anfang des Monats Juni" 1844 versuchte der bereits früher zu einer langen Haftstrafe ver-

368 Politische Schriften (Anm. 360), S. 372. Hervorhebung im Original.

urteilte schlesische Lehrer Wilhelm Wolff „den Schleier" der Illusionen wegzuziehen, der von einem „Nichtvorhandensein des Proletariats" in Schlesien wissen wollte.[369] Es war der klassische Bericht massenhafter Verelendung aus der Perspektive eines Demokraten. Die von der Gewerbefreiheit zur Selbständigmachung Verleiteten und als solche alsbald vom „Monopol des Kapitals im Bunde mit der Spekulation" Ausgebeuteten wurden faktisch zum „Lohnarbeiter für einen vom hohen Gebieter bestimmten Preis"; das stete Bevölkerungswachstum verschärfe die Notlage weiter. Die Spinner und Weber beklagten sich weniger über Arbeitslosigkeit als über „den jämmerlichen Verdienst, den selbst die angestrengteste Arbeit eintrug" und das von etlichen Fabrikanten eingeführte Trucksystem, so dass sich mancher „glücklich gepriesen hätte, an dem reichlichen Kartoffelmahl der Mastschweine seines Lohnherrn theilnehmen zu dürfen".[370] Am schlimmsten war die Lage im Eulengebirge, wo „sich der erste blutige Act, mindestens ein Vorspiel in dem unaufhaltsamen Proletarier-Drama im Kampfe des niedergetretenen, von der Macht des Geldes und der schlauen Berechnung zur Maschine erniedrigten Menschen um Wiedergewinnung seiner Würde, im Kriege der Besitzlosen gegen die Tyran-

369 Wilhelm Wolff, Das Elend und der Aufruhr in Schlesien, in: Püttmann (Hg.), Deutsches Bürgerbuch (Anm, 358), S. 174f. Die beiden folgenden Zitate ebd., S. 179.

370 Ebd., S. 183. Das vorige Zitat S. 182.

nei und Selbstsucht des Privat-Eigenthums [...] entwickelt hat".[371]

Hat sich aber in Schlesien ereignet, was St. Simonisten in Frankreich und Linkshegelianer in Deutschland – letztere im Denken von Widersprüchen und deren Überwindung erzogen – seit längerem prognostiziert hatten: der Aufstand des Proletariats bzw. der Armen gegen die Ordnung als Ganzes? Schon rund zehn Jahre zuvor hatte etwa Eduard Gans, um die Zensur zu umgehen, die Ansicht der „St. Simonisten" nur referiert, „daß die Sklaverey eigentlich noch nicht vorüber sey", weil „materiell in vollkommenster Gestalt vorhanden". Wenn „der Staat, der für die zahlreichste und ärmste Klasse zu sorgen" habe, seiner Pflicht nicht genüge, werde man schon in naher Zukunft „von dem Kampfe der Proletarier gegen die mittleren Klassen der Gesellschaft zu sprechen haben".[372] Bettina v. Arnims Sohn und Grunholzer hieben in dieselbe Kerbe, letzterer freilich nicht öffentlich: „Keine Revolution liegt offener auf der Hand, als die der Armen [...]. In keinem

371 Ebd., S. 187. Hervorhebungen im Original. Die drastischen Schilderungen in diesem Artikel dienten später Gerhart Hauptmann als Vorlage für seine *Weber*. Aus heutiger Sicht Christina von Hodenberg, Aufstand der Weber. Die Revolte von 1844 und ihr Aufstieg zum Mythos, Berlin 1997. Der in Düsseldorf arbeitende Maler Carl Hübner hatte schon im Februar 1844 die 1. Fassung seines in der 3. Fassung von 1846 berühmt gewordenen Ölbildes *Die schlesischen Weber* gemalt, das noch 1844 in mehreren deutschen Städten, darunter auch Berlin, gezeigt wurde. Heinrich Heine veröffentlichte einen Monat nach der Niederschlagung des Aufstandes sein Gedicht *Die armen Weber*.

372 Eduard Gans, Rückblicke auf Personen und Zustände, Berlin 1836, S. 99f. Gans, einer der hervorragendsten Repräsentanten der ‚rechten' Schule Hegels, war damals der populärste Berliner Professor – ab 1836 hörte auch Karl Marx bei ihm – und verfügte über erhebliches publizistisches Talent.

Kriege ist der Sieg gewisser, als in dem zwischen Armen u. Reichen".[373]

Dass es sich bei diesem ‚blutigen Act' in zwei niederschlesischen Dörfern aber nicht um die vorausgesagte Revolution handelte, war vielen Beobachtern klar. Im *Rotteck-Welcker'schen* Supplementband war darum treffend von „Arbeiterunruhen" die Rede, die sich, von „bestimmten Classen" ausgehend, gegen die „factische Sklaverei" zu richten pflegen. Das Elend – „die Feder sträubt sich, es zu schildern" – könne nur durch eine bessere Verteilung des Sozialprodukts, also eine „Radicalcur", beseitigt werden.[374]

Die Zahl der Schriften zum Weberaufstand, bei dem das Militär elf Menschen erschoss, ist Legion. Sozialreportagen sind unter ihnen eher nicht zu finden und es gibt deshalb keine Informationen, die über das Geschilderte hinausgehen. Dass seine schockierenden Ursachen in Ber-

373 Grunholzer an v. Arnim, 21.11.1843 (Anm. 360), S. 1058. Friedmund v. Arnim argumentierte wie Gans. Den kritischen Zeitgenossen zufolge hatte der (preußische) Staat seine im *ALR* übernommene, aber sogleich an die untergeordneten Körperschaften der Provinzen, Kommunen und Rittergüter überwälzte Sorgepflicht endlich selber zu praktizieren, weil nur er die statistische Übersicht und die finanziellen Ressourcen habe. „Schauder sollte den Staatsmann durchzucken, wenn er seine statistischen Tabellen durchläuft und einen Zuwachs solcher Bevölkerung darin findet. Ungestümer als das Vieh, gewaltiger als die Kraft des Dampfes, der sie ihren Ursprung verdankt, wird eine solche Bevölkerung, sobald die Gleichgültigkeit des Staats sie zu einer hinreichenden Masse hat anwachsen lassen, sobald das unauflösliche Bindemittel gleicher, gemeinsamer Noth lebendiges Gemeingefühl in ihr hervorgerufen hat, eine Umwälzung alles Bestehenden herbeiführen [...]". G. Suederus [Pseud. für Anton Friedmund v. Arnim], Ueber Industrialismus und Armuth, Charlottenburg 1844, S. 80f. Hervorhebung im Original. Arnim klingt hier (und an mancher anderen Stelle im Buch) hegelianischer als er tatsächlich war, größtenteils argumentierte er moralisch, natürlich mit Hilfe der Bibel. Aber für die zeittypische Revolutionsfurcht ist auch er Zeuge.

374 H[einrich] B[ernhard] Oppenheim, Art. Arbeiterunruhen, in: Supplemente zur 1. Aufl. des Staats-Lexikons oder der Encyklopädie der Staatswissenschaften, Bd. 1, Altona 1846, S. 255-258.

lin König Friedrich Wilhelm IV. zur Bekanntgabe seiner (weitgehend folgenlos gebliebenen) Anteilnahme veranlassten, Bettina v. Arnim zur Abfassung ihres *Armenbuchs* und liberale Industrielle zusammen mit Schriftstellern und hohen Beamten zur Gründung des *Centralvereins für das Wohl der arbeitenden Klassen*, der erstmals ein Programm bürgerlicher Sozialreform erarbeitete, das für die kommenden Jahrzehnte maßgeblich werden sollte,[375] sei nur am Rande vermerkt.

Interessanter ist daher die Untersuchung – wenngleich ebenfalls keine Sozialreportage – des bereits mehrfach genannten Königsberger Staatswissenschaftlers Schubert über die Ursachen des Pauperismus in seiner Heimat, in der proto-industrielle Zustände keine Rolle spielten, sondern im Gegenteil „selbst ein großer Theil der Bevölkerung in den kleinen Städten dieser Provinz vorzugsweise gleichfalls vom Ackerbau lebt".[376] Schubert berechnete das Bevölkerungswachstum von Stadt und Land getrennt und erkannte dabei, dass das Gros des Zuwachses auf das Land entfiel und hier wiederum „auf die besitzlosen Klassen der Landbewohner, die als Ackerbau-Proletarier ihr Hauptnahrungsmittel – man könnte fast ihr einziges sagen – in dem Kartoffelbau besitzen". Ein Drittel der Bevölkerung

375 Dazu Friedrich Harkort, Die Vereine zur Hebung der untern Volksclassen nebst Bemerkungen über den Central-Verein in Berlin, Elberfeld 1845.

376 Friedrich-Wilhelm Schubert, Statistische Beurtheilung und Vergleichung einiger früherer Zustände mit der Gegenwart für die Provinz Preußen mit besonderer Berücksichtigung des jetzigen Nothstandes dieser Provinz, in: Zeitschrift des Vereins für Deutsche Statistik 1 (1847), S. 24-39, hier S. 26. Die nächsten beiden Zitate S. 29 u. 30; Hervorhebung im Original. Der Aufsatz ist auszugsweise abgedruckt in Jantke / Hilger (Anm. 338), S. 230-243.

habe längst „auf Brod als gewöhnliche Tagesnahrung verzichtet", partizipiere also nicht am blühenden Getreidebau, sondern leide permanent Not. Im Entwicklungsrückstand der Städte und in den Mängeln in der Verkehrsinfrastruktur liege „das Eigenthümliche des gegenwärtigen Nothstandes unserer Provinz", das ein „chronisches Uebel" sei, solange die ländliche Bevölkerung weiterhin überproportional zunehme.[377] Es gebe freilich ein Gegenmittel, denn „das Jahrhundert der technischen Cultur ist angebrochen, es kann sich ihr kein Land und kein Volk ungestraft entziehen". Nur im Zusammenspiel von „Landwirthschaft, Gewerbethätigkeit, Handel, Wissenschaft und Kunst" liege die Chance für eine gedeihliche Entwicklung; füge sich alles zu einem „Gesammtbilde", so gebe es keinen Zweifel an einem Fortgang, wie er sich für einen „wohlgeordneten Staat" gehöre.[378] Schubert versuchte hier eine Erklärung der Massenarmut durch statistische Untersuchungen, die letztlich auf den Nachweis industrieller Rückständigkeit als Ursache hinausliefen mit der Folge, dass namentlich auf dem Lande die Bevölkerung rascher wuchs als die Arbeitsplätze.[379] Von moralischen Mängeln, zu frühen Heiraten, unangebrachtem Wunsch nach Selbständigkeit

377 Ebd., S. 38. Hervorhebung im Original.

378 Ebd., S. 39. Hervorhebung im Original.

379 In Ostpreußen (zu Schuberts Zeiten bestand die Provinz Preußen aus Ost- und Westpreußen) betrug die jährliche Zuwachsrate der Bevölkerung in der zweiten Hälfte der 1830er-Jahre 22 ‰ und halbierte sich im folgenden Jahrfünft. Für Westpreußen lauten die Zahlen 26 ‰ und 17 ‰. Auf dem Land muss man lt. Schubert mit höheren Zahlen rechnen. Kraus, Quellen (Anm. 349), Tab. 21 und 22. Es handelt sich um Werte wie sie gegenwärtig für Nigeria gelten. In seinem Handbuch stellte Schubert Wachstumsziffern für Regierungsbezirke in den Jahren 1840-1843 zusammen, sie lassen sich daher nicht mit den hier vorgestellten direkt vergleichen. Handbuch, Bd. 2/II, 1 (wie Anm. 249), S. 379f.

war hier nicht die Rede und ebensowenig von sozialphilosophischen Leitvorstellungen. Es handelt sich deswegen um eine Analyse, die anders als die allermeisten jener Zeit noch heute diskutabel ist.

Auch wenn Schubert nicht ausdrücklich davon redete, ist offenkundig, dass die sozialen Verhältnisse in seinen Augen nicht mehr ständischen Charakter besaßen, sondern industriegesellschaftlichen. Anders ist sein Hoch auf „das Jahrhundert der technischen Cultur", der sich niemand entziehen dürfe, nicht zu verstehen. Der Blick auf die Gesellschaft war in den 1840er-Jahren definitiv ein anderer geworden. Zwar ging die Rechtsordnung östlich des Rheins in wesentlichen Angelegenheiten, und ganz besonders auf dem Lande, wo die Agrarverfassung erhebliche feudalrechtliche Relikte aufwies, noch immer von ständisch begründeter Ungleichheit aus, aber im Alltag waren andere Dinge maßgeblich für die Stellung der einzelnen in der Gesellschaft. Zum wichtigsten Gradmesser war das Geld geworden. Was Garve in den 1790er-Jahren scharfsinnig hat kommen sehen, war inzwischen Wirklichkeit geworden. Einige unserer Autoren entwarfen das Bild einer Gesellschaft, in der die hergebrachten ständischen Lebenslagen zunehmend durch marktbedingte Umstände verdrängt bzw. ersetzt wurden, was man an der Lebensführung, für die sie sich vornehmlich interessierten, besonders gut ablesen konnte.

Der Statistiker Hoffmann, der es beruflich naturgemäß häufig mit der von ihm 1820 entwickelten steuerlichen Klassifizierung der preußischen Bevölkerung zu tun hatte, nahm in den 1840er-Jahren einen „grundsätzlichen ordnungspolitischen Begriffs- und Blickwechsel“ vor,[380] wenn er die steuerpolitischen Kategorien zu einer neuartigen gesellschaftstheoretischen Orientierung umbaute und sich dabei insbesondere von der „Stellung im Leben“ leiten ließ, die vor allem „Bildung und Besitzstand“ vermitteln.[381] Diese beiden Kriterien dienten als Grundlage seiner neuen Einteilung in „vier Klassen“, die für „alle civilisirten Staaten“ gelte und die hergebrachten Stände zu ersetzen begonnen habe. Als Beispiele für klassenspezifische Unterschiede nannte Hoffmann Auszeichnungen, Geselligkeit und Theater, wobei für die letzten beiden Gegenstände Geld das entscheidende Kriterium sei.[382] Geburt, also Abstammung, hatte ihre ausschlaggebende Bedeutung für die ‚Stellung im Leben‘ weithin verloren und so wies Hoffmann den Adel ganz überwiegend der zweiten Klasse zu, da reicher Rentenbesitz oder hoher Rang in der staatlichen Verwaltung bei ihm zur Ausnahme geworden seien. Adlige in der dritten Klasse kämen dagegen „nur selten ganz entschieden hervor, da gemeinhin gesellige Verbindungen und conventionelle Formen“ die sonstigen Mängel „verbergen“. Man fühlt sich an die sarkastische Bemerkung von Gräff, Rönne und Simon aus dem Vorjahr erinnert, die auf die zahlreichen Handwerker adliger Herkunft hinwiesen, die man im Berliner Adressbuch finden könne, „und zwar zum Theil [aus] alten Familien

380 Eckart Pankoke, Kommentar zu J. G. Hoffmann, in: Ders. (Hg.), Gesellschaftslehre (Anm. 24), S. 1109-1117, hier S. 1110.

381 Hoffmann, Übersicht (Anm. 286), S. 2.

382 Ebd., S. 5f. Das Kommende findet sich S. 4f.

des Landes".[383] Und noch eine andere Verbindungslinie kann man erkennen, wenn Hoffmann von den ungeheuer angewachsenen sozialen Distanzen schreibt, die zur Feindschaft zwischen den Klassen geführt habe; „sie wirft ein grässliches Licht auf die geselligen Verhältnisse, welche das Entfremden des Menschen vom Menschen erzeugt".[384] Von ‚Entfremdung' war gerade in jenen Jahren viel die Rede, vor allem natürlich bei den Hegelianern.

Die ‚Stellung im Leben' ist ein Thema, das auch dem Berliner Arzt Wollheim am Herzen lag. Sein Kapitel zu „Beschäftigung und Lebensweise der Einwohner" enthält eine Fülle interessanter Beobachtungen und ist völlig frei von ständischen Elementen. So heißt es gleich zu Beginn: „Der Beschäftigung nach sind die Einwohner in Beamte, Gelehrte und Künstler, Kaufleute, Handwerker und arbeitende Personen der niederen Klasse zu einzutheilen".[385] Auch wenn das bei ihm primär einen medizinischen Hintergrund hat, ist das bemerkenswert, denn fünfzig Jahre zuvor sprach sein Kollege, der dasselbe Erkenntnisinteresse hatte wie er, von „den Vornehmern und ersten des Staats, welche [...] standesmässig leben" und unterschied zwischen „Adel, Begüterten und der höheren Classe der Einwohner". Standesspezifische Moral war für Formey noch völlig selbstverständlich.[386] Bei Wollheim hingegen ist sie abhängig von den „Gebräuchen und Instituten der Gesellschaft als [auch von] der Macht der Leidenschaf-

383 S.o., Anm. 284.

384 Ebd., S. 11.

385 Wollheim, Versuch (Anm. 316), S. 74.

386 Formey, Versuch (Anm. 16), S. 67, 88, 90.

ten".[387] Und schließlich fällt im Vergleich zu seinem Vorbild, auf das er häufig Bezug nimmt, auf, dass der Begriff ‚Adel' kein einziges Mal fällt.

Niemand brachte wohl den Übergangscharakter der damaligen Gesellschaft, in diesem Falle der preußischen, besser zum Ausdruck als der bereits vielzitierte Linkshegelianer Sass. Auf der einen Seite sei die Tradition durchaus lebendig. „Die Trennung der Stände", so hob er an, sei „eine wesentliche Grundbedingung des gesellschaftlichen Lebens in Berlin. Da sich der Staat noch immer in allen seinen Rechtsbestimmungen auf diese Trennung stützt, [...] ist es kein Wunder", dass die Berliner Gesellschaft „vor allen anderen eine ständisch-ausschließende ist und daß die gesellschaftlichen Stellungen sich hier ganz genau nach den Mandarinenknöpfen richten und wandeln".[388] Auf der anderen Seite werde aber neuerdings das Geld immer wichtiger. Geld habe immer in der Gesellschaft eine Rolle gespielt, „aber während es früher in den höheren Sphären nur Unterlage war, hat es nun bereits angefangen, sich als Zweck und Ausschlag in dieselben hineinzudrängen und sich zu einer Macht zu zeigen, welche selbst in dem pretentiösen Berlin mehr und mehr als berechtigt anerkannt wird, die beiden anderen Elemente der Gesellschaft, Stand und Bildung, über den Haufen zu werfen. Mit dem Gelde dringt der Plebejer in die parfumirten Kreise der Aristokraten". Dank der „gesteigerten Macht

387 Wollheim, Versuch (Anm. 316), S. 143.

388 Sass, Berlin (Anm. 287), S. 306. Mandarinenknöpfe waren im damaligen Europa so bekannte wie verspottete, nach Dienstgrad gestufte Bestandteile der Amtskleidung der chinesischen Beamten, d.h. der Mandarine.

des Geldes“ verbinde sich das neureiche Bürgertum lieber mit der dahinsiechenden Aristokratie, „als sich zu dem Volke, welchem es vielfach seinen Ursprung verdankt, in nähere Beziehung zu setzen und an seinen proletarischen Ursprung erinnert zu werden“.[389] Dass unter all dem „der alte Moralitätsbegriff“ leide, verstehe sich von selbst.

Man könnte aus solcher Kritik den Dünkel eines Gebildeten heraushören, der damit automatisch einer ständisch geprägten und mithin privilegierten Gruppe angehörte. Sass ahnte diesen Verdacht und versicherte am Ende seines Buches, dass er „stets außerhalb der gesellschaftlichen Vornehmheit“ geblieben sei. „Hunderttausende und Millionen verzichten mit ihm auf diese Stellung, und doch geht gerade vor ihnen ein heller Stern der Zukunft her, während wir in dem ganzen gesellschaftlich-ständischen Bau der Gegenwart immer mehr Risse und Lücken bemerken“.[390] Die Ständegesellschaft war mithin 1846 auch für Zeitgenossen nicht nur aus naturrechtlicher Perspektive illegitim geworden, sondern in der Wirklichkeit auf dem Rückzug, ja unmittelbar vor dem Ende. Der ‚helle Stern der Zukunft‘ kündigte eine neue Form der Gesellschaft an, die sich aus Klassen zusammensetzt und sich daher, wenn auch vorerst noch als geschichtsphilosophische Perspektive, bald schon ‚Klassengesellschaft‘ nennen wird.

In den letzten eineinhalb Jahrzehnten, so die kurze Zwischenbilanz, war der gesellschaftliche Wandel offenkundig nicht mehr zu übersehen. Der Adel hatte seine

389 Ebd., S. 307f. Das nächste Zitat ebd., S. 312.

390 Ebd., S. 338.

jahrhundertealte Funktion als Herrschaftsstand allenfalls als Grundbesitzer in die neuen Zeiten hinübergerettet, ansonsten aber weitgehend verloren. Politisch war er von der Beamtenschaft abgelöst worden, was in voller Schärfe allerdings nur von den englischen Beobachtern ausgesprochen worden ist. Bis Lorenz von Stein seine mehrbändige *Verwaltungslehre* schrieb, sollte es noch knapp zwei Jahrzehnte dauern. Dann war ‚Herrschaft durch Verwaltung' allen Einsichtigen klar.

Zum Bürgertum war Widersprüchliches zu lesen. Denn rechtlich dauerte vielerorts der an die traditionellen Stadtbewohner gekoppelte Bürger-Status fort, während die soziale Wirklichkeit eine zunehmend breit gefächerte und ganz uneinheitliche Schicht widerspiegelte, die sich kaum als ‚Mittelklasse' empfand, weil dieser vom englischen Vorbild abgeleitete Begriff den deutschen Verhältnissen, die ja längst nicht nur von Märkten geprägt waren, nicht entsprach. Das Handwerk ist in unseren Quellen völlig aus dem Blick geraten, und obgleich gerade damals die inzwischen weithin assimilierte jüdische Minderheit ihren kometenhaften sozialen Aufstieg begann, blieb auch sie vollkommen außer Betracht. Andererseits begegnet uns die für das Bürgertum des 19. Jahrhunderts so typische Misogynie, obgleich – oder weil – es Zeugnisse weiblicher Emanzipation gab.

Aus der Masse der ländlichen Bevölkerung erfuhren nur die Bauern – aber das war durchaus neu – nennenswerte Aufmerksamkeit und soziale Anerkennung. Ihre Aufwertung war offensichtlich, die Gründe dafür liegen vermutlich in der als ‚Bauernbefreiung' zusammengefassten Vielzahl von Prozessen, die die seit einem Jahrtausend existierende rechtliche und soziale Mauer zwischen Stadt und Land zu erheblichen Teilen abzureißen im Begriffe waren, zumindest was die Betriebseigentümer betraf. Die Romantik tat ein übriges.

Dass in den *Hungry Forties* die Armut außerordentliche Beachtung fand, versteht sich von selbst. Viele fühlten sich von ihr bedroht, weil sie ihre hergebrachten Merkmale verloren hatte und zu einem die ganze Gesellschaft bedrohenden Massenphänomen geworden war, das mit aller Macht nach einer Lösung verlangte. In Wohlfahrtsmaßnahmen lag sie, wie man rasch feststellen musste, allerdings nicht. Dazu hätte man aber ihre Ursachen erkennen müssen, doch waren sich weder in Deutschland noch im Ausland die Fachleute einig. Die Mehrheit erblickte sie im raschen Bevölkerungswachstum und argumentierte folglich in erster Linie moralisch – Einschränkung der ‚Bettelhochzeiten' –, eine Minderheit hielt sie für eine Folge industrieller Rückständigkeit und verlangte wirtschaftliche Maßnahmen. In vielen unserer Texte dominiert jedoch die Sozialreportage, die in ihrer drastischen Schilderung eine unzweideutige Anklage der versagenden Verwaltung mittransportierte und die Zensur auf den Plan rief, die jedoch die breite Debatte über die schockierenden Tatsachen nicht verhindern konnte.

Aber weil es in unseren Texten nicht um Politik, also um Verfassung, nationale Einigung oder den Rechtsstaat ging, ist anders als in der Publizistik von einer die Existenz der Monarchien bedrohenden Krise nirgends die Rede. Die im März 1848 ausbrechende Revolution kündigte sich mit keinem Wort an, sie kam, so gesehen, fast aus heiterem Himmel. Sie war eine politische und nicht der von manchen befürchtete Aufstand des Proletariats.

8. Rückblicke und Ausblick auf 1848

Voltaire setzte mit seinem *Siècle de Louis XIV* (1751) und wenig später mit seinem *Essai sur les mœurs et l'esprit des nations* (1756) für dieses Genre die Standards. Es waren für das gebildete Publikum gedachte Darstellungen in weltbürgerlicher Absicht, wie das damals hieß, d.h. Fortschrittsgeschichten dank universaler Vernunft, und obwohl sich die Zeiten inzwischen erheblich geändert hatten, orientierte sich daran der Berliner Theologe und Schriftsteller Daniel Jenisch bei seinem 1799 begonnenen Rückblick auf das 18. Jahrhundert, dem ersten überhaupt. Er schreibe eine „philosophische Geschichte des Jahrhunderts", in der er die „menschliche Perfectibilität" an zahllosen Beispielen für „unaufhaltsamen" Fortschritt in den Bereichen Weisheit, Sittlichkeit, Ästhetik und Glückseligkeit demonstrierte, während gesellschaftliche Vorgänge und Gruppen nicht zur Sprache kamen. Zwar ist vereinzelt von der „arbeitenden" oder der „genießenden Classe" die Rede, auch von der „zehrenden Classe" und der „produzirenden", aber diese im Jahre 1800 durchaus avantgardistische Begrifflichkeit bleibt ohne (proto-)soziologische Erdung.[391] Jenischs Aussagen zu „Handwerkern, Fabrikanten, Manufacturisten und mechanischen Künstlern" sind sozial substanzlos, über bäuerliche „Leibeigenschaft" erregt er sich nur und hofft auf Einsicht der Regierenden, dass diese „Menschen-Sclaverey" bald vollends abgeschafft wird.[392] Ein Gespür für Dynamik besaß Jenisch hingegen, denn die zweite Jahrhunderthälfte hielt er für die wichtigere, ja die meisten Fortschritte habe es nach 1770 gegeben – alles das Werk „der vernünftigen Natur unseres Geschlechts".

Auch die späteren Beispiele für sattelzeitliche Geschichte sind aus sozialhistorischer Perspektive allesamt enttäuschend, denn sie lieferten ebensowenig konkrete Beobachtungen gesellschaftlicher Gruppen. Besonders gilt das für den Heidelberger Professor Schlosser, der im Grunde für alle Autoren sprach, wenn er als Argument für seine starke Berücksichtigung der Literatur, neben der politischen Geschichte, anführte, dass „im 18. Jahrhundert der seit Erfindung der Druckerey und der Reformation begonnene Einfluß der Schriftsteller auf Gesellschaft und Staat eine so fürchterliche Höhe erreichte, daß in unsern Tagen die Volksstimme fast nur in Büchern

391 Die Belege entstammen zumeist der Einleitung zu Jenisch, Geist (Anm. 58), Bd. 1, Berlin 1800, von „Classen" ist hingegen S. 155 u. 163 die Rede.

392 Ebd., Bd. 2, Berlin 1800, S. 57; Bd. 1, S. 148f. Das nächste Zitat ebd., S. 6.

und Zeitschriften gesucht wird".[393] Folglich war sein Verständnis für wirtschaftliche Zusammenhänge schwach ausgeprägt, zwischen Geld und Kapital – wenn er das überhaupt einmal zum Thema machte – unterschied er nicht, beides hatte einen moralischen Makel.

Der weitgereiste Publizist und kurzzeitige Berliner Professor Theodor Mundt verfasste dann aber 1844 tatsächlich eine *Geschichte der Gesellschaft*. Er ließ in gut hegelianischer Weise die ‚Gesellschaft' erst mit der Französischen Revolution beginnen[394] und referierte dann kenntnisreich, aber mit unterschiedlicher Sympathie sozialistische Theorien, die er auch als „Wissenschaft[en] des Glücks" unterschiedlicher Validität bezeichnete. Aber trotz des Buchtitels liegen bei ihm Ideen und nicht gesellschaftliche Kräfte miteinander im Wettstreit, jedenfalls in Deutschland, wo eine „historische Prüderie" dafür sorge, dass „die Idee der Freiheit vor jeder Berührung mit der Wirklichkeit" geschützt wird.[395] So blieb auch dieses Buch letztlich eine Geistesgeschichte, auch wenn in den Kapi-

393 Johann Friedrich Schlosser, Geschichte des 18. Jahrhunderts in gedrängter Uebersicht, Bd. 1, Heidelberg [1]1823, S. 2 (eine dritte Auflage erschien in 7 Bänden von 1843 bis 1848). Diese Aussage fiel im einführenden Abschnitt „Methode". Der Begriff ‚Aufklärung' als zunächst philosophische, später als politische und soziale Reformbewegung fällt weder in der ersten noch in den späteren Auflagen. Ebensowenig ist, außer zur Erklärung des Niedergangs der Adelsrepublik Polen, von irgendwelchen sozialen Gruppen die Rede.

394 „Bisher hatte es sich in der Geschichte nicht um die Gesellschaft gehandelt, sondern ausschließlich um den Staat, und die alte Zeit des Völkerlebens, welche die Franzosen ihr Ancien Regime nennen", war durch die Herrschaft „des absoluten Staates" und „der absoluten Kirche" gekennzeichnet. Theodor Mundt, Die Geschichte der Gesellschaft in ihren neueren Entwicklungen und Problemen, Berlin 1844, S. 178. Hervorhebungen im Original. Das Zitat im Text ebd., S. 427.

395 Ebd., S. 394. Zur Assoziation als der glückhaften Verbindung von Autorität und Freiheit S. 429ff.

teln über die Zeit nach der Revolution „der Proletarier" im Mittelpunkt steht, dem die „Association" angeraten wird, während in denen davor der Leser mit pauschalen Aussagen zu Adel, Handwerkern und Bauern, in Frankreich auch zum Dritten Stand vorlieb nehmen musste. Konkrete Beschreibungen gesellschaftlicher Gruppen sucht man vergebens.

Das ist anders im Buch eines weiteren Autors, des sächsischen Publizisten und 48ers Karl Biedermann, der nach Jenisch und Schlosser die dritte Geschichte *Deutschland[s] im 18. Jahrhundert* geschrieben hat, aber anders als seine Vorgänger aus klarer geschichtsphilosophischer Perspektive, nämlich der Emanzipation der „bürgerlichen Klassen" nach 1750.[396] Das war Ausfluss des für seine Zeit so typischen liberalen Fortschrittsgedankens. Ausgangspunkt waren die „gewaltigen Umgestaltungen, welche alle Verhältnisse Deutschlands in den letzten fünfzig Jahren erfahren haben". So unternahm er es, „die vielen Keime der Entwickelung besserer Zustände aufzuzeigen, welche jene Zeit in ihrem Schooße barg, ohne zu verschweigen, wie erst die unserige diese Keime zur Entfaltung und zur Reife gebracht hat". Weil er aber damit zugleich die Vorstellung der „guten alten Zeit" mit seinem Buch zu widerlegen suchte, folgte seine Darstellung eben doch nur zu oft dem Muster des ‚noch nicht', obwohl er die „einseitige Ueberschätzung der Gegenwart" schon im Vorwort kritisierte.[397] Da es uns aber nicht um ‚objektive

396 Biedermann, Deutschland (Anm. 1), Bd. 2, Leipzig 1858, wovon schon das Inhaltsverzeichnis zeugt. Das nächste Zitat ebd., Bd. 1, S. VIII.

397 Ebd., Bd. 1, S. VIII.

Tatsachen' geht, sondern um die ‚Bilder' der Zeitgenossen von ihrer eigenen Zeit oder von der Vergangenheit, ist Biedermanns Buch, das sich auf sehr viel zeitgenössisches Material stützt, als seltene Quelle interessant.

Seinen Vergleich begann Biedermann mit den Grundnahrungsmitteln Getreide und Kartoffeln sowie Fleisch. Dank der landwirtschaftlichen Fortschritte seit der Jahrhundertwende die gewachsene Bevölkerung ernährt werden.[398] Wein- und Bierkonsum seien ebenso im Steigen begriffen, besonders aber der Genuss von Branntwein und Kaffee[399] und das Rauchen. Im 18. Jahrhundert habe der Pro-Kopf-Verbrauch von Tabak „jährlich kaum 1/3 dessen, was heutzutage durchschnittlich ein Bewohner Deutschlands von diesem narcotischen Kraute in Rauch aufgehen lässt", betragen. Zusammen mit dem von ihm detailliert beschriebenen höheren Aufwand für Wohnen und Kleiden ergeben sich für Biedermann fraglos gestiegene Lebenshaltungskosten; sie hätten sich schon bis zu den 70er-Jahren des vorigen Jahrhunderts verdoppelt, weiß eine seiner Quellen, doch vermochte er für die folgende Zeit keine Zahlen zu nennen.[400] Umso mehr überrascht sein positives Urteil über die Lohnentwicklung bei den Arbeitern. Alles in allem falle der „Vergleich nicht zuungunsten der Gegenwart aus", wie er mit Zahlen zu belegen versuchte. Zwar habe das Heimgewerbe stark gelitten, aber „willkürliche Ausbeutung" habe schon Süßmilch

398 Ebd., S. 351.

399 Ebd., S. 355. Das nächste Zitat ebd., S. 356.

400 Ebd., S. 362.

beklagt und wer „auf jenen Schein der Unabhängigkeit verzichtete", habe dafür „einen in der Regel sichereren und gleichmäßigeren, größtenteils auch reichlicheren Verdienst" eingetauscht. Daher wage er zu behaupten, dass „der Arbeiter von heutzutage sich im Ganzen besser befindet als der des vorigen Jahrhunderts". Auch bei „den socialen Einrichtungen [seien] vielfache Fortschritte geschehen".[401] Und so zog Biedermann die Bilanz, dass „das Deutschland des 18. Jahrhunderts das Bild einer Bewegung" zeige, die die „Grundlegung zu jenen gewaltigen Entwickelungen auf allen Gebieten des nationalen Lebens, dem politischen, dem gewerblichen, dem socialen, welche zu zeitigen unserem Jahrhundert theils schon beschieden war, theils, so hoffen wir, noch beschieden sein wird".[402] Die *Hungry Forties* waren offenbar zu Ende.

Während die hier herangezogenen deutschen Beobachter ihre Gegenwart mit der jüngeren Vergangenheit durch eine Kette schrittweiser Veränderungen bzw. Verbesserungen verbunden sahen, hatten zwei Briten den Eindruck eines kategorialen Bruchs. Sie entwarfen 1842 einen grandiosen Rückblick auf die deutsche, ja kontinentaleuropäische Gesellschaft, wie man ihn in keinem sonstigen der hier herangezogenen Quellentexte findet. Das war keine Folge entsprechender akademischer Ausbildung (über eine solche verfügten sie gar nicht), sondern reflektierter Anschauung, lebten sie doch zu Hause in einer weitgehend von Märkten geregelten Wirtschaft

401 Die Zitate finden sich in der Reihenfolge ebd., S. 392f., 396, 397, 398, 394, 399.

402 Ebd., S. 428.

und entsprechend mobilen Gesellschaft, die sich von der deutschen enorm unterschied.

Sein Kapitel über ‚Sitten und Gebräuche' begann der in der Grafschaft Derbyshire geborene Schriftsteller William Howitt, der, wie bereits berichtet, von 1840 bis 1842 in Heidelberg lebte, um seinen Kindern eine gute Ausbildung zu ermöglichen, mit der bemerkenswerten Feststellung: „Before the French invasion, what an old-fashioned state must Germany have been in!" Aber dann kam die Revolution. „The French Revolution was like an earthquake, which shook the Germans from their slumbers".[403] Doch auch danach habe die deutsche Gesellschaft einen Anblick geboten und hätten die Deutschen Sitten und Gewohnheiten an den Tag gelegt, die in England seit dreihundert Jahren überwunden seien: schlichter Wohnstil, frühes Aufstehen auch der Eliten, altmodische Vergnügungen, Schnupftabak und Rauchen, Damen der Gesellschaft als Hausfrauen und Köchinnen usw. Derzeit ändere sich allerdings der Lebensstil und so müsse man schon befürchten, dass die Leute auch das Gute ihrer Traditionen, vor allem das hohe Maß geselligen Umgangs verschiedener Schichten miteinander und die allgemeine Zufriedenheit mit den Verhältnissen, verlören.

Auch der zweite Beobachter, der im äußersten Norden Schottlands geborene Unternehmer und Reiseschriftsteller Samuel Laing, der kurz nach 1800 drei Semester in Kiel studiert hatte, um Deutsch zu lernen, teilte die Ansicht, dass die Französische Revolution in Europa mit

403 Howitt, Rural (Anm. 315), S. 215, 216. Das Folgende ebd., S. 222f.

der Beseitigung des Feudalsystems geradezu einen Bruch des gesellschaftlichen Bewusstseins bewirkt hatte. „The changes produced by the French Revolution in the social economy of the European people are so extensive and so important, reaching downwards to the very foundation of the former feudal structure of society, that History, it may be truly said, only begins for posterity with this century".[404]

Sechs Jahre später konnte man Ähnliches dann im *Kommunistischen Manifest* lesen, aber das war weniger der eigenen konkreten Anschauung geschuldet als einer Geschichtsphilosophie hegelianischen Ursprungs. Engels gestand das im Vorwort zur Neuausgabe seiner *Lage der arbeitenden Klasse in England*, die 1845 erschienen war, umstandslos ein. Er habe damals, von Marx entsprechend aufgeklärt, seinen Standpunkt „der deutschen klassischen Philosophie" entnommen, die eine Zukunftshoffnung enthielt.[405]

So viel zu den Rückblicken. Aber gab es damals auch Ausblicke, die aus dem Gang der bisherigen oder vielmehr der allerjüngsten Geschichte einen Blick in die nähere Zukunft zu werfen versuchten? Im *Kommunistischen Manifest* war das bekanntlich der Fall. Es erschien im Februar 1848 und war der Versuch, aus den vom Kapitalismus hervorgerufenen Krisen den „Sieg des Proletariats" als „unver-

404 Samuel Laing, Notes of a traveller on the social and political state of France, Prussia, Switzerland. Italy and other parts of Europe, during the present century, London 1842, S. III.

405 Friedrich Engels, Die Lage der Arbeitenden Klasse in England. Nach eigener Anschauung und authentischen Quellen, Vorwort zur 2. Auflage, 1892. MEGA², 1. Abt., Bd. 32, Berlin 2010, S. 152-166, hier S. 156.

meidlich" abzuleiten. Die „kommunistische Revolution" werde „mit den überlieferten Eigentumsverhältnissen" auf das „radikalste" brechen.[406] Diese Prognose war im damaligen Deutschland, wie oben bereits angedeutet,[407] nicht mehr neu und sie wurde nicht nur von der kleinen Schar sich Sozialisten oder gar Kommunisten nennender Parteigänger des Proletariats erhoben, sondern durchaus auch von den Anhängern der bestehenden Ordnung. Die einen erhofften sie sich, die anderen fürchteten sie. Erstere vor allem hielten sie für unvermeidlich als Folge ihrer Sicht auf die Weltgeschichte, letztere im Blick auf das in Sachen Revolution seit 1789 immer wieder den Vorreiter spielenden Frankreich für naheliegend. Der 1841/42 in Paris lebende Lorenz Stein verband beide Argumentationslinien und wurde entsprechend intensiv rezipiert.[408] „Ausbrüche roher Wuth" wie 1844 in Schlesien oder anderswo galten beiden Richtungen dagegen nicht als Vorspiel zur Revolution; sie hatten sich als bloßes Polizeiproblem erwiesen.

Die 1848 ausbrechende Revolution (deren Protagonisten sich lange weigerten, jedenfalls in der Paulskirche, sie als ‚Revolution' zu bezeichnen[409]) war nun allerdings

---

406 MEW, Bd. 4 (Anm. 280), S. 474, 481.

407 S.o., S. 272f.

408 „[...] die nächste Revolution kann schon jetzt nur noch eine sociale sein". Sie sei, „wenn auch nur als eine ferne Zukunft, gleichfalls in der unsrigen [Entwicklung] enthalten". Lorenz Stein, Der Socialismus und Communismus des heutigen Frankreichs. Ein Beitrag zur Vorgeschichte, Leipzig 1842, S. IIIf. Hervorhebung im Original. Ebenso ders., Die socialen Bewegungen (Anm. 29). Die „Ausbrüche roher Wuth" ebd., S. 89.

409 Dazu Christof Dipper, Ortsbestimmung der Gegenwart. „Revolution" im Begriffsarsenal der Paulskirche, in: Ders., Andreas Gestrich, Lutz Raphael (Hg.), Krieg, Frieden und Demokratie. Festschrift für Martin Vogt zum 65. Geburtstag, Frankfurt/M. 2001, S. 17-33.

im Ursprung keine soziale und schon gar nicht eine des Proletariats, sondern eine Verfassungsrevolution der konstitutionell oder radikal (um die zeitgenössische Begrifflichkeit zu benützen, weil ‚liberal' und ‚demokratisch' in die Irre führen) sozialisierten Bürger. Man wird deswegen in den hier herangezogenen Schriften vergeblich nach einer Ahnung dessen suchen, was sich im März 1848 scheinbar spontan – politische Konzepte lagen seit langem vor – ereignete und rasch bisher undenkbare Weiterungen nach sich zog. Lediglich die Aufstände der von der Grundentlastung bisher ausgenommenen Gruppen der bäuerlichen Bevölkerung im Frühjahr 1848 hatten Kenner der ländlichen Verhältnisse gelegentlich vorausgesagt,[410] im *Hessischen Landboten* 1834 gar auszulösen versucht, allerdings vergeblich.[411]

Im Rückblick muss auch die Frage gestellt werden, um was für eine Gesellschaft es sich 1848 gehandelt hat. Die eingangs diskutierte Formel ‚von der Stände- zur Klassengesellschaft' erwies sich in der Tat als viel zu grobmaschig, denn sie wird den unterschiedlichen regionalen und sektoralen Bedingungen nicht gerecht. Das zeigte ja schon der Sprachgebrauch, wo von ‚Ständen' und ‚Klassen'

410 So sprach beispielweise der Freiherr v. Haxthausen schon 1829 von „revolutionairen Tendenzen" (Anm. 215).

411 Der Apotheker Ernst Frölich sagte 1836 aus, Ludwig Weidig habe „bei Zusammenkünften raisonnirt", man müsse das Landvolk „immer belehren, in welchem Zustande es lebe und in welchem es leben könnte, um es auf solche Weise geneigt zu machen, gegen seine Regierungen aufzustehen". Friedrich Noellner, Actenmäßige Darlegung des wegen Hochverraths eingeleiteten gerichtlichen Verfahrens gegen Pfarrer D. Friedrich Ludwig Weidig, Darmstadt 1844, S. 304. Hervorhebung im Original. 1830 hatte Weidig noch die Verteidigung Butzbachs gegen den befürchteten Einzug der aufständischen Bauern unterstützt. 1848 blieb es in der Gegend ruhig.

meist in ein und demselben Text die Rede war. In den Städten gab es ein Nebeneinander von Ständen (Beamte, Militär, Hof und Teile der Gebildeten) und Klassen (von den Fabrikanten und Bankiers bis herunter zu den Bewohnern des Berliner ‚Voigtlandes'), auf dem Lande konnte ein und dieselbe Person sogar beiden angehören. So hatten etwa in Schlesien, aber auch in Teilen Sachsens, die Heimgewerbetreibenden, die fraglos der Arbeiterklasse angehörten, vielfach noch Feudalabgaben zu zahlen. Sie vereinten sozusagen beide Gesellschaftstypen in ihrer Person, und das nicht zu ihrem Vorteil. Das galt auch für Dienstboten, westfälische Heuerlinge, ostpreußische Insten und manche andere Berufsgruppen. Es handelte sich, mit anderen Worten und wie in Kapitel III gezeigt werden wird, um eine Übergangsgesellschaft, in der als Regel die Klassenangehörigen überwiegend die mächtige Basis der sozialen Pyramide bildeten, während die in ihrer Position geschützten ‚höheren Stände', wie ihre häufig gebrauchte Bezeichnung schon signalisiert, in den oberen Etagen zu Hause waren. Jedenfalls war 1848 die Gesellschaft in Bewegung, war die Dynamik weitaus größer als um 1770, aber auch längst nicht so groß, wie es das *Kommunistische Manifest* suggerierte, das nur von zwei (antagonistischen) Klassen wissen wollte. Das war alles andere als die Mehrheitsmeinung. Repräsentativer die Aussage in einem der wichtigsten Lexika der Zeit im Artikel „Stand": Es handle sich dabei um einen Sachverhalt, „welcher durch die Ungleichheit der verschiedenen Classen des Volks in bürgerlichen und politischen Rechten und durch das zunftmäßige Abschließen mancher Beschäftigungen und öffentlicher Beamter hervorgebracht wurde. Die Geschichte kann den Ursprung dieser Standesunterschiede nur im Allgemeinen" nachweisen, denn es handle sich um „eines reichhaltigsten, aber auch schwierigsten Capitel der Menschheit".[412] So bleibt am Ende als Ergebnis nur: Die Menschen wussten es wohl selbst nicht so genau.

9. Die Beobachtungen der Zeitgenossen im Vergleich

Ein wesentliches, aber auf den ersten Blick vielleicht banal erscheinendes Ergebnis von Kapitel I ist die Feststellung, dass die Selbstbeobachtung im fraglichen Zeitraum an Genauigkeit gewann. Das allmähliche Verschwinden der Ständegesellschaft verlangte nach neuer Orientierung und so trat nun neben die hergebrachte sozialphilosophische die wissenschaftliche Deutung. Diese war – und ist vielfach bis heute – nicht frei von sozialphilosophischen Schlacken, aber die Neubestimmung dessen, was als Wissenschaft galt, sorgte für die verstärkte Berücksichtigung der Empirie, des ‚Tatsachenblicks', der seinerseits an Schärfe gewann. Der um sich greifende Industriekapitalismus, d.h. die Herrschaft des Geldes und die starke

412 Allgemeine deutsche Real-Encyklopädie (Anm. 296), 9. Aufl., Bd. 13, Leipzig 1847, S. 598. Der Eintrag zu „Classe" war rein deklaratorisch: „Classe nennt man eine Abtheilung oder einen größeren Theil eines Ganzen, welches Dinge mit gewissen gemeinschaftlichen Eigenschaften umfaßt". Ebd., Bd. 3, 1843, S. 494. Von dort hat es der *Manz* nahezu wörtlich abgeschrieben: Allgemeine Realencyclopädie (Anm. 297), Bd. 2, Regensburg 1846, S. 1074.

Zunahme des Elends, zwang den geschulten Beobachtern neue Deutungen förmlich auf.

Aber genau deswegen litt die ‚Verwissenschaftlichung des Sozialen' auch an erheblichen blinden Flecken, denn sie beschränkte sich weitgehend auf ihre Entstehungsgründe, d.h. auf die beiden am meisten vom Wandel betroffenen Gegenstandsbereiche: auf das entstehende Proletariat und von hier aus auf die Gesellschaft als ganzes. Zu den übrigen Teilen der Gesellschaft finden sich verstreute Bemerkungen, aber keine eigenen Beiträge. Die Ausdifferenzierung dessen, was einst als ‚Dritter Stand' summarisch bezeichnet wurde, in eine schon vor 1800, erst recht aber danach sich abzeichnende Fülle unterschiedlichster bürgerlicher und unterbürgerlicher Existenzformen erfuhr in der herangezogenen Literatur so gut wie keine Aufmerksamkeit. Dasselbe gilt für die von geradezu säkularen Umbrüchen betroffene ländliche Gesellschaft. Frauen und jüdische Minderheit blieben völlig ausgeblendet.

Um 1850 waren die Deutschen fraglos besser über die gesellschaftlichen Umstände informiert, in denen sie lebten, als fünfzig oder siebzig Jahre zuvor. Man musste bzw. sollte sie inzwischen ja auch kennen, denn das Herkommen als weithin anerkannte Richtschnur hatte seine Geltung weitgehend verloren. Aber die Lücken blieben erheblich. Wie könnte es auch anders sein in dieser Frühphase wissenschaftlichen Wissens über die Gesellschaft?

Die nicht von wissenschaftlichen, sondern literarischen Ambitionen geleiteten, in Kapitel II zu Wort kommenden zeitgenössischen Beobachter erhielten somit von der Wissenschaft keine oder allenfalls geringe Unterstützung. Jedenfalls gilt das für die Jahrzehnte vor der Pauperismuskrise seit Mitte der 1830er-Jahre. Ob sie diese Unterstützung überhaupt wünschten oder suchten, ist allerdings unwahrscheinlich, denn wer um 1780 einen Reisebericht schrieb, orientierte sich im Regelfall an den damals herrschenden apodemischen Grundregeln, und wer vierzig Jahre später gesellschaftliche Beobachtungen publizierte, trug der vermuteten Erwartungen seiner Leser Rechnung, denn davon lebte er vielfach.

Darum war auch das beschriebene gesellschaftliche Spektrum erheblich breiter – nicht in jedem Einzelfall, aber in der Summe des Gedruckten – als im Falle der wissenschaftlichen Werke und das Bild entsprechend lebendiger. Hier ist von Adligen, Bürgern und Handwerkern die Rede, aber auch von Frauen, seien es Ehefrauen, Dienstboten oder Prostituierte. Man liest außerdem, wie Geld im Laufe dieser siebzig Jahre immer wichtiger wurde – nicht als Zahlmittel, sondern als Indikator des gesellschaftlichen Status –, und wie die Armut ihren Charakter änderte und an Sichtbarkeit zunahm, und zwar so erheblich, dass sie schließlich zum Epochenmerkmal wurde. Vereinzelt finden sich Blicke auf Universität, Professoren und studentisches Leben sowie auf die, modern gesprochen, Akademikerschwemme, und auch, allerdings vornehmlich durch englische Reisende und deshalb mit entsprechenden Vorbehalten, Ansichten des für Deutschland so typischen Beamtentums. Fehlstellen gibt es auch hier, und es sind dieselben wie bei den wissenschaftlichen Blicken auf die Gesellschaft: die Landbevölkerung (aber es gibt immerhin Ausnahmen), die Juden und das Militär.

Es fällt noch etwas auf. Die Quellen für Kapitel II entstammten je länger, desto eindeutiger in Berlin, hier und da ergänzt um die eine oder andere preußische Provinz. Das nichtpreußische Deutschland, damals also der Deutsche Bund abzüglich Preußen, verschwand im Laufe der siebzig bis achtzig Jahre unseres Berichtszeitraums zunehmend aus dem Blick. Das ist kaum Zufall, sondern hängt mit dem Aufstieg Berlins zu einem Zentrum des deutschen Geisteslebens seit der Jahrhundertwende und erst recht seit der Gründung der Berliner Universität 1809/10 zusammen, weshalb es eine Salonkultur von Rang damals auch nur in dieser Stadt gab. Und obwohl die preußische Zensur in den folgenden Jahren immer strenger wurde und selbst Bettina von Arnim mit ihrem *Buch für den König* (1843), an dessen Entstehung der Monarch beteiligt war, Schwierigkeiten hatte und ihr *Armenbuch* (1844) noch vor Erscheinen verboten wurde, blühte dort ersichtlich das geistige und schriftstellerische Leben wie nirgendwo sonst in Deutschland. Es scheint deshalb etwas gewagt, die hier vorgetragenen Befunde ohne weiteres als für das ganze Land gültig zu betrachten, denn erhebliche Teile davon blieben ab 1800 zunehmend im Dunkeln. Das westliche und südliche Deutschland etwa, erst recht die Schweiz und Österreich verschwanden fast ganz aus dem Blick jener Autoren, die an der gesellschaftlichen Physiognomie ihrer Zeit ein Interesse hatten. Insofern ist es mit der Repräsentativität des in diesem Kapitel Geschilderten nicht weit her.

Der regionale Schwerpunkt verursachte noch einen anderen blinden Fleck, der gleichfalls nicht verschwiegen werden soll: das katholische Deutschland. Wo sich Friedrich Nicolai bei seiner Deutschlandreise in den 1780ern noch über in seinen Augen skandalöse Formen katholischer Religiosität in Süddeutschland erregte und damit eine Grundsatzdiskussion über den Katholizismus als Merkmal der Rückständigkeit auslöste, herrschte dreißig oder fünfzig Jahre später weithin Einvernehmen über dieses Thema. Es musste darum nicht weiter diskutiert werden. Vorgänge wie die Trierer Rockwallfahrt von 1844 mit einer halben Million Pilgern[413] bestätigten den Gebildeten nur ihre Vorbehalte. Sie löste zwar ein enormes Presseecho aus, aber in unseren Quellen tauchte sie nirgends auf. In den Augen der maßgeblichen (vor allem Berliner) Autoren war die katholische Religiosität kein Thema, obwohl sie von der Romantik eben damals als Urquell angemessenen Weltverhältnisses ausgegeben wurde und prominente Konvertiten hervorbrachte. Der Sieg „der Gebildeten unter ihren Verächtern“ (Schleiermacher) war von großer Dauer.

Der Protestantismus dagegen wurde gelegentlich angesprochen, aber auch hier eher die „finstere Schwärmerei“, d.h. seine, wie man heute sagen würde, fundamentalistische Ausprägung. Die Erweckungsbewegung, die in

413 Wolfgang Schieder, Religion und Revolution. Die Trierer Wallfahrt von 1844, Köln 1996, S. 16.

Berlin namentlich die ‚höheren Stände' vom Monarchen über den Adel bis zum kleinen Bürgertum erfasste, brachte einen Autor wie Hermann Wollheim auf die Idee, ein Porträt schichtenspezifischer Religiosität zu zeichnen, natürlich begrenzt auf die preußische Hauptstadt. Von vergleichbaren Vorgängen schon im nahen Pommern erfuhren die Leser jedoch nichts, erst recht nichts von den Erweckungsbewegungen im Wuppertal, am Niederrhein, im Siegerland oder in Württemberg. Um nicht missverstanden zu werden: Alle diese Themen wurden damals intensiv gelebt und besprochen, sie waren Gegenstand ungezählter zeitgenössischer Texte. Nur in der auf gesellschaftliche Beschreibung ausgerichteten Literatur spielte Religion eine völlig untergeordnete Rolle. Im Grunde ist das bis heute so – trotz der eminenten Wirkung von Max Webers *Protestantischer Ethik und kapitalistischem Geist* von 1904/05.

Dass und weshalb ‚die Verwissenschaftlichung des Sozialen' für unsere Maßstäbe erstaunlich langsam vor sich ging und erst um 1900 den entscheidenden Schritt machte, obwohl die 1789/90 geradezu ruckartig erfolgte Beseitigung der ständischen Gesellschaft im benachbarten Frankreich das Interesse hätte wecken müssen, wurde in Kapitel I erklärt. Die in Kapitel II zu Wort kommenden zeitgenössischen Beobachter haben den sozialen Umbruch, von dem Publizisten Friedrich Buchholz abgesehen, auch nicht rascher thematisiert, sondern bis 1840 nur in Ausnahmefällen angesprochen. Buchholz kam offenbar zu früh. Man wüsste gerne, welche Bilder sie von der Gesellschaft hatten, in der sie lebten, Dass sie in Fluss gekommen war, konnte ihnen ja kaum verborgen geblieben sein. Immerhin diagnostizierte eine Münchener Zeitung 1834, man lebe in einem „Zeitalter der Bewegung".[414] Das mag durchaus als tragfähige Bilanz am Ende dieses Überblicks stehen bleiben, denn fünfzig Jahre früher gab es eine solche Aussage nicht.

414 Damit waren in erster Linie die konfligierenden Weltanschauungen gemeint. Art. Deutschland, in: Allgemeine Zeitung München, Nr. 181, 30.6.1834, S. 1018-1020, hier S. 1019.

III.

Übergangsgesellschaft. Die ländliche Sozialordnung in Mitteleuropa um 1800*

1. Einleitung

Wie sah die deutsche Gesellschaft um 1800 aus? So viel ist sicher, dass damals zwei grundverschiedene Gesellschaftssysteme nebeneinander existierten, dass das ‚feudale' unterging und das ‚bürgerliche' heraufzog. Aber mit dieser Klassifikation ist noch nicht viel gewonnen, sie sagt mehr über ihre Urheber bzw. deren Rechtsordnungen und Wertvorstellungen aus als über die tatsächlichen Verhältnisse. Wie also sah die Gesellschaft wirklich aus und mit welchen Verfahren kann man sie beschreiben?

Die Antwort ist schon methodisch schwer genug. Sie wird aber durch disziplinäre Eigenheiten noch zusätzlich erschwert, denn eine international weitgehend einheitliche Organisation der historischen Wissenschaften trennt durch die mit ‚1789' bezeichnete Zäsur zwei Epochen voneinander, die gerade wegen der sie scheidenden Revolution als sehr unterschiedlich angesehen werden. Dem als dynamisch eingeschätzten 19. Jahrhundert steht eine für weitgehend unbeweglich gehaltene Frühe Neu-

* Eine erste Version erschien in der Zeitschrift für Historische Forschung 23 (1996), S. 57 - 87.

zeit gegenüber.[1] Es ist schwer, dieses dichotomische Bild zu überwinden, das selbst dann noch unser Denken bestimmt, wenn wir nicht mehr vom „gemütlichen Schlendrian“ als Merkmal jener vormodernen Epoche sprechen, sondern wo die Aufzählung von „Strukturbedingungen“ ausdrücklich der Rekonstruktion „sozialer Ungleichheit“ verpflichtet ist.[2]

Dem Bild der Zäsur, deren Berechtigung auf institutionellem und mentalem Gebiet keineswegs bestritten werden soll, fallen ganz besonders die dynamischen Aspekte der gesellschaftlichen und wirtschaftlichen Entwicklung im späten 18. Jahrhundert zum Opfer, denn anders könnte die These vom Entwicklungsbruch natürlich nicht plausibel gemacht werden. Nun sind die Elemente der Stagnation schwerlich zu übersehen. Die nicht nur im Rheinland, ja dort vergleichsweise eher wenig „versteinerte Grundherrschaft“,[3] die offensichtlichen Entwicklungshemmungen im städtischen Handwerk, der ausbleibende

1 Wilhelm Abel hat mit seinen Büchern zur Massenarmut und Landwirtschaftsgeschichte unter anderem das populäre Bild vorindustrieller Idylle bekämpfen wollen. Sein Anliegen führt er näher aus in: Wilhelm Abel, Geschichte der deutschen Landwirtschaft vom frühen Mittelalter bis zum 19. Jahrhundert, Stuttgart ²1967, S. 9f.

2 Hans Ulrich Wehler zeichnet im entsprechenden Kapitel seiner Gesellschaftsgeschichte wegen der gleichzeitigen Darstellung von Struktur- und Entwicklungsmerkmalen ein weniger dynamisches Bild als etwa in jenem Kapitel, das die „Entwicklungsprozesse der Wirtschaft“ zum Gegenstand hat. Vgl. Hans-Ulrich Wehler, Deutsche Gesellschaftsgeschichte, Bd. 1, München 1987, S. 124ff . bzw. 59ff

3 Ein Begriff, den Franz Steinbach 1925 speziell für die rheinischen Agrarverhältnisse geprägt und der sich seither allgemein eingebürgert hat, der aber gerade im Rheinland nur auf die rückständigen Gebiete in Eifel und Hunsrück anwendbar ist. Vgl. Franz Steinbach, Die rheinischen Agrarverhältnisse, in: Franz Petri, Georg Droege (Hg.), Collectanea Franz Steinbach, Bonn 1967, 409 - 433

technische Fortschritt sind bekannte Erscheinungen und bedürfen keines weiteren Nachweises.

Doch das ist eben nur die eine Seite. Dass die andere so schwer zur Geltung kommt, hat Gründe, die sowohl in der Eigenart des aus jenen Zeiten überlieferten Quellenbestandes als auch in Traditionen der Forschung, also im objektiven wie im subjektiven Bereich zu suchen sind. So trägt beispielsweise der für Deutschland spezifische Verlauf des gesellschaftlichen Umbaus, auf den noch näher einzugehen sein wird, zur Vorstellung sozialer Stagnation bei. Hierzulande ist nämlich, sehr im Unterschied zu unseren westlichen Nachbarn, vom Aufkommen eines wirtschaftenden Bürgertums, das sein Einkommen entweder unternehmerischer Tätigkeit oder rentierlicher Anlage verdankt, verhältnismäßig ebensowenig zu spüren wie von Intellektuellen, die in den großen urbanen Zentren zusammenströmten und von ihrer literarischen Produktion damals bereits leben konnten. Existenzbedingungen und Lebensweise beider Gruppen brachten es mit sich, dass sie nicht nur den Zeitgenossen in besonderem Maße auffielen, sondern dass auch die Nachwelt von ihren Hinterlassenschaften ohne Schwierigkeiten Notiz nehmen konnte. In Deutschland dagegen blieb die Bildung von Geldkapital begrenzt, während – um im Bilde zu bleiben – das Wachstum des intellektuellen Humankapitals sich überwiegend in staatlicher oder staatsnaher Tätigkeit vollzog. Der wenig spektakuläre Alltag der Gebildeten, die verstreut in einer Vielzahl von Residenzen und Universitätsstädten lebten, und ihr gesellschaftliches Selbstverständnis führten zur Unterschätzung dieses Prozesses. Aus anderen Gründen unterbelichtet blieben schließlich, und zwar hier wie überall, die Vorgänge, die sich am Fuße der Gesellschaftspyramide vollzogen. Die Zustände dort lenkten nur in Augenblicken des Protests und der Not die Aufmerksamkeit der Lesenden und Schreibenden auf sich, während der stumme Alltag seine Spuren in Archiven und Bibliotheken nur ausnahmsweise direkt hinterließ; er muss auf komplizierte Weise erschlossen werden.[4]

Die Wissenschaft ist aber nicht nur durch objektive Gegebenheiten an der wirklichkeitsgerechten Erfassung der Vergangenheit behindert, sie blockiert sich auch vielfach selbst, und zwar vor allem durch den Verzicht auf neuartige Fragen und Anregungen aus Nachbardisziplinen. So war die Erforschung der Landwirtschaft lange Zeit durch den Blick auf die Agrarverfassung erschwert, die sachgerechte Einschätzung der Geschichte des Handwerks durch den Blick auf die Zunftverfassung, obwohl schon vor 1800 die Hälfte der Handwerker auf dem Land lebte und arbeitete, wo es keine Zünfte gab. Auch wenn aus Spezialuntersuchungen die rechtsgeschichtliche Perspektive mittlerweile weitgehend verschwunden ist, so bieten namentlich die

4 Ein noch immer vorbildliches Beispiel ist Antje Kraus, Die Unterschichten Hamburgs in der ersten Hälfte des 19. Jahrhunderts. Entstehung, Struktur und Lebensverhältnisse. Eine historisch-statistische Untersuchung, Stuttgart 1965.

Handbuchebene[5] und entsprechend das Allgemeinbewusstsein noch immer ebenso altvertraute wie unzureichende Darstellungen. Viel zu kurz kommen nach wie vor in Deutschland Verkehrs- und Finanzgeschichte, so dass auch heute noch auf Sombarts großartige Kompilation nicht verzichtet werden kann. Die Zunahme des Waren- und die Erleichterungen des Zahlungsverkehrs, die ersten Maßnahmen zum Abbau der Handelsschranken und schließlich die wachsende Bedeutung der Messen – alle diese Vorgänge werden viel zu wenig wahrgenommen, weil Stichworte wie Merkantilismus bzw. Kameralismus die Bedeutung der dynamischen Elemente verdecken. Kaufmannsliteratur, der diese Elemente unschwer entnommen werden könnten, ist eine Gattung, die hierzulande so gut wie nicht zur Kenntnis genommen wird.[6] Schließlich zwingen aber auch die Fortschritte der Historischen Demographie zu einer neuen Sicht der zweiten Hälfte des 18. Jahrhunderts. Die hier in den letzten Jahren zutage geförderten Erkenntnisse stellen vielleicht am eindrucksvollsten die Verbindung mit dem frühen 19. Jahrhundert her, dessen Pauperismusproblem

5 Umso mehr verdient das neue agrargeschichtliche Handbuch *Grundzüge der Agrargeschichte* Erwähnung. Den hier behandelten Zeitraum bearbeitete Reiner Prass, Vom Dreißigjährigen Krieg bis zum Beginn der Moderne (1650-1880), Köln 2016. Das (einstmals) führende Handbuch zur deutschen Geschichte, der *Gebhardt*, verlegte in der 10. Auflage das Ende der Frühen Neuzeit von 1789 nach 1806; die Orientierung an politischen Zäsuren blieb also erhalten. Ein Mehrwert ergibt sich daher hauptsächlich durch die Erweiterung von einem auf vier Bände und dem etwas größeren Raum für Sozial-, Wirtschafts- und Kulturgeschichte. S. Walter Demel, Reich, Reformen und sozialer Wandel. 1763 - 1806, Stuttgart 2005 (Gebhardt-Handbuch der deutschen Geschichte, Bd. 12).

6 Für 2022 angekündigt war Jochen Hoock, Pierre Jeannin, Wolfgang Kaiser (Hg.), Ars Mercatoria. Eine analytische Bibliographie, Bd. 4: 1700 - 1760, Paderborn. Ob weitere Bände überhaupt erscheinen, scheint nach dem Tod des Ideengebers Jochen Hoock im Jahre 2019 ungewiss.

ja nicht plötzlich aufgetreten ist, sondern eine zwei bis drei Generationen umfassende Vorgeschichte hat. Und da der Pauperismus nicht nur eine demographische, sondern auch eine ökonomische Seite aufweist, muss auch die Geschichte von Landwirtschaft und Textilgewerbe, den am stärksten beteiligten Wirtschaftszweigen, in einen angemessenen Zusammenhang mit der Bevölkerungsentwicklung seit dem 18. Jahrhundert gestellt werden. Mit anderen Worten: Die erste Phase der Frühindustrialisierung Deutschlands hängt in vieler Hinsicht gewissermaßen noch immer in der Luft, ihr fehlt das Fundament, das tief in der ländlichen Gesellschaft des späten 18. Jahrhunderts ruht. Sicherlich war dieses nicht schon tragfähig genug. Andere Bedingungen wie die Vorreiterrolle Englands beim Durchbruch des Fabrikwesens und die im Gefolge der Selbstblockierung Frankreichs verlagerte Hauptachse des kontinentalen Handels nach Mitteleuropa mussten noch hinzukommen. Aber das sachliche wie methodische Gebot, das historische Kontinuum nicht zu zerstören, zwingt zu einer Neubewertung der Gesellschaftsgeschichte des späten 18. Jahrhunderts. In einem wesentlichen Ausschnitt soll dies hier versucht werden.

2. Bevölkerungsbewegung

Die Bevölkerungsentwicklung ist nicht nur für sich selbst, als Erkenntnisgegenstand der Historischen Demographie, sondern für die Sozial- und Wirtschaftsgeschichte insgesamt von großem Interesse. Denn die Zahl der

Menschen bzw. das Tempo ihrer Zunahme stellte unter den damaligen Rahmenbedingungen die wichtigste Triebkraft für Veränderungen dar. Die strukturelle Knappheit von Nahrungsmitteln und Energie und ihre Bindung an natürliche Gegebenheiten hatte nämlich zur Folge, dass jeder Mensch in seiner Eigenschaft als Produzent und Konsument die Erzeugungs- wie die Verbrauchsbilanz unmittelbar beeinflusste. Zur Abschätzung der Vorgänge in Wirtschaft und Gesellschaft ist deshalb die möglichst genaue Kenntnis der Bevölkerungsbewegung unverzichtbar.

Bei näherem Zusehen zeigt sich, dass diese Behauptungen nicht nur eine nachträgliche Interpretation der Wissenschaftler darstellen. Vielmehr haben auch die Betroffenen auf das Wechselspiel von demographischen und wirtschaftlichen Spielräumen mit eindeutig nachweisbaren Verhaltensänderungen reagiert, obwohl sie natürlich keine Statistiken kannten, wohl aber über genügend Erfahrungen für eine einigermaßen treffende Einschätzung sozio-ökonomischer Zusammenhänge verfügten.

Die Globalzahlen erlauben hierfür zwar noch keine Rückschlüsse. Gleichwohl liefern sie erste Hinweise für die Dynamik als solche. Wie unsicher auch die Zahlen im einzelnen sein mögen, sie zeigen jedenfalls einen Trend an, der für sich genommen keinem Zweifel unterliegt.

Als erstes fallen die unterschiedlichen Wachstumsgeschwindigkeiten innerhalb der Zeitreihen auf, dann aber auch zwischen den territorialen Einheiten, die hier der Einfachheit halber als „Deutschland“, „Österreich“ und „Böhmen“ firmieren. Während die Suche nach den

Ursachen einstweilen zurückgestellt werden soll, sei hier zunächst festgehalten, dass die Differenzen selbst zweierlei anzeigen. Zum einen (was aus dieser Tabelle wegen ihrer zeitlichen Grenzen nicht klar hervorgeht) läuft in der ersten Hälfte des 18. Jahrhunderts eine erste Bevölkerungswelle aus. Sie hat die Verluste des Dreißigjährigen Krieges mehr oder weniger aus geglichen, die Lücken wieder aufgefüllt. Eine zweite Bevölkerungswelle schloss sich an; sie setzte um setzte um 1740/50 ein und lief gegen 1820/30 aus (eine dritte sollte sehr bald über Europa hinwegrollen, kann aber hier außer Betracht bleiben). Ihren Höhepunkt erreichte die zweite Welle gegen 1800, dann ebbte sie ab. Krieg und Krisen ersetzten die Dynamik überall durch Stagnation, ja stellenweise sogar durch Regression.

Die Rückwirkungen der zweiten Welle auf die Gesellschaft waren vollkommen andere als die der ersten, denn jetzt ergoss sich der Zuwachs über eine bereits ‚komplette' Gesellschaft. Das erzeugte in einem von Knappheit der Ressourcen gekennzeichneten sozialen Gefüge zwangsläufig Probleme und Spannungen, die so groß waren, dass man sich fragen muss, warum auf die erste überhaupt eine zweite Welle gefolgt ist. Tatsächlich bemühte sich ja die frühmoderne Gesellschaft, die Kontrolle über ihre Reproduktionsmechanismen zu behalten, gerade weil sie recht genau um die Schwierigkeiten wusste, die von einer aus dem demographischen Gleichgewicht geratenden Bevölkerung ausgingen.

Bevor wir uns den Ursachen des Wachstums zuwenden, sei festgehalten, dass die in Tabelle 1 wiedergegebenen

Rohdaten insofern irreführen können, als die Vorgänge innerhalb der Dekaden ausgeblendet sind. Insbesondere Mortalitätskrisen bleiben so verborgen. Tatsächlich gab es sie auch noch in der zweiten Hälfte des 18. Jahrhunderts, und zwar zunächst im Gefolge des Siebenjährigen Krieges, dem allein in den preußischen Territorien (ohne Schlesien) ca. 200.000 Menschen, jeder zwölfte Einwohner, zum Opfer fielen.[7] In Sachsen summierten sich damals Übersterblichkeit und Geburtenausfall auf ca. 140.000 Menschen.[8] Die nächste Krise ereignete sich zwischen 1771 und 1774, ihre Ursache war die große, vor allem witterungsbedingte Hungerperiode.[9] Wieder wurde Sachsen überproportional betroffen, aber auch in den böhmischen Ländern soll damals die Bevölkerung um nicht weniger als 600.000 Menschen zurückgegangen sein, was einem Verlust von 14 % entspräche.[10] Er wurde jedoch rasch wieder ersetzt. Durch Krieg und Hunger nahm dann die

7 Errechnet nach Otto Behre, Geschichte der Statistik in Brandenburg-Preußen, Berlin 1905 (ND Vaduz) 1979, Anhang.

8 Näheres dazu bei Karlheinz Blaschke, Bevölkerungsgeschichte von Sachsen bis zur industriellen Revolution, Weimar 1967.

9 Eine Gesamtbilanz zu ziehen, ist schwierig und wird hier nicht versucht. Wilhelm Abel weckte falsche Erwartungen mit seiner Abschnitts-Überschrift „Die Bevölkerungsbilanz der Hungerjahre" in: Massenarmut und Hungerkrisen im vorindustriellen Europa. Versuch einer Synopsis, Hamburg, Berlin 1974, S. 252-254. Die beiläufige Angabe bei Collet, die Hungerkrisen von 1709, 1740 und 1771 hätten „population losses of up to 10%" zur Folge gehabt, hilft leider nicht weiter. Dominik Collet, Storage and Starvation: Public Granaries as Agents of Food Security in Early Modern Europe, in: Historical Social Research 35/4 (2010), S. 234 - 252, hier S. 239.

10 Karl Bosl (Hg.), Handbuch der Geschichte der böhmischen Länder, Bd. 2, Stuttgart 1974, S. 479. Eine zeitgenössische Schätzung nimmt für Böhmen, das stärker betroffen war als Mähren und Österreichisch Schlesien, einen Bevölkerungsverlust von 10% an. Rudolf Brázdil u.a., Die Hungerjahre 1770-1772 in den böhmischen Ländern, in: Österreichische Zeitschrift für Geschichte 12 (2001), S. 63.

Tabelle 1: Bevölkerungsentwicklung Mitteleuropas 1700 – 1820

	Deutschland (Grenzen von 1871)	Österreich (heutiger Gebietsstand)
	Gesamtzahl	jährl. WR %
1700	15-17	
		0,35
1750	18-20	
		0,30
1800	23,0	
		0,60
1810	24,4	
		0,78
1820	26,3	

WR (%) Durchschnittliche geometrische Wachstumsrate in Prozent pro Jahr

Quellen: Deutschland: Christof Dipper, Deutsche Geschichte 1648 - 1789, Frankfurt 1991, Tab. 2 und 3 (hier teilweise berichtigt)
Österreich: Roman Sandgruber, Die Anfänge der Konsumgesellschaft, München 1982, Tab. 1 und 2 (z. Tl errechnet).
Böhmen: Rudolf Brázdil u.a., Die Hungerjahre 1770-1772 in den böhmischen Ländern, in: Österreichische Zeitschrift für Geschichte 12 (2001), S. 62.

Anmerkungen: a) 1754.
b) Extrapolation aus Angaben für benachbarte Stichjahre.
c) 1821.

Böhmen (Länder der böhmischen Krone)		
Gesamtzahl	jährl. WR %	Gesamtzahl
2,1		2,4
	0,49	
2,7[a]		3,4[b]
	0,22	
3,0		4,6[b]
	0,00	
3,0		4,7
	0,66	
3,2[c]		5,0[b]

österreichische Bevölkerung in der ersten Dekade des 19. Jahrhunderts erneut um 10.000 Menschen oder 0,3 % ab, und auch dieser Ausfall wurde in wenigen Jahren und trotz des Hungerwinters 1816/17 ersetzt.[11]

Verdeckt bleiben auch die Gebiete mit notorisch niedrigem oder gar stagnierendem Zuwachs. Es waren dies einerseits Altbayern und Österreich (abgesehen von Wien), wo Erbrecht, Besitzstruktur, Arbeitsmarkt und Abgabensystem so ungünstig miteinander kombiniert waren, dass die einstweilen noch für die Reproduktion wichtigste Bevölkerungsgruppe, die mittleren Bauern, darauf mit freiwilligem Zölibat, hohem Heiratsalter und möglicherweise auch bereits mit Geburtenbeschränkung reagierten.[12] Eine andere Region mit schwach positivem oder gar negativem natürlichem Bevölkerungswachstum waren die niederdeutschen Marschen. Hier sorgten Fieberkrankheiten, insbesondere die Malaria, für anhaltend hohe Mortalitätsraten, die nur durch Zuwanderung ausgeglichen werden konnten.[13] Vergleichbare Bedingungen

---

11 Kurt Klein, Die Bevölkerung Österreichs vom Beginn des 16. bis zur Mitte des 18. Jahrhunderts (mit einem Abriß der Bevölkerungsentwicklung von 1754 bis 1869), in: Heimold Helczmanovszki (Hg.), Beiträge zur Bevölkerungs- und Sozialgeschichte Österreichs, München 1973, S. 4 7 -112, Tab. 1.

12 Zu Bayern W. Robert Lee, Zur Bevölkerungsgeschichte Bayerns 1750 - 1850: Britische Forschungsergebnisse, in: VSWG 62 (1975), S. 309 - 338. Zu Österreich Roman Sandgruber, Die Anfänge der Konsumgesellschaft. Konsumgüterverbrauch, Lebensstandard und Alltagskultur in Österreich im 18. und 19. Jahrhundert, München 1982, Tab. 1 u. 2.

13 Ernst Hinrichs, Wilhelm Norden, Demographische Strukturen in zwei Oldenburger Landgemeinden (1700 - 1850). Ergebnisse einer nicht-nominativen Kirchenbuchauswertung, in: Dies. (Hg.), Regionalgeschichte. Probleme und Beispiele, Hildesheim 1980, S. 85f. Ausführlicher dazu Wilhelm Norden, Eine Bevölkerung in der Krise. Historisch-demographische Untersuchungen zur Biographie einer norddeutschen Küstenregion, Butjadingen 1605 - 1850, Hildesheim 1984.

herrschten übrigens damals in den meisten Städten, die darum auch in der zweiten Hälfte des 18. Jahrhunderts auf Zuwanderung angewiesen blieben.[14]

Der dennoch nicht unerhebliche Bevölkerungszuwachs Mitteleuropas hatte seine Quelle also auf dem Lande, wenn auch nicht in allen Ländern. Wodurch kam er zustande? Die Forschung hat im Laufe der Zeit eine Vielzahl unterschiedlichster Hypothesen entwickelt, die sich teils gegenseitig ergänzen, teils ausschließen. Die größte Verbreitung fand bislang die Erklärung, die den Rückgang der Sterblichkeit, und zwar der Kindersterblichkeit zum Ausgangspunkt nimmt. Verringerte Kindersterblichkeit hat natürlich eine Zunahme der Zahl der Erwachsenen zur Folge und dies wiederum führt selbst dann zu einem Bevölkerungszuwachs, wenn sonst alle Bedingungen unverändert bleiben.

Neuere Untersuchungen[15] gehen stattdessen von einem allmählichen Anstieg der Geburtenrate aus, zu dem Ursachen wie sinkendes Heiratsalter der Frauen – der bei weitem wichtigste Einzelfaktor –, sinkende Neigung zum zölibatären Leben und andere Bedingungen zählen. Die hierin zum Vorschein kommenden Verhaltensänderungen lassen einen steten, wenn auch langsamen Wertewandel

14 Klaus Gerteis, Die deutschen Städte in der Frühen Neuzeit. Zur Vorgeschichte der ‚bürgerlichen Welt', Darmstadt 1986, S. 60 ff.

15 Methodisch bahnbrechend Edward A. Wrigley / Roger Schofield, The Population History of England 1541 - 1871, London 1981. Zusammenfassend später Thomas Sokoll, Des Rätsels Lösung: Das Bevölkerungswachstum im Zeitalter der Industrialisierung, in: Sozialwissenschaftliche Informationen 20 (1991), S. 213 - 217. Ders., Historische Demographie und historische Sozialwissenschaft, in: Archiv für Sozialgeschichte 32 (1992), S. 405 - 425.

und zurückgehende Sozialkontrolle erkennen, beides Phänomene, die auch in ganz anderen Untersuchungsbereichen bzw. Quellenbeständen begegnen und damit ein hohes Maß an Plausibilität beanspruchen können. In der zweiten Hälfte des 18. Jahrhunderts vollzogen sich die Verhaltensänderungen rascher als zuvor, denn eine Reihe guter Ernten, vor allem in den 1730er-Jahren, hatten dafür gesorgt, dass fünfundzwanzig Jahre später mehr Menschen ins Heiratsalter gekommen waren als üblich. Eine Kettenreaktion kam in Gang und sorgte für jene Bevölkerungsakzeleration, deren Folgen anders als die bisher über Mitteleuropa hinweggegangenen demographischen Wellen bewältigt wurden.[16]

Die Bevölkerungszahlen stiegen, wie bereits bemerkt, nicht in allen Gebieten in derselben Weise. Deshalb verlagerten sich nun die demographischen Schwerpunkte und es entstanden neue, je nachdem wie die regionalen Gegebenheiten beschaffen waren

Anders als im 19. Jahrhundert löste die steigende Bevölkerungsdichte noch keine umfangreichen Wanderungsbewegungen aus. Deshalb kam es auch nicht zu einem nennenswerten Anstieg der Urbanisierung. Nur wenige Städte wiesen damals eine hohe Dynamik auf: Im Falle Wiens, das von 175.000 (1754) auf über 200.000 (1800) Einwohner anwuchs, und Berlins, dessen Bevölkerung zwischen 1755 und 1800 um 44.000 Personen auf 170.000 Einwohner zunahm, sorgten die Kombi-

16 Detaillierter Aufweis dieser Zusammenhänge für Österreich bei John Komlos, Nutrition and Economic Development in 18th-Century Habsburg-Monarchy. An Anthropometric History, Princeton 1989.

nation von Residenz, Verkehrsgunst und gewerblicher Wirtschaft für ein weit überproportionales Wachstum[17] Auch in Hamburg bewirkten die beiden letzteren Faktoren anhaltende demographische Expansion; 130.000 Einwohner zählte die Stadt um 1794, nachdem es 45 Jahre zuvor nur 90.000 Einwohner gewesen waren.[18] Neben diesen seit langem besonders rapide sich entwickelnden Städten traten im späten 18. Jahrhundert die ersten „Industrie-Städte" hinzu, d. h. Kommunen mit einem ungewöhnlich hohen Anteil an zukunftsträchtigen Gewerbebetrieben; denn solange noch keine Maschinen die menschliche Arbeitskraft ersetzten, war wirtschaftliches Wachstum mit demographischem identisch.[19] Die meisten dieser Städte befanden sich im Bergischen Land und am Niederrhein.[20] Inwieweit Wanderungen die Bevölkerungszahlen haben ansteigen lassen, ist neuerdings wieder offen. Jedenfalls trug, anders als später im 19. und 20. Jahrhundert, neben Wanderungsgewinnen die Familiengründung das meiste zum Wachstum bei, ja sie war das entschieden dynamischere Element von beiden.

17 Wien (die Zahlen schließen die Vorstädte mit ein): Klein, Die Bevölkerung Österreichs (Anm. 11), S. 92. Ferner Wilhelm Abel, Agrarkrisen und Agrarkonjunktur, Hamburg, Berlin ²1966, S. 195. Berlin: Helga Schultz, Berlin 1650 - 1800. Sozialgeschichte einer Residenz, Berlin (DDR) 1987, S. 172, 296.

18 Nach der Jahrhundertwende sank die Bevölkerungszahl jedoch auf Grund der wirtschaftlichen und politischen Krise beträchtlich. Nachweise in: Hans-Dieter Loose (Hg.), Hamburg. Geschichte der Stadt und ihrer Bewohner, Bd. 1: Von den Anfängen bis zur Reichsgründung, Hamburg 1982, S. 366, 452.

19 Der Umkehrschluss ist allerdings falsch.

20 Für Westfalen Näheres bei Hildegard Ditt, Ältere Bevölkerungs- und sozialstatische Quellen in Westfalen – Methoden der Auswertung, in: Wilfried Ehbrecht (Hg.), Voraussetzungen und Methoden geschichtlicher Städteforschung, Köln 1979, S. 111 - 128 .

So nahmen beispielsweise Heirat und Geburtenquote in Wien nach 1750 binnen zweier Generationen um mehr als die Hälfte zu, d. h. mit dem Einsetzen der industriellen Tätigkeit gingen Zehntausende von Menschen, die dazu bislang keine Chance hatten, miteinander die Ehe ein.[21]

Der größte Teil der Bevölkerungswelle ergoss sich jedoch über die ländlichen Gebiete, und zwar naturgemäß über solche, in denen es noch Subsistenzreserven gab. Das waren zum einen die östlichen Regionen der preußischen Monarchie, vor allem West- und Ostpreußen, Pommern sowie die Neumark, die bisher nur dünn besiedelt waren. So füllten sich die alten Dörfer und neue wurden angelegt. Landesausbau war also das Ergebnis der durch Zuwanderung und Geburtenüberschuss wachsenden Bevölkerung. Das Sozialprofil der Gemeinden änderte sich unter diesen Umständen vorläufig nur wenig, doch sollte es dann im 19. Jahrhundert geradezu auf den Kopf gestellt werden.[22]

Ganz anders wirkte der Bevölkerungszuwachs in Gebieten, deren agrarische Reserven bereits mehr oder weniger erschöpft waren. In der Oberlausitz, im westlichen Westfalen und in zahlreichen Mittelgebirgszonen von Sachsen bis ins Elsass, vom Bergischen Land bis nach Mähren drohte nach aller Erfahrung früher oder später

21 Sandgruber, Die Anfänge (Anm. 12), S. 28.

22 Beispiele bei Hans Linde, Preußischer Landesausbau. Ein Beitrag zur Geschichte der ländlichen Gesellschaft in Süd-Ostpreußen am Beispiel des Dorfes Piassutten/Krs. Ortelsburg, Leipzig 1939. Günther Ipsen, Die preußische Bauernbefreiung als Landesausbau [1954], überarbeitete Fassung in: Wolfgang Köllmann, Peter Marschalck (Hg.), Bevölkerungsgeschichte, Köln 1972, S. 154 - 189. Hartmut Harnisch, Die Herrschaft Boitzenburg. Untersuchungen zur Entwicklung der sozialökonomischen Struktur ländlicher Gebiete in der Mark Brandenburg vom 14. bis zum 19. Jahrhundert, Weimar 1968, S. 225ff.

die malthusianische Falle. Gleichwohl ist es dazu anfangs nirgends gekommen, weil es gelang, neue Quellen der Subsistenz zu erschließen und mit den vorhandenen zu verbinden. Die knapper werdenden Erträge aus eigenem Grundbesitz, Gemeindeland und Brache mussten ergänzt werden durch landwirtschaftliche Lohnarbeit, immer öfter aber durch Wanderarbeit (die Sachsen- bzw. Hollandgängerei ist nur am bekanntesten), Kleinhandel (er vollzog sich ebenfalls häufig ambulant) und gewerbliche Tätigkeit, deren breites Spektrum die Vielfalt regionaler und naturaler Gegebenheiten widerspiegelte. Sie reichte vom Fischfang an der Küste und Gütertransport auf den Straßen über Metallverarbeitung im Siegerland, in der Eifel und in den Ardennen bis zur Herstellung von Uhren und feinmechanischen Geräten im Schwarzwald. Am verbreitetsten, weil die wenigsten Investitionen erfordernd, war jedoch die Textilproduktion. Dort vollzog sich auch am frühesten der Übergang vom Neben- zum Haupterwerb. In Teilen Schlesiens, Westfalens und am Niederrhein finden sich um 1800 bereits Tausende von Spinner- und Weberfamilien, die nur noch über Pachtland verfügten und dieses durch Mithilfe während der landwirtschaftlichen Arbeitsspitzen „finanzierten".[23]

23 Beispiele zu den genannten Regionen bei Herbert Kisch, Die Textilgewerbe in Schlesien und im Rheinland. Eine vergleichende Studie zur Industrialisierung, in: Peter Kriedte, Hans Medick, Jürgen Schlumbohm (Hg.) Industrialisierung vor der Industrialisierung, Göttingen ²1978, S. 350 - 386. Ders., Die hausindustriellen Textilgewerbe am Niederrhein vor der industriellen Revolution. Von der ursprünglichen zur kapitalistischen Akkumulation, Göttingen 1981. Josef Mooser, Ländliche Klassengesellschaft 1770 - 1848. Bauern und Unterschichten, Landwirtschaft und Gewerbe im östlichen Westfalen, Göttingen 1984.

Die im einzelnen kümmerlichen Erwerbsmöglichkeiten ließen allenfalls im Rahmen der Familienwirtschaft, d.h. durch eine Kumulation der Einkommen von Mann, Frau, Kindern und eventuell anderer im Haushalt mitlebender Personen zu einer halbwegs auskömmlichen Existenz finden. Es war also schiere ökonomische Überlebensstrategie, wenn Angehörige der Unterschicht heirateten, obgleich die dadurch in Gang gesetzte demographische und soziale Selbstreproduktion – ein in diesem Umfang neuer gesellschaftlicher Tatbestand, der von den Eliten nicht gerne gesehen, ja offen als Verstoß gegen die überlieferte Sozialmoral getadelt wurde – die Subsistenzprobleme der gesamten Gesellschaft schon auf mittlere Sicht erschwerte. Die Zahl der Kümmerexistenzen in Stadt und Land nahm unaufhaltsam zu. Auf dem Weg ‚vom Pöbel zum Proletariat' (Conze) war die Gesellschaft damit bereits am Ende des 18. Jahrhunderts ein gutes Stück vorangekommen, viel weiter, als die Forschung lange geglaubt hat.

Der Gesellschaftsaufbau veränderte sich in den betroffenen Gebieten drastisch. Die Inhaber von Vollerwerbsbetrieben, schon seit langem in den meisten Teilen Mitteleuropas, relativ gesehen, auf dem Rückzug, gerieten vielerorts nun vollends in die Minderheit, ohne dass sich dadurch allerdings etwas an ihrer Führungsrolle in den Gemeinden geändert hätte. Dafür sorgten nicht nur Gesetze und Herkommen, sondern sie blieben ja auch die Referenzfigur der kleinen Leute, die sich an der Respektabilität der wirtschaftlich Unabhängigen orientierten. Den noch nahmen die Spannungen zu. Einerseits bedeutete nämlich die durch Familiengründung und Mehrfacheinkommen gekennzeichnete Selbständigkeit auch ein Stück Emanzipation gegenüber den dominanten Gruppen in Dorf und Stadt. Dies schlug sich in Verhaltensformen nieder, die von oben als „aufsässig" und „widersetzlich" wahrgenommen wurden. Andererseits waren Arm und Reich aber auch durch gegensätzliche Interessenlagen getrennt. Der beginnende Agrarindividualismus auf dem Dorfe, die Konflikte um Zunftordnung und Gewerbefreiheit in den Städten machten offenbar, wie sehr unter den gewandelten Verhältnissen die genossenschaftliche Wirtschaftsweise von den einen nur noch als Hemmnis, von den anderen jedoch als existenzsichernde Notwendigkeit angesehen wurde. Landhunger, Konsumverhalten und Familienstrategien sind darum weitere Marksteine, an denen die Differenzierung der Gesellschaft abgelesen werden kann. Nicht wenige zeitgenössische Beobachter verfolgten die Entwicklung mit Sorge, die Revolution in Frankreich hat sie darin nur noch bestärkt.

Im Ergebnis hat der demographische Schub also bewirkt, dass es in Mitteleuropa um 1800 fünf bis sieben Millionen Menschen mehr gab als fünfzig Jahre zuvor. Da die Aufnahmekapazitäten der traditionellen Wirtschaft begrenzt waren und schon zu Beginn der Bevölkerungswelle stellenweise nur noch geringe Reserven aufgewiesen hatten, fiel ein Teil des Zuwachses aus der ständischen Gesellschaft zwangsläufig heraus. Die Gesellschaftsstruktur änderte sich also, im Unterschied zu heute, als direkte

Folge demographischen Wachstums. Konkret hieß dies nichts anderes als dass vor allem die Unterschichten zunahmen. Über den Umfang dieser höchst uneinheitlichen Gruppe gibt es verschiedene Schätzungen; sie liegen alle bei mindestens 50 Prozent im Stichjahr 1800.[24] und zwar mit einem deutlichen Übergewicht auf dem Lande, von wo die Bevölkerungswelle ihren Ausgang genommen hatte.

Aber war darum hier auch die modernste Gesellschaftsverfassung zu finden? Sicher nicht. Denn wenn Lohnarbeit von allen Merkmalen als das wichtigste Kennzeichen der Klassenbildung angesehen wird, so war der Formationsprozess in den Städten mit ihren Manufakturen, ihren Protofabriken und ihrem Markt für Tagelöhner sicherlich am fortgeschrittensten. Mit gutem Grund aber attestiert die Forschung dem Millionenheer der Heimgewerbetreibenden ebenfalls klassenspezifische Erfahrungen beim Kampf ums Dasein. Dem Trend zur Klasse unterlagen auch noch andere Gruppen, denn geldbestimmte Märkte ersetzten naturale Austauschprozesse Schritt für Schritt, auch solche feudalrechtlichen Ursprungs. Wenn man alle Verlegten und die Hälfte der Handwerker (so viel lebten und arbeiteten damals außerhalb der Städte), die Manufakturarbeiter, die im Speditionsgeschäft Tätigen und die Soldaten als überwiegend gegen Lohn Arbeitende klassi-

24 Diedrich Saalfeld, Die ständische Gliederung der Gesellschaft Deutschlands im Zeitalter des Absolutismus. Ein Quantifizierungsversuch, in: Vierteljahrsschrift für Sozial- und Wirtschaftsgeschichte 67 (1980), Tab. 3. Jürgen Kocka, Weder Stand noch Klasse. Unterschichten um 1800, Bonn 1990, S. 134. Viel hängt natürlich von der Definition ab, wer zu den Unterschichten gehört, zumal es sich dabei um keinen zeitgenössischen Begriff handelt.

fiziert, so kommt man für Deutschland im Stichjahr 1800 auf rund 2,4 Millionen Personen, die damals den Prozess der Klassenbildung an sich erfuhren. Somit war bereits jeder fünfte Beschäftigte (mit Österreich und Böhmen vielleicht nur jeder sechse oder siebte) aus der ständischen Ordnung herausgefallen. Neben bzw. am Fuße der noch immer bewusstseinsprägenden *societas civilis* hatte sich also die Klassengesellschaft in einem Umfang ausgebildet, der überrascht. Zehn Prozent der Bevölkerung, zwanzig Prozent der Unterschichten sind ihr zuzurechnen, und ihre Zahl wuchs täglich. Eine Gesellschaft, die wahrlich in Bewegung war.

Der Vorgang erregte damals zwar Aufmerksamkeit, aber nicht in der Weise, wie wir das heute wohl erwarten. Soziologische Analysen der Zeitgenossen wird man vergeblich suchen, denn die Soziologie ist bekanntlich selbst ein Kind der neuen gesellschaftlichen Verhältnisse, sie bedurfte zu ihrer Entstehung als erstes der Auflösung des *ganzen Hauses,* d. h. der Trennung der herrschaftlichen von den gesellschaftlichen Ordnungen. Anderswo, vor allem in Westeuropa und in Italien, fielen darum die Diagnosen präziser aus, weil dort auch die sozialen Verhältnisse schon stärker im Umbruch begriffen, die Ständemerkmale seit langem schwächer ausgeprägt waren.

Hierzulande herrschte dagegen mit der *societas civilis* auch die auf sie bezogene neoaristotelische Gesellschaftslehre vor. Zu ihren Merkmalen zählte, dass sie keinen eigenständigen Begriff des Politischen kannte, sondern die Politik ebenso wie die Ökonomik der Ethik zuschlug. Das blieb übrigens, wie die Pauperismusliteratur zeigt, bis weit ins 19. Jahrhundert so, denn auch der deutsche Idealismus war keine auf die Gesellschaft bezogene Philosophie. Phänomene wie das Vordringen marktwirtschaftlicher Austauschverhältnisse und klassentypischer Auffächerungsprozesse wurden daher als ‚Krise des Herkommens' (Frühsorge), als Verstöße gegen die gute Ordnung wahrgenommen, nicht aber als das, was sie eigentlich waren: als Elemente einer neuartigen Gesamtverfassung. Die wenigen Beiträge, die eine wirklichkeitsnahe Beschreibung des Vorgangs lieferten – Süßmilchs soziologische Untersuchungen der Hungerkrisen oder Mösers Aufsätze über die aktuellen Probleme des Fürstentums Osnabrück, beide in den 1750er- bzw. 1760er-Jahren entstanden – bestätigen angesichts ihrer Folgenlosigkeit diese Feststellung. Das gilt erst recht für die Analyse Samuel Simon Wittes, die zwar in altertümlichem Gewande daherkam, aber eine Beschreibung der arbeitsteiligen, marktabhängigen Wirtschaftsgesellschaft lieferte, wie man sie sich besser nicht wünschen konnte. Sie ist aber schon zu ihrer Zeit so unpopulär und darum unbekannt geblieben, dass sie erst vor kurzem wiederentdeckt wurde.[25]

---

25 Süßmilchs entsprechende Schriften sind derzeit am besten greifbar in: Ursprünge der Demographie in Deutschland. Leben und Werk Johann Peter Süßmilchs (1707 - 1767), hg. v. Herwig Birg, Frankfurt/M. 1986. Für Möser empfiehlt sich der Rückgriff auf die Patriotischen Phantasien in der Historisch-kritischen Ausgabe: Justus Möser, Sämtliche Werke, hrsg. v. d. Akademie der Wissenschaften zu Göttingen, II. Abt., Bde. 4 - 10, Oldenburg/Berlin, 1943 - 1968. Zu Witte s. Diethelm Klippel, Luxus und bürgerliche Gesellschaft. Samuel Simon Wittes Schrift „Über die Schicklichkeit der Aufwandsgesetze" (1782), in: Dieter Schwab u. a. (Hg.), Staat, Kirche, Wissenschaft in einer pluralistischen Gesellschaft. Festschrift für Paul Mikat, Berlin 1989, S. 327 - 344.

So blieb es in Mitteleuropa bei jener altertümlichen Harmonielehre, die die Wirklichkeit nach dem Sollens-, statt nach dem Seinsprinzip beurteilte, und die sich deshalb buchstäblich keinen Begriff von der tatsächlichen Lage der Dinge machen konnte. Die ‚bürgerliche Gesellschaft', von der die Texte jener Zeit so erfüllt waren, meinte die politische Verfassung der Gegenwart, nicht die Vision einer sozialen Ordnung, die auf dem ungehinderten Austausch wirtschaftlicher Güter und auf selbstbestimmter Herrschaft beruht. Weil eine solche Ordnung in größerem Stil erstmals von den deutschen Jakobinern, genauer: von den führenden Persönlichkeiten der Mainzer Republik vertreten wurde und dies die Veränderung des Eigentumsbegriffs voraussetzte, mussten sich die nach 1806 auf den Umbau der Gesellschaftsverfassung hinarbeitenden Reformer wie Stein, Hardenberg oder Montgelas denn auch den Vorwurf des „Jakobinismus" gefallen lassen. Dieser Vorgang zeigt einmal mehr, wie sehr die Rechtstitel der Ständegesellschaft in Deutschland selbst nach Revolution und Untergang des Heiligen Römischen Reiches als legitimer Bestandteil des Privatrechts galten. Das bürgerliche Recht setzte hierzulande die bürgerliche Gesellschaft nicht schon voraus, sondern musste sie erst Zug um Zug herstellen. Damit wurden zwar manche Belastungen vermindert, aber der Übergang zur neuen Ordnung zugleich sehr verlangsamt. Den Blick für den sozialen Wandel hat dies nicht eben geschärft. Die Gesellschaft war zwar in Bewegung, aber es gab (noch) keine Bewegung, die sich dieser Gesellschaft ernstlich angenommen hätte.

3. Antworten aus dem Bereich der Landwirtschaft

Viele Fachleute sehen neuerdings im demographischen Wachstum die entscheidende Variable für wirtschaftlichen Wandel in vorindustrieller Zeit. Selbst diejenigen technischen Innovationen, die den Durchbruch zur Industrialisierung mit sich brachten, gelten als Folge dieses Wachstums, ja es ist gerade dieser Vorgang, der überhaupt das Paradigma für die These vom Bevölkerungswachstum als letztlich entscheidendem Faktor abgibt.[26]

Der lückenlose Nachweis, sofern er jemals zu erbringen sein wird, steht für die Landwirtschaft noch aus. Gleichwohl aber leuchtet das bei Abel entworfene Bild unmittelbar ein, dass angesichts der begrenzten Produktivität der frühneuzeitlichen Landwirtschaft die Bevölkerung nach starker Zunahme „an die Decke gestoßen“ (Abel) sei. Wo diese „Decke“ im einzelnen lag, lässt sich nicht genau angeben, da dies von den örtlichen bzw. zeitlichen Umständen abhing. Dass es sie aber gab, unterliegt keinem Zweifel.

In früheren Jahrhunderten sorgten Kriege und Epidemien in fast regelmäßigen Abständen für Massensterben, dessen Folgen oft erst nach mehreren Generationen überwunden waren. Von solchen Katastrophen blieb das 18. Jahrhundert jedoch weitgehend verschont bzw. sie erholte sich von ihnen weitaus rascher als je zuvor. Um die

26 Genannt seien nur die Namen Boserup, Jones, Wrigley, Schofield und Komlos. In gewissem Sinne argumentierte schon Abel in seinen *Agrarkrisen* so.

„an die Decke" stoßende Bevölkerung weiterhin ernähren zu können, mussten also im landwirtschaftlichen und gewerblichen Sektor Änderungen eintreten, die ebenso über das gewohnte Maß von Anpassungen hinausgingen wie das demographische Wachstum selbst. In vierfacher Weise reagierten die in der Landwirtschaft Tätigen auf die Herausforderungen.

Am naheliegendsten war es natürlich, die Anbauflächen zu vergrößern. Tatsächlich finden sich nicht nur in Nordost-, sondern auch in Mitteleuropa zahlreiche Belege für diesen Vorgang. „Bald stärker von der Initiative der Landwirtschaft getragen, bald mehr durch die Regierungen gefördert, hier durch Bindungen der Agrarverfassung verlangsamt, dort durch Agrarreformen beschleunigt, wurden überall in großem Umfang Heideflächen umgebrochen, Moore trockengelegt, Wälder gerodet und Weiden in Ackerflächen verwandelt".[27] In Schleswig-Holstein soll in der zweiten Jahrhunderthälfte das nutzbare Land dadurch um zwanzig Prozent, in Schlesien um fünfzehn Prozent, in Pommern um zehn Prozent erweitert worden sein, in Österreich zwischen 1790 und 1830 um achtzehn Prozent. Diese Zahlen dürfen jedoch nicht überbewertet werden, denn wenn man Mitteleuropa als Ganzes nimmt, fiel die Erfolgsbilanz wesentlich bescheidener aus: Zwei bis drei Prozent der Nutzfläche betrug der Zuwachs wohl insgesamt und das bei einem Bevölkerungswachstum von fünfzehn bis fünfundzwanzig Prozent im selben

27 Abel, Agrarkrisen (Anm. 17), S. 192. Dort auch die folgenden Zahlen mit Ausnahme derjenigen für Österreich; diese bei Sandgruber, Die Anfänge (Anm. 12), S. 39.

Zeitraum. So mag es wohl regional zu einer spürbaren Entlastung gekommen sein, aber die großen Fortschritte in der Kultivierung standen erst noch bevor.

Neben der Erschließung sind weitere Maßnahmen zu beobachten, die den Boden mobilisierten. Hierzu zählte die Verkoppelung bzw. Vereinödung, die den Flurzwang und mit ihm die nachteilig gewordenen kollektiven Nutzungspraktiken beseitigte, indem das Land nach betriebswirtschaftlichen Grundsätzen arrondiert und bebaut wurde, sowie die Teilung der Marken, Allmenden oder Gemeinheiten.[28] Diese Teilung hatte ebenfalls eine intensivere Bewirtschaftung der Landreserven zum Ziele, verletzte aber natürlich die Interessen, ja Rechte der landarmen Dorfbewohner massiv. Gerade diese Verletzung der Tradition hatte weitreichende Bedeutung, denn sie löste nicht nur Widerstände bei den Benachteiligten aus, sondern konnte umgekehrt auch mentale Blockaden bei den Begünstigten beseitigen und damit überhaupt größerer geistiger Beweglichkeit die Tür öffnen. Freilich setzte dies voraus, dass diese Beweglichkeit sich auszahlte, und dafür war der Markt seinerseits die Vorbedingung. Von ihm wird noch ausführlich zu reden sein.

Da die Bevölkerung trotz der bescheidenen Ergebnisse des Landesausbaus nicht verhungert ist, liegt die Vermutung nahe, dass der Intensivierung im Vergleich zu den anderen Antworten die größere Bedeutung zugekommen ist. Ihre drei wichtigsten Formen waren die Verminderung

28 Anschaulich dazu Stefan Brakensiek, Agrarreform und ländliche Gesellschaft. Die Privatisierung der Marken in Nordwestdeutschland 1750 - 1850, Paderborn 1991.

der Brache, der Übergang zu ertragreicheren Agrarprodukten und die Erhöhung des Arbeitsaufwandes. Die Verminderung der Brache im Wege ihrer Besömmerung, d.h. der Bestellung mit Bodenfrüchten, war ebenfalls eine Verletzung von Traditionen und Rechten und richtete sich nicht nur gegen die kleinen Leute, sondern ebensosehr gegen die Herrschaften, die oft nur mit Hilfe dieser Bodenreserve ihren verhältnismäßig großen Viehstapel ernähren konnten. Folglich waren auch hier die Widerstände groß. Außerdem verschlang die Besömmerung erhebliche Mittel. Andererseits versprach sie besonders rasche Erfolge, da es sich um bereits genutztes, wenn auch nur rotationsweise bebautes Land handelte. Man nimmt an, dass gegen 1800 zwischen vierzehn und fünfundzwanzig Prozent der Brache besömmert waren, bei allerdings erheblichen regionalen Unterschieden.[29] So sorgte die große Nachfrage in Berlin[30] dafür, dass in Brandenburg bereits fünfundzwanzig bis dreißig Prozent der Brache bebaut wurden, und ähnlich verhielt es sich in Oberösterreich,[31], während in marktfernen und dünnbesiedelten Gebieten oder solchen mit ungünstigen Flurformen oder

29 Eberhard Bittermann, Die landwirtschaftliche Produktion in Deutschland 1800 - 1950, Halle/S. 1956, S. 20.

30 Zahlen zum Nahrungsmittelbedarf Berlins am Ende des 18. Jahrhunderts und Darstellung der Konsequenzen, die die Bauern daraus zogen, bei Hartmut Harnisch, Kapitalistische Agrarreform und Industrielle Revolution. Agrarhistorische Untersuchungen über das ostelbische Preußen zwischen Spätfeudalismus und bürgerlich-demokratischer Revolution von 1848/49 unter besonderer Berücksichtigung der Provinz Brandenburg, Weimar 1984, S. 44ff. Ders., Agrar- und sozialgeschichtliche Aspekte, in: Jan Peters, Hartmut Harnisch, Lieselotte Enders (Hg.), Märkische Bauerntagebücher des 18. und 19. Jahrhunderts. Selbstzeugnisse von Milchviehbauern aus Neuholland, Weimar 1989, S. 234ff.

31 Sandgruber, Die Anfänge (Anm. 12), S. 40.

starker gemeindlicher Autonomie der Fortschritt sehr viel langsamer vorankam. Im Reichsdurchschnitt waren daher an der Jahrhundertwende nur zwischen vier und acht Prozent der Ackerfläche auf die verbesserte Dreifelderwirtschaft umgestellt. Das mag wenig erscheinen, bedeutete in Wahrheit jedoch außerordentlich viel, denn die buchstäblich brachliegenden, jetzt aber zunehmend genutzten Kapazitätsreserven betrugen das Vielfache dessen, was durch den Landesausbau damals zusätzlich bereitgestellt werden konnte. Es war darum nur folgerichtig, wenn Fachleute vor allem die Besömmerung als Mittel zur Deckung der drohenden Nahrungslücke empfahlen.

Betrachtet man die in der Brache angebauten Produkte, so offenbart dieser Rat erst seine ganze Plausibilität. Denn Klee und Hackfrüchte erhöhten gleich auf doppelte Weise die Erträge: einmal als Viehfutter bzw. Nahrungsmittel, dann aber auch als Bodenverbesserer. Beide schlossen nämlich die seit Urzeiten die volle Nutzung der Fruchtbarkeit blockierende Stickstofflücke. Der Verbreitung der neuen Methode kam sehr entgegen, dass das Saatgut vergleichsweise preiswert und seine Anwendung einfach war. So konnte auch die ärmere Bevölkerung die Vorteile nutzen, was im Falle der Kartoffel noch den zusätzlichen Nutzen brachte, dass ihr Reichtum an Nährwerten die Mindestgröße der Hofstellen ganz erheblich herabsetzte. Umgekehrt bedeutete dies, dass einem Teil der Kleinbauern der Sprung in den Vollerwerbsbetrieb gelang bzw. dass die negativen Folgen der Realteilung für einen Augenblick aufgefangen werden konnten, sofern die

Umstellung rasch und vollständig zustande kam. Selten lag der landwirtschaftliche Fortschritt so nahe wie in diesem Falle.

Die Besömmerung der Brache verlangte natürlich ein zusätzliches Quantum an Arbeitskräften, doch hing der tatsächliche Bedarf vom angebauten Produkt ab. Klee und Kartoffel schlugen wenig zu Buche, denn die erforderlichen Arbeiten konnten mühelos außerhalb der bisherigen ländlichen Arbeitsspitzen untergebracht werden. Anders verhielt es sich mit den Hackfrüchten. Solange aber Gemüse noch nicht auf dem Speisezettel der Durchschnittsbevölkerung erschien und weil auch der besonders arbeitsintensive Rübenanbau noch für Jahrzehnte ohne Bedeutung bleiben sollte, erweiterte sich die von diesem Vorgang ausgelöste Nachfrage nach Arbeitskräften vorderhand nur wenig.

So spricht auch ohne Kenntnis genauerer Zahlen alles für die Annahme, dass gegen Ende des 18. Jahrhunderts nur der kleinere Teil des Bevölkerungszuwachses einen ganzen Arbeitsplatz in der Landwirtschaft fand. Wenn die Stellen nur linear zu vergrößerten Ackerflächen zugenommen hätten, müsste man mit einem Mehrbedarf von fünf bis zehn Prozent rechnen. Zählt man einen Aufschlag für die arbeitsintensiven Hackfrüchte hinzu, so wird man den Mehrbedarf auf acht bis fünfzehn Prozent veranschlagen können. Das war nicht einmal die Hälfte des Bevölkerungszuwachses seit 1750.

Die malthusianische Falle war damit keineswegs umgangen, und das konnte dem Agrarsektor unter mitteleuropäischen Bedingungen auch gar nicht im Alleingang gelingen. Insofern schrieb die Bilanz rote Zahlen. Aber eine Reihe von Tatsachen zeigte an, dass Bewegung in die Landwirtschaft gekommen war, und so gab es Grund zur Hoffnung. Worin bestand die angesprochene Bewegung? Wenn man die bisher geschilderten Faktoren auf einen Nenner zu bringen versucht und dabei die Tatsache berücksichtigt, dass die genannten Beispiele aus ganz verschiedenen Regionen stammen, so zeigt sich schon in diesem allerersten Befund ein wichtiger Hinweis. Die Grenze zwischen den beiden klassischen Agrarverfassungstypen – Guts- und Grundherrschaft – von der Forschung bisher überwiegend hoch bewertet[32] – begann sich im Laufe des 18. Jahrhunderts zu verwischen, die rechtliche Verfasstheit verlor an Bedeutung. Stattdessen machten sich neue Gemeinsamkeiten bzw. Unterschiede zwischen beiden Gebieten bemerkbar. Bewirkt hatte dies der Markt.

Wieder ist die Bevölkerungszunahme der Ausgangspunkt. Der durch sie erhöhten Nachfrage nach Nahrungsmitteln stand ein immer geringer werdender Selbstversorgungsgrad gegenüber, den sie ebenfalls verursacht hatte. Abhilfe konnte nur vom Markt kommen. Vor allem im Umkreis der großen Städte – knapp dreißig von ihnen hatten um 1800 mehr als zwanzigtausend Einwohner –, aber auch in den protoindustrialisierten Verdichtungsgebieten war die Nachfrage nicht länger mit der überlieferten Kombination von Naturalleistun-

32 Außerdem wissen wir vor allem dank Harnischs Forschungen, dass die Zahl der grundherrschaftlich gebundenen Bauernhöfe schon vor den preußischen Reformen viel größer war als bisher angenommen.

gen und Zwangskommerzialisierung zu befriedigen. Die strenge Reglementierung des Lebensmittelverkehrs ließ im gesamten Reich seit den 1770er-Jahren, und zwar als Folge der Hungerkrise, nach.[33]. Bayern und Österreich (dieses nur gebietsweise) beseitigten sogar 1765 bzw. 1775 ihre inneren Handelsschranken. Die steigenden Agrarpreise und die in ihrem Gefolge steigende Grundrente reizten zu erhöhten Anstrengungen, sofern die Erlöse in die Taschen der Produzenten flossen. So rückten Ost- und Westelbien ein Stück aneinander. Bis zur Jahrhundertwende hatte dieser Prozess zwar nicht mehr als nur eine Vielzahl von Inseln landwirtschaftlicher Fortschritte und intensivierter Austauschbeziehungen zustande gebracht, aber schon das hatte wichtige Folgen. Denn erstens nahm auf diese Weise die Arbeitsteilung zwischen den einzelnen Wirtschaftsräumen zu, was wiederum dem Handel weitere Impulse vermittelte, und zweitens partizipierten an diesen Vorgängen bäuerliche Vollerwerbsbetriebe ebenso wie Güter, wodurch das herkömmliche Gefälle zwischen den Ständen etwas abnahm; am Ende dieser Entwicklung, im 19. Jahrhundert, begegneten sich Bauern und Gutsbesitzer im neuen Typus des Landwirts.

Das war alles andere als ein Naturgesetz, vielmehr bedeutete diese Entwicklung, wo sie glücklich vorankam, gerade ein Stück Emanzipation von der bisher ausschließ-

33 Einzelheiten bei Wilhelm Abel, Massenarmut und Hungerkrisen im vorindustriellen Europa, Hamburg, Berlin 1974, S. 216ff . Zuletzt dazu Ferdinand Magen, Reichsexekutive und regionale Selbstverwaltung im späten 18. Jahrhundert. Zu Funktion und Bedeutung der süd- und westdeutschen Reichskreise bei der Handelsregulierung im Reich aus Anlaß der Hungerkrise von 1770/72, Berlin 1992.

lich naturhaften Determiniertheit der Landwirtschaft. Deshalb finden sich auch Beispiele für Aufschwung wie für Krise in enger Nachbarschaft und, was noch wichtiger ist, bei Bauern wie bei Herren. Günstig gelegene Mittelbauern mit Höfen zwischen zwanzig und siebzig Hektar, wie wir sie vornehmlich in Niederdeutschland, in Brandenburg und Ostpreußen finden, hatten gute Chancen, vom Aufschwung zu profitieren;[34] sie waren „reif für den Markt“ (Harnisch). Ein Beispiel aus der Uckermark zeigt, dass für die Bauern des Dorfes Briest zwischen 1766/70 und 1801/05 die Belastung mit Abgaben um ungefähr ein Drittel sank, obwohl im gleichen Zeitraum die Steuern erhöht wurden.[35] Auch für niedersächsische Dörfer sind erhebliche Einkommenssteigerungen in jener Zeit belegt, deren Umfang mit derjenigen der Betriebsflächen korrelierte.[36] Für Gutsbetriebe liegen gleichfalls Zahlen vor, doch verzerren hier wegen sich häufender Verkäufe spekulative Elemente die Zahlen. Für die Herrschaft Stavenow in der Prignitz ist zwischen 1763 und 1805 ein Anstieg der Erntemengen um fast die Hälfte belegt,

34 Entsprechende Berechnungen bei Walter Achilles, Die Lage der hannoverschen Landbevölkerung im späten 18. Jahrhundert, Hildesheim 1982, sowie bei Hartmut Harnisch, Peasants and Markets. The Background to the Agrarian Reforms in Feudal Prussia East of the Elbe, 1760 - 1807, in: J. Evans, W. Robert Lee (Hg.), The German Peasantry, London, Sydney 1986, bes. S. 56.

35 Harnisch, Peasants (Anm. 34), S. 58. Außerdem neuerdings ders„ Bäuerliche Ökonomie und Mentalität unter den Bedingungen der ostelbischen Gutsherrschaft in den letzten Jahrzehnten vor Beginn der Agrarreformen, in: Georg Iggers (Hg.), Ein anderer historischer Blick. Beispiele ostdeutscher Sozialgeschichte, Frankfurt/M. 1991, S. 70 - 92, 182 - 184.

36 Walter Achilles, Die Nachfrage der hannoverschen Landwirtschaft nach Waren und Dienstleistungen des Handwerks gegen Ende des 18. Jahrhunderts, in: Jürgen Schneider (Hg.), Wirtschaftskräfte und Wirtschaftswege. Festschrift für Hermann Kellenbenz, Bd. 5, Stuttgart 1981, S. 347 - 359.

während sich die Erlöse aus Getreideverkäufen nicht weniger als versechsfachten; der Verkaufswert des Gutes stieg in der fraglichen Zeit um hundertzwanzig Prozent.[37] Dass dies kein Einzelfall war, ergibt sich aus der Literatur.[38]

Es war indessen nur eine Minderheit von Produzenten, die von der Konjunktur, die aus den geschilderten Gründen allgemein eine Preis-, örtlich aber gegebenenfalls auch eine Mengenkonjunktur war, profitierten. Nicht einmal alle Vollerwerbsbetriebe hatten an ihr teil. Für die meisten Bauern änderte sich nichts an ihrer von hoher Abgabenlast und geringer Produktivität gekennzeichneten Lage. Sie wurde unter dem Eindruck der Veränderungen im Agrarsektor allerdings zunehmend anders, nämlich als besorgniserregend wahrgenommen. Deshalb häuften sich gegen Ende des Jahrhunderts die Klagen und nahmen die Versuche der Obrigkeiten zu, hier durch Eingriffe zu helfen. Die Feststellung der preußischen Regierung aus dem Jahre 1811, dass „das gewöhnliche Verhältnis“ der bäuerlichen Abgabepflichten so beschaffen war, „dass die Leistungen der Bauern bis zu dem Punkt getrieben sind, die ihre Kräfte zuließen“,[39] wurde zwar von den Gutsherren bestritten, dürfte aber die tatsächliche Lage korrekt beschrieben haben. Dabei war hier nicht einmal von der Gruppe mit dem schlechtesten Besitzrecht die Rede. Die

37 William W. Hagen, The Junker's Faithless Servants. Peasant Insubordination and the Breakdown of Serfdom in Brandenburg-Prussia 1783 - 1811, in: The German Peasantry (Anm. 34), S. 87.

38 Abel, Agrarkrisen (Anm. 17), S. 197ff.

39 Zit. ebd., S. 200.

heutige Forschung ist denn auch der Ansicht, dass unter betriebswirtschaftlichen Gesichtspunkten die bäuerlichen Einkommen nur noch eine Restgröße darstellten, und das bei siebzig bis achtzig Prozent der Höfe Mitteleuropas.[40] Aber auch über der Herrenseite schien nicht nur die Sonne der Konjunktur. Die Gründe für diese auf den ersten Blick überraschende Tatsache sind so vielfältig, dass sie hier nicht im einzelnen genannt werden können. Hält man sich aber an den aussagekräftigen Indikator von Liegenschaftsverkäufen wegen Insolvenzen, so zeigt sich, dass vor allem der Kleinadel mit wachsenden Schwierigkeiten zu kämpfen hatte. Das gilt für die Ritterkantone Neckar-Schwarzwald und Kocher, wo die Zwangsverkäufe in der zweiten Jahrhunderthälfte um zwanzig Prozent stiegen (mit dem Höhepunkt in den 1780er-Jahren), ebenso wie für den ostelbischen Teil der Mark Brandenburg, wo trotz eines noch bestehenden gesetzlichen Verbotes im Jahre 1800 bereits 43 von 475 Gutsbesitzern bürgerlich waren, obgleich die Kreditinstitute des Adels eine Verschuldung von fünfzig Prozent zuließen. Beide Gebiete gehörten völlig unterschiedlichen Agrarverfassungstypen an.[41]

Ein letzter Blick gilt der Preisentwicklung, die gleichfalls den gesellschaftlichen Differenzierungsprozess vor-

40 Friedrich-Wilhelm Henning, Dienste und Abgaben der Bauern im 18. Jahrhundert, Stuttgart 1969, S. 73.

41 Nachweise: Gert Kollmer, Die schwäbische Reichsritterschaft zwischen Westfälischem Frieden und Reichsdeputationshauptschluß, Stuttgart 1979, Tab. 7 b. Friedrich W. A. Bratring, Statistisch-Topographische Beschreibung der Mark Brandenburg, 3 Bde., Berlin 1804 - 1808. Allgemein Rudolf Endres, Die wirtschaftlichen Grundlagen des niederen Adels in der frühen Neuzeit, in: Jahrbuch für fränkische Landesforschung 36 (1976), S. 215 - 237. Zuletzt Chelion Begass, Armer Adel in Preußen 1770-1830, Berlin 2020, S. 70ff.

angetrieben hat. Auch wenn das damals übliche Nebeneinander von verordneten und freien Preisen kaum direkte Rückschlüsse auf die Versorgungslage zulässt, kann man annehmen, dass die Erzeugung von Nahrungsmitteln nicht mit dem Bevölkerungswachstum Schritt gehalten hat. Insgesamt verdoppelte sich der Preis für das Hauptnahrungsmittel in unserem Zeitraum, wobei in den 1780er-Jahren eine deutliche Beschleunigung stattfand.[42] Das nördliche und nordöstliche Deutschland eilte dabei der Entwicklung im Süden, wo die Steigerungen teilweise kaum die Hälfte erreichten, weit voraus. Das lässt erstens auf gespaltene Märkte und entsprechend schlechte bzw. teure Verkehrsverbindungen für dieses Massengut schließen und zweitens auf die Rückständigkeit Oberdeutschlands. Denn im Süden war die Nachfrage nach Brotgetreide nicht wegen besserer Ernten, sondern wegen geringerer Kaufkraft der Massen zurückgeblieben; dass das den Anbau und Verzehr der Kartoffel beschleunigte, gehört, jedenfalls mittelfristig, zu den wenigen positiven Seiten dieser dramatischen Vorgänge.

Aus der geschilderten Entwicklung im Agrarsektor lassen sich drei wichtige Folgen ableiten. Zum ersten hat am Preisauftrieb der letzten Jahrzehnte des 18. Jahrhunderts für landwirtschaftliche Erzeugnisse nicht jedermann in derselben Weise teilgenommen. Es hing von der Betriebsgröße und von der sektoralen Herkunft der Einkommen ab, ob die Wirkungen positiver oder negativer Natur waren. Die Mehrheit erlitt ohne Zweifel Nachtei-

42 Abel, Agrarkrisen (Anm. 17), S. 182f.

le, weil sie als Folge des knapper werdenden Bodens auf Nebenerwerb angewiesen war, dessen Erlöse nicht mit den Preisen für Nahrungsmittel Schritt halten konnten.

Zum zweiten war die Verschiedenheit der Agrarverfassungstypen Mitteleuropas unter betriebswirtschaftlichen Gesichtspunkten weniger bedeutsam als bislang meist angenommen. Man kann es auch anders ausdrücken: Markt und Geldwirtschaft übertrafen an Wirkungen die rechtliche Verfasstheit der Höfe, die Geldwirtschaft zersetzte das Feudalsystem. Der Zusammenhang war so offenkundig, dass er auch den Zeitgenossen nicht verborgen blieb. Wo Grund- bzw. Gutsherrschaft sich eindeutig als Hemmschuh des Fortschritts erwiesen, wurde ihre Abschaffung mit Nachdruck verlangt. Für die Mark Brandenburg ist dies inzwischen gut belegt.[43] In diesem Falle bedurfte es nicht erst der Nachrichten über die Revolution in Frankreich oder gar der Erschütterung der Herrschaftsordnung im Zuge der Revolutionskriege, damit es zu Untertanenprotest und -konflikt kam. Soweit es um wirtschaftliche Streitpunkte ging, waren die Träger denn auch die Vollbauern, nicht die landarmen und erst recht nicht die landlosen Unterschichten, obgleich auch für diese das Feudalsystem im Unterschied zur genossenschaftlichen Wirtschaftsweise jede positive Bedeutung und damit seine Berechtigung überhaupt verloren hatte.

43 Hagen, The Junker's Faithless Servants (Anm. 37), passim. Hartmut Harnisch, Die agrarpolitischen Reformmaßnahmen der preußischen Staatsführung in dem Jahrzehnt vor 1806/07, in: Jahrbuch für Wirtschaftsgeschichte, H. 3 (1977), bes. S. 136ff. Ders., Kapitalistische Agrarreform (Anm. 26), S. 56ff.

Als dritte Folgerung kann darum festgehalten werden, dass das Feudalsystem am Ende des 18. Jahrhunderts in Deutschland nicht mehr überall dieselbe Rolle spielte. Wo der agrarische Aufschwung schwach ausfiel oder wo die Rentenansprüche der Herren dem landwirtschaftlichen Umbau nicht im Wege standen, blieb auch die Kritik aus. Umgekehrt wurde dort seine Abschaffung verlangt, wo es den Wandel behinderte. Die Bauernbefreiung war demnach um die Jahrhundertwende keinesfalls in ganz Mitteleuropa in gleicher Weise dringlich und wurde dementsprechend nur ausnahmsweise verlangt. Dem misslungenen, weil unzeitigen Versuch der Abschaffung der überlieferten Form von Grund- und Gutsherrschaft durch Joseph II. und den Angeboten so manches Landesherren zur Ablösung standen die Dienstverweigerungen der Untertanen der Herrschaft Stavenow gegenüber, die 1790/97 die Fixierung ihrer Dienst pflichten durchsetzten, 1808 die Dienste vollends aufsagten und 1810/11 die Regulierung erzwangen – alles, um die steigenden Gewinnmargen nicht länger teilen zu müssen.[44]

44 Hagen, The Junker's Faithless Servants (Anm. 37), S. 85ff. Die Feststellungen Hagens dürfen wohl verallgemeinert werden. In der Prignitz, wo Hagens Fallbeispiel beheimatet ist, gab es zwischen 1811 und 1814 die meisten Anträge auf Regulierungen in ganz Preußen. Vgl. Georg Friedrich Knapp, Die Bauernbefreiung und der Ursprung der Landarbeiter in den älteren Theilen Preußens, Bd. 2, München, Leipzig [2]1887, S. 269.

4. Antworten aus dem Bereich Gewerbe und Nebenerwerb

Es ergäbe ein unvollständiges Bild, wollte man die Landwirtschaft nur mit den Augen der vollbäuerlichen Minderheit betrachten. Der demographische Schub hatte vor allem eine Überschussbevölkerung hervorgebracht, die eben nicht mehr damit rechnen konnte, eine ganze Ackernahrung zu besitzen, und die noch kaum ab- oder gar auswandern konnte. Sie blieb also auf dem Lande und musste dort ihren Unterhalt erwerben.

Dafür bot die Intensivierung der Landwirtschaft, wie wir gesehen haben, mannigfache Gelegenheiten. Sie reichten aber bei weitem nicht aus. Das unaufhaltsam steigende Überangebot an Arbeitskräften musste sich daher nach gewerblichen Tätigkeiten umsehen und zwar nach solchen, die seiner vergleichsweise geringen technischen Qualifikation und seiner begrenzten Abkömmlichkeit angemessen waren. Die hierfür in Frage kommenden vielfältigen Bereiche hat schon Sombart, der in ihnen eine der drei Quellen der „Zunahme des Reichtums" im 17. und 18. Jahrhundert erblickte, erschöpfend aufgezählt. Er nannte als die wichtigsten Seeschifffahrt, Landfuhrwerk, Binnenschifffahrt, Hausierhandel, Detailhandel, besonders aber die gewerbliche Produktion, d. h. Weberei, Spinnerei, Spitzenklöppelei, Holzverarbeitung und Korbflechterei.[45] Viele dieser Tätigkeiten konnten auf eigene

45 Werner Sombart, Der moderne Kapitalismus, Bd. 2/II, München, Leipzig [2]1916, (ND München 1987), S. 1061.

Rechnung unternommen werden. Je weiter jedoch der Markt entfernt war, desto mehr Zwischenstufen waren nötig. Auf diese Weise kamen Kaufleute ins Spiel und mit ihnen zahlreiche Begleiterscheinungen des modernen Handelskapitalismus.

Zunehmend bezog also die ländliche Überschussbevölkerung ihr Einkommen aus verschiedenen Quellen. Vielfach verfügte sie noch über eigenen, wenngleich geringen Landbesitz, den sie durch Zupacht zu erweitern suchte und dafür unentgeltliche Dienste leistete. Daneben oder in der Hauptsache bestritt die Unterschichtenfamilie ihren Lebensunterhalt jedoch durch Lohnfuhren, Handel oder Heimarbeit. Über diese Tätigkeiten wurde sie, und zwar unwillkürlich, in Märkte lokalen oder überlokalen Zuschnitts eingebunden, in denen ausschließlich das Geld den Austausch regelte.[46] Die ländliche Welt wurde also nicht nur an ihrer vollbäuerlichen Spitze, sondern auch an ihrer Basis zunehmend von Geldbeziehungen durchsetzt und ging ihrer hergebrachten Gesellschafts- und Wertordnung verlustig. Allerdings hatte das Geld in den Händen der Unterschichten eine andere Funktion. Je mehr sie sich vom agrarischen Nexus lösten und deshalb weniger in Kauf und Pacht von Land investierten, desto mehr gaben sie für Konsumgüter aus. Was die Besitzenden als „Leichtsinn" empfanden und entsprechend verurteilten, war in ökonomischer Hinsicht ein Beitrag zur Marktgesellschaft

46 Dass dem fallweise sogar schon in der ersten Hälfte des 18. Jahrhunderts so war, also noch unter den Bedingungen der ‚alten Landwirtschaft', hat Rainer Beck, Unterfinning. Ländliche Welt vor Anbruch der Moderne, München 1993, bes. Kap 5 und 7, nachgewiesen.

und in mentaler, was vielleicht noch wichtiger war, zur *market culture* (Reddy). Die Zunahme des Geldverkehrs schob also die Gesellschaft des späten 18. Jahrhunderts unwiderruflich in eine ganz neue Richtung. Die sozialen Beziehungen hat das nicht entspannt, im Gegenteil. Die dörfliche Oberschicht verfolgte unterschiedliche Strategien, um die Tagelöhner- und Heimgewerbefamilien sowohl unter Kontrolle wie auch auf Distanz zu halten. Die nördlich von Berlin angesessenen Käse- und Milchbauern siedelten ihre ungeliebten, aber unentbehrlichen Arbeitskräfte 1766 kurzerhand an den Rand der Gemarkung aus und stellten schließlich auf Gesinde um, im Ravensberger Land zwangen die Vollbauern dagegen ihre Heuerlinge in ein quasifeudales Verhältnis, um sich so Geld- und Arbeitsleistungen zu sichern.[47]

Damit wird schon etwas von den vielfältigen Funktionen sichtbar, die diese Bevölkerungsgruppe versah. Alles zusammengenommen kommen folgende Gesichtspunkte in Betracht. Für die Landwirtschaft war wichtig, dass die Unterschichten Hilfskräfte stellte, mit denen die Arbeitsspitzen überbrückt werden konnten, und dass sie durch Pacht und Kauf von Lebensmitteln bzw. Rohstoffen (Flachs, Wolle, Färbepflanzen) die ewig knappen Bargeldvorräte der Bauern ergänzten. Anders als die Zeitgenossen und unter ihrem Einfluss lange Zeit die Forschung, bewerten die Historiker inzwischen diese Austauschbeziehungen als einen Beitrag zur Stabilisierung

47 Jan Peters, Historische Einführung, in: Märkische Bauerntagebücher (Anm. 30), S. 71. Mooser, Ländliche Klassengesellschaft (Anm. 23), S. 247 ff.

der bäuerlichen Gesellschaft.[48] Er wurde noch dadurch verstärkt, dass ein Großteil der ländlichen Unterschicht nach wie vor an der bäuerlichen Wertordnung festhielt, weil sie wie eh und je in der Selbständigkeit die Quelle persönlicher Reputation erblickte und dementsprechend nach Möglichkeit Ackerland kaufte. Jedes noch so kleine Stückchen Land hob seinen Eigentümer aus der Masse der Besitzlosen heraus und beförderte ihn, zumindest scheinbar, über die entscheidende soziale Trennlinie zurück in die Reihe der Bauern. Die vor allem in der Revolutionszeit sich häufenden Projekte für Zerschlagung der Domänen und für ein „Ackergesetz“ nach altrömischem Vorbild, die vielfach praktizierte „Güterschlächterei“ und nicht zuletzt der Run auf Parzellen im Zuge der primären und vor allem sekundären Versteigerungen von Kirchen- bzw. Nationalgut bezeugen klar den Landhunger als Massenphänomen. Er war nicht auf Mitteleuropa beschränkt.[49].

Für den gewerblichen Sektor hatten die ländlichen Unterschichten im großen und ganzen vergleichbare Funktionen. Sie kauften dessen Erzeugnisse, überwie-

48 So die These Moosers, die die Protoindustrialisierungsdiskussion um einen entscheidenden Gesichtspunkt bereichert hat.

49 Zur Diskussion um ein Ackergesetz in Deutschland und Italien Christof Dipper, Revolution und Reaktion im Jakobinismus. Zur Agrarpolitik der italienischen und deutschen Jakobiner, in: Quellen und Forschungen aus italienischen Archiven und Bibliotheken 59 (1979), S. 296 - 333. Babeuf und die Sansculotten als Exponenten der kleinbäuerlichen „partageux“ behandelt mehrfach in seinen gesammelten Aufsätzen Georges Lefebvre, Études sur la Révolution française, Paris [2]1963, S. 338ff., 406 ff., 415ff. Zusammenfassend Volker Hunecke, Antikapitalistische Strömungen in der Französischen Revolution, in: Geschichte und Gesellschaft 4 (1978), S. 291 - 323. Das Massenphänomen des Sturms auf Parzellen aus ehemals kirchlichem Besitz hat als erster Michael Müller, Säkularisation und Grundbesitz. Zur Sozialgeschichte des Saar-Mosel-Raumes 1794 - 1813, Boppard 1980, überzeugend nachgewiesen.

gend billige standardisierte Massenware, und stellten die nötigen Arbeitskräfte. Der gesamtwirtschaftliche Effekt dieser beiden Funktionen lässt sich nicht berechnen, ja er ist bislang nicht einmal geschätzt worden; er dürfte aber beträchtlich gewesen sein. Und dies vor allem deshalb, weil er ganz wesentlich dazu beitrug, die Organisation des produzierenden bzw. verarbeitenden Gewerbes umzustellen. Die im einzelnen äußerst geringe Kaufkraft ergab, aufs Ganze gesehen, eben doch eine spürbar steigende Nachfrage, die einen neuen Warentypus verlangte: die billige Massenware. Diese war aber mit dem kaum reformierbaren städtischen Handwerk nicht herzustellen, jedenfalls nicht in ausreichendem Maße. Das Verlagssystem war der Ausweg; es war ein Betriebssystem, das Stadt und Land zusammenband.[50]

So nahm im späten 18. Jahrhundert die wirtschaftliche Differenzierung Mitteleuropas zu. Um 1800 zählte Deutschland neununddreißig verdichtete Gewerbelandschaften, von denen einige bereits die Fähigkeit zur Selbstversorgung mit Nahrungsmitteln verloren hatten.[51] Die sich damit anbahnende räumliche Arbeitsteilung konnte nur vom Markt für Nährmittel und Verkehrsleistungen gewährleistet werden, der auf diese Weise einen zusätzlichen Impuls erhielt.

---

50 Vgl. dazu den Überblick, der freilich gerade diese Zusammenhänge nur ungenügend behandelt, bei Wilfried Reininghaus, Gewerbe in der Frühen Neuzeit, München 1990.

51 Karl Heinrich Kaufhold, Gewerbelandschaften in der Frühen Neuzeit (1650 - 1800), in: Hans Pohl (Hg.), Gewerbe- und Industrielandschaften vom Spätmittelalter bis ins 20. Jahrhundert, Stuttgart 1986, S. 112 - 202.

Alle Sektoren, der agrarische nicht minder als der gewerbliche, aber auch der in der Forschung regelmäßig unterschätzte tertiäre Sektor profitierten von der sprunghaften Zunahme des Nebenerwerbs. Denn indem die landarmen bzw. landlosen Familien in mindestens zwei von drei Sektoren ihren Unterhalt fanden, federten sie deren Konjunkturrisiken unwillkürlich ab. Als formal selbständige Existenzen hatten sie auch gar keine andere Möglichkeit als durch Selbstausbeutung, d.h. durch unter bis unbezahlte Mehrarbeit, die infolge steigender Nahrungsmittelpreise oder sinkender Erlöse für gewerbliche Erzeugnisse oder wegen zurückgehender Nachfrage nach Dienstleistungen sich öffnende Lücke zwischen Einkommen und Auskommen zu schließen. Stockungen trafen darum die Ökonomie der Vollerwerbsbetriebe, vor allem aber die Profitrate der Verleger in abgeschwächter Form. Die Unternehmen hatten dadurch mit einem wichtigen Hindernis weniger zu kämpfen.

Die geschilderten Zusammenhänge zeigen, dass gerade auf dem Lande wichtige Voraussetzungen für den Umbau der Wirtschaftsordnung zu einem neuartigen System bereitgestellt wurden. Sie rufen uns, worauf schon Sombart mit Nachdruck hingewiesen hat, die ländlich-agrarischen Ursprünge des modernen Kapitalismus ins Gedächtnis. Die Forschung hat diesen Sachverhalt vor gut vierzig Jahren wiederentdeckt und ihn mit dem Begriff der Proto-Industrialisierung in einen Systemkomplex eingebunden, der Demographie, Sozialstruktur, Hausindustrie und Landwirtschaft zusammenbindet. Die spannungsgeladene internationale Debatte ist hier nicht im einzelnen nachzuzeichnen.[52] Als einer ihrer wichtigsten Erträge sei jedoch festgehalten, dass die Möglichkeit der Risikoentlastung und das reichliche Angebot an Arbeitskräften für potentielle Firmengründer am Ende des 18. und am Anfang des 19. Jahrhunderts ungleich wichtiger waren als die von der Wissenschaft lange Zeit in den Vordergrund gestellte Kapitalversorgung. Beide Bedingungen hat vor allem die ländliche Gesellschaft bereitgestellt, sie leistete, um es zu wiederholen, einen wesentlichen und nur zu oft vernachlässigten Beitrag zur Entstehung des Industriesystems.

5. Die neue Gesellschaftsstruktur in Zahlen

Die Zusammensetzung der Erwerbstätigen um 1800 sollte gemäß diesen Einsichten neu überdacht werden. Die nachfolgende Tabelle ist hierfür ein Diskussionsvorschlag. Es kommt hier nicht auf die Zahlen im einzelnen, sondern auf die Einsichtigkeit im allgemeinen an. Die in der Literatur gleichsam kanonisierte und auf Henning zurückgehende Zahl von fünfundsechzig Prozent in der Landwirtschaft Beschäftigten wurde zu Lasten des sekundären Sektors auf zweiundsiebzig Prozent erhöht, um dem Geschilderten Rechnung zu tragen. Die Erhöhung ist also nicht mit größerer Rückständigkeit gleichzusetzen,

52 Aus der Fülle der Literatur sei nur der Versuch einer „Zwischenbilanz“ genannt: Peter Kriedte, Hans Medick, Jürgen Schlumbohm, Sozialgeschichte in der Erweiterung – Protoindustrialisierung in der Verengung? Demographie, Sozialstruktur, moderne Hausindustrie: eine Zwischenbilanz der Proto-Industrialisierungs-Forschung, in: Geschichte und Gesellschaft 18 (1992), S. 70 - 87, 231 - 255.

sondern soll auf Übersetzung und Kapazitätsreserven hinweisen sowie die Vielfalt ländlicher Erwerbschancen unterstreichen.[53] Grundlage der Neubemessung ist die nach Plausibilitätsgesichtspunkten variabel gehaltene Erwerbsquote und die sich daran anschließende durchschnittliche Familiengröße. Die allgemein angenommene Zahl von 1,5 Millionen Heimspinnern (nicht jedoch die Heimweber) wurde der Landwirtschaft zugeschlagen, weil bei ihnen, vom erzielbaren Familieneinkommen her gesehen, die Einkünfte aus gewerblicher Tätigkeit in der Regel nur ergänzenden Charakter gehabt haben dürften, jedenfalls zum angenommenen Zeitpunkt. Hier hat sich in den folgenden dreißig bis vierzig Jahren bekanntlich dramatisch viel geändert.

Im primären Sektor sind demzufolge untergebracht: alle voll- und halbbäuerlichen Existenzen, alle Landarmen und Landlosen und mit ihnen achtzig Prozent der verlegten Arbeitskräfte und schließlich das Gesinde. Man kann darüber streiten, ob ihm nicht auch noch ein Viertel bis ein Drittel der Handwerker zugeschlagen werden sollte, weil die Hälfte des Handwerks damals auf dem Lande

53 Deshalb, aber eben nur deshalb, scheint der hier vorgestellte Zahlenansatz gerechtfertigt, obgleich er stark von den Berechnungen Becks abweicht. Beck hat, soweit ich sehe, als erster den tatsächlichen Arbeitskräftebedarf in Landwirtschaft und Gewerbe berechnet und das dabei für die unterbäuerlichen Schichten abfallende dörfliche Arbeitsangebot als „lächerlich wenig" bezeichnet. Beck sagt daher aus seiner Perspektive zu Recht, dass „die so gerne zitierten Zahlen über den enormen Bevölkerungsanteil, der in vorindustrieller Zeit in der Landwirtschaft tätig gewesen sein soll, [. . .] leicht in die Irre" führen; vgl. Beck, Unterfinning (Anm. 46), S. 341, 334. Beck unternimmt als Mikrohistoriker freilich keinen Versuch, seine Erkenntnisse zu verallgemeinern und entsprechend hochzurechnen.

und notgedrungen überwiegend auch von ihm lebte.[54] Aber schon ohne diese Kümmerexistenzen gab es mit 9,1 Millionen Arbeitskräften viel mehr als rechnerisch benötigt, nämlich nur 4,2 Millionen. Unterbeschäftigung war also die Regel, jedenfalls zu gewissen Jahreszeiten. Unterbeschäftigung bedeutete aber auf der anderen Seite auch Kapazitätsreserve, und diese war, wie erkennbar, reichlich vorhanden. Sie bildete die Voraussetzung für den weiteren Aufschwung der Verlagsindustrie, deren krisenhaftes Wachstum bis in die 1840er-Jahre anhielt, aber auch für den nach 1815 erst so richtig beginnenden Landesausbau im Nordosten Deutschlands.

Die Erwerbsstruktur gibt aber auch Auskunft über den Zustand der Gesellschaft insgesamt. Die Übersicht zeichnet das Bild einer ständischen Gesellschaft in ihrer Spätphase. Je nach Zuordnung der einzelnen Gruppen kann man feststellen, dass drei Viertel bis vier Fünftel der Bevölkerung noch immer in der hergebrachten Ordnung lebten, während umgekehrt mindestens ein Fünftel aus ihr herausgewachsen war. Zieht man jedoch nur die Beschäftigten heran, so erhöht sich wegen der unterschiedlichen Chance der Familiengründung und infolge der unterschiedlichen Familienstruktur der Anteil der mehr oder weniger in Klassenlagen Lebenden auf achtundzwanzig Prozent; mehr als jede vierte Arbeitskraft hatte damit um 1800 ihren Ort nicht mehr in der ständischen Gesellschaft. Das war sicherlich weniger als im westlichen

54 Dazu die großangelegte Fallstudie von Helga Schultz, Landhandwerk im Übergang vom Feudalismus zum Kapitalismus: Mecklenburg-Schwerin, Berlin (DDR) 1984.

und südlichen Europa, aber auch unendlich mehr als im östlichen. Während das in der Wissenschaft oft maßstabsetzende Westeuropa binnen weniger Jahrzehnte erreicht und teilweise sogar überflügelt werden sollte, verlor der Osten den Anschluss. Die seit Jahrhunderten in der Mitte Europas verlaufende Bruchstelle verschob sich von der Elbe an die Weichsel und vom Böhmerwald an die Karpaten. Das war vielleicht das Entscheidende. Dass der Westen Deutschlands mit seiner hohen Bevölkerungszahl, seiner großen Städtedichte und nicht zuletzt mit seinen vergleichsweise guten Verkehrsanbindungen in den Strudel der Dynamik Westeuropas gezogen würde, war wohl ohnehin zu erwarten. Dass aber auch der Osten Deutschlands daran teilnahm und sich damit die wirtschaftsräumliche Gliederung Europas verschob, die seit Jahrhunderten Bestand hatte, ist jedenfalls dann überraschend, wenn man die strukturdominante Rolle der osteuropäischen Agrarverfassung in Rechnung stellt.[55] Es war nur Mitteleuropa, dem der Anschluss an den Westen gelang, dem Osten blieb auch nach der Entfeudalisierung, die ja eben nur eine rechtliche werden sollte, diese Möglichkeit verwehrt. Die Folgen reichen bis in unsere Tage.

55 Die ostdeutsche wird hier zur osteuropäischen Agrarverfassung geschlagen. So auch Holm Sundhaussen, Der Wandel in der osteuropäischen Agrarverfassung während der frühen Neuzeit. Ein Beitrag zur Divergenz der Entwicklungswege von Ost- und Westeuropa, in: Südost-Forschungen 49 (1990), S. 15 - 56.

Tabelle 2: Erwerbstätigkeit nach Wirtschaftssektoren um 1800

		Beschäftigte
		Mio. (1)
I. Sektor	Güter	0,080
	Spannfähige Bauern	2,052
	Kleinbauern	3,295
	Landarme, Landlose	2,773
	Häusliche Dienste	0,973
	Summe	*9,172*
II. Sektor	Handwerk	1,260
	Verlegtes Textilgewerbe	0,340
	Sonstige Verlage	0,020
	Manufaktur, Bergbau	0,070
	Summe	*1,690*
III. Sektor	Handel, Transport	0,940
	(ev.) Kirche, Beamte, Schule	0,259
	(kath.) Klerus	0,090
	Militär	0,200
	Häusl. Dienste	0,291
	Summe	*1,780*
Summe		*12,642*

Quelle: Christof Dipper, Deutsche Geschichte 1648-1789, Frankfurt/M. 1991, S. 98.

	Erwerbsquote	Bevölkerungs-anteil		
	% (2)	% (3)	Mio. (4)	% (5)
	0,6	–	0,180	0,8
	16,2	50,3	4.047	17,7
	26,1	63,7	5,166	22,2
	21,9	76,4	3,615	15,7
	7,7	100,0	0,937	4,2
	72,5	*65,5*	*14.008*	*60,6*
	10,0	33,2	3,800	16,4
	2,7	50,0	0,680	3,0
	0,2	50,0	0,040	0,2
	0,5	61,9	0,113	0,5
	13,4	*36,5*	*4,633*	*20,1*
	7,5	35,4	2,665	11,7
	2,0	22,2	1,169	5,0
	0,7	100,0	0,090	0,4
	1,6	100,0	0,200	0,9
	2,3	100,0	0,291	1,3
	14,1	*40,3*	*4,415*	*19,3*
	100,0	*54,9*	*23,056*	*100,0*

6. Reaktionen der Betroffenen

Die vorstehenden Ausführungen haben ergeben, dass auf dem Land die Not am größten war, dass dort aber zugleich auch die größten Entwicklungspotentiale schlummerten. Auf dem Land war folglich die Gesellschaft am stärksten in Bewegung geraten. Wie haben, so fragen wir abschließend, die Zeitgenossen darauf reagiert?

Einige der ‚Antworten' wurden bereits gestreift: Umstellung der Produktion, Besömmerung der Brache, Erschließung der Grenzböden waren neben dem Übergang zu hausindustriellen Aktivitäten die wichtigsten Versuche, den knapper gewordenen Nahrungsspielraum zu erweitern. Das reichte bei weitem nicht aus, und vielerorts bestanden nicht einmal diese Möglichkeiten. Denn abgesehen von den fehlenden sozialen oder wirtschaftlichen Rahmenbedingungen verhinderten nur zu oft die rechtlichen oder politischen Umstände eine produktive Verarbeitung der geschilderten Krisensymptome.

Es ist deshalb kein Zufall, wenn die Zeit um 1800 mit einer Phase gesteigerter, vor allem ländlicher Unruhe zusammenfiel. Der Protest als solcher und sein geographischer Ort bestätigen die These, dass zwischen Krise und Krawallen ein enger Zusammenhang bestand: Südwestdeutschland, Sachsen und Schlesien, durchweg Gebiete mit weitgehend erschöpften Nutzungsreserven, wurden immer wieder von lokalen oder regionalen Empörungen heimgesucht. Hier hatte die Übergangsgesellschaft ihre ausgeprägtesten Züge angenommen.[56] Vielleicht hätten die sozialen Tatbestände als solche noch nicht ausgereicht, damit die Untertanen ihren Herrschaften die Loyalität aufkündigten. Zwei weitere Gegebenheiten kamen jedenfalls fördernd hinzu. Zum einen haben die Nachrichten von der Revolution in Frankreich gerade in ihrer Vagheit die Phantasie der krisengeschüttelten Bevölkerung belebt, ja stellenweise geradezu chiliastische Hoffnungen hervorgerufen. Zum anderen haben Eingriffe der Obrigkeiten, ob sie nun die Lasten ihrer Untertanen erhöhten, die Nahrungsspielräume beschränkten oder aber Reformen der ländlichen bzw. städtischen Ordnung bezweckten, das komplizierte Herrschaftsgefüge destabilisiert.

Die Forderungskataloge der Rebellen spiegelten nicht nur die konkreten Notlagen wieder, in denen sich die Übergangsgesellschaft befand, sondern zeigen in ihrer Widersprüchlichkeit auch die Spaltprozesse auf, die diese Gesellschaft durchliefen. Während die einen alles vom Wandel erhofften, verlangten die anderen eine entschlossene Rückkehr zum „alten Recht“. Aufteilung der Allmenden, Parzellierung der Domänen, ungehinderter Zugang zu den Wäldern konnten ebenso aus progressiven wie aus antimodernistischen Motiven gefordert werden. Einheitlich dagegen war die Woge des Antifeudalismus, die sich im Verlangen nach Beseitigung von Abgaben und Diensten, aber auch in handgreiflichen Aktionen gegen

56 Hierzu Christof Dipper, Die Bauernbefreiung in Deutschland 1790 - 1850, Stuttgart 1980, Kapitel IV. Ausführlicher dazu: Helmut Berding (Hg.), Soziale Unruhen in Deutschland während der Französischen Revolution, Göttingen 1988.

die öffentlichen Repräsentanten des Adels, der Geistlichkeit und der kleinen Landesherren Luft machte. Auch in den Städten steigerten sich die latenten Konflikte zu handgreiflichen Auseinandersetzungen. Der Ruf nach Wiederherstellung der hergebrachten Handwerkerprivilegien kontrastierte mit Eingaben von Kaufleuten für großgewerbliche Konzessionen außerhalb der Zunftordnung, tumultuarischer Protest gegen die Stadtobrigkeit stand neben Einigkeit in der Abwehr landesherrlicher Eingriffe in die Verfassungsordnung.

Die gesteigerte Unruhe und die dabei oft den Franzosen abgeschauten Handlungen, Symbole und Parolen verwirrten die Zeitgenossen nicht wenig. Namentlich in den grenznahen Territorien des Westens hielten Obrigkeiten wie Anhänger der Revolution die verbreitete Unzufriedenheit für politischen Radikalismus. Die Regierungen begriffen ihren Irrtum rascher als ein Teil der städtischen Intelligenz, die große Hoffnungen auf die Unruhen setzte und deshalb umso enttäuschter war, als sich ihre Erwartungen nicht erfüllten. Sie geißelte den Wankelmut der Bevölkerung und lastete ihn mangelnder Aufklärung und den nationalen Egoismen der Franzosen an, übersahen aber vollkommen die andersartige Interessenlage und Mentalität des Volkes.[57] Tatsächlich aber bestand nirgends in Deutschland eine revolutionäre Situation, wie sie im Sommer 1789 in Frankreich gleich in dreifacher Gestalt geherrscht hat.

57 Dazu ausführlich Karl H. Wegert, German Radicals Confront the Common People. Revolutionary Politics and Popular Politics, 1789 - 1849, Mainz 1992, insbes. Teil I.

7. Antworten der Obrigkeiten

Deshalb war auch die Wirkung dieser Ereignisse in beiden Ländern grundverschieden. Die erfolgreiche Revolution der Städte und des flachen Landes diente den Eliten als Warnung und hat daher die französischen Regierungen jahrzehntelang von nachhaltigen Interventionen in diesen Bereichen abgehalten. Gebremste Entwicklung war das paradoxe Ergebnis der Revolution.[58]

Anders in Mitteleuropa. Hier haben die Unruhen nicht das politische System gestürzt, sondern dieses in seinem seit langem bestehenden Willen bestärkt, die eigenberechtigten, altständischen Gewalten niederzuringen. Damit vergrößerte sich die Reichweite des staatlichen Interventionsanspruchs erheblich. Mit dem Verbot der Zünfte und der Eigentumsverleihung an Adelsbauern griffen die Obrigkeiten erstmals rigoros in den bisher als „Privatverhältnisse" respektierten Rechtsbereich der Privilegierten ein. Voraussetzung dazu war die Ausschaltung oder wenigstens Schwächung der Stände und diese war erst mit dem Ende des Reiches bzw. der Niederlage des altpreußischen Staates gegeben. Die preußischen und die rheinbündischen Bürokratien stießen daher am weitesten in Neuland vor, wenn man von den linksrheinischen Territorien absieht. Hat sich auch in der Praxis zunächst noch wenig verändert, so wurde doch in napoleonischer Zeit

58 So die prägnante These von Louis Bergeron, L'épisode napoléonien. Aspects intérieurs, 1799 - 1815, Paris 1972. Vgl. dens., Die französische Gesellschaft von 1750 - 1820. Kontinuitäten und Diskontinuitäten, in: Zeitschrift für historische Forschung 4 (1977), S. 131 - 146.

jene „Grenzmarke“ (von Hippel) überschritten, die der Staat bislang anerkannt hatte. Nur in den habsburgischen Territorien fand die Obrigkeit jetzt dazu nicht mehr die Kraft; das Menetekel von 1789/90, als die hochprivilegierten Stände Ungarns und der Niederlande rebellierten und der böhmische Adel damit drohte, war noch nicht vergessen. Ansonsten aber trat der ‚starke Staat‘, das Produkt der „Fürstenrevolution“ (Treitschke), seinen Untertanen seit der Jahrhundertwende als entschlossene Modernisierungsinstanz gegenüber. Dabei waren im Agrarbereich seine Interventionen zielstrebiger und konsequenter als im gewerblichen, über dessen zukünftige Gestalt die Fachleute sehr unsicher waren. Trotzdem aber überstieg hier wie dort die gleichsam naturwüchsige gesellschaftliche Dynamik bei weitem dasjenige, was der Staat beeinflussen konnte und wollte.

Mit dem Reformzeitalter leitete der Staat keine Entfesselung der Gesellschaft ein, sondern er suchte einen längst in Gang gekommenen Prozess zu steuern und zu beschleunigen.[59] Er tat dies nunmehr mit mehr Sachverstand als im Jahrhundert zuvor, als im Zeichen der Policey die Allzuständigkeit des Monarchen erweitert worden war, ohne dass hinter diesem Anspruch bereits die nötigen Instrumentarien zur korrekten Beschreibung der wirtschaftlichen oder gesellschaftlichen Gegenwart standen, ganz zu schweigen von den Apparaten zur Planung und administrativen Durchsetzung der Zukunft.

59 Ausführliches Material hierzu in: Helmut Berding, Hans-Peter Ullmann (Hg.), Deutschland zwischen Revolution und Restauration, Königstein/Ts., Düsseldorf 1981.

Noch einmal sei abschließend deshalb festgehalten, dass im späten 18. Jahrhundert die gesellschaftliche Ordnung von alleine in Bewegung geraten war. Was die Obrigkeiten unternahmen, geschah entweder ohne direkten Bezug auf diese Dynamik oder verfehlte seine Wirkung. Staat und Gesellschaft, in der ständischen Ordnung noch eine Einheit bildend, folgten immer stärker ihren eigenen Gesetzen und wurden von hellsichtigen Zeitgenossen nunmehr auch als „an sich unterschieden" begriffen.[60] Beide lösten sich, jedenfalls im Hinblick auf die hier behandelten Themen, bereits jetzt ein gutes Stück voneinander. Das ist gewiss eine gewagte Behauptung, wenn man die gängigen Vorstellungen der Geschichtswissenschaft im Auge behält, die in der Regel das Auseinanderfallen beider Größen erst dem 19. Jahrhundert zuschreibt. Der Blick auf die hier herangezogenen Quellenbestände lässt jedoch keine andere Wahl. Wenn wir die Selbstreflexionen der Beamten und die Staatslehren der Gebildeten beiseitelassen und stattdessen den Alltag bzw. das Gesellschaftsleben aus Kirchenbüchern, Armenlisten, Gerichtsprotokollen, Urbarien, Gutsrezessen, Amtsrechnungen, Heberegistern usw. zu rekonstruieren versuchen, rücken 18. und 19. Jahrhundert, ja überhaupt die Frühe Neuzeit und die moderne Welt unversehens näher aneinander, als es die meisten Darstellungen wahrhaben wollen. Damit sollen die Unterschiede keineswegs verwischt werden. Nötig ist aber, die

60 Samuel S. Witte, Über die Schicklichkeit der Aufwandsgesetze, Leipzig 1782, S. 63. Zu Witte siehe Klippel, Luxus und bürgerliche Gesellschaft (Anm. 25).

Annahme einer vollständigen Zäsur um 1800 oder gar im Jahre 1789 auf das korrekte Maß zurückzuführen.

8. Weiterführende Überlegungen

Was hier verhandelt wurde, ist unter dem Rubrum ‚ländliche Gesellschaft' nicht wirklich korrekt zu subsumieren, denn nicht soziale Räume pflegen von alleine die geschilderten Reaktionen zu bestimmen, sondern Erfahrungsräume. Nicht dass soziale Räume nicht spezifische Erfahrungen vermittelten. Das Gegenteil ist der Fall, wie jeder weiß, der sich mit diesem Thema beschäftigt hat. Aber unser Beispiel hat zugleich gezeigt, dass ein und derselbe soziale Raum je nach sozioökonomischer Lage seiner Bewohner völlig unterschiedliche Erfahrungen bereit hielt.

So zeigten die letzten beiden Abschnitte, dass die Übergangsgesellschaft auch von spezifischen Erfahrungen geprägt war, die man als vormodernen „Mentalitätsüberhang" (Planert) bezeichnen kann. Es zählt zu den anthropologischen Konstanten, dass dramatischer Erfahrungswandel Abwehrreaktionen hervorzurufen pflegt, so dass man eigentlich immer, und namentlich seitdem die Menschen die Beschleunigung der Geschichte registrieren, mit einem ‚Mentalitätsüberhang' zu rechnen hat. Die Geschichte der Neuzeit insgesamt ließe sich vielleicht auch als die Geschichte der Spannung zwischen Ereigniskatarakten und zurückbleibender Erfahrung schreiben;

Koselleck hat einen großen Teil seines wissenschaftlichen Lebens diesem Thema gewidmet.[61]

Die Anschlussfähigkeit der Erfahrungsgeschichte an diese Übergangsgesellschaft steht freilich noch aus. Meine These ist, dass man zwischen 1770 und 1840 in Mitteleuropa eine besondere Sozialformation beobachten kann, gekennzeichnet durch eine gleichsam entfesselte Demographie bei zurückbleibender Wirtschaft, d.h. mangelnden Arbeitsplätzen, mit der Folge, dass ohne bewusstes Zutun die ständische Ordnung namentlich an ihrer Basis ausgehöhlt wurde. Wie berichtet, wurde ungefähr jeder vierte Arbeitsplatz schon um 1800 über den Markt verteilt. Wir haben es also mit der Klassengesellschaft in ihrer Frühform zu tun. Die von mir so genannte Übergangsgesellschaft ist die Vorbotin des Pauperismus, sie schließt die von der Geschichtsschreibung hinterlassene Lücke zwischen der Stände- und der Klassengesellschaft. Sie enthält traditionale und moderne Elemente zugleich, freilich in einem regional sehr unterschiedlichen Mischungsverhältnis.

Ulrich Bräker (1735-1798), von dem im zweiten Kapitel kurz die Rede war, ist dank seines Tagebuchs und anderer autobiographischer Schriften[62] ein vollendeter Repräsentant dieser Gesellschaft: Er strebte lebenslang nach grundbesitzgestützter Sicherheit, einem Merkmal

61 Genannt sei nur Reinhart Koselleck, Erfahrungswandel und Methodenwechsel. Eine historisch-anthropologische Skizze [1988], jetzt in: Ders., Zeitschichten. Studien zur Historik, Frankfurt/M. 2000, S. 27-77.

62 Ulrich Bräker, Lebensgeschichte und Natürliche Ebentheuer des Armen Mannes im Tockenburg, hg. v. Hans Heinrich Füßli, Zürich 1789. Die neueste Gesamtausgabe lautet: Gesammelte Schriften, hg. v. Andreas Bürgi u.a., 5 Bde., München 1998-2010.

der ständischen Gesellschaft, und endete doch wider Willen als Angehöriger der Klassengesellschaft im Bankrott. Politisch urteilte er ähnlich gespalten: Auf der Ebene der Landgemeinde verteidigte er die neue Zeit, auf der Ebene der Helvetik, d.h. auf der Ebene der großen Politik, hatte er gegen sie mindestens große Vorbehalte. Seine widersprüchliche Verarbeitung von Erfahrungen, wovon er getreulich Zeugnis in seinem Tagebuch ablegt, schließt eine einfache Bilanz aus. „Mentalitätsüberhänge" gibt es natürlich, aber eben auch – und zwar gleichzeitig bzw. in ein und derselben Angelegenheit – einen weitgestreckten Erwartungshorizont, der als „revolutionäre Sympathien" bezeichnet worden ist.[63]

Eine Bräker vergleichbare Person, die dreißig oder vierzig Jahre nach ihm in ähnlicher Weise die dann deutlich vom Pauperismus geprägte Ordnung erfahren und ihre Erfahrungen zu Papier gebracht hat, ist schwer zu finden. Vielleicht kann Wilhelm Weitling (1808-1871) diese Lücke füllen, jedenfalls der Weitling der späten Pariser und Schweizer Zeit, also zwischen 1835 und 1844, in der er eben auch den Übergang verkörperte: Aus der Erfahrung, „im bittersten Elend aufgezogen" worden zu sein und daraus den Wunsch ableitend, „im Interesse der allerelendesten und bedrücktesten Klassen zu schreiben",[64] entwarf er einen weitgestreckten Erwartungshorizont mit mehr

63 Andreas Würgler, Aufbruch und Zusammenbruch. Die Helvetische Revolution von 1798 aus der Perspektive von Selbstzeugnissen, in: Ute Planert (Hg.), Krieg und Umbruch in Mitteleuropa um 1800. Erfahrungsgeschichte(n) auf dem Weg in eine neue Zeit, Paderborn 2009, S. 89-101, hier S. 98.

64 Wilhelm Weitling, Garantien der Harmonie und der Freiheit, Vivis 1842, S. 256.

als nur ‚revolutionären Sympathien', denn er dachte sich als einer der ersten Deutschen einen Weg zur sozialen Revolution aus. Und doch bestimmten auch hier noch „Mentalitätsüberhänge" die Argumentation, wirkten in seinen Zukunftsentwürfen „die verlorene handwerklich-ständische Ordnung und ihre sozialen Ehren nach".[65]

Das für die Übergangsgesellschaft Spezifische ist die Vielzahl von Erfahrungsräumen, denn es existierten nebeneinander und miteinander verwoben ständische Ordnung und Klassengesellschaft, die beide ihrerseits eine große Zahl von Varianten aufwiesen. Die Existenzformen vervielfachten sich, häufig ohne eigenes Zutun, einfach als Folge der außerordentlichen Dynamik, und das eröffnete natürlich vielen auch neue Chancen, gefährdete aber andere in ihrem Status. Dies schon deshalb, weil Geld und Märkte 1840 eine wesentlich größere Rolle als 1770 spielten.

Gab es eine dominante Erfahrung gesellschaftlicher Entwicklung, die die Vorgänge jener Epoche in den Augen der Zeitgenossen auf den Punkt brachte? Die Malthusianer hatten fraglos eine, sie war bekanntlich negativ. Von hier aus war der Weg nicht weit zur Pauperismusliteratur, die namentlich in den 1840er-Jahren erst recht negative Perspektiven entfaltete – im übrigen ein westeuropäisches, keineswegs nur deutsches Phänomen. Auch der Adel lebte selbst in der Restaurationsepoche in der Vorstellung, es gehe mit ihm bergab. Von Talleyrand ist die (möglicher-

65 Carl Jantke, Der Vierte Stand. Die gestaltenden Kräfte der deutschen Arbeiterbewegung im XIX. Jahrhundert, Hamburg 1955, S. 46.

weise apokryphe) Aussage überliefert, wer das Ancien Régime nicht kannte, werde niemals wissen können, wie süß das Leben war.[66] Larmoyanter war die Klage Eichendorffs, dass der 1789 ausgebrochene „große Kampf [...] bis heute nicht ausgefochten ist".[67] Fortschrittsgeschichten gab es natürlich auch, es waren aus naheliegenden Gründen vor allem die Apologeten des Bürgertums – genannt seien nur der bayerische Freimaurer Adam Weishaupt 1788, Friedrich Buchholz 1810ff., die Juristen Gräff, Rönne und Simon 1844, der sächsische Publizist Karl Biedermann 1854 oder, wenngleich *ex negativo* Marx und Engels 1848 –, die dessen Aufstieg zur gesellschaftsbestimmenden Leitkategorie mit unterschiedlich seriösen Begründungen unterfütterten.

Die Stimmen widersprachen sich also und das ist natürlich nicht verwunderlich. Aber in einem Punkt stimmten ihre Urteile überein, und zwar dass, modern gesprochen, die Ungleichheit zugenommen habe. Das mag heute banal klingen, aber schon die Tatsache, dass man sich für dieses Thema überhaupt interessierte, hat ein gutes Stück mit den von der Übergangsgesellschaft vermittelten Erfahrungen zu tun; hundert Jahre früher kann man keine Belege dafür finden. Jetzt hatte offensichtlich

66 Es gibt diese Aussage in einer Fülle unterschiedlicher Versionen in französischer (und folglich auch in deutscher) Sprache, sie findet sich aber nicht bei Jean Orieux, Talleyrand. Die unverstandene Sphinx, Frankfurt/M. ²1972 bzw. Paris 1970.

67 Joseph von Eichendorff, Erlebtes. Halle und Heidelberg. Werke in 6 Bänden, Bd. 5: Tagebücher, autobiographische Dichtungen, historische und politische Schriften, hg. v. Hartwig Schulz. Mit einem Essay von Wolfgang Frühwald, Frankfurt/M. 1993, S. 416.

die „natürliche Ordnung“[68] Schaden genommen und aufmerksame Zeitgenossen hatten das registriert. Zu diesen gehörte der preußische Statistiker Krug. Er beklagte 1805, dass Preußen durch seine Industrieförderung die Gesellschaft „auf den Kopf gestellt“ und damit großen Schaden angerichtet habe.[69]

Fünfzig Jahre später stimmte ihm der liberaldemokratische Publizist Biedermann zu. „Wie alle künstlichen nationalökonomischen Systeme, so hatte auch das damals in fast allen deutschen Staaten herrschende System der Leitung und Begünstigung der Industrie von Staats wegen zur natürlichen Folge die Bereicherung einer Anzahl von Gewerbsunternehmern, die Ansammlung der Capitalien an einzelnen Punkten und in einzelnen Händen“. Verschlimmert worden sei das durch „die unvollkommenen, zum Theil geradezu widersinnigen Grundsätze der Besteuerung, welche das tägliche Brod des Armen verteuerten, das Vermögen des Reichen dagegen oft kaum antasteten“. Beides zusammen habe dazu beigetragen, „die Ungleichheit der Vermögenszustände immermehr zu steigern“.[70] Mit „damals“ meinte Biedermann in Wahrheit auch noch seine eigene Zeit, denn diese „widersinnigen Grundsätze der Besteuerung“ hatte die 1820 in Preußen eingeführte Klassensteuer noch zementiert. Ihr

68 Leopold Krug, Betrachtungen über den National-Reichthum des preußischen Staats und über den Wohlstand seiner Bewohner, Bd. 2, Berlin 1805, S. 698.

69 Reinhart Koselleck, Preußen zwischen Reform und Revolution. Allgemeines Landrecht, Verwaltung und soziale Bewegung von 1791 bis 1848, Stuttgart 1967, S. 129.

70 Karl Biedermann, Deutschland im 18. Jahrhundert, Bd. 1: Politische, materielle und sociale Zustände, Leipzig 1854, S. 374.

Erfinder, der Statistiker Hoffmann, rechnete 1845 seinen Zuhörern vor, dass die erste Steuerklasse, die 0,14% der Steuerpflichtigen ausmachte, gerade einmal 3,75% des Steuerertrags zur Klassensteuer beitrügen. Deshalb werde auf der Gegenseite, falls die Regierung nicht Abhilfe schafft, „ein immerfort wachsender Theil der Bevölkerung derjenigen Entwürdigung durch Dürftigkeit verfallen, zu deren Bezeichnung das neue Wort Pauperismus in Umlauf gekommen ist". Jeder Angehörige der Steuerklasse I müsse daher „Gott und dem Staate Dank" abtragen für die „Bequemlichkeit und Sicherheit seines Lebens".[71]

Wir sprechen in diesem Kapitel von Übergangsgesellschaft. Übergang wohin? Das zuletzt angesprochene Thema ‚Ungleichheit' verleitet zu einem Blick auf die Zeit danach, ja bis heute. Auf die Übergangs- folgte die Klassengesellschaft und auf diese in der zweiten Hälfte des 20. Jahrhunderts eine sehr viel komplizierter beschaffene, aus Klassen (im Weberschen Sinne), Schichten und Milieus zusammengesetzte Gesellschaft. Da Milieus klassen- bzw. schichtenübergreifend sind, verschwanden in den seit den 1960er-Jahren vom Massenwohlstand geprägten Gesellschaften die zuvor jederzeit sichtbaren Ungleichheiten, obschon sie natürlich fortexistieren. Der französische Wirtschaftswissenschaftler Thomas Piketty ging unserer Frage bereits mehrfach nach und präsentierte zuletzt Ergebnisse, die zunächst für Frankreich gelten,

71 J[ohann] G[ottfried] Hoffmann, Uebersicht der allgemeinsten staatswirthschaftlichen Verhältnisse, welche die Verschiedenheit der Bildung und des Besitzstandes unter den Staatsangehörigen erzeugt, Berlin 1845, S. 20, 22 (Zitate), S. 8f. (Zahlen). Es handelt sich um einen Vortrag vor der K. Akademie der Wissenschaften im Vorjahr.

doch hält er sie auch für andere europäische Gesellschaften für repräsentativ. Seine Bilanz lautet, für Historiker nicht überraschend: „So ungerecht sie scheinen mag, die Welt der beginnenden 2020er-Jahre ist egalitärer als die von 1950 oder 1900, die ihrerseits in zahlreichen Hinsichten egalitärer war als die Welt von 1850 oder 1780. Zwischen 1780 und 2020 sind in den meisten Regionen und Gesellschaften der Erde, ja in gewisser Weise weltweit Entwicklungen zu verzeichnen, die zu mehr Status-, Eigentums-, Einkommens-, Geschlechter- und ‚Rassen'-Gleichheit geführt haben".[72] In der Rückschau markiert unsere Übergangsgesellschaft offenbar den Gipfel der (damals auch noch rechtlich garantierten) Ungleichheit, aber wie es vorher war, wird sich nie in Zahlen fassen lassen und folglich wohl für alle Zeit ungewiss bleiben.

72 Thomas Piketty, Eine kurze Geschichte der Gleichheit, München 2022, S. 13.

Graphik 1

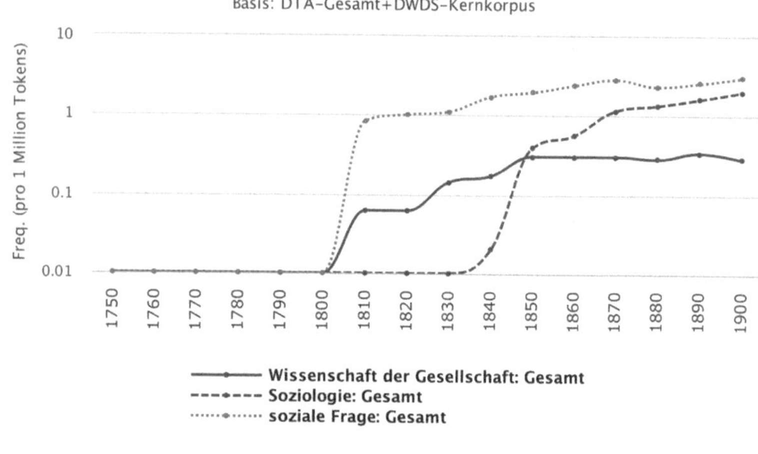

Graphik 2

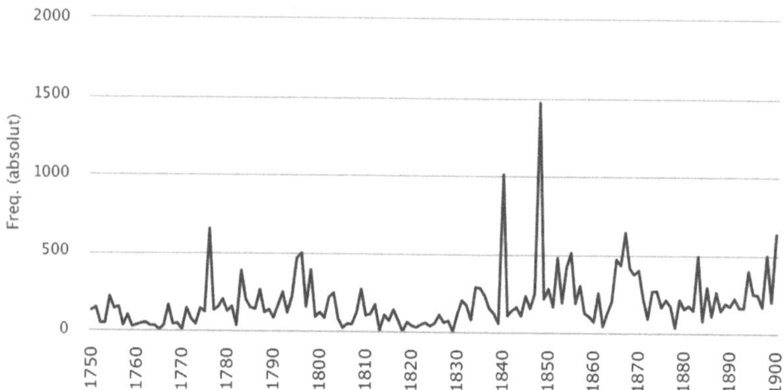

Namensregister*

Abeken, Hermann 87
Abel, Wilhelm 324
Ahrens, Heinrich Julius 74, 85, 92
Aristoteles 46
Arndt, Ernst Moritz 101, 125, 127, 221, 222, 227
Arnim, Bettina von 265, 266-268, 270, 272-274, 297
Aron, Raymond 60
Auerbach, Berthold 255
Baader, Franz (von) 115, 260, 261
Bacon, Francis 28
Bassermann, Friedrich Daniel 74, 79
Berg, Günther Heinrich von 130
Beseler, Georg 74
Biedermann, Karl 99, 112, 126, 213, 286-288, 360, 361
Bodin, Jean 18
Bonß, Wolfgang 26, 27, 29, 124
Bräker, Ulrich 174, 176, 178, 357, 358
Brandes, Ernst 43, 44, 224, 225
Bratring, Friedrich Wilhelm August 144-146, 190, 191, 192, 198, 199, 205, 334
Braun, Rudolf 107, 123
Brentano, Clemens 191
Brunner, Otto 103
Buchholz, Friedrich 45-53, 56, 66, 68, 87, 112, 143, 188-190, 194, 225-227, 299, 360
Bülow auf Cummerow, Ernst von 198
Calonne, Charles Alexandre, Vicomte de 178
Campe, Joachim Heinrich 207
Colbert, Jean-Baptiste, Marquis de Seignelay 32
Comte, Auguste 34, 35, 52, 66,
Condorcet, Marie Jean Antoine Nicolas Caritat, Marquis de 31-34, 57
Conze, Werner 122, 164, 318
Deiters, Hermann Clemens Otto 74
Delbrück, Rudolph von 249
Destutt de Tracy, Antoine Louis Claude 31, 33
Dieterici, Carl Friedrich 87
Droysen, Johann Gustav 73-75
Durkheim, Émile 96
Eichendorff, Joseph von 116, 191, 360
Engel, Ernst Lorenz 87, 89
Engels, Friedrich 52, 59, 81, 95, 110-112, 150, 230, 235, 264, 290, 360
Erhard, Johann Benjamin 170
Ersch, Johann Samuel 90, 91, 223, 257
Fallati, Johannes 58, 86-89
Ferguson, Adam 26, 27, 31, 186

* Die in den Fußnoten vorkommenden Namen werden hier nur registriert, sofern es sich um Quellen handelt, damit die Buchtitel aufgefunden werden können. Umlaute werden wie der Stammvokal behandelt. Das eingeklammerte „von“ verweist auf Nobilitierung.

Fichte, Immanuel Hermann 91
Fichte, Johann Gottlieb 37, 51
Fleck, Ludwik 123, 124
Formey, Johann Ludwig 110, 278
Friedrich II. von Preußen 171
Friedrich Wilhelm III. von Preußen 204
Friedrich Wilhelm IV. von Preußen 191, 265, 266, 274, 297
Frühsorge, Gotthard 322
Fürstenberg, Franz Clemens Freiherr von 159
Gadebusch, Thomas Heinrich 171, 172
Gall, Lothar 120
Gans, Eduard 272, 273
Garve, Christian 25, 122, 127, 156, 186, 187, 201, 208, 276
Gerth, Hans 45, 127
Glaser, Johann Carl 83, 93
Gotthelf, Jeremias 152, 256
Graeff, Heinrich 197
Graunt, John 132
Grimm, Johann Friedrich Carl 166
Grunholzer, Heinrich 265, 267, 268, 272, 273
Haller, Carl Ludwig von 198
Hanssen, Georg 87
Hardenberg, Karl August Freiherr von / Fürst 198, 205, 206, 220, 323
Harkort, Friedrich 101, 112, 274
Harnisch, Hartmut 332
Hartmann, Anja Victorine 121
Haxthausen, August Freiherr von 200, 201, 292
Hayn, Matthias Joseph 202, 203
Hegel, Georg Wilhelm Friedrich 19, 28, 53-55, 60, 65, 92, 272
Hegewisch, Franz Hermann 140, 141
Heine, Heinrich 191, 192, 218, 235, 272
Henning, Friedrich-Wilhelm 344
Hering, Karl L. 252
Hildebrand, Bruno 58, 76, 100, 150, 255
Hinze, Kurt 121
Hippel, Wolfgang von 354
Hirzel, Hans Caspar 176-178
Hobbes, Thomas 26, 28
Hoeck, Johann Daniel Albrecht 144
Hoffmann, Johann Gottfried 145, 197, 233, 234, 236, 246, 276-278, 362
Howitt, William 239, 240, 242, 245, 247-251, 253, 289
Jacob, William 128, 222, 224, 226
Jenisch, Daniel 283, 284, 286
Joseph II. von Österreich 337
Kaltschmid, Joseph Anton 85
Kant, Immanuel 36, 64, 157, 194
Kleist, Heinrich von 191
Knapp, Georg Friedrich 102, 199, 337
Knies, Karl 58
König, Georg Friedrich 264, 265
Koselleck, Reinhart 9, 11, 16, 122, 187, 357
Krug, Leopold 103, 139, 144, 192, 198, 199-201, 203, 211-214, 361
Krug, Wilhelm Traugott 36
Krünitz, Johann Georg 21, 42, 109-111, 134, 146, 155, 160, 161, 167, 168, 216
Kuntze, Eduard 210

Küster, Samuel 218
Lacretelle, Pierre-Louis de 31, 33
Laing, Samuel 240-244, 253, 254, 289, 290
Lavergne-Peguilhen, Moritz von 66, 79
Lawätz, Ferdinand Otto 101
Leibniz. Gottfried Wilhelm 20
Lessing, Gotthold Ephraim 158
Le Trosne, Guillaume François 25, 26
Linde, Hans 135, 138
List, Friedrich 261, 262
Lueder, August Ferdinand 20, 57, 139, 140
Mably, Gabriel Bonnot de 115, 185
Malthus, Thomas Robert 51, 127, 140-143, 151, 152, 223, 224, 227, 258, 259, 317, 329, 359
Manteuffel, Otto Theodor Freiherr von 80
Marie Antoinette von Österreich-Lothringen 166
Marx, Karl 19, 27, 54, 59, 60, 66, 67, 81, 82, 95, 97, 111, 225, 230, 234, 235, 263, 264, 272, 290, 360
Medick, Hans 122
Meiners, Christoph 122, 205
Michels, Robert 122
Mill, John Stuart 66
Mitteis, Heinrich 104
Mittermaier, Carl Joseph Anton 86, 87, 88
Mohl, Moritz 78
Mohl, Robert (von) 29, 54, 58, 64, 67-72, 82, 87, 89, 92
Möller, Helmut 123
Montgelas, Maximilian Joseph Freiherr von / Graf 323
Mooser, Josef 122
Möser, Justus 162, 322
Mühsam, Erich 328
Münch, Paul 104, 121
Mundt, Theodor 83, 84, 92, 285
Napoleon Bonaparte 35, 46, 157, 190, 193
Nauwerck, Ludewig Gottlieb Carl 78
Newton, Isaac 21, 28, 57
Nicolai, Friedrich 124, 125, 163-166, 169, 179, 180-183, 187, 201, 217, 218, 298
Novalis (Georg Philipp Friedrich von Hardenberg) 191
Pankoke, Eckart 129
Parthey, Charlotte 218
Petty, William 27, 28, 132
Pfeiffer, August 109
Oelsner, Konrad Engelbert 31, 41
Oexle, Otto Gerhard 104
Owen, Robert 53
Pareto, Vilfredo 96
Petermann, Luise 215, 217
Piketty, Thomas 12, 362
Planert, Ute 356
Proudhon, Pierre Joseph 62, 66
Quetelet, Adolphe 35, 88, 89
Ranke, Leopold (von) 87, 245
Rau, Karl Heinrich 87, 88, 223
Raynal, Guillaume-Thomas François 23, 24
Reden, Friedrich Wilhelm Freiherr von 86, 87

Reddy, William 340
Reif, Heinz 120, 159, 160
Riehl, Wilhelm Heinrich 58, 59, 85, 90, 92, 97, 254, 255
Riem, Andreas 172
Riesser, Gabriel 78
Ritschel, Carl 218
Rönne, Ludwig Peter Moritz von 197, 233, 235, 245, 246, 277, 360
Rotteck, Carl von 56, 196, 237, 173
Rousseau, Jean-Jacques 26, 160
Rubner, Heinrich 122
Rüdiger, Johann Christian 142, 143
Ruge, Arnold 77
Rümelin, Gustav (von) 94, 95
Rumpf, Johann Daniel Friedrich 210, 219, 220
Saint-Simon, Claude Henri de Rouvroy, Comte de 34, 35, 52, 57, 59, 272
Sass, Friedrich 234, 235, 246, 247, 249, 250, 268, 269, 279, 280
Schaden, Adolph von 198, 206, 208, 209, 216, 217
Scheidler, Karl Hermann 90, 91
Schiller, Friedrich (von) 158, 164, 165
Schleiermacher, Friedrich Daniel Ernst 65, 298
Schlieffen, Martin Ernst von 157
Schlöffel, Friedrich Wilhelm 77
Schlosser, Friedrich Christoph 245, 284, 285, 286
Schlözer, August Ludwig von 29
Schubert, Friedrich Wilhelm 87, 89, 199, 215, 236, 246, 250, 252, 274, 275, 276
Schulz, Wilhelm 57, 114
Schwager, Johann Moritz 124, 172, 173, 175, 176, 183
Sieyes, Emmanuel Joseph 31, 32, 33, 207
Simon, Heinrich 197, 233, 235, 245, 246, 277, 360
Smith, Adam 20, 25, 38, 51, 138, 140, 186, 227, 260
Sombart, Werner 121, 209, 305, 338,
Sonnenfels, Joseph (von) 129, 138, 139
Sparre, Karl von 151
Stahl, Friedrich Julius 79
Stein, Karl Heinrich Freiherr vom 206
Stein, Lorenz (von) 60-63, 66, 67, 81, 82, 92, 95, 115, 245, 257, 281, 291
Strelin, Georg Gottfried 134
Stieber, Wilhelm 100, 218
Sybel, Heinrich (von) 232
Stüve, Carl Bertram 115
Süßmilch, Johann Peter 21, 114, 128, 131-133, 135, 136, 141, 153, 165, 178, 179, 181, 213, 287, 322
Svarez, Carl Gottlieb 174
Talleyrand-Périgord, Charles-Maurice de 144, 359
Thaer, Albrecht 101, 203-205, 215
Thatcher, Margaret 15
Tieck, Ludwig 191
Tocqueville, Alexis de 29, 30
Tönnies, Ferdinand 96
Treitschke, Heinrich von 92, 93, 116, 354
Venturini, Karl 215, 232, 235, 243, 244
Vollgraff, Karl 207
Voltaire (François Marie Arouet) 21, 189, 283
Volz, Wilhelm Ludwig 87, 89

Voß, Julius von 194
Wappäus Johann Eduard 87
Weber, Max 96
Weckherlin, Ferdinand Heinrich August (von) 261, 262
Weerth, Georg 264
Weidig, Friedrich Ludwig 292
Weishaupt, Adam 162, 163, 360
Weitling, Wilhelm 59, 110, 358
Welcker, Carl Theodor 56, 78, 196, 237
Wichmann, Christian August 25, 26
Wieck, Friedrich Georg 101
Wiesecke, Heinrich 211
Witte, Samuel Simon 37, 38, 322, 355
Witzleben, August von 182
Woellner, Johann Christoph 170, 171
Wolff, Christian 114
Wolff, Wilhelm 271
Wollheim, Hermann 248, 267-269, 278, 279, 299
Wülcknitz, Heinrich Otto Freiherr von 210, 211, 223
Zedler, Johann Heinrich 16, 42, 109, 134, 154, 162
Zimmermann, Wilhelm 230

Sachregister

(zu Gesellschaft und Wirtschaft)

Adel 84, 100, 106, 119, 120, 145, 155-158, 160,161, 184, 187, 190-192, 194-202, 207-209, 215, 216, 219, 225, 229, 230-235, 241, 245, 246, 252, 265, 277-279, 280, 286, 299, 334, 352, 354, 359
Arbeiter, Hand- bzw. Manufakturarbeiter 21, 52, 97, 110, 133, 137, 146, 155, 173, 178, 179, 180-182, 213, 230, 250, 261, 262, 278, 288, 320
Arme, Armut 54, 68, 75, 88, 115, 117, 133, 138, 141, 150, 165, 167, 170, 173, 175, 178, 179, 185, 198, 211, 213, 220, 222, 223, 230, 256-259, 262, 265-269, 271-274, 319, 361
Bauern 52, 84, 101, 106, 119, 120, 122, 127, 141, 146, 166-169, 170-173, 176, 177, 178, 198-201, 204, 220-222, 229, 251-255, 261-263, 281, 282, 286, 292, 295, 297, 312, 327, 331-333, 340, 341, 348, 358
Bauernbefreiung (Ablösung, Entfeudalisierung, Grundentlastung) 43, 199, 200-202, 220, 222, 229, 241, 252, 253, 282, 292, 325, 336, 337
Beamte, Bürokratie 28, 39, 54, 85, 101, 102, 112, 116, 128, 140, 161, 205, 209, 214, 220, 226, 235-239, 241-243, 249, 254, 260, 274, 278, 279, 281, 293, 294, 348, 353, 355
Bettler, Vaganten, Gauner 138, 141, 183, 184, 229, 256, 266, 282
Bevölkerungswachstum 117, 129-131, 134-137, 141, 143, 146, 151, 153, 210, 211, 259, 260, 264, 271, 274, 282, 306-325, 329, 330, 335, 344-349
Bourgeoisie 59, 202, 203, 246
Bürger, Bürgerstand, Bürgertum 37, 44, 84, 106, 119, 155, 160, 161, 191, 202-207, 212, 213, 215, 225, 226, 234, 246, 247, 249, 280, 281, 292, 299
Dienstboten 75, 198, 215, 217, 221, 226, 247-251, 293, 296, 348
Ehen, Heirat 43, 130, 135-138, 141, 152, 153, 159, 160, 175, 176, 196, 201, 249, 275, 282, 312-314, 316, 318
Fabriken 176, 209, 261, 303, 343

Familie 17, 29, 44, 54, 55, 90, 92, 123, 133, 136-138, 147, 158-160, 187, 198, 201, 211, 249, 315, 319, 343, 345, 346
Feste, Geselligkeit 191, 192, 217, 219, 226, 233, 247, 277, 289
Feudalsystem 162, 169, 220, 253, 290, 293, 301, 336, 337, 347
Frauen 111, 136, 176, 181, 209, 218, 248, 249, 295, 296, 313
„Ganzes Haus" 42, 321
Gebildete, Akademiker 41, 69, 100, 127-129, 167, 186, 189, 194, 197, 204, 215, 222, 229, 231, 236, 239, 242, 243, 245, 246, 249, 255, 280, 283, 293, 296, 298, 303, 355
Geistliche 101, 112, 124, 128, 137, 170, 172-175, 207, 216, 235, 236, 239, 243, 256, 348, 352
„Gemeiner Mann" 165, 166
Gesellen 76, 101, 109, 150, 179, 230
„Gesellschaft" (Begriff) 15-17, 23-26, 29, 36-39, 42, 43, 54, 56, 59, 63, 64, 67, 69, 70, 73-85, 90-96, 98, 104, 285, 295, 323
Gesellschaft als Ganzes (Blick auf) 47, 50, 51, 54, 59, 62, 81, 82, 97, 101, 124, 126, 127, 129, 140, 144, 145, 188, 189, 225, 227, 245, 246, 276, 279, 280, 288-290, 295-297
Gesellschaft (Wissenschaft der) 32, 39, 45, 48, 49, 53, 58, 59, 61, 63, 66, 67, 68, 72, 86, 188, 255
Gutsherren, Gutsbesitzer 171, 199-201, 204, 229, 333
Gutspächter 203, 204, 221, 253
Handel 24, 67, 124, 186, 204, 206, 244, 275, 306, 320, 330, 331, 338, 339, 348
Handwerk, Handwerker 51, 61, 101, 109, 110, 119, 137, 149, 150, 161, 179, 189, 209, 212, 213, 226, 233, 251, 258, 262, 265, 269, 277, 278, 281, 284, 286, 296, 302, 304, 320, 342, 345,346, 348, 352
Hausindustrie, Heimgewerbe 117, 122, 133, 136, 137, 170, 173-176, 178-180, 182, 229, 233, 247, 260, 271, 273, 287, 293, 317, 320, 338, 340, 342, 343, 346, 350
Hunger 116, 133, 126, 136, 149, 224, 228, 229, 266, 270, 309, 322, 331
Industrielle Revolution 96, 260
Kaufleute 51, 163, 180, 189, 192, 213, 262, 278, 339
Kameralismus 20, 21, 130, 133, 138, 144, 179, 180, 212, 223, 233, 305
Kapitalisten, Kapitalismus, Geld 39, 50, 51, 61, 91, 107, 108, 115, 116, 133, 161, 163, 176, 186, 187, 189, 209, 210, 224, 226, 227, 234, 235, 242, 246, 247, 250, 254, 260, 266, 271, 273, 276, 277, 279, 280, 285, 290, 294, 296, 303, 320, 336, 339, 343, 359, 361
Kinder 100, 136, 137, 173, 175, 176, 181, 270, 313, 318
Klassen, Klassengesellschaft 22, 52, 62, 81, 82, 92, 107, 110, 115, 120, 133, 155, 170, 179, 186-189, 226, 227, 233, 234, 240, 249, 255, 270, 272, 274, 277, 278, 280, 283, 284, 286, 290, 292-294, 320, 321, 357-359, 362
Klassenlose Gesellschaft 81
Kleinbauern 122, 172-176, 252, 293, 328, 340, 341, 345, 348
„Kleine Leute" 119, 174, 176, 177, 262, 318, 327
Klerus 84, 155, 184, 260, 298, 348
Konsum, Ernährung, Lebensstil, Lebenshaltungskosten 173, 176, 177, 219, 220, 226, 247-251, 287, 288, 339
Landwirtschaft 39, 61, 88, 101, 166, 167, 173, 176, 177, 185, 199, 200, 204, 205, 220, 222, 252, 253, 258, 287, 304, 305, 316, 317, 319, 324-341, 343-345, 353
Leibeigene, Leibeigenschaft, „Sklaverei" 41, 127, 167-173, 220, 221, 272, 273, 284
Manufakturen 133, 137, 182, 189, 204, 211, 212, 219, 261, 320, 348
Markt 22, 180, 211, 212, 222, 239, 254, 269, 276, 320, 322, 326, 330-333, 336, 339-342, 357

Merkantilismus (siehe Kameralismus)
Mittelstand 155, 162-166, 187, 188, 191, 203, 204, 208, 246
Neureiche 187, 208, 209, 226, 246, 280
« Ouvrier » 145, 146, 213
Pauperismus 44, 55, 68, 100, 101, 110, 117, 151, 152, 255, 256-265, 296, 270, 274, 305, 306, 322, 357-359, 362
Proletarier, Proletariat, Pöbel 55, 62, 63, 83, 87, 97, 150, 151, 209, 228, 246, 256, 258-261, 264, 265, 270-272, 274, 280, 283, 286, 290-292, 295, 318
Prostituierte 176, 218, 248
Proto-Industrialisierung, proto-industrielle Lebensweise 123, 137, 138, 173, 176-178, 180, 224, 229, 262, 274, 318-320
Religion 21, 53, 66, 76, 100, 106, 110, 124, 167, 268, 298, 299
Revolution (zukünftige) 261, 272, 273, 291, 359,
Revolution 1789 29, 30, 33, 40, 41, 46, 52, 83, 84, 91, 126, 155, 187, 188, 190, 193, 238, 240, 241, 285, 286, 289, 290, 301, 319, 323, 336, 351-353
Revolution 1830 200, 252, 292
Revolution 1848 68, 75, 76, 79, 117, 150, 229, 242, 253, 283, 291, 292
Soldaten 155, 167, 181, 182, 199, 201, 205, 214, 233, 239, 241, 251, 273, 293, 297, 320, 348
Sozialismus, Sozialisten 31, 55, 83, 95, 258, 264, 285, 291
„soziale Frage“ 87, 97, 100, 113, 129
Soziologie 34-36, 45, 46, 48, 50, 53, 56, 73, 87, 96-98, 119, 129, 240, 321
Stände, Ständegesellschaft 22, 36, 39, 92, 105, 107, 120, 154, 155, 184, 186-188, 280, 293, 319, 323, 346, 347, 355, 358, 359
Statistik, Tabellen 17, 21, 27-29, 40, 50, 52, 57, 58, 67, 71, 85-89, 94, 103, 114, 132, 138-140, 144, 145, 147, 153, 179, 180, 190, 197, 198, 211, 233, 236, 246, 273, 276, 361, 362
Studenten, Studium 43, 72, 204, 242-245, 296
Tagelöhner 136, 173, 213, 262, 320, 340
Tatsache 19, 21, 22-29, 33, 39, 41, 57, 58, 61, 66, 93, 109, 112, 115, 123, 126, 131, 225, 294
Textilgewerbe 117, 137, 146, 149, 181, 260, 306, 348
Universität 19, 22, 39, 43, 44, 64, 66, 67, 97, 204, 205, 240, 243, 244, 296, 297
Unruhen 11, 80, 150, 180, 200, 229, 253, 270-272, 350, 352, 353
Unternehmer 51, 179, 189, 213, 262, 274
Verkehr 233, 338, 339, 342
Wanderarbeit 317
Wohnen 147, 176, 181, 208, 265-270, 287
Zweiklassengesellschaft 61, 77, 115, 185, 221, 227, 293

Geografisches Register

Baden 88, 148, 200, 262
Bayern 134, 260, 264, 312, 331
Bergisches Land 148, 315, 316
Berlin 76, 78, 79, 109, 111, 113, 128, 133, 148, 179, 180-182, 191, 192, 200, 205, 207, 209-211, 213, 216, 218-220, 222, 223, 231-234, 244, 246-250, 263, 265, 268, 269, 272, 277-279, 293, 297-299, 314, 327, 340
Böhmen und Mähren 148, 255, 307, 309, 311, 316, 321
Brandenburg 144, 145, 309, 316, 327, 332-334, 336
Elbe (als Trennlinie) 143, 146, 168, 199, 202, 260, 265, 334, 347

England 20, 21, 24, 27, 28, 36, 38, 39, 44, 52, 92, 98, 110-112, 117, 126, 128, 131, 132, 141-143, 151, 194, 195, 203, 224-228, 238, 240, 241, 244, 249-251, 253, 257, 260, 264, 268, 281, 289, 296, 306
Frankreich 18, 21, 24, 25, 29-36, 39-41, 43, 46, 47, 52, 57, 60, 61, 64, 66, 80, 84, 91, 97, 111, 114, 126, 144, 157, 178, 184, 185, 187-190, 193, 196, 207, 218, 225, 227, 238, 253, 257, 272, 286, 291, 299, 306, 319, 336, 351, 352, 353, 362
Hamburg 148, 315
Lausitz 316
Niederrhein 135, 137, 148, 166, 299, 315, 317
Niedersachsen 147, 332
(Nord-)Amerika 189, 224, 227
Osnabrück 327
Österreich 163, 221, 297, 307, 309, 310, 311, 312, 314, 321, 325, 331
Ost- und Westpreußen 79, 170, 275, 293, 316, 332
Paris 60, 62, 110, 211, 222, 291, 358
Pommern 170, 171, 199, 217, 299, 316, 325
Preußen (Kgr.) 17, 18, 50, 80, 86, 87, 116, 122, 126, 133, 138, 144-146, 157, 160, 161, 170, 180, 181, 190, 192, 194, 197, 198, 200, 203-205, 209, 211, 212, 214, 215, 217, 219, 220, 232, 233, 235, 236, 240, 243, 249, 250, 252, 253, 260, 263, 276, 279, 309, 316, 330, 333, 337, 353, 361
Rheinland 184, 218, 219, 231, 232, 262, 263, 302
Saarbrücken 222
Sachsen 87, 101, 135, 147, 148, 153, 200, 221, 260, 293, 309, 316, 317, 350
Schlesien 135, 137, 181, 229, 255, 260, 270-273, 291, 293, 309, 317, 325, 350
Schleswig-Holstein 325
Schottland 24, 36, 38, 39, 188, 240, 243, 244, 289
Schwarzwald 124, 317, 334
Schweiz 57, 107, 113, 123, 124, 134, 137, 148, 176, 178, 256, 297, 358
Siegerland 299, 317
Thüringen 124, 221
Übersee, Außereuropa 23, 118, 189
Ulm 169, 182
Westeuropa 24, 26, 38, 321, 347, 359
Westfalen 122, 158, 160, 172, 174, 175, 196, 200, 260, 264, 293, 316, 317
Wien 87, 124, 163-165, 187, 189, 194, 221, 248, 256, 312, 314-316
Württemberg 148, 260, 261, 262, 299